Maria Publig • Richard Strauss

Maria Publig

Richard Strauss

Bürger – Künstler – Rebell

Eine historische Annäherung

:STYRIA

Bildnachweis:
Folgende Bilder stammen aus dem Privatarchiv der Familie Strauss, Garmisch-Partenkirchen: Josepha Strauss; Franz Joseph Strauss; Richard mit seiner Schwester Johanna; Pauline de Ahna; Szenenfoto von der Dresdner Uraufführung des Rosenkavalier; Hugo von Hofmannsthal und Richard Strauss; Franz und Alice Strauss; Richard Strauss im Gespräch mit Joseph Goebbels.
Alle anderen Abbildungen: Fotos: Bildarchiv, ÖNB WIEN.

Die Deutsche Bibliothek - CIP-Einheitsaufnahme

Publig, Maria:
Richard Strauss : Bürger - Künstler - Rebell ;
eine historische Annäherung / Maria Publig. -
Graz ; Wien ; Köln : Verl. Styria, 1999
ISBN 3-222-12723-9

Layout und Umbruch: Helmut Lenhart
Umschlaggestaltung: Graphic-Design Mag. Kurt Rendl, Wien
Umschlagbild: Privatarchiv der Familie Strauss, Garmisch-Partenkirchen
Druck und Bindung: Wiener Verlag, Himberg
ISBN 3-222-12723-9

Sophie Therese Publig
und
Nicole Esther Stern
gewidmet

INHALT

Einige Gedanken vorab

Richard Strauss wird in dieser Publikation nicht nur als Musiker betrachtet, sondern ebenso als Mensch und öffentliche Person, in dessen Gedankenwelt natürlich die gesamte zeitbezogene Auseinandersetzung einer ausgehenden, feudalen Wertestruktur in Richtung demokratisch umorganisierter, mitteleuropäischer Menschheitsgeschichte stattfand. Strauss' politische Ansichten werden anhand von Originaldokumenten, eigenen Zeugnissen und Briefen aufgezeigt. Seine Aussagen und seine Überzeugungen werden dabei stets in Relation zum jeweiligen geschichtlichen Prozeß gesetzt. Es steht die objektiv-ganzheitliche Komponente im Vordergrund, und es ist eine biographische Darstellung, in der Geschichte einen bedeutenden Stellenwert einnimmt. Richard Strauss soll als Gesamtphänomen betrachtet werden. Und dazu gehören auch die Auseinandersetzung und das adäquate Einbeziehen der nationalsozialistischen Zeit.

Die Musik soll allerdings nicht vernachlässigt werden. Nur: Darüber gibt es bereits so ausführliche Einzel- und Gesamtdarstellungen, daß dem nur wenig hinzuzufügen ist. Doch Richard Strauss' philosophisch-soziale Grundeinstellung, seine politischen Ansichten und Kommentare blieben bisher fast ausgeklammert. (Sogar in jüngeren Darstellungen von Franzpeter Messmer oder Kurt Wilhelm finden diese nur pflichtschuldige Erwähnung.)

Richard Strauss ist der einzige namhafte Musiker, dessen Karriere sich vom Königtum Bayern (München) weg über Berlin nach Wien verlegte. Politisch erlebte er damit hautnah die Gründung des Deutschen Kaiserreichs 1871 und den Zerfall der österreichisch-ungarischen Monarchie sowie die Erste Republik mit. Strauss durchwanderte auch die Katastrophen des Dritten Reichs und einige Jahre später die Vorbereitungen zur Zweiten Republik, die er bis zu seinem Tod 1949 interessiert beobachtete. Er wird damit zum Zeitzeugen

der deutschen und österreichischen Geistesgeschichte von der Mitte des 19. bis zur Mitte des 20. Jahrhunderts.
Gerade aus dem Untergang der beiden Monarchien in Österreich und Deutschland erhielt Richard Strauss bedeutende Impulse (*Salome* [1905], *Elektra* [1908], *Der Rosenkavalier* [1910]), um danach erwiesenermaßen in Orientierungslosigkeit abzugleiten. Es tun sich einige Fragen auf. Nicht nur, daß ihm danach (außer *Arabella* und *Capriccio*) nichts Richtungsweisendes mehr gelingen wollte. Womit war die eigentliche Übernahme des Amts als Präsident der Reichsmusikkammer während der nationalsozialistischen Zeit zu erklären? War seine persönliche, künstlerische Bewegungsunfähigkeit (er verweigerte sich vehement dem avantgardistischen Expressionismus) der Wegweiser zum höchsten Kulturamt in einem faschistischen Regime? Oder stellte dieses, wie manche vermuten, die einzige Möglichkeit dar, während dieser Zeit als Komponist von Rang unbeschadet in Wien und Garmisch-Partenkirchen weiterleben zu können?
Es waren zwei Jahre, die Strauss dieses Amt in seinem fünfundachtzigjährigen Leben innehatte. Wie sah Richard Strauss' Weltanschauung davor und danach aus? Dazu gibt es bisher keine geeignete Diskussionsgrundlage. Es war daher schwierig einzuhaken, da diese Thematik von der Forschung nicht einmal angedacht worden war. Einige wenige, mehr hypothetische Beiträge liegen zum Thema Richard Strauss und das Dritte Reich vor, die wiederum keine greifbaren Originaldokumente heranziehen oder zitieren.
Erstmals wird in dieser Biographie anhand von umfangreichen Originaldokumenten die lebenslange politische Linie des Komponisten Richard Strauss nachvollzogen. Wie weit seine politische Auffassung der jeweiligen Epoche entgegenkam oder auch nicht. Es wird hier keine Abrechnung mit der Person Strauss stattfinden, sondern eine sachliche Auseinandersetzung, die auch ein Beitrag zu einer differenzierteren Aufarbeitung der Kulturgeschichte des 20. Jahrhunderts, samt weitreichenden Wurzeln ins 19. Jahrhundert, sein soll.
Wichtig ist es natürlich auch darauf hinzuweisen, daß Biographie und Werk zu trennen sind, um so einer romantisierenden Vernebelung entgegenzuwirken. Doch viele Werke können eben nur in einer bestimmten Zeit entstehen. Die Symphonischen Dichtungen von Richard Strauss sind zum Beispiel eng mit dem rasanten Aufblühen seiner musikalischen Persönlichkeitsentwicklung verbunden. *Salome*, *Elektra* und *Der Rosenkavalier* wiederum konnten

eben nur zu jener Zeit entstehen, in der es starke gesellschaftliche und gedankliche Bewegungen gab. Auch *Ariadne auf Naxos, Die Frau ohne Schatten, Die ägyptische Helena, Die schweigsame Frau, Capriccio* und *Die Liebe der Danae* waren Produkte, die aus einem bestimmten Zeitgeist heraus entstanden waren. So vereinigen sie die Reminiszenz an Altbewährtes und zugleich den Brückenschlag in eine moderne, weil indifferentere Zeit.

Trotz verfügbarer historischer Quellen blieben bisher manche Fragen unklar oder wurden zumindest elegant umschifft. So sehen wir heute nach wie vor die Person Richard Strauss nur schemenhaft umrissen. Denn die vielen Aussagen, Anekdoten und Briefe zeigen die unterschiedlichsten Seiten von Richard Strauss. Alle Facetten daher unter eine schlüssige Betrachtungsweise zu stellen, gilt als Herausforderung. Wie stellte sich also der Künstler Richard Strauss selbst dar? Steht die Person Strauss auch im Einklang mit diesem Bild? Weshalb kam es letztlich zum Bruch des einstigen kompositorischen Revolutionärs und Avantgardisten Richard Strauss mit seiner eigenen Ästhetik? Wovor hatte Richard Strauss Angst? Was hemmte den sonst unerschrockenen Erneuerer und Erweiterer der Wagner'schen Tonsprache? Ließ er die jüngeren Rebellen (Schönberg, Berg u. a.) des 20. Jahrhunderts tatsächlich im Stich? Wie stand er zu Gustav Mahler? Beneidete er etappenweise den Dirigenten und Wiener Hofoperndirektor um die Möglichkeiten der Umsetzung musikalischer Anliegen und Konzepte? Fragen, die bis heute keine Antworten erhielten.

Strauss bewies auch soziale Verantwortung. Die regte sich allerdings nur dann, wenn jemand begabt war und Eigeninitiative besaß. Da war Strauss bereit, Fürsprecher zu sein. Denn er hatte eigene Vorstellungen von persönlichem Engagement. Eben in jener Art, wie er selbst seine künstlerischen Botschaften zu übermitteln verstand, auch seine Urheberrechte eigenverantwortlich einforderte bzw. sich gewerkschaftlich organisierte und so Verbesserungen gemeinsam mit anderen erwirkte.

Richard Strauss ging als erster Künstler den Weg vom untertänigen Bittsteller zum erfolgreichen Geschäftsmann. Er bewies, daß ein begabter Künstler auch finanziellen Erfolg haben konnte, ohne sich dafür ständig beim Rest der Welt entschuldigen zu müssen.

Strauss war nicht nur im Briefwechsel mit seinen Librettisten rührig, sondern schrieb seine Gedanken zu vielen Themen frei heraus. In seiner Schreibfreude schloß er ganz an die Mitteilsamkeit der sich in genialer Aura weidenden, literarisch profilierten Komponisten-Generationen des 19. Jahrhunderts an.

Doch Richard-Strauss-Legenden, die man praktisch in allen biographischen Betrachtungen findet, wird man hier vergeblich suchen. Richard Strauss kommt selbst zu Wort. Durch den reichen Anekdotenschatz, der sich um ihn aufgebaut hat, blieb die Wahrheit oft Nebensache. Humorvolle Wendungen des Wortgewandten lenken allzu gerne von schwierigen, vertrackten Situationen ab. Höflich und distanziert bewegte man sich bisher an der Oberfläche der Strauss'schen Gedankenwelt. Psychologische Rückschlüsse auf seine Handlungsweise blieben in der Vergangenheit daher generell ausgeklammert.
Diese Biographie soll eine lebendige, zeitgemäße Darstellung des Musikers Richard Strauss sein, ihn als Kind seiner Zeit sehen und aus heutiger, sachlich distanzierter Weise betrachten.

Maria Publig
Februar 1999

Kindheit

„Sein Eifer ist sehr groß, er lernt ebenso gern als leicht“

Eine ungetrübte Kindheit

Endlich hatte Franz Strauss am 11. Juni 1864 das erreicht, was er seit langem anstrebte: Nach seinem bisher turbulenten Leben erwarb er sich eine gesicherte Existenz, uneingeschränktes Ansehen und eine zufriedene Familie. An jenem Tag gebar ihm seine Frau Josepha den Sohn Richard Georg. Franz Strauss war damals zweiundvierzig Jahre alt. Seine Sturm- und Drangjahre und eine Ehe, in der Frau und Kinder gestorben waren, hatte er bereits hinter sich gelassen. Voll fürsorglicher Warmherzigkeit beschrieb er infolgedessen Georg Pschorr sen. die Geburt seines Sohnes Richard: „Mit freudigem Vaterherzen beehre ich mich, Sie, lieber Herr Schwiegervater, zu benachrichtigen, daß mich mein liebes, gutes Weibchen gestern, Samstag, morgens sechs Uhr mit einem gesunden, kugelrunden, hübschen Knaben beglückte, und zugleich kann ich Ihnen mit größter Freude mitteilen, daß Mutter und Sohn sich wohl befinden.“[1]

Auch den Geburtsvorgang schilderte Franz Strauss anschaulich: „Die Geburt meines lieben, kleinen Bürschl ging ziemlich rasch und glücklich vonstatten. Am Freitag abends waren wir noch auf dem Keller, hatten auch nicht die geringste Ahnung, daß meine gute Frau noch in der kommenden Nacht schon entbindet, ich war daher außerordentlich überrascht, als ich, nachdem die Josephine mit Klara nach Hause gefahren war, etwas später zu Hause ankam, schon alle Anstalten zur Entbindung machen sah. Und so dauerte die ganze Nacht hindurch die Schmerzenszeit meiner lieben Josephine, bis sie morgens sechs Uhr von ihrem Leiden befreit, mir einen lieben Buben gebar. Daß wir eine große Freude an unserm kleinen Bürschchen haben, dürfen Sie uns, lieber Herr Schwiegervater, wohl glauben.“[2]

Daß einiges am Sprachduktus des Mozart-Fans Franz Strauss stark an jene Vorbildfamilie erinnert, wird vielleicht nicht unbeabsichtigt gewesen sein. Wolfgang A. Mozart schrieb Vater Leopold über die Geburt seines ersten Kindes: „Ich gratuliere, Sie sind Gros=Papa! – gestern früh den 17. um halb 7 uhr ist mein liebes Weib glücklich mit einem großen, Starken und kugelrunden Buben entbunden worden; – um halb 2 uhr Nachts giengen die Schmerzen an – folglich – war es mit dieser Nacht um alle ruhe und schlaf für beyde getan."[3]

Die Ehe der Eltern Strauss war im großen und ganzen glücklich. Josepha Pschorr (sie ließ sich auch gerne Josephine rufen) hatte vier Schwestern und einen Bruder. Fast sieben Jahre dauerte es, bis Franz Strauss es gewagt hatte, um ihre Hand anzuhalten. Er, der stets Korrekte, wartete den Zeitpunkt ab, bis er eine neue Familie finanziell auch standesgemäß erhalten konnte. Die väterliche Einwilligung zur Hochzeit hing davon ab. Und Franz Strauss hielt sich daran, obwohl in diesem Fall die wohlhabende Brauerei-Familie Pschorr durch entsprechendes Startkapital hilfreich Beistand geleistet hätte.

Strauss hatte Josepha kennengelernt, als diese achtzehn Jahre alt war. Als Hornist und Geiger nahm er regelmäßig an den musikalischen Runden der kunstliebenden Pschorrs teil, bis er sich eines Tages jene bewußte Frage zu stellen getraute und damit endlich auch der jahrelange Wunsch Josephas in Erfüllung ging. Ob ihre später auftretenden Angstzustände und Nervenleiden, die sich zeitweise verschlimmerten, auf die jahrelange Hinhaltetaktik von Franz Strauss zurückzuführen sind, soll dahingestellt bleiben. Jedenfalls machte sich die Familie große Sorgen über ihre Einlieferungen in Nervenheilanstalten. Psychotherapie gab es damals noch nicht. Erst um 1890 tastete sich der Wiener Arzt Sigmund Freud erfolgreich, aber wissenschaftlich umstritten an die psychischen Verspannungen und Verdrängungen, die er Neurosen nannte, heran.

Der Weg des kleinen Richard Strauss schien vorprogrammiert. In den königlich-bayerischen Hornistenhaushalt hineingeboren zu sein, hieß, von Beginn an musikalisch gefördert zu werden. Hausmusikfreude allein war nicht der Zweck solcher Zusammenkünfte, sondern der Sinn für Qualität und musikalische Perfektion bestimmte die Musikrunde der Familie Strauss. Erste Begegnungen, die Richard intensiv beobachtete.

Franz Strauss war jetzt Solohornist des Münchner Hoforchesters. Und als Richard elf Jahre alt war, übernahm der Vater in seiner Freizeit die Leitung des Amateurorchesters „Wilde Gung'l". Ein Zufall: dessen Gründung fiel ins

Geburtsjahr des Sohnes 1864. Franz Strauss sorgte in Folge für eine musikalisch anspruchsvolle Programmlinie und widmete sich mit großem Ernst dem Dirigieren, Arrangieren und Komponieren von Gavotten und anderen Tänzen.
Von Anfang an hatte es Richard das Klavier angetan. Nachdem es den Kleinen besonders freute, wenn der Vater mit ihm zur Marschparade am Münchner Marienplatz ging und er die Melodien nachzusingen wußte, die Franz Strauss, zu Hause angekommen, bereits längst vergessen hatte, lag es auf der Hand, die Ambitionen des Kindes zu unterstützen. Unter der umsichtigen Förderung des Orchesterkollegen August Tombo war es daher für Richard mit viereinhalb Jahren nicht zu früh, Klavierspielen zu lernen.
Spielerisch erdachte der kleine Richard auch einige Kompositionen, wie die *Schneider-Polka o. op. 1* (1870), *das Weihnachtslied in Es-Dur o. op. 2* oder die *Panzenburg-Polka o. op. 10* (1872), die der Vater (auch hierin ganz dem Vorbild Leopold Mozart nacheifernd) zu Papier brachte.
Mit elf Jahren dann sollten die kleinen Stücke des Knaben ein eigenständiges System aufweisen. Die Begeisterung Richards war nach wie vor vorhanden. Deshalb engagierte Vater Strauss 1875 den Hofkapellmeister Friedrich Wilhelm Meyer, der den Sproß von nun an in Komposition unterrichtete. Und vom Kollegen des Vaters, dem Harfenisten Tombo, wechselte man im gleichen Jahr zu einem neuen Klavierlehrer: Carl Niest.
Violine lernte der Bub zu dieser Zeit bereits drei Jahre lang. Er hatte aber nicht die rechte Freude daran. Mit seinem Vetter Benno Walter, der Konzertmeister im Hoforchester war, verstand er sich zwar hervorragend, doch das Halten und Spielen der Geige strengte ihn, wie die jüngere Schwester Johanna berichtete, recht an. Benno Walter war eigentlich der Vetter des Vaters, doch Richard übernahm diese Bezeichnung. Das musikalische Fundament war damit gelegt. Ob die Begeisterung auch weiter anhalten würde und sich die Begabung des Kleinen ausbauen ließe?
Alle Bedenken erübrigten sich. Schon als Siebzehnjähriger weiß er klar seinen Weg. Dem vom Münchner Generalmusikdirektor Franz Lachner empfohlenen, renommierten Verlag Breitkopf & Härtel teilte Richard Strauss 1881 seine Vorhaben mit: „Ich besuche gegenwärtig das Gymnasium, und zwar in Unterprima, werde mich aber vollständig der Musik, und zwar direkt der Komposition, widmen, Unterricht in Kontrapunkt hatte ich bei Herrn Hofkapellmeister Fr. W. Meyer […]. Über den Marsch, sowie auch über einige andere größere Kompositionen von mir sprach sich Herr Generalmusik-

direktor Franz Lachner, der mir die gütige Erlaubnis erteilte, ihm zuweilen eine meiner Kompositionen vorzulegen, sehr günstig aus. Es ist die eine noch ungedruckte Symphonie für großes Orchester, welche demnächst auf Wunsch seiner Exc. des Generalintendanten von Perfall von dem Kgl. Hoforchester probiert wird, und ein Streichquartett, das Anfang März von Seite des hiesigen Quartetts unter Herrn Konzertmeister Walter die erste öffentliche Aufführung erleben wird, und dessen Erfolg ich nur abwarten will, um dann vielleicht mir die Freiheit zu nehmen, es Ihnen zur gütigen Einsicht zu schicken."[4]

Es kam zu keinem Vertragsabschluß. Nicht einmal, als der gutsituierte Onkel Georg Pschorr einspringen wollte, um die Druckkosten des *Festmarschs* zu übernehmen. Breitkopf & Härtel lehnten ab. Zur Ermutigung des Knaben erklärte sich letztlich der Münchner Verlag Aibl gegen eine kleine Finanzspritze des Onkels von 282 Mark bereit, den musikalischen Sproß der Familie Pschorr-Strauss unter seine Fittiche zu nehmen. Der Verleger Eugen Spitzweg veröffentlichte den *Festmarsch* als *Opus 1*. Eine jahrzehntelange Zusammenarbeit entstand daraus. (Der Verlag Aibl blieb bis zu *Don Quixote* [1896/97] Richard Strauss' Hauptverlag. 1904 ging der Musikverlag an die Wiener Universaledition über.) Spitzweg war es auch, der den unbekannten, jungen Komponisten seinem Freund Hans von Bülow, dem damals berühmtesten Dirigenten Europas, ans Herz legte.

Selbstverständlich mußte Richard Strauss auch selbst etwas zu seinem Erfolg beitragen. Doch der Großteil seiner Komponistenkollegen wurde weder in eine etablierte Hofmusikerfamilie hineingeboren, die dem Begabten richtig beizustehen verstand, noch hatten sie die Möglichkeit, finanzielle Zuwendungen von wohlgesonnenen Familienmitgliedern wirkungsvoll einzusetzen.

Das, was sich fast alle großen Künstler mühsamst erarbeiten mußten, schien Richard Strauss, in sozialem Gegensatz zu jenen, geradewegs in den Schoß zu fallen. Wo andere aufreibend um Anerkennung kämpfen mußten, ihre Ausbildung unter schwierigen Umständen durchzusetzen suchten und bei der Berufswahl teilweise auf Verständnislosigkeit ihrer Eltern stießen, konnte Strauss von Anfang an auf ein Heer von Mithelfern und Förderern zurückgreifen.

Aber Strauss nahm die Hilfestellung keineswegs als selbstverständlich entgegen. Selbst als vermögend gewordener Fünfzigjähriger erinnerte er sich an die Herzlichkeit und Hilfsbereitschaft der Familie Pschorr und widmete diesem Familienzweig seine Erfolgsoper *Der Rosenkavalier* („Meinen lieben Verwandten, der Familie Pschorr in München, gewidmet").

Vor allem sein ungezwungenes Wesen machte es bereits dem Knaben Richard leicht, seine Umgebung für sich zu gewinnen. Die um vier Jahre jüngere Schwester Johanna erinnerte sich später an die gemeinsame Kindheit: „Richard war ein auffallend schönes Kind, ein Lockenkopf, lebhaft, mit sprühenden Augen [...]. Er war ein äußerst lebhaftes Kind, und so blieb nicht aus, daß sein Tatendrang ihn allerlei Kinderstreiche verüben ließ."[5]

Auch Richards zeitweise Unaufmerksamkeiten sorgten für seine Beliebtheit innerhalb der Klassengemeinschaft: „Als Mama einmal in Ermangelung des üblichen blauen Glanzpapiers seine Schulbücher mit Notenpapier einband, kam er begeistert über diese gute Idee nach Hause und hatte während des Unterrichts das Notenpapier schon komponiert. Der französische Lehrer, weniger begeistert, hatte das aber bemerkt und ihn unvermittelt aufgerufen.

Völlig geistesabwesend wußte Richard auf die ihm gestellte Frage keine Antwort. Zur Strafe wurde ihm aufgegeben, folgenden Satz ins Französische zu übersetzen: ‚Bringe er seine *Kasimulien* [scherzhafte Verdrehung für Musikalien] und seine hübsche Schwester mit', worüber die ganze Klasse in ein Freudengeheul ausbrach und rief: ‚Ja, das soll er, das soll er!', denn Richards Freunde waren ja auch die meinen."[6]

Der kleine Strauss dosierte seine Eigenwilligkeit so, daß die Lehrer dennoch mit seiner Gesamtpersönlichkeit sehr zufrieden waren. Ein Loblied auf den Zehnjährigen verfaßte im Königlichen Ludwigsgymnasium sein Klassenvorstand Carl Welzhofer: „Wohl wenige Schüler gibt es, die im gleichen Grade wie dieser Knabe Pflichtgefühl, Talent und Lebhaftigkeit in sich vereinigen. Sein Eifer ist sehr groß, er lernt ebenso gern als leicht. Seine Aufmerksamkeit beim Unterricht ist sehr groß; nichts entgeht ihm. Und doch kann er keine Minute lang ruhig sitzen, eine Bank ist ihm ein sehr leidiges Ding. Ungetrübte Heiterkeit und Fröhlichkeit lachen ihm aus den Augen Tag für Tag; Offenheit und Herzlichkeit liegen deutlich ausgeprägt in seinen Zügen. Seine Leistungen sind gut, sehr gut. Einen solchen Knaben muß jeder Lehrer liebgewinnen, ja es ist fast schwer, keine Vorliebe zu verraten. Strauss ist ein angehendes musikalisches Talent."[7]

Und wenige Jahre später berichtete ein anderer Pädagoge: „Ein Schüler von herrlichen Anlagen, anständiger Gesinnung und gutem Betragen; lebhaft, eifrig, aufmerksam, manchmal allzu rasch und flüchtig."[8]

Auch Franz Strauss komponierte selbst, doch die Ausbildung Richards wollte er letztlich Erfahreneren und Kompetenteren überlassen. Übrigens sollte er in den nächsten Jahren der beste Waldhornpädagoge an der Münchner Akademie der Tonkunst werden. Der junge Strauss wollte den Vater mit rapiden Leistungsfortschritten überraschen. Hoffnungen, die Franz Strauss ursprünglich nicht anzustellen wagte. Er betrachtete die Begabung des Sohnes, neben der Gesundheit der Kinder, als besonderes Geschenk. Der reife Vater verstand es, Richard die ganze Jugendzeit hindurch nicht zu überfordern. Alles, was der Sohn an Kompositionseifer und musikalischer Fortbildung leisten wollte, wurde umsichtig, mit der richtigen Wahl der Lehrer, zur richtigen Zeit gefördert.

„dort habe ich viele Tränen geweint"

Frühe Erfahrungen des Vaters

Für Franz Strauss war seine Position als Solohornist im Münchner Hoforchester die höchste Stufe einer Karriere, die er sich als junger Musiker wahrscheinlich in seinen kühnsten Träumen nicht vorzustellen gewagt hätte. Daß er sich letztlich auch zum gefeiertsten Hornisten weit und breit und damit zur Münchner Hornistenlegende entwickeln würde, konnte er ebenso nicht ahnen. Eines hatte er mit seinem Sohn Richard jedenfalls gemeinsam: die Fähigkeit, mit großem Einsatz und viel Begeisterung für die Sache die eigene Karriere voranzutreiben.

Franz Joseph Strauss hatte es anfangs nicht leicht. Als ungeliebtes, uneheliches und alleingelassenes Kind des Gendarmen zu Fuß, Urban Strauss, der sich weder um den Sohn noch um die sechs Jahre später geborene Tochter Friederike Antonie je gekümmert hatte und zuletzt alle verließ, wuchs er in der Familie seiner Mutter Kunigunde Walter in Nabburg auf. Die Kinder erkannte der Vater offiziell an, weshalb sie auch den Familiennamen Strauss erhielten. Eine Hochzeit mit der Mutter Kunigunde fand aber nicht statt. Möglicherweise versagte die Behörde den beiden Elternteilen die Heiratserlaubnis wegen mangelnder finanzieller Absicherung.

Onkel Georg Walter kümmerte sich um den Buben und brachte ihm das Spielen mehrerer Instrumente bei. Franz begann als Fünfjähriger mit dem Geigenunterricht und machte innerhalb von zwei Jahren bereits solche

Fortschritte, daß er bei diversen Festen oder dörflichen Hochzeiten zum Tanz aufspielte. „Als Nachtlager diente dann gewöhnlich die Ofenbank eines Wirtshauses“[1], erinnerte er sich später.

Kinderarbeit stand auf der Tagesordnung, und so stellte auch die Situation des kleinen Franz für damalige Verhältnisse nichts Außergewöhnliches dar. War es doch überall so, daß die Arbeitskraft von Kindern eingesetzt, genauer gesagt, ausgebeutet wurde; in England vor allem in Bergwerken und Fabriken. Mitte des 19. Jahrhunderts verabschiedete man in Deutschland und Frankreich einige Gesetze zum Schutz von Kindern und markierte dadurch „die Wendung von einer liberalen zu einer sozialen Gesetzgebung“[2]. Dies betraf speziell Kinder aus sozial und finanziell schlecht gestellten Familien.

Franz Strauss kam aus besonders kleinbürgerlichen Verhältnissen. In der über Generationen zurückverfolgbaren, streng katholischen Tradition der Familie Walter wird die vaterlose Situation für ihn sicher nicht leicht gewesen sein. Durch seine Verläßlichkeit und Ernsthaftigkeit scheint Franz seiner Mutter eine große Stütze gewesen zu sein.

Der Umgang mit den Brüdern der Mutter, Onkel Georg, Onkel Franz Michael und Onkel Joseph Michael, wirkte sich seelisch ausgesprochen positiv und anregend auf ihn aus. Er war voll Tatendrang. Überall wollte er ganz vorne dabeisein. Den Geboten des bürgerlichen Bildungsideals im 19. Jahrhundert nachzueifern, entwickelte sich zu einem der erstrebenswerten Lebensziele des jungen Franz Strauss.

Da er durch die einseitige Elternschaft damals nicht der gesellschaftlichen Norm entsprach, stürzte er sich lernwillig in alles, was seine Situation verbessern konnte. Ganz der korrekten Auffassung des Bürgertums entsprechend, übernahmen seine Onkel die Erziehung und Vormundschaft der Kinder. Frauen wurde ja üblicherweise keine Erziehungsberechtigung erteilt.[3] Auch der Pfarrer half beim Unterrichten begabter Kinder mit. Franz war eines davon, was ihn mit großer Freude erfüllte.

Als die Onkel Georg und Joseph Michael den hochmusikalischen Neffen Franz als Gitarristen von Nabburg nach München in die Kapelle des Herzog Max holten, bedeutete das für ihn eine Erlösung. Jahre später notierte er: „Auf dem Chore in Nabburg werden nicht viel Plätzchen sein, wo ich nicht Ohrfeigen bekommen habe, denn dort habe ich viele Tränen geweint.“[4] Da Franz nach damaliger Vorstellung zum Mann erzogen werden mußte, übernahm vorerst der älteste Onkel Franz Michael, der Türmermeister von Nabburg, die Verantwortung für ihn. Seine Erziehung war sehr streng, aber

man war der Meinung, ein rechtschaffener Knabe habe solch harte, aber konsequente Erziehungsmethoden zu ertragen. Und Schläge zählten zu den üblichen und immer noch harmloseren Züchtigungsarten.
Seinen eigenen Kindern gegenüber erwies sich Franz Strauss später als überaus besonnener und souveräner Vater. Er zeigte sich als verantwortungsvoller, überlegter Mensch, der als Oberhaupt seine Familie repräsentierte. Der stets nach außen hin gefaßte, manchmal spröde wirkende Franz Strauss, der auch hierin dem überlegenen Männerbild dieser Zeit entsprach, brach seiner Frau und seiner Familie gegenüber in Bekenntnisse aus wie: „Ich möchte ohne Dich nicht leben, und glaube mir, wenn ich auch brummig bin, daß Du doch mein alles bist.“[5] Oder: „Ich habe aufs Neue wieder eingesehen, daß ich nicht lange von Euch sein kann, denn ich habe keine innerliche Ruhe, wenn ich nicht Euch bei mir habe, alles Schöne hat nicht halben Wert, wenn ich Euch missen muß, also macht, daß Ihr bald kommt.“[6]
Sein Mut zur Ehrlichkeit und der Drang, seine Meinung, auch wenn sie nicht erwünscht war, öffentlich zu äußern, gereichten seiner Kollegenschaft manchmal zu Spott und Amüsement; sie erhöhten aber in erster Linie doch sein Ansehen und flößten seiner ganzen Umgebung Furcht und Respekt ein. Vorteile übrigens, die er später für seinen Sohn Richard noch hervorragend verwenden konnte.

Lehrjahre

„Liebster, bester, schönster, herrlichster Ludwig!"

Richards jugendliche Begeisterungsfähigkeit

Bereits der sechsjährige Richard war beseelt von Musik. Obwohl er in diesem Alter schon komponierte und Klavier spielte, hielten es die Eltern für viel zu früh, den Knaben stundenlang still in der Oper sitzen zu lassen. Erst als er sieben Jahre alt war, gab man seinem Drängen nach, so daß „sein heißester Wunsch, einmal ins Hoftheater zu gehen, von den Eltern erfüllt wurde. Mama konnte nicht früh genug mit ihm fortgehen, denn alles war ja ungeheuer wichtig für ihn und ein Erlebnis von allergrößter Bedeutung. Schon das Theater selbst, der mächtige hohe Raum, die Ränge, die Logen, der wundervolle Vorhang mit dem Gemälde von Guido Reni, versetzte Richard in eine noch nie erlebte Begeisterung. Es wurde der ‚Freischütz' von Carl Maria von Weber gegeben. Das stimmende Orchester erregte sein besonderes Interesse, war doch auch der Vater dabei [...]. Die Ouvertüre hatte Richard schon öfters vierhändig gespielt, auch die Arien kannte er ganz genau. Fast zitternd vor Erregung wartete er auf den großen Augenblick, da der Vorhang sich hob. Als Samiel zum erstenmal im Hintergrund auf der Bühne erschien, drückte Richard Mutters Hand und flüsterte in Angst: ‚Tut er ihm nun etwas?' Die herrliche Musik - besonders die Wolfsschlucht - versetzte ihn in eine unbeschreibliche Stimmung."[1]
Die große Begeisterung hielt an. Und so wählte die Familie Strauss Mozarts „Zauberflöte", ganz den bürgerlichen Gepflogenheiten der Kindererziehung im 19. Jahrhundert verhaftet, als zweites Opernerlebnis. Schwester Johanna erinnerte sich später an die Schilderung der Eltern: „Mit Papageno hatte er seinen besonderen Spaß. In brennender Ungeduld erwartete er den Auftritt

der Schlange, Papageno mit dem Schloß vor dem Mund und die Arie der Pamina. Alles hatte er schon auf dem Klavier gespielt, zumeist vierhändig: die Ouvertüre, die Chöre, die große Arie des Sarastro und den großen Auftritt der Königin der Nacht, die auf der Mondsichel erschien und sang."[2]
Zu diesem Zeitpunkt hatte Richard schon an vielen Hausmusikrunden teilgenommen. Das abendliche gesellige Beisammensein bereicherte den Alltag. Und anders als heute fanden sich damals Spitzenorchestermusiker noch zu regelmäßigen, privaten Soireen zusammen. Franz Strauss spielte auch, je nach Bedarf, mehrere Instrumente. Er sprang da ein, wo man ihn für das häusliche Musizieren gerade brauchte. Später wirkte Richard selbst jeden zweiten Sonntagnachmittag im Winter beim Quartettspielen im Hause Aschenbrenner mit. Sohn Carl war einer der Gymnasialfreunde Richards. Genauso wie u. a. Max Steinitzer, der erste Strauss-Biograph, und Arthur Seidl [3], späterer musikwissenschaftlicher Mitstreiter für die Person Strauss und deren Werke, gemeinsam mit dem kleinen Komponisten die Schulbank drückten.
Die gesamte klassische Quartettliteratur wurde auf- und abgespielt. Zwischendurch bewunderte man das technische Können von Onkel Benno Walter beim Violinspielen. Und die regelmäßigen musikalischen Veranstaltungen bei den kunstliebenden Pschorrs boten die Gelegenheit für einige Uraufführungen von Werken Richards. Die Widmung vieler Lieder aus dieser frühen Zeit erging an die musikbegeisterte Tante Johanna. Oder Onkel Hörburger, der Ehemann einer Schwester der Mutter, erhielt die *Große c-moll Klaviersonate Nr. 2, o. op. 60* zugedacht.
In Konzerten der „Wilden Gung'l" war Platz für die erste öffentliche Aufführung vom *Festmarsch op. 1* oder der *Gavotte Nr. 5* des jungen Komponisten. Von 1882 bis 1885 spielte Richard mit. Er konnte da ebenso einiges von der Orchesterleitung des Vaters lernen. Freunde wußten darüber folgende Geschichte zu erzählen: „Ganz abgesehen davon, daß sein goldiger Humor und seine überquellende Lebenslust ihn [Strauss] zum Freund aller machten, kam er doch oft in die schwersten – freilich scherzhaften – Konflikte mit seinem Vater. Dieser hielt alles auf saubere Stimmung und konnte nichts weniger leiden, als daß einer, nachdem der Taktstock zum Beginn bereits erhoben war, noch an einer leeren Saite zupfte. Unser Freund Richard aber zupfte oder strich fast immer noch einmal sein E an, das dann fast niemals stimmte. Sein Vater war jedesmal über dieses musikalische Verbrechen seines ungeratenen Sohnes außer sich. Wie der aber lachen mußte, das hat auch uns alle

zum Lachen gebracht und schließlich auch den grollenden Vater wieder versöhnt."[4]

In der Schule sah man es genauso gerne, wenn sich Richard musikalisch betätigte. Er spielte nicht nur hervorragend Klavier, sondern auch sein *Elektra*-Chor begeisterte die Schulkollegen und die Lehrer. An der überragenden musikalischen Begabung des Strauss-Sprosses kannte man keinen Zweifel.

Maturiert wurde ohne besondere Anspannung, während die öffentlichen Auftritte unter der größten Aufregung der Familie abliefen. Richard selbst belustigte alles. Da die anderen an seiner Stelle voll Lampenfieber waren, konnte er es sich ersparen. Die Uraufführungen der *Symphonie in d-moll* (1881) in einem Abonnementkonzert der Musikalischen Akademie unter dem Münchner Hofkapellmeister und somit dem Chef des Vaters, Hermann Levi, und seiner *Konzertouvertüre in c-moll* (1883) nahm er genauso wie die eigenen pianistischen Auftritte als selbstverständlich hin.

Sicher, im Konkurrenzstreben mit dem „liebsten, besten, schönsten, herrlichsten Ludwig!"[5], Ludwig Thuille, einem Waisenkind, das die Eltern Strauss für einige Zeit bei sich und den Kindern aufgenommen hatten, fühlte sich der vierzehnjährige Richard beflügelt. Franz Strauss war auch an der Förderung dieses begabten jungen Mannes gelegen. So konnte er dessen Aufnahme in die Münchner Musikschule erwirken. Ludwig war um drei Jahre älter als Richard. Das belastete jedoch keineswegs die Freundschaft. Der junge Strauss konnte daran wachsen und nahm sich bereits auch hier, wie später, kein Blatt vor den Mund. Ludwig korrigierte teilweise Richards Kompositionen: „Daß du mich hierauf aufmerksam gemacht hast, bin ich dir sehr dankbar."[6] Und aus seiner Verehrung für den begabten Älteren machte er auch keinen Hehl: „... wenn ich diese bedeutenden Mängel früher gesehen hätte, [würde ich es] gar nicht gewagt haben, dir mit einem solchen Machwerk unter die Augen zu treten noch viel weniger, es dir zu widmen, im Gegensatz zu deiner Sonate, die auf einem viel höheren Standpunkt als meine."[7] Und dies alles schrieb dem Freund Ludwig Thuille „Dein Dich innig liebender Richard"[8].

Extreme Standpunkte wurden in dieser Entwicklungsphase auch gegen Wagners umstrittene Musikdramen bezogen. Über den „Siegfried" hieß es: „Gelangweilt habe ich mich wie ein Mops, ganz grauenhaft habe ich mich gelangweilt, so fürchterlich, daß ich Dir's gar nicht sagen kann, es war scheußlich."[9] Das sollte sich aber bald ändern. Spätestens mit der Bekanntschaft des Wagner-Jüngers und Bülow-Freundes Alexander Ritter, den Richard in Meiningen kennengelernt hatte, erweiterte sich sein Musikhorizont rigoros.

Schließlich ging Ludwig Thuille eine Zeitlang nach Tirol, übersiedelte aber 1879 ganz nach München, wo er heiratete und Lehrer an der Königlichen Musikschule wurde. Die Freundschaft mit Richard Strauss hielt, mit einigen Unterbrechungen, bis zu Thuilles Tod 1907 an. Wie für viele andere Komponisten, mit denen Strauss bekannt oder befreundet war, war es letztlich auch für den Jugendfreund schwer, dem rasanten Höhenflug des Jüngeren völlig neidlos zuzusehen. Noch dazu, wo er selbst einst doch technisch viel reifer als Richard war. Doch das holte dieser ziemlich schnell auf. Fantasiereichtum und musikalische Persönlichkeit kann man eben nicht lernen. Und das war Richards außerordentliche Begabung, die Ludwig und andere als solche zu akzeptieren hatten.

Als Belohnung für das bestandene Abitur nahm der Vater Richard im August 1882 zur „Parsifal"-Aufführung nach Bayreuth mit. Als bester Hornist seiner Zeit hatte sich Franz Strauss von Orchesterchef Hermann Levi wider Willen dazu überreden lassen, mitzuwirken. Wagner selbst nannte ihn einen „unausstehlichen Kerl, aber wenn er bläst, kann man ihm nicht böse sein"[10]. Und Hans von Bülow verglich ihn mit einem der berühmtesten Geiger jener Zeit und nannte ihn: „Joachim auf dem Waldhorn."[11] Als die Musiker des Münchner Hoforchesters 1883 vom Tod Richard Wagners erfuhren, standen sie zu einer Gedenkminute auf. Franz Strauss, der unbeugsame Wagner-Skeptiker, allerdings blieb, dieses Ereignisses ungerührt, sitzen.

Noch beeindruckt von den Bayreuther Erlebnissen begann Richard im Wintersemester 1882/83 das Universitätsstudium in Philosophie, Ästhetik und Kunstgeschichte. Doch kam er sehr schnell darauf, daß ihn die Theorie weniger als die Praxis interessierte. Um sein Studium kümmerte er sich von da an nicht mehr. Und bereits am 27. November 1882 gab es wieder Aufregung im Hause Strauss. Der Münchner Hofkapellmeister Franz Wüllner, der nun bis 1884 in Dresden tätig war, hatte sich bereit erklärt, Richards *Bläserserenade op. 7* in sein Programm aufzunehmen.

Die Aufführung war der erste große Erfolg von Richard Strauss. Und genau diese *Es-Dur-Bläserserenade* knüpfte 1883 den Kontakt zwischen Hans von Bülow und dem jungen Richard Strauss. Zu gegebener Zeit wird ihn Bülow als Musikdirektor, neben sich, nach Meiningen holen. Und das zur großen Verblüffung des Bülow-Gegners Franz Strauss.

„Denkt Euch! Morgen kommt Bülow!“

Vorbild erzieht: Hans von Bülow – Förderer und Mentor

„Wer ihn einmal Beethoven spielen oder Wagner dirigieren hörte, wer je einer seiner Klavierstunden beiwohnte oder ihm bei einer Orchesterprobe lauschte, für den mußte er das Vorbild aller leuchtenden Tugenden des reproduzierenden Künstlers sein, und seine rührende Sympathie für mich, sein Einfluß auf die Entwicklung meiner künstlerischen Fähigkeiten war, außer der Freundschaft Alexander Ritters, der zum Kummer meines guten Vaters einen Wagnerianer aus mir machte, das einschneidendste Moment in meiner Laufbahn. Was ich an Verständnis für die Kunst der Interpretation mein eigen nenne, verdanke ich außer meinem Vater [...], dessen grimmigem Gegner Hans von Bülow."[1] Als Neunundvierzigjähriger formulierte Strauss diese Erinnerungen über jene zwei Menschen, die ihn künstlerisch am meisten formten. Aus seinem sachlich-distanzierten Tonfall kann man erkennen, daß er sich auch später, als beide bereits verstorben waren, noch nicht darüber im klaren war, wer ihm wichtigere Einblicke in das Musikleben eröffnet hatte.

Mit dem persönlichen Kennenlernen einer der hervorragendsten Dirigentenpersönlichkeiten „eröffnete mir [Bülow] damit eine unter seinem Segen inaugurierte, vom Glück begünstigte Laufbahn".[2] Vor dem ersten Zusammentreffen mit dem damaligen Dirigentenstar war der junge Strauss allerdings befangen: „Auf das Zusammentreffen mit Bülow bin ich sehr begierig, ist mir eigentlich etwas angst."[3]

Den offiziellen Kontakt hatte Strauss' Verleger Eugen Spitzweg durch die Empfehlung der *Es-Dur-Bläserserenade op. 7* (1881) an seinen Freund Bülow hergestellt, der zuvor die *Klavierstücke op. 3* als „unreif und altklug" abgelehnt hatte. Doch diesmal hatte Hans von Bülow als Direktor der Meininger Hofkapelle prompt darauf reagiert und den jungen Strauss zu einer neuen Komposition, der *Bläsersuite op. 4* (1884), ermutigt. Alsbald erfolgte Strauss' künstlerischer Sprung ins kalte Wasser. Ohne Proben, aber mit vorheriger brieflicher Ankündigung Bülows an Vater Strauss, mußte Richard seine *Suite für 13 Blasinstrumente in B-Dur op. 4* vor dem Münchner Publikum dirigieren. Er selbst konnte (wollte?) sich später anders erinnern: „Ich dankte hochentzückt, vermeldete aber, daß ich niemals einen Taktstock in der Hand gehalten habe, und frug, wann ich probieren konnte. ‚Proben gibt's nicht, dazu hat das Orchester auf der Reise keine Zeit.' Sein [Bülows] Befehl war so kategorisch, daß ich gar nicht dazu kam, über meinen Schrecken nachzu-

denken. […] Ich dirigierte mein Stück in einem leichten Dämmerzustand; ich weiß nur mehr, daß ich nicht umgeschmissen habe."[4] Alles ging gut.
Den Mentor Bülow hinderte die Antipathie von Vater Strauss dem gesamten Umfeld Wagner-Bülow gegenüber nicht daran, den unerfahrenen Sohn als Musikdirektor nach Meiningen zu holen und ihn dort künstlerisch nicht verkommen zu lassen, sondern behutsam zu fördern. Richard Strauss eignete sich hier den Grundstock seines Konzertrepertoires an. Später erinnerte er sich: „Als Pädagoge konnte er [Bülow] von unerbittlicher Pedanterie sein, und sein Wahlspruch [war]: ‚Lernt erst die Partitur einer Beethovenschen Sinfonie *genau* lesen, und ihr habt auch schon die Interpretation.'"[5]
Die musikalischen Grundkenntnisse hatte Strauss zu diesem Zeitpunkt bereits erworben. Jetzt ging es um die praktische Erarbeitung von Werken. Und Interpretationen betreffend, war Hans von Bülow bahnbrechender Neuerer: „Das Bild der Werke, die er damals (alle auswendig) probierte, steht seit dieser Zeit unverrückbar vor meiner Seele. Besonders die Art, wie er den poetischen Gehalt der Werke Beethovens und Wagners ausschöpfte, war absolut überzeugend. Da war kein Zug von Willkür, alles zwingende Notwendigkeit, aus Form und Inhalt des Werkes selbst heraus; sein hinreißendes Temperament, stets von strengster, künstlerischer Disziplin und einer Treue gegen den Geist und Buchstaben des Kunstwerkes (beides ist mehr identisch, als gemeinhin geglaubt wird) regiert, brachte in peinlichsten Proben die Werke zu einer Reinheit der Darstellung, die für mich heute noch den Gipfel der Vollkommenheit der Wiedergabe von Orchesterwerken bedeutet."[6]
Speziell die Jugend verehrte Bülow als Dirigenten von Wagner-Opern und als streitbaren Verfechter neuer Musikrichtungen im allgemeinen. Daß der gebürtige Norddeutsche als Liebkind von Richard Wagner in München (Politik und Administration stellten sich, trotz der Fürsprache König Ludwigs II., komplett gegen das Wagner-Mysterium und damit auch gegen Bülow) nicht gerade große Sympathien im Volk genoß, störte ihn nur wenig. Wagner hatte Bülow seinerzeit als Interpreten seiner Werke König Ludwig II. ans Herz gelegt. Sofort wurde der Wunsch Wagners erfüllt, und Hans von Bülow befand sich vorerst als Hofpianist, der dem König Wagners Musikdramen näherbrachte, später dann als Hofkapellmeister und als Direktor der Musikhochschule in München. Nach zunehmenden Schwierigkeiten verließ er die Stadt und unternahm wieder mehr Tourneen.

Als Cosima, Bülows Ehefrau, sich letztlich für Richard Wagner entschied und ihren Mann, nachdem sie Wagner bereits drei Kinder geboren hatte, endgültig verließ, wandte er zwar dem Musentempel Bayreuth den Rücken zu, doch bekannte er sich ungebrochen zu Wagners Werk. Darüber hinaus hatte er sich verstärkt Johannes Brahms, dem neuen Stern am Musikhimmel, verschrieben, mit dem ihn nun über längere Zeit hindurch enge Freundschaft verband.

Richard Strauss' Meinung nach konnte aber Brahms gegen Wagner nicht im mindesten aufgewogen werden. Ihn begeisterte der kaltschnäuzige Hamburger, der in Wien lebte, weniger. Außerdem interessierte er sich ja für Bülow, der ihn pädagogisch richtig zu nehmen verstand. Strauss freute sich, wenn er Bülows Zuspruch erhielt: „Er lobte sie [*Bläsersuite op. 4*] ganz außerordentlich und forderte danach alle Musiker auf, mich zu applaudieren, wobei er selbst mithalf."[7] Oder: „Bülow ist sehr entzückt von der Sinfonie und versprach mir, riesige Propaganda dafür zu machen, auch mein Spiel befriedigte ihn sehr!"[8] Und große Ehre bereitete Bülow Strauss letztlich mit der Feststellung: „Sie gehören zu den Ausnahmemusikern, die nicht von der Pike auf zu dienen nötig haben, die das Zeug haben, sofort einen höheren kommandierenden Posten zu bekleiden."[9]

Was Hans von Bülow an Lebenskraft und Protektion in den jungen Ehrgeizigen steckte, bekam er durch dessen Bewunderung und aufrichtige Zuneigung zurück. Von einer späteren Konzertreise meldete Strauss nach Hause: „Um 7 Uhr hier angekommen, fand ich meinen lieben Bülow sehr wohlaussehend, er freute sich ausnehmend über mein Kommen."[10] Auch aus Meiningen berichtete er voll Spannung: „Denkt Euch! Morgen kommt Bülow! [...] Ich freue mich natürlich kolossal auf ihn."[11]

Bülow erwies sich auch als Förderer von Richard Strauss im Ausland: „Frau von Bülow [Marie, Bülows zweite Frau] ist wieder auf einige Tage hier und erzählte mir, daß Bülow vorhabe, meine Sinfonie, wenn's irgend geht, in Petersburg zu machen. Welch großer edler Mensch Bülow [ist], habe ich von neuem jetzt wieder bestätigt gesehen."[12] Und an den Vater richtete sich, um der mißgünstigen Münchner Bülow-Gegnerschaft nicht Öl ins Feuer zu gießen, der Appell: „... dementiert nur kräftig alle Nachrichten von einem Kölner Skandal und einem wirklichen Zerwürfnis mit Brahms."[13] Beim zeitweise aufbrausenden Bülow konnte es so manchem Betroffenen die Rede verschlagen. Extreme Standpunkte und Wortduelle trübten letztlich auch die intensive Freundschaft mit dem anderen „Schwierigen": Brahms.

Strauss aber überschätzte die Antipathie des Vaters gegenüber Bülow. Seit dessen Eintreten für den Sohn nahm sich Franz Strauss in seinen negativen Äußerungen sehr zurück, wie er später auch Cosima Wagner gegenüber gute Miene zum bösen Spiel machte. Der frühe Strauss-Biograph Max Steinitzer hielt dazu fest: „Als Frau Wagner den jungen Strauß bei seinem Onkel Pschorr in Feldafing besuchte, wohl 1892, traf es sich, daß er sie am Arm seines alten Herrn durch den Garten gehen sah."[14]

Hans von Bülow war es hiermit gelungen, den kritischen Geist, Vater Strauss, ein für alle Male zum Verstummen zu bringen, indem er sich seines Sohnes annahm. Das war ein Trumpf, dessen sich Bülow wohl bewußt war. Den Sohn eines Gegners, der nicht ganz unbeteiligt an der negativen Bülow-Stimmung in München gewesen sein wird, für sich zu gewinnen, ist sicher eine Genugtuung gewesen. Strauss erinnerte sich daher später an des Vaters Kanossagang, der nach der Aufführung eines seiner Werke „von der anderen Seite herein [kam], um tief gerührt Bülow zu danken. Das war's, worauf Bülow gewartet hatte. Wie ein wütender Löwe sprang er auf meinen Vater los: ‚Sie haben mir gar nichts zu danken', schrie er, ‚ich habe nicht vergessen, was Sie seinerzeit hier alles mir angetan haben, hier in diesem verdammten München. Was ich heute tat, habe ich getan, weil Ihr Sohn Talent hat, nicht für Sie.' Wortlos verließ mein Vater das Musikzimmer, aus dem alle anderen Anwesenden, als sie Bülow losbrechen sahen, schon geflüchet waren. [...] Bülow hatte plötzlich die allerbeste Laune."[15] Und weiter: „Den Affront, den er meinem Vater damals angetan, hat er später reichlich wettgemacht, und mein Vater hat's dem Wohltäter seines Sohnes nicht nachgetragen."[16]

Ungerecht war Franz Strauss Bülow gegenüber nicht. Doch verlangte es sicher große Zurückhaltung von ihm, wortlos zuzusehen, wie Richard durch Hans von Bülow und dessen Schulfreund und angeheirateten Wagner-Neffen Alexander Ritter immer stärker in die Bayreuther Fänge geriet. Es ging Franz Strauss dabei nicht nur um die für ihn unverständlichen und daher unnötigen Wege der „Neutöner", sondern um die verwerfliche, überhebliche Haltung jenes Kreises andersgesinnten Menschen gegenüber. Richard war diesem Umstand ausgesetzt. Die Früchte sollten sich noch zeigen.

Als Bülow, von dem sich seine Frau Cosima und Richard Wagner nun endgültig als Person getrennt hatten, ziemlich zerknirscht aus Bayreuth wegging, verflog kurzzeitig auch Richard Strauss' Achtung vor ihm: „Bülow hat wirklich kein Verständnis mehr für poetische Musik, er hat den Faden verloren!"[17] So ist es auch zu verstehen, wenn er nach der Aufführung seines *Don*

Juan meinte: „Daß mir die total verfehlte Aufführung durch Bülow (denn einreden kann man bei Bülow wenig, er ist sehr empfindlich, nach dem genauen Inhalt des ‚Don Juan' hat er sich überhaupt nie erkundigt) nur Ärger und Qualen bereitet hat, werdet Ihr nun verstehen."[18] Man muß aber auch bedenken, daß Richard Strauss alle Mittel recht waren, um sich künstlerisch und menschlich von seinem geliebten, starken Vorbild Hans von Bülow zu emanzipieren.

Letztlich war die Angleichung an das Idol auch in seinem Habitus so groß geworden, daß der Vater seinem Sohn riet, beim Dirigieren keine „Schlangenbewegungen" zu machen: „Es ist bei Bülow schon nicht schön, und der hat doch eine kleine, graziöse Figur."[19] In seiner Verzweiflung kämpfte Strauss wie ein Pubertierender gegen den Übermächtigen. Und dazu war ihm, auf kurze Zeit, auch die distanzierte Haltung Bayreuths gegenüber Bülow recht, der er sich anschloß.

Dazu kam, vor allem nach Wagners Tod, die immer stärkere Abkoppelung Bülows von den Wagnerianern. Und als Obmann des Wagner-Vereins in Weimar („Sobald ich jetzt etwas freie Zeit habe, werde ich mich an eine Auffrischung des hiesigen Wagner-Vereins machen, in welchem ich gerne Vorlesungen der Schriften des Meisters veranstalten möchte")[20] hielt der verblendete, junge Strauss (Onkel Georg nannte Wagner den „Schwindler von Bayreuth")[21] Bülows Einstellung für illoyal und inkonsequent. Denn zu diesem Zeitpunkt stand er eben ganz unter dem Einfluß Wagners und dessen „Gralsverwandtschaft", so daß sich auch manche übertriebene Stellungnahmen des sich erst am Weg zur eigenständigen Persönlichkeit befindenden Richard Strauss finden lassen: „Daß Bülow überhaupt dirigierte […] ist ein Geschäftskniff Wolffs, der wünschte, daß Bülow persönlich für dieses allermodernste sinfonische Werk [*Don Juan op. 20*] eintrete und damit einen Schlag gegen den Wagner-Verein führe durch den Beweis, daß die Firma Wolff nicht bloß gut abgelagerte, sondern auch die allerneuesten Artikel führe."[22]

Daß er hier Hans von Bülow vorhielt, für die damalige Avantgarde einzutreten, wäre, hätte er es ernst gemeint, ein Schuß nach hinten gewesen. Bülow trat ja auch für Richard Strauss' eigene Werke ein, was jener zu diesem Zeitpunkt zu vergessen schien, als sich seine Nörgeleien im wesentlichen gegen den jüdischen Berliner Konzertagenten Hermann Wolff richteten. Eines stimmte: An Wolff kam niemand vorbei, der mit Bülow künstlerischen Kontakt aufnehmen wollte. Auch Richard Strauss war auf Wolff angewiesen, wollte er seine Werke großartig interpretiert wissen. Vor allem, wenn sie in den Konzerten der Berliner Philharmoniker aufgeführt werden sollten, deren Unternehmer Hermann Wolff war.

Daß sich Anti-Wagnerianer, darunter auch viele jüdische Kunstinteressierte, plötzlich verstärkt um Bülow scharten, lag unumwunden an dessen mehr oder weniger deutlichem Hinauswurf aus Bayreuth. Überdies klaffte die politische Anschauung immer stärker auseinander. Speziell nach Wagners Tod herrschte in Bayreuth ein konservativer Liberalismus, den der nunmehrige Republikaner und Sozialist Bülow nur noch schwer ertrug. (Er entwickelte sich zum großen Verehrer des deutsch-jüdischen Sozialistenführers Ferdinand Lassalle.) Er hatte Wagner noch als Mitstreiter der gemeinsamen Idee von 1848 kennengelernt, deren Faszination für beide aus Marx' und Hegels Schriften hervorgegangen war. Die prinzipiellen Anliegen des von Ferdinand Lassalle 1863 gegründeten „Allgemeinen Deutschen Arbeitervereins" (spätere „Sozialistische Arbeiterpartei") entsprachen durchaus Bülows politischer Einstellung. Die aus dem Liberalismus hervorgegangene Bewegung setzte ganz auf die staatliche Unterstützung und die Einsicht von Kanzler Bismarck, daß es im Sinne aller sei, „die großen Kulturfortschritte der Menschheit zu befördern"[23]. Und ein Anzweifeln der staatlichen Institutionen - wie es die Kommunisten taten - wurde durch den Gedanken einer für alle Bürger akzeptablen demokratisch-innerstaatlichen Reform ausgeschlossen.

Während Wagner durch seinen zunehmenden Ruhm und die herausragende Protektion eines Monarchen immer mehr seine einst aufgeschlossene Grundhaltung vergaß, arbeitete der andere, ohne große Worte, kontinuierlich an deren musikalischer Umsetzung. Dazu zählte auch die Förderung moderner Musik und begabter Künstler. Oder zumindest: zur Diskussion sollten sie gestellt werden. Und der junge Strauss paßte hervorragend in Bülows fortschrittliches kulturpolitisches Konzept.

Ähnlich Lassalles wenig demokratischer Parteiführung leitete auch Bülow seine Orchester autoritär, humorlos und ohne Rücksicht auf Verluste, was Vater Strauss und seine Kollegen zur Weißglut bringen konnte, den Sohn Strauss jedoch in tiefe Ehrfurcht versinken ließ.

Nachdem Bülow am 12. Februar 1894 an Gehirntumoren auf einer Genesungsreise in Kairo verstorben war, sah sich Strauss aus menschlicher Betroffenheit außerstande, die Grabmusik zu leiten. Ein anderer Verehrer des Dirigenten Bülow sprang ein: Gustav Mahler.

„Neigung zum Experimentieren"

Die Vater-Sohn-Kooperation: Eine Aufsteigerfamilie hält sich an Karrierespielregeln

Richard Strauss hielt noch Jahrzehnte nach dem Tod des Vaters bewundernd fest: „Er war ein sogenannter Charakter. Er hätte es für ehrlos gehalten, ein einmal als richtig erkanntes künstlerisches Urteil jemals zu revidieren."[1] Für uns heute wenig schmeichelhafte Worte über einen Menschen, da wir hierin eine gewisse Form von Starrheit und mangelnder Flexibilität erkennen. Als der betagte Strauss dies schrieb, ging er noch vom überzeichneten Ehrbegriff einer zu diesem Zeitpunkt längst überholten Periode aus. Der Musikhistoriker und Strauss-Verehrer Franz Trenner erblickte darüber hinaus noch 1960, unzeitgemäß und wenig distanziert: „die charaktervolle Persönlichkeit Franz Strauss'"[2]. Die Liebe und Anerkennung des Sohnes dem Vater gegenüber resultierte hingegen aus einer lebenslangen, echten Verbundenheit, wie sie für eine Vater-Sohn-Beziehung sehr selten ist.

Für Richard Strauss war der Vater wichtiger Förderer und Berater. Er selbst beschrieb zwar die familiären Gegebenheiten so: „Zu Hause war er sehr heftig, jähzornig, tyrannisch, und es bedurfte der ganzen Milde und Güte meiner zarten Mutter, um das Verhältnis meiner Eltern, trotzdem es stets von aufrichtiger Liebe und Wertschätzung getragen war, in ungetrübter Harmonie verlaufen zu lassen."[3] Doch stammen diese klagenden Zeilen aus einer Zeit, wo längst andere Gesellschaftsmuster vorlagen. Die Psychoanalyse, die Richard Strauss ja eifrig interessierte (nicht nur als Musikdramatiker, sondern auch als Sohn einer hypersensiblen Mutter, von der er – trotz späterer gelassener, bürgerlicher Fassade – viele Charaktereigenschaften ererbt hatte), war in ihren Anfängen erfolgreich, und der totale Umbruch von der Monarchie zur Demokratie war vollzogen.

Franz Strauss wollte hingegen die neue Zeit des gesellschaftlichen Umdenkens nicht in allem an sich heranlassen. Seine Prägungen liegen in der Idealisierung der familiären Grundwerte. Stolz und Ehre samt der neuen geistigen Identität des vereinten Deutschen Kaiserreichs (seit 1871), das sich von einem Staatenbund in einen Bundesstaat verwandelt hatte, worin die Fürsten und freien Städte ihre Souveränität trugen, bildeten das gesellschaftliche Klima schon weit vor der Mitte des 19. Jahrhunderts. Abarten der Verherrlichung des Militarismus gingen unter Preußens Führung als gemein-

same Identität auf ganz Deutschland über. Franz Strauss entsprach mit seiner Grundhaltung somit dem „modernen Männerbild" jener Zeit.
Für den Sohn war das teilweise bereits nicht mehr einsichtig. Er empfand manche Auffassung der älteren Generation längst als lächerlich und überholt. Franz Strauss hielt allerdings überhaupt nichts vom preußischen Erziehungsdrill bei Kindern. Hierin war er – trotz gegensätzlichem Zeitempfinden – ganz gemütlicher und eigenwilliger Münchner geblieben.
Dem Sohn ersparte der Vater, was ihm selbst als Knabe, der ohne Eltern aufwachsen mußte, widerfuhr. Weinen mußte der kleine Richard sicher nicht: „Es vergeht keine Viertelstunde des Tags, wo ich nicht an Dich und den Bubi denke und immer wünsche bei Euch sein zu können"[4], schrieb Franz Strauss einst der Mutter.
Der Stolz des Vaters und die Freude über seine Kinder erhöhten sich noch, als das Talent Richards immer deutlicher erkennbar wurde. Seiner Frau berichtete Franz Strauss gleich über die allgemeine Beachtung einer Komposition des Achtjährigen: „Gestern war erste *Harbni*orchesterprobe[5], wobei wir die Polka von Richard gespielt haben, die Anwesenden haben darüber gestaunt und wollten es nicht glauben, ich habe es ihnen aber auf Ehre versichert, daß sie ganz allein von ihm sei, nur instrumentiert habe ich sie, sie ist aber wirklich sehr nett und klingt ganz gut. Heute früh hat er mich schon gefragt, ob sie den Herren gefallen hat, und als ich bejahte, hat er glänzende Augen gemacht."[6]
Auch die Tochter Johanna ist der ganze Stolz von Franz Strauss. Der Mama berichtete man wieder: „... die kleine Maus wurstelt wie immer in den Zimmern herum; in der Früh, wenn ich noch im Bette bin, kommt sie drei- und viermal und fragt ‚Papale brauchst Du nichts?' Dann antworte ich meistens ‚o ja!' Sie fangt zu lachen an, gibt mir einen Kuß und geht dann wieder."[7]
Ordnung, Fleiß und Sparsamkeit waren wichtige Tugenden, die die bürgerliche Gesellschaft des 19. Jahrhunderts zu ihren Grundsätzen machte. Soziologen benennen dies folgend: „Die von diesem neuen ‚bürgerlichen' Selbstverständnis erfüllten Angehörigen ‚des Mittelstandes' legten von Anbeginn auf die Verbreitung ihrer eigenen Prinzipien großen Wert und betrachteten die Erlernung und Beherrschung der Maximen ‚bürgerlichen' Verhaltens im Sinne ihrer Selbstzuordnung zum ‚Bürgertum' bald als selbstverständlich."[8]
Auch der junge Richard Strauss fügte sich hierin ganz den Grundsätzen jener Tage. „Richard ist ordentlich und fleißig"[9], schrieb der Vater. Und dies war er stets. Letztlich in solchem Ausmaß, daß der strebsame Richard als Sieben-

undzwanzigjähriger durch Überanstrengung lebensbedrohend an Lungenentzündung erkrankte.
Das Prinzip der Sparsamkeit wurde auch in der jetzt gutsituierten Hofmusikerfamilie eingehalten. Selbstverständlich konnte man sich finanziell nicht mit der aufs innigste verbundenen Brauerei-Familie Pschorr messen. Doch in puncto Lebensqualität wollten sich die Strauss von der übrigen Familie nicht wesentlich unterscheiden. Denn Geld bedeutete Ansehen. Und das brauchte man im gediegenen München.
Außerdem gehörte der gute Umgang mit Geld zu den Tugenden eines formgewandten Menschen. Abgesehen davon, entsprach es letztlich auch Richards eigenem Wesen, finanziell gut haushalten zu können. Von seiner ersten Promotion-Tour, die er als junger Komponist 1883 antrat, berichtete er aus Berlin: „Ich habe ein sehr schönes Zimmer, Ecke Leipziger und Charlottenstraße, dem lebhaftesten und schönsten Teil der schönen Stadt (es kreuzen sich da wenigstens sechs Pferdebahnlinien), im dritten Stock für 36 M., es ist nicht teuer."[10]
Die Wohngegend, die man sich generell damals wie auch heute üblich wählte und wählt, spiegelte immer den sozialen Stand und den kulturellen Hintergrund der Person wider. Das war sogar dann wichtig, wenn es die eigenen finanziellen Verhältnisse bei weitem überforderte. Doch man konnte so beweisen oder vortäuschen, daß man ganz einfach dazugehörte. Unter welchen Umständen das geschah, danach fragte ja niemand. Da konnte es für Richard pekuniär auch manchmal eng werden: „Trotzdem ich sehr sparsam lebe, brauche ich doch viel, Schuhmacher, Schneider sind hier, auch Wäscherin, besonders infam teuer, während Essen sehr billig ist. Der Aufenthalt wird mir, glaube ich, sehr viel nützen, und ich bin Euch dankbar, daß Ihr mich hierher geschickt!"[11] Eine kleine Taktik lag dahinter. In Berlin war der kaiserliche Subskriptionsball angesagt. Und den wollte er besuchen. Strauss jubelte, als er das Einverständnis der Eltern erhielt: „Daß ich den Subskriptionsball mitmachen darf, freut mich sehr, danke Euch schön!"[12]
Richard hatte das Glück, daß die Familie Strauss finanziell keine Sorgen hatte. Er verstand es dennoch hervorragend, auch weiter seinen Taufpaten, Onkel Georg Pschorr, für sein Fortkommen einzuspannen. Der Onkel war der Bruder seiner Mutter Josepha. Das chronische Nervenleiden der Mutter ließ Richard oft Rücksicht nehmen. Die vielen Aufregungen und Sorgen, die ihm auf seiner Karriereleiter begegneten, besprach er deshalb fast ausschließlich mit dem belastbareren Vater, weshalb Mutter Josepha zeitweise

eifersüchtig reagierte, da sie sich ausgeschlossen und nicht ernstgenommen fühlte.

Mit dem gestärkten Selbstbewußtsein, als musikalischer Assistent bei den Bayreuther Festspielen 1889 mitwirken zu dürfen, forderte Richard die Familie nebenbei auf, „ich möchte dem Kurorchester gern einen Hektoliter Bier schikken, was kostet das? Und möchtest Du, lieber Papa, es nicht besorgen? Onkel Georg könnte eigentlich ein Fäßchen spendieren oder es zur Hälfte des Preises ablassen."[13] Und war Richard einmal nicht zu einer Soiree eingeladen, gab es deftige Worte, weil „man sich die ganze Woche bei einem miserablen und teueren Bayreuther Hundefressen ordentlich aushungert"[14].

Der einundzwanzigjährige Herzoglich Meining'sche Hofmusikdirektor ließ bereits keinen Zweifel darüber, daß der von ihm eingeschlagene musikalische Weg der richtige war. In einem fast überheblichen Tonfall, der sich gewaltig von der fürsorglichen Innigkeit seiner Briefe, die er von der großen Deutschlandreise zwei Jahre zuvor schrieb, unterscheidet, wirkt er jetzt im Umgangston mit dem Vater aalglatt und distanziert. Sich im Windschatten der anerkanntesten Größen, wie Bülow, Levi, Brahms, der Familie Wagner u. v. a., zu bewegen, bereitete ihm damals einige Identitätsprobleme.

Als Anzeichen, jenen Kreisen anzugehören bzw. sich auf dem Weg zu ebensolcher Bedeutung zu befinden, meldete er großspurig nach Hause: „Dein Sohn wird um das große Glück, das er bis jetzt noch immer gehabt hat, beneidet, bekommt sogar schon schlechte Rezensionen über Sinfonien (das erste Zeichen von Berühmtheit)."[15] Selbstverständlich spielte hier die erlittene Enttäuschung des Mißerfolgs eine Rolle. Es galt in erster Linie, seelisch nichts Negatives an sich heranzulassen.

Auch einige Jahre später gab es immer wieder Momente, wo Strauss zu zweifeln begann. Doch „ich habe aber meine guten klaren, gesunden Augen, deren Blick mir auch ein eventueller heutiger Durchfall nicht trüben würde"[16], bewahrt. Sogar in Briefen an die Familie ging es darum, keine Schwäche zu zeigen. Standhaftigkeit und Ehre um jeden Preis waren Merkmale jener Epoche.

Strauss blieb allerdings inkonsequent, wenn es darum ging, seinen Werken Reputation zu verleihen. Die Widmung des Liederhefts *Letzte Blätter*, die er ursprünglich seiner Tante Johanna Pschorr zudenken wollte, erbat der renommierte Kammersänger Heinrich Vogl für sich.[17] Die Entschlossenheit, mit der Strauss dem Einflußreicheren den Vorzug gab, behielt er auch gegen die Vorhaltungen des Vaters bei: „Was die Lieder betrifft, so hat Vogl damals zu mir gesagt: ‚Aber die Lieder bekomme doch ich', worauf ich sagte, ich würde es mir zur Ehre schätzen. – Lieber Papa, beurteile nun selbst, inwieweit diese Äußerung für mich bindend ist. Wie gesagt, ein bißchen widerstrebt es mir, diese ausgesprochenen Tenorlieder einer Dame zu widmen,[18] würde es Dir nicht gleich sein, wenn ich Dir sicher verspreche, die nächsten Lieder, die ich schreiben werde, für Alt zu komponieren und der Tante zu widmen? Ich verehre ja die Tante nicht minder wie Du, bitte nimm es mir nicht übel und schreibe nochmal, ob Du diese Gründe, die Andeutung gegen Vogl für stichhaltig erachtest."[19] (Die Angewohnheit, gegebene Versprechen manchmal zu brechen, behielt Strauss auch später bei. Nachdem sich der berühmte Ernst von Schuch bereits als profiliertester Strauss-Dirigent und Strauss-Förderer für dessen Werke in Dresden eingesetzt und dem Komponisten zuvor jeden Uraufführungswunsch erfüllt hatte, versprach dieser ihm die Widmung des *Rosenkavalier*. Strauss hielt letztlich nicht Wort, was Schuch kränkte und ihm nie verzieh.[20])

Die Verwandtschaft mit der Familie Pschorr hatte zweifellos ihre Vorteile und trug viel zum gesellschaftlichen Renommee bei. Manches ließ sich da schon leichter verwirklichen, zum Beispiel bei regelmäßigen Gartenkonzerten, die Onkel Georg Pschorr veranstaltete. Bei den Harbni wurden die ersten kleinen Werke des gerade schulreifen Talents aufgeführt. So konnte er erste Erfahrungen sammeln, Anerkennung erlangen und sein fast legendäres Selbstbewußtsein und seine Weltgewandtheit entwickeln.

Eine Gabe übrigens, die sich der Teenager schon seinem Vater gegenüber herausnahm, der den Sohn im großen und ganzen agieren ließ, wie er wollte. Doch war es einmal zuviel, gab es eine kleine Ermahnung. Der zurückhaltenden, schüchternen Mutter wollte Franz Strauss Autorität einräumen, indem er ihr für alle Fälle riet: „Wenn Richard nicht folgen will, so strafe ihn nur fest, denn in dieser Beziehung darf nichts übersehen werden."[21] Ein frommer Wunsch, der allein ausgesprochen seine Wirkung zeigte.

Stand aber schließlich sein junger Sohn im Rampenlicht, litt Vater Strauss an Lampenfieber, wie Johanna, die jüngere Tochter, berichtete: „Vater war natürlich sehr nervös und aufgeregt, während Richard ganz ruhig blieb und gar keine Vorbereitungen traf."[22] Sogar später, bei seinem Doppeldebüt als Pianist von Mozarts c-moll Klavierkonzert und als Dirigent seiner *f-moll-Symphonie* blieb er gelassen: „Ich bin sehr vergnügt und munter und nicht die Spur von aufgeregt."[23] Eigene Werkaufführungen brachten Richard Strauss kaum aus der Ruhe.

Manches von Strauss' Erscheinungsbild späterer Jahre basierte auf der Lebensweisheit, Lebenshaltung und dem äußeren Habitus des väterlichen Vorbilds. Obwohl Franz Strauss wiederholt als Nörgler und übervorsichtiger Ratgeber seines Sohnes agierte, hatte Richard Strauss dadurch die Möglichkeit, sich vollkommen frei von Zwängen künstlerisch zu entfalten. Er wußte, daß der Vater sein Wohl im Auge behielt, ihn nie entmutigen würde, sich aber verpflichtet fühlte, seine eigene Auffassung von Musikästhetik an den Sohn weiterzuleiten. Immerhin hatte sich Franz Strauss alles unter schwierigen Umständen angeeignet. Eine Prozedur, die er Richard, mit Recht, ersparen wollte. Strauss jun. konnte somit auf einer Basis aufbauen, die sein Talent rasch zur Entfaltung brachte. Nicht zuletzt durch die persönlichen Kontakte des Vaters zu den hochkarätigsten Musikgrößen jener Zeit. Und diese waren nicht immer die von Franz Strauss geschätztesten Persönlichkeiten. Richard Wagner empfand er, wie bereits erwähnt, als Zersetzer der Tonalität und als Chaoten der Musik.

Daß seine hierin rigoros ablehnende Haltung mit der im allgemeinen herrschenden Münchner Aversion gegen das Protektionskind von König Ludwig II. einherging, wird Franz Strauss sicher viel Sympathie eingebracht haben. Musikalisch und menschlich entsprach Wagner nicht seinen Wertvorstellungen.

Franz Strauss beteiligte sich, entgegen mancher Unterstellung[24], aber nicht an den verbalen, antisemitischen Ausritten jener Zeit, während sich Sohn Richard hierin kurzzeitig vom Einfluß seines väterlichen Freundes und Lehrers Alexander Ritter, der ihn in den Dunstkreis der Familie Wagner einführte, stark beeinflussen ließ. Er war fasziniert von der weihevollen Kulturmacht des „Grünen Hügels". Als eine von Hans von Bülow geförderte Begabung wurde er dort von Cosima samt Familie hofiert und umgarnt. Eindrücke, die sich ihm für sein Leben lang tief einprägten. Sein Anspruch, Wagner in dessen kulturpolitischer Erlauchtheit nachzufolgen und von seiner eigenen Jüngerschaft als neues Idol verehrt zu werden (Strauss ist Richard III., wie Hans von Bülow festlegte), begleitete Strauss' ganzes Leben.

Auch wenn sich Richard Strauss menschlich und geistig nicht direkt an Wagner orientierte (weil die prägende Erziehung und der Familiensinn des Vaters, vor allem nach dessen Tod, von Strauss nahezu kopiert wurden), beeindruckte ihn entschieden die bedingungslose Hörigkeit der Wagnerianer, denen er sich als musikalischer Neuerer, wie er meinte, zugehörig fühlte.

Die Faszination des „geistigen Adels", zu dem er sich zählte, pflegte Richard Strauss, indem er sich 1905 - ähnlich „Wahnfried" in Bayreuth - eine pompöse Villa mitten im Garmischer Gebirge bauen ließ (ohne vorherigen landschaftlichen oder familiären Bezug zu dieser Gegend zu haben - auch hierin knüpfte er an Wagners einstiger Wahl von Bayreuth an) und damit bis heute ein Monument für Strauss-Pilger setzte.

„Eigene Festspiele" gründete er 1920 mit Max Reinhardt, Hugo von Hofmannsthal, Alfred Roller und anderen in Salzburg. Richard Strauss und sein damaliger Mit-Direktor an der Wiener Staatsoper Franz Schalk leisteten Denkarbeit in Sachen Musik. Zu diesem Zeitpunkt wurde der Kunstrat der Salzburger Festspiele geschaffen, dem ursprünglich beide zusammen mit Max Reinhardt angehörten. „Die Direktion bestellte zur Unterstützung in künstlerischen Fragen einen mehrgliedrigen Kunstrat. Diesem fällt die Begutachtung und Durchführung der künstlerischen Vorarbeiten zu, weiters die Aufgabe, die Direktion bei der Herstellung des Hauses [Festspielhaus] zu beraten und alljährlich den Vorschlag des Festspielprogrammes zu erstatten"[25], so stand es in § 31 der Satzung. Daß Strauss bereits lange zuvor eine eigene Aufführungsstätte vorschwebte, geht aus Verhandlungen mit Ernst von Schuch hervor. (Tochter Liesel von Schuch erzählte der Autorin, daß Strauss von ihrem Vater, dem weltberühmten Dirigenten und Direktor der Dresdner Hofoper, damals einem der ersten Opernhäuser der Welt, ernstlich verlangte, monatlich mindestens eine Strauss-Woche abzuhalten, was der Operndirektor Schuch, trotz absoluter Begeisterung für Strauss' Werke, ablehnen mußte. Richard Strauss verzieh es ihm nicht.[26])

Genauso wie beim Bayreuther Klangzauberer gruppierten sich um den jüngeren und später um den älteren Strauss erbitterte Gegnerschaften. Wesentlich größer aber waren die Jüngerschar und Fangemeinde, die Richard Strauss noch zu des Vaters Lebenszeit als neuen Musikabgott feierten.

Und da noch hatte Vater Strauss Sorge, daß sein Sohn mit einer weiteren Steigerung seiner musikalischen Ausdrucksmittel Schiffbruch erleiden könnte: „Die Musik hat die erste und ich möchte sagen die einzige Aufgabe, an die Gefühlswelt zu pochen, und deswegen ruft auch keine andere eine solche Begeisterung beim Empfänger hervor; und gibt sie die Göttlichkeit, welche ihr durch dieses innewohnt, auf, dann gibt sie ihr Schönstes, Heiligstes auf, und sinkt zur Klüglerin herab. Man kann bei aller Klarheit und Einfachheit die Noblesse und Größe bewahren, oder ich möchte noch mit mehr Recht sagen: man kann nur mit der Klarheit und Einfachheit groß sein!"[27]

Richard Strauss hatte aber seine rechte Freude daran, mit dem Vater manchmal in heftige und dann wieder weniger heftige Auffassungsstreitigkeiten zu verfallen. Bei solcher Gelegenheit ließ er es sich nicht nehmen, den neuen „Ärger" voranzukündigen: „Papa wird Augen machen, wenn er hört, wie modern die Sinfonie klingt."[28] Immerhin war der Vater ein ernsthafter, gebildeter Mensch, und der Sohn glaubte ihm. Bis weit in die Meisterjahre hinein verfolgten Strauss die Ratschläge des Vaters, die da vor allem hießen: „Es ist nicht alles Gassenhauer, was freundlich ans Ohr klingt, und denke nur an Dich selbst, wenn Du einen melodischen Walzer von Strauß hörst" (gemeint war Johann Strauß).[29] Kokett und etwas indigniert stellte Richard Strauss deshalb nach solchen Unterweisungen fest: „Eben las ich im ‚Börsencourier', daß ich der *klassischen Richtung angehöre*."[30]
In verzweifelten Momenten aber schlug Franz Strauss verbale Zwischentöne an, von denen er wußte, daß sie den Sohn verletzen würden: „Vieles aus Kritiken ist mir aus dem Herzen geschrieben. Der Wunsch, Dich nun auch in Dur-Tonarten zu versuchen. Haushälterischer mit dem Blech zu verfahren. Den melodischen Teil etwas mehr vorherrschen zu lassen."[31] Der Sohn konterte in solchen Fällen: „Wenn sich eine Börsenzeitung zu müßigen Bemerkungen über die Sinfonie veranlaßt sieht, gut; es ist nur ein Glück, daß ich selbst wohl am besten weiß, wie ich zu komponieren habe und daß ich es mir nicht von so einem Schafskopf sagen lassen brauche, der, wenn er das könnte, was ich kann, nicht die Sinfonie anderer herunterreißen, sondern selbst Sinfonien schreiben könnte." Noch etwas gibt er dem Vater darauf: „Daß mich derartiges Geschwätz nicht berührt, weißt Du ja längst."[32] Und das traf voll: „Daß ich auf Deine Ratschläge nichts gebe, ist einfach falsch, doch mußt Du nicht gar so viel auf das Publikum und die Kritik, die ja beide nichts verstehen, geben."[33]
Franz Strauss ließ aber nicht locker: „Ich bitte Dich von ganzem Herzen, lieber Sohn, sei etwas zugänglicher Ansichten anderer, sachverständiger Leute, welche Deine Ansichten nicht teilen. Selbstbewußtsein lasse ich mir ja recht gerne gefallen, aber bis zur Krankhaftigkeit darf es nicht kommen. Du hast gerne Neigung zum Experimentieren, aber das darf einer, der es mit der Kunst ehrlich meint, nicht tun, er schadet der Kunst und sich. Du wirst wohl jetzt etwas die Nase rümpfen und mich mit meiner Anschauung als zurückgeblieben erachten, aber hierin irrst Du Dich, ich gehe mit der Zeit, wenn auch einen etwas gemäßigteren Schritt wie Du, ich verkenne ja gar nicht, daß die Jugend anders denkt und fühlt als das Alter, aber ein gewisses Zusam-

menstimmen beider Faktoren war, in dieser Beziehung, zu allen Zeiten, und wird ewig bleiben, es ist ja das rein Menschliche, über das man ungestraft nicht hinauskommt."[34]

Richard Strauss verstand schon, was sein Vater meinte. Doch gab er ihm, speziell seit seinem Engagement in Meiningen und dem Kontakt mit der Familie Wagner, eindeutig zu verstehen, daß er sich nicht in seine Angelegenheiten einmischen sollte. Die Einstellung zur wichtigen väterlichen Diskussionsbereitschaft änderte sich dahingehend, daß Richard seinen Vater würdevoll zum „alten Eisen" stellte. Aber nach dessen unehrenvoller Pensionsverkündung durch den Münchner Intendanten Perfall am „Schwarzen Brett" der Hofoper, tröstete er den Vater, „daß Du nun nicht mehr diesen Dreckpfuhl von Theater zu betreten brauchst [...] und so freue ich mich denn auch und gratuliere von ganzem Herzen."[35] Ratschläge Fremder nahm Strauss schnell an und trug sie dem Vater zu: „Er [ein Musiker] läßt Dich herzlich grüßen und rät Dir mit mir, Dein Horn ja nicht an den Nagel zu hängen, da das plötzliche Unterlassen einer dreiundvierzigjährigen Lungengymnastik Deiner Gesundheit nicht zuträglich sein würde. Daß es auch sonst schade wäre, wenn Du zu blasen aufhören würdest, ist ja selbstverständlich."[36]

Der Vater sah sich aber nicht nur als musikalischen Diskussionspartner des Sohnes, sondern übernahm nun auch, unaufgefordert, die managementmäßige Beratung. So bedankte er sich für „die Zusendung Deiner Photographie, welche mir sehr gefällt, nur ist mir der Haarschippel nicht recht, er beeinträchtigt durch seine zu große Fülle das Gesicht. Der Ausdruck ist etwas sehr ernst, aber es ist Stimmung in der Geschichte."[37] Ein gewisser Seiler „berichtete uns auch über die Art und Weise Deines Dirigierens, welches uns höchst ergötzte. Lieber Richard, das mußt Du Dir abgewöhnen, es ist unschön beim Dirigieren solche Schlangenbewegungen zu machen, und namentlich bei einem so langen Menschen wie Du einer bist. [...] Das Feuer beim Dirigieren liegt ganz wo anders. Derlei Dinge reizen den Zuhörer zum Lachen und beeinträchtigen sehr bedeutend den guten Eindruck des Werkes. [...] Ich bitte Dich daher, lieber Richard, folge meinem Rate und gewöhne Dir das Faxenmachen ab. Du brauchst es nicht. Also folge meinem Rat, es meint ja doch Niemand es aufrichtiger als Dein Vater."[38]

Franz Strauss zählte nach wie vor zu den größten Bewunderern des Sohnes, doch warnte er ihn, von seiner eigenen Kunstästhetik ausgehend: „Bei Deinem großen Talent könntest Du leicht etwas von dem Verstande an die Gefühlswelt abgeben."[39] Und beachtenswerte Anleitungen unterbreitete er dem jungen Kapellmeister für den Probenalltag eines Werks von Richard Wagner nach Weimar: „Der ‚Tristan' wird Dir jetzt viele Arbeit und Mühen machen, ich werde froh sein, für Dich, wenn alles glücklich vorüber ist. Halte keine zu lange Proben, es ist nicht gut, wenn man ermüdet wird, tritt eine Abspannung ein, welche für die Sache gegenteilig wirkt. Eine fünfstündige Probe ist zu lang. Im ‚Tristan' sind keine Momente, wo man ruhen und sich wieder sammeln kann, man muß immer streng aufpassen, und das macht einen ganz fertig, ich weiß es aus eigener Erfahrung. Du hast zu fürchten, daß irgendein Orchestermitglied durch Überanstrengung bis zur Aufführung krank wird und Dir die ganze Geschichte in Frage stellt. Bedenke nur immer Dein kleines Orchester, da muß jeder beitragen, was in seinen Kräften steht, auch sind viele ältere Herren im Orchester, welche so übermäßige Strapazen nicht mehr ertragen können. Sei klug lieber Richard! Überlege Dir alles ruhig und Du wirst einsehen, daß ich Recht habe. Halte Dir alle Mitwirkenden bei gutem Humor."[40]

Nachdem die offizielle Anerkennung für den noch jungen Richard immer größer wurde und er sie begeistert entgegennahm, blieb der stolze Vater am Boden der Realität und weckte den Tagträumer, „vergesse ja nicht, mein lieber Sohn, einfach, wahr und bescheiden zu bleiben, ich bitte Dich mit furchtsamem Herzen darum. Zwar zweifle ich nicht an Deinem Verstand, aber ich habe auch schon die Erfahrung gemacht, daß das Glück übermütig und undankbar macht, bei Dir aber erwarte ich es nicht, denn es liegt nicht in unserer Familie, die Unbescheidenheit ebenso wenig wie die Undankbarkeit, und Du bist ja doch ein echter Sohn Deiner Eltern, nur glaube ich, daß eine leise Mahnung doch nicht schaden könnte."[41]

Trotz seiner damals avantgardistischen Unerschrockenheit hatte sich Strauss der väterliche Rat tief ins Unterbewußtsein eingeprägt, und er war daher anläßlich des Beifalls, den die Uraufführung seiner Symphonischen Dichtung *Don Juan* erhielt, selbst verblüfft: „Merkwürdig ist mir immer noch der durchschlagende Erfolg beim *gesamten* Publikum."[42]

Und Strauss wußte ganz genau, wem er das Ausleben seiner fantasievollen Leichtigkeit verdankte. Denn trotz des Ärgers und der Kränkungen, die er durch den Vater teilweise erleben mußte (umgekehrt blieb der Sohn dem Vater auch nichts schuldig), wußte Strauss nur zu sehr, daß dieser intensive Gedankenaustausch mit jemandem, von dem er wußte, daß dessen ganzer Ehrgeiz und Lebensfreude von seinem Erfolg abhingen, seine emotionale und künstlerische Kreativität motivieren konnte.

Auch Vater Strauss wußte sich in seinem Stellenwert richtig einzuordnen. Keinen Zweifel ließ er darüber, wie stolz er auf seinen Sohn war und wie sehr er zu dessen künstlerischem Wirken stand. Als Zweiundachtzigjähriger, noch immer im Dienste Richards, antwortete er einem Strauss-Begeisterten nach Graz, „daß das ehrliche, künstlerische Streben meines Sohnes, der viel mit gegnerischen Anschauungen zu kämpfen hat [...], eine so liebenswürdige Anerkennung fand. / Es ist ja althergebracht, daß Neuerer, zu denen mein Sohn gehört, mit den conservativen Elementen viel zu kämpfen haben wozu großer Ernst und wahre künstlerische Überzeugung gehört; auch ihm ist darin nichts erspart geworden, und doch muß ich dankbarst gestehen, daß er trotz seiner vielen Widersacher, immer sehr viel Glück hatte, wofür ich allen seinen Gönnern und Freunden von ganzem Herzen dankbar bin."[43]
Die regelmäßigen fachlichen Dispute und das genaue Kennen der Standpunkte des Vaters brachten Strauss zusehends künstlerische Selbstsicherheit. Denn so gab es bereits im Vorfeld der Wirkung ein gutes Ausloten seiner bahnbrechenden Neuerungen, wie weit ein fachkundiges, gebildetes Publikum sie mitzuvollziehen bereit sein würde. Bloß die fanatische Anhängerschaft eines kleinen Grüppchens (wie zum Beispiel um Arnold Schönberg) wäre ihm als ständige, lebenslange Anerkennung zu wenig gewesen. Der Vater bot sich deshalb als wirkungsvolles „Barometer" an. Strauss verstand es nun, knapp an der Grenze des vom Musikpublikum Nachvollziehbaren zu jonglieren. Seine „Neigung zum Experimentieren", wie Franz Strauss es nannte, steigerte sich bis zu den scharfen Dissonanzen in der *Salome* (1905) und in der *Elektra* (1909) sowie den ersten Zwölftonsequenzen in *Also sprach Zarathustra* (1896) (Jahre vor Joseph Matthias Hauers und Arnold Schönbergs Theorie [!] um 1920, der dieses Stück übrigens vergötterte). Der Vater erlebte beide Opern nicht mehr. Die Uraufführungsskandale waren gewaltig gewesen. Strauss hatte inzwischen durch den Tod des Vaters sein Musik-„Barometer" verloren, ein Verlust, der unersetzbar blieb.
Befand er sich auf dem richtigen Weg? Sollte er in diese Richtung weitermachen und somit auch die Atonalität systematisieren? Gewissenskonflikte entstanden. Der Vater, der in solchen Situationen ein guter Ratgeber und Reibebaum gewesen war, fehlte nun. Und dessen Wohlwollen hatte er bedingungslos vertraut, auch wenn der alte Strauss ihn oft verärgerte. Doch in der wichtigsten Phase seines künstlerischen Lebens mußte er die wohltuende, fürsorgliche Herausforderung entbehren, jenen kostbaren Gesprächspartner,

der ihn provozierte und ihm damit künstlerische Entscheidungen richtig zu treffen half.
Die Kreise, in denen Strauss sich nun künstlerisch bewegte, waren avantgardistisch. Und er war der musikalisch Fortschrittlichste unter ihnen (noch vor [!] Mahler, der erst später mitzog). Als inzwischen international anerkannte Künstlergröße verlangte man von Richard Strauss die Lösung der seit Wagner entstandenen harmonischen und formalen Fragen. Denn von der thematischen Vorgabe der Mittelalter- oder Märchenstoffe war er auch als erster erfolgreich abgerückt. Strauss mußte also entsprechen und richtungsweisend agieren. Bülow war bereits 1894 gestorben. Und so wählte die aufgeschlossene Jugend Richard Strauss zu ihrem neuen Idol.
Trotz seiner physischen Stattlichkeit und Distinguiertheit fühlte Strauss sich zu diesem Zeitpunkt unsicher. Nach den beiden Provokationsopern entschloß er sich letztlich zum tonalen Rückzug. Der musikalische Boden wurde ihm einfach zu heiß, eine eventuell falsche Schiene in Richtung systematisierter Atonalität zu legen. Als erfolgreichster lebender Komponist der Welt schien ihm die Verantwortung zu groß, und er fühlte sich mit achtundvierzig Jahren nicht mehr bereit, die internationale Musikwelt - aus seiner Sicht - in eine mögliche Sackgasse zu leiten. Die nächste Oper *Der Rosenkavalier* trug ein überwiegend tonales Korsett. Der beispiellose Erfolg bestätigte sein Konzept und gab ihm damals recht. Wäre das auch der Weg gewesen, zu dem ihn der Vater unbewußt geleitet hätte, wenn er noch lebte?
Jedenfalls ließ Strauss den Vater noch zu dessen Lebzeiten nicht über den wichtigen Einfluß, den er auf ihn hatte, im unklaren, „was mich zu dem ehrlichen Künstler und leidlichen Menschen einzig und allein gemacht hat, als den ich mich heute betrachten kann mit dem Gefühl des Stolzes, Dein Sohn zu sein“[44].

Erfolge als „Enfant terrible“

„Die Italiener ... sind schon das fürchterlichste, unausstehlichste Chor der Rache“

Große Reisen und erste Erfolge

1883 faßte Richard den Entschluß, das Studieren an der Universität abzubrechen. Grund dafür war - wie konnte es anders sein - die Musik, deren höherer Bedeutung er auf die Spur kommen wollte. Auch der Bayreuther Ausflug, bei dem er ein Jahr zuvor Richard Wagner aus der Ferne gesehen hatte, ging ihm schon länger im Kopf herum. Die Bedeutung dieser Begegnung erkannte Strauss erst später, als Musikdirektor in Meiningen, für sich. Denn dort schuf die Freundschaft mit dem wesentlich älteren Musiker Alexander Ritter die Voraussetzung für das Verständnis des Phänomens Wagner.

Doch Richard Strauss lenkte sein Augenmerk schnell wieder auf die eigene Angelegenheit. Lange nachzugrübeln entsprach nicht seiner Art. Vielmehr stürzte er sich in alles, was sich ihm nur bot. Der temperamentvolle junge Mann war übermütig. Er war dabei, die Welt für sich zu erobern.

Nachdem man Richard Strauss in der zweiten Hälfte des Jahres 1882, nach Abschluß des Abiturs im August, die Türe zur großen Gesellschaft geöffnet hatte, begann er zielstrebig seinen Generalangriff in Richtung musikalischer Vervollständigung und Popularität.

Beflügelnd wirkte auf Strauss der Dresdner Uraufführungserfolg seiner *Bläserserenade op. 7* unter Franz Wüllner. Zwei Jahre später, als Hans von Bülow ihn bereits von Jänner 1884 an unter seine Fittiche genommen hatte, beschwor der Newcomer den damals renommierten Wüllner, „daß Sie auch in Köln die componirende *Jugend* nicht vergessen möchten, die Sie bisher mit so großer Güte durch Aufführungen, werthvolle Rathschläge und Aufmunterung unterstützt haben“[1]. Als „componirende *Jugend*“ verstand Strauss in erster Linie sich selbst. Und nach der deutschen Erstaufführung der *f-moll-Symphonie op. 12* (1882/84) im Jänner 1885 in Köln freute sich Richard Strauss noch einen Monat später in München: „Ich zehre hier immer noch an meinem Kölner Erfolg, der wohl der schönste und bedeutendste war, den ich bis jetzt aufzuweisen habe."[2]

Im gleichen Jahr bedankte sich Strauss mit der Widmung von *Wanderers Sturmlied von Goethe für sechsstimmigen Chor und großes Orchester op. 14* beim neuen Kölner städtischen Gürzenichkapellmeister und Leiter des Konservatoriums Wüllner für die Hilfestellung. Dieser erwies sich auch weiterhin als einer der engagiertesten Strauss-Förderer bis ins neue Jahrhundert hinein (er starb 1902). Mancher Ratschlag Franz Wüllners war Richard Strauss auch in späterer Zeit noch gut und teuer.

Ein anderer Widmungsträger früherer Tage war Onkel Benno Walter. Mit ihm zusammen hatte Richard ja von Kindheit an viel musiziert. Zahlreiche gemeinsame Musikabende boten Möglichkeit dazu. Den Höhepunkt bildete allerdings die Einstudierung und das anschließende erste Wiener Gastspiel mit dem *d-moll-Violinkonzert op. 8* (1880/82). Damals mit von der Partie war auch die Pianistin Eugenie Menter. Und man hatte eine rechte Hetz miteinander. Die Uraufführung erfolgte im Bösendorfersaal in der Herrengasse. Richard war mit dem Hergang des Konzerts recht zufrieden: „Gestern Conzert gut vorüber gegangen, mit Freikarten war der Saal annähernd gefüllt, mein Violinconzert hat sehr gefallen; nach dem ersten Triller in F-Dur Applaus, nach jedem Satz Applaus, am Schlusse 2 x heraus, Walter und Menter sonst immer nur einmal, beide haben wunderschön gespielt, ich bei meiner Begleitung wenigstens nicht gesaut."[3]

Nach Hause fahren wollte man allerdings nicht gleich. Sinnvoll sollten Kontakte geknüpft, die Oper besucht, Gespräche mit Künstlern, Direktoren und Kritikern geführt werden. Richard machte überall Furore, fühlte sich wohl und war zu jedem Spaß aufgelegt.

Viele scheinen ihm vor Reiseantritt von der jüngst städtebaulich erweiterten Kaiserhauptstadt vorgeschwärmt zu haben, weshalb seine Ehrfurcht und Erwartungshaltung der Musikhauptstadt gegenüber groß gewesen sein mußten, da er meinte: „Wien ist eine gewöhnliche Stadt wie München, nur größere Häuser, mehr Paläste als Einwohner." Und das war ihm auch aufgefallen: „Die Mädels sind auch nicht hübscher als in München."[4]

Das galt allerdings nicht für Berlin, wohin Strauss seine nächste Reise führte. Hier drängte es sich, seiner Ansicht nach, nur so vor attraktiven Frauen. Den

Ball bei Bleichröder empfand er als „sehr hübsch und mir hat besonders eine der hübschen Töchter, eine schwarzhaarige Jüdin, sehr gut gefallen“[5].
In Berlin lief der Großteil des deutschen Musiklebens ab. Die gesellschaftliche Hautevolee mit ihren meinungsbildenden Kunstzeitschriften zog von hier aus die Fäden. Wichtig war es für Richard daher, sämtliche Gratulationen, Grüße und Empfehlungen, die er von München aus mitbringen konnte, an die Berliner Adressaten persönlich zu übermitteln und so den Einstieg in die Berliner Gesellschaft zu schaffen.
Er wurde mit offenen Armen empfangen und übte sich in Konversation, die ihm allerdings doch schnell zu einfältig und oberflächlich wurde. Die Abende bei Martin Levi, dem Bruder des Münchner Hofkapellmeisters Hermann, empfand Strauss, da musikalische Einlagen stattfanden, als bereichernd. Hermann hatte den jungen Richard von München aus seinem Bruder Martin ans Herz gelegt.
Der Besuch von Konzerten des damaligen Violinwunders Joseph Joachim hinterließ hingebungsvolle Bewunderung: „Abends war ich bei Joachim, der größte Kunstgenuß, den ich im Quartett noch gehört habe. Das herrliche Zusammenspiel, diese Reinheit der Intonation und Figuren, diese Klarheit, diese wunderbare Auffassung, diese kolossale Ruhe des Adagios, dieses Unterordnen Joachims, wo er nichts bedeutendes zu sagen hat, er ist die oberste Stimme, nicht der Primarius, dabei die kolossale Technik und das von jeder Untugend freie Spiel, den herrlichen noblen Ton, ich war ganz weg. De Ahna (Secons) ist auch ausgezeichnet, ebenso Wirth (Viola) und Hausmann. Einer spielt wie der andere, jeder weiß genau, wo er hervorzuheben hat, und doch alles im harmonischen Quartett-Rahmen; es ist ein Kunstgenuß. Dessen allein wegen Papa nach Berlin sollte.“[6]
Strauss bemühte sich auch um Kontakte zum Musikverlag Bote & Bock, lernte Hans von Bülow damals erstmals persönlich kennen und suchte die fachliche Auseinandersetzung mit dem Berliner Parademusikkritiker Otto Lessmann. Auch der Besuch von Galerien und Ausstellungen erweiterte seinen Horizont. Vater Strauss war zufrieden: „Mit großem Vergnügen habe ich vernommen, daß Du Dich in so schönem gesellschaftlichen Kreise bewegst, was für Dich [zu] allgemeiner Weiterbildung von außerordentlichem Nutzen ist; denn durch nichts wird der Sinn und die Empfindung feiner, als durch den Umgang mit gebildeten Männern und feinen, zartfühlenden Frauen. Was ist ein Künstler ohne feinen Sinn und warme Empfindung […] sei mit Deinem etwas sehr raschen Mundwerk nicht zu vorlaut.“[7]

Sein „rasches Mundwerk" hatte Strauss aber auch viele neue Freunde gebracht. An die Jugendfreundin Lotti Speyer schrieb er am 8. Februar 1884: „Infolge der riesigen Berliner Gastfreundschaft fast alle Abend eingeladen, bedingt dies wieder Besuch auf Besuch, wenn dies nicht der Fall ist, eile ich in Concert und Theater, etwas arbeiten muß der Mensch doch, und so vergehen hier Tage und Wochen im Fluge [...]. Hier in Berlin gefällt es mir sehr gut, die Stadt ist sehr schön, hat einen riesigen Verkehr und bietet viel Vergnügen. In Concerten habe ich schon viel neue und schöne gehört, an berühmten Künstlern obenan Joachim den König aller Geiger, Brahms, d'Albert."[8]

„Etwas arbeiten" mußte Richard Strauss allerdings. In Berlin komponierte er sieben Variationen der später benannten *14 Improvisationen und Fuge o. op. 81*, einen vierhändigen Klavierauszug erstellte er von seiner *Konzertouvertüre in c-moll*, seine *Stimmungsbilder op. 9* schloß er ab, und auch die *Symphonie in f-moll op. 12* wurde vollendet. Der Vater gab brieflich kompositionstechnische Tips, und Freund Ludwig Thuille erfuhr Richards Bewältigung des Arbeitspensums ganz genau: „Du siehst, daß ich trotzdem ich alle Tage erst um 11 Uhr aufstehe (ich komme selten vor halb zwei Uhr zu Bette, sehr oft ist's 3 und 4 Uhr, am Künstlerfest war's 7 Uhr) alle Abend in Gesellschaft oder Theater oder Concert, und am Tage mache ich meistens Besuche oder schreibe Briefe – nicht müssig gewesen bin, und hoffe, daß du dich, wenn ich nach München komme, auch schon über Takt- und Tonart des Adagios [von Thuilles Symphonie] entschieden hast."[9]

Selbstverständlich fanden auch Aufführungen statt. So interessierte man sich für Strauss' *Bläserserenade op. 7*. Vor der Aufführung durch die unvergleichliche Meininger Hofkapelle unter Franz Mannstädt nahm ungefragt ein anderer Dirigent, Benjamin Bilse, mit seinem Orchester das Berliner Ereignis des jungen Strauss vorweg. Richard hatte jetzt furchtbare Angst, Bülow und seine Freunde könnten über diesen peinlichen Vorausgriff verärgert sein. Die Bedenken waren umsonst. Und den künstlerischen Erfolg trugen selbstverständlich die Meininger davon. Von nun an war Richard ein gemachter Mann. Das Interesse und die künstlerische Patenschaft Bülows hatte er von jetzt an errungen.

Auch die *c-moll-Konzertouvertüre* wurde noch vor Richards Abreise aufgeführt. Robert Radecke, den er auch in Berlin kennengelernt hatte, nahm sich ihrer am 21. März 1884 an. Seine *Cellosonate in F-Dur op. 6* führte Strauss während Soireen gerne selbst mit einem geeigneten Cellisten auf. So hatte er auch die Gelegenheit, sich Joseph Joachim künstlerisch zu präsentieren und sich dem Brahms-Freund persönlich bekannt zu machen. Auch lernte Richard Strauss in Berlin sein in späterer Zeit legendäres Skatspiel kennen. Die Familie Levin und die lustige Runde des Kaffeegroßhändlers Hermann Klose fanden darin Zerstreuung. Richard schloß sich gerne an.

Mit vielen neuen Eindrücken beschäftigt, trat er Ende März 1884 die Heimreise nach München an, fest entschlossen, sich die spätere Einladung zum Klavierkurs Hans von Bülows am Raff-Konservatorium im Juni 1885 in Frankfurt nicht entgehen zu lassen.

Und auch in Frankfurt war die Sache für Richard Strauss klar: „Ich gehe täglich ins Conservatorium und überzeuge mich, daß Bülow nicht nur unser größter Klavierpädagoge, sondern auch der größte Musiker des Vortrags ist, den es überhaupt gibt."[10] Bülow nahm ihn in seinen familiären Kreis auf. Richard lernte neue, einflußreiche Persönlichkeiten der Kulturwelt kennen, und wieder wurden einige Werke, wie die *Konzertouvertüre*, die *Symphonie op. 12* und die *Improvisationen und Fuge o. op. 81,* aufgeführt. Wie zuvor war Strauss auch in Frankfurt der Besuch von Theater- und Opernaufführungen wichtig.

Eine Angewohnheit, die er selbstverständlich auf seiner erste Italienreise (April/Mai 1886) beibehielt, die er sich von seinem ersten eigenen Einkommen als Musikdirektor in Meiningen geleistet hatte. Nur, seine Stellungnahmen darüber fielen teilweise nicht gerade schmeichelhaft aus. Über das Bühnenwesen schrieb er: „Das Theatergehen habe ich schon abgeschworen, zur italienischen Musik werde ich mich wohl nie bekehren, es ist eben Schund."[11] Dem der italienischen Sprache Unkundigen fehlte damals eindeutig der direkte Zugang zum mentalitätsmäßig fremden Menschenschlag: „Diese ‚Gesellschaftskreise' langweilen mich überhaupt bodenlos, für den Abend mit Lenbach pfeife ich auf die ganze Sippschaft."[12] Richards Unbehagen wurde auch noch durch ein Negativerlebnis in Neapel geschürt, „indem mir durch Unachtsamkeit der beiden Grafen, die im Wagen saßen, ich auf dem Bock, während der Fahrt vom Hafen zum Hotel meine reizende Tasche (wahrscheinlich) gestohlen wurde [...] Na! trösten wir uns und lassen wir den Humor nicht verderben."[13] Vor Zorn konnte er sich jetzt überhaupt nicht mehr halten: „Die Italiener, die der Fremde zu sehen kriegt, sind schon das fürchterlichste, unausstehlichste Chor der Rache, das mir vorgekommen ist."[14]

Dennoch, die vielfältigen Kunstschätze in Florenz, Rom, Capri und Neapel lösten unauslöschliche Eindrücke aus: „Habe das Essen ganz vergessen, bloß zwei Orangen habe ich auf den Trümmern des Forums sitzend, verzehrt."[15] Für zwei Monate wurde Strauss zeitweise zum Einzelgänger, denn er hatte täglich vieles zu entdecken und aufzuarbeiten: „Ich habe eigentlich keine Zeit zu Besuchen und Bekanntschaften, die Stadt ist groß, Kunstschätze in kolossaler Quantität, außerdem das Leben und Treiben auf den Straßen, Corso, etc. äußerst interessant. Nur die Abende bin ich froh in Gesellschaft und da habe ich Lenbach."[16] Der Münchner Maler Franz Lenbach erwies sich als angenehmer Reisebegleiter.

Der stets naturliebende Richard Strauss ließ es sich selbstverständlich auch damals nicht nehmen, faszinierenden Naturschauspielen zuzusehen, und seine anfänglichen Ressentiments schienen sich gegen Reiseende zu geben: „Abends sechs Uhr rannte ich allein nach der Villa des Tiberius hinauf und hatte dort einen magischen Sonnenuntergang. Ganz allein auf dem hohen Felsen, unter mir und ringsum das schwarze, brausende Meer, alles in düsterem Kolorit, nur die Purpurstreifen der untergehenden Sonne, es war großartig. Dazu die alten Ruinen und nur die gewaltige Natur, keine faden Menschen, die irgendein unnötiges Geräusch verursachen, mir war wunderbar zumute."[17]

Letztlich dürfte Strauss seine muffige Stimmung doch als übertrieben empfunden haben, denn spätestens das Mailänder Gastkonzert als Weimarer Kapellmeister, eineinhalb Jahre danach, hatte seine vormalige Sichtweise verändert. In zwei Konzerten am 8. und 11. Dezember 1887 dirigierte er verschiedene Werke, u. a. seine *f-moll-Symphonie op. 12.* Ein Tag nach dem ersten Konzert schrieb er euphorisch nach Hause: „Ich bin der Löwe des Tages. Alles in Enthusiasmus, Konzert ausgezeichnet gegangen und sehr gefallen, besonders die Sinfonie, Scherzo hätte ich eigentlich da capo spielen sollen, vielleicht Sonntag."[18]

Nach dem zweiten Konzert konnte er vermelden: „Von dem Orchester wurde mir nach der Sinfonie als *Geschenk des Orchesters* ein prachtvoller silberner Taktstock überreicht etc. etc."[19]

Vom milden, trockenen Klima Italiens war Strauss begeistert. Als er im Mai 1892 an Rippenfellentzündung und Bronchitis erkrankt war (ein Jahr zuvor an einer lebensgefährlichen Lungenentzündung), blieb es für einen anhaltenden Genesungserfolg unausweichlich, eine Reise in den Süden anzutreten. Dabei war er von November 1892 bis Ende Juni 1893, also acht Monate lang, unterwegs und sah neben Florenz, Palermo, Syrakus, Taormina u. a. auch Griechenland und Ägypten. Der Eindruck dieser übriggebliebenen, alten

Welt war überwältigend. Aus Ägypten schrieb er: „Das Schönste sind fünfzehn Königsgräber, die in wilden, wundervollen Schluchten liegen."[20] Seinen Tagesablauf hielt er streng ein: „Mein Tagwerk ist sehr einfach: um 8 Uhr stehe ich auf, bade, frühstücke: drei Eier, Tee und Eingemachtes; dann bummle ich ein halbes Stündchen am Nil oder im Palmenwäldchen des Hotels, und von 10 bis 1 Uhr arbeite ich: die Instrumentation des ersten Aktes geht langsam, aber sicher vorwärts. Um 1 Uhr Lunch, dann lese ich meinen Schopenhauer oder spiele mit Frau Conze Bézigue um einen Piaster. Von 3 bis 4 Uhr wieder arbeiten; um 4 Uhr Tee, darnach spazierengehen bis 6 Uhr und der übliche Sonnenuntergang pflichtschuldigst bewundern. Um 6 Uhr wird's kühl und dunkel; dann schreibe ich bis 7 Uhr Briefe oder arbeite wieder. Um 7 Uhr Diner, darnach plaudern und rauchen (täglich 8–12 Stück), um $^1/_2$10 Uhr aufs Zimmer, ein halbes Stündchen lesen und um 10 Uhr die Klappe schließen. / So geht's Tag für Tag, und ich bin dabei munter und vergnügt und fühle mich in der wundervollen trockenen Luft ganz prächtig."[21] Die Oper, an der Strauss in Luxor arbeitete, war *Guntram*. Aufregung entstand nur durch einen Brief des Vaters, worin er dem Sohn das Interesse Hermann Levis, ihn erneut für München, diesmal als Zweiten Kapellmeister zu gewinnen, mitteilte. Strauss war außer sich. Innerhalb von nur acht Jahren hatte er es vom Meininger Musikdirektor über den Dritten Münchner Hofkapellmeister, den Zweiten Großherzoglich sächsischen Kapellmeister in Weimar zum Zweiten Hofkapellmeister in München gebracht. Derzeit war Strauss noch an Weimar gebunden. Nach Auslotung der Lage willigte er ein. Hatte sich die einst despektierliche Meinung der Münchner ihm gegenüber verändert? Schließlich hatte er den Ruf, ein ungestümer Dirigent und kompromißloser Komponist zu sein. Gab man jetzt etwas auf seine kompositorischen Erfolge? Wie würde sich der Lebensabschnitt München II entwickeln?

„Ist Ihr Naturell … so unbändig, daß Sie es nicht beherrschen können"

Sturm- und Drangjahre: Berühmtheit als Dirigent

Strauss erwies sich auch beim Dirigieren als Naturbegabung. Schon früh faszinierte ihn der Taktstock. Eine der vielen humorvollen Begegnungen mit Richard Strauss wußte Helene Böckmann, die Gattin des Dresdner Solo-

cellisten, zu erzählen: „Mit meiner großen Holzstricknadel übte er Dirigieren mit der Nachahmung von unserem berühmten Schuch, mein Mann hatte damals große anstrengende Proben zu Wagner-Opern - er nahm ihm die Stricknadel weg mit den Worten: ‚Lieber Richard, lassen Sie das nun mal sein, 3 Stunden hat mir Schuch heute vor der Nase herumgefummelt, nun habe ich genug!'"[1] Ernst von Schuch, den der junge Strauss, wie alle Musikbegeisterten, damals verehrte, wird in der Musikgeschichte vor allem als Uraufführungsdirigent der wichtigsten Richard Strauss-Opern in Erscheinung treten.
Das schlagtechnische Naturwunder Strauss veranlaßte auch den großen Bülow zu der legendären Äußerung: „Richard I. ist Wagner, einen Richard II. gibt es nicht, also ist Strauss Richard III."[2] Noch vor Richards Debüt als Dirigent hielt Hans von Bülow fest: „Er macht sich in jeder Beziehung vortrefflich: elastisch, lernbegierig, taktfest und taktvoll, kurz eine first-rate Kraft. Nb. Er hat bisher noch gar nicht dirigiert - aber auch niemals öffentlich klaviziniert - aber es gelingt ihm das Mozart'sche Konzert wie alles Übrige, gleich aufs erste Mal. Schöne Carière steht ihm bevor."[3]
Und zur Karriere verhalf ihm Bülow, indem er den extrem jungen Strauss gegen den ursprünglichen Willen von Herzog Georg als Musikdirektor in Meiningen durchbrachte. Bülow setzte seine ganze künstlerische Autorität ein, um den Herzog zu überzeugen: „22 Jahre [richtig 21 Jahre], doch sein Wesen empfiehlt ihm den Respekt der Hofkapelle, die ihn bereits als Komponisten schätzen gelernt hat. Gestern hat er der Prinzessin ein neues Variationswerk vorgespielt, das Ihrer Hoheit sehr behagt hat. Zugleich dokumentierte er sich als ein zum Musizieren mit Höchstderselben wohl geeigneter Partner."[4]
Bülow hatte vorgebaut. Durch Freunde ließ er die Meininger Orchestermusiker befragen, ob sie einer Bestellung von Strauss zustimmen würden. Ebenso hatte Hans von Bülow bereits in Frankfurt die Gelegenheit genützt, Richard der Prinzessin Marie von Meiningen vorzustellen, und meinte damals: „Es ist gut, daß die Prinzessin vor Ihrem Clavierspiel Respekt bekommen hat, da Sie in Meiningen mit ihr vierhändig spielen müssen."[5] Alles verlief positiv nach Plan, und der skeptische Herzog änderte seine Meinung. Was sollte er da noch entgegenhalten?
Auch Bülow beflügelten die Vitalität und Dynamik des Jüngeren: „Strauss - *homme d'or*. Sinfonie *famos*. Sein Spiel - wie sein Dirigierdébut geradezu verblüffend. Wenn *er* Lust hat, so kann er mit SH Genehmigung sofort mein

Nachfolger werden."[6] Und Marie von Bülow, die Gattin, nach Cosima Bülows zweite Frau, beobachtete amüsiert den gewandten Strauss auf dem Parkett diverser Empfänge: „Montag war er auf dem hiesigen Casino-Ball und tanzte bis zur Bewußtlosigkeit. Daß er Eroberungen gemacht hat, versteht sich von selbst."[7]

Richard Strauss hatte den Vertrag als „Herzoglicher Concertdirektor" mit Tätigkeitsbeginn 1. Oktober 1885 unterschrieben. Bülow übertrug ihm auch die Leitung der Abonnementkonzerte im Hoftheater. Doch zuvor hieß es: „Ihre Stelle wollte er [Bülow] vorerst nur als Volontariat ansehen, für welches Sie sich aber doch für die Zeit vom 1. Oktober bis 15. April nächsten Jahres binden müßten. Im Monat Oktober würde er als Vorbereitung zur Reise vorwiegend die Proben leiten, was er auch Ihrethalber, daß sie ihn und das Orchester kennenlernten, für gut fände."[8]

Strauss bewährte sich selbstverständlich, weshalb ihm auch, nach Bülows Ausscheiden aus dem Meininger Musikleben, die alleinige Leitung der Hofkapelle übertragen wurde. Von Dezember 1885 an erfolgte daher wahrlich ein Sprung ins kalte Wasser: „Ich bin hier so überhäuft mit Arbeit, daß ich nicht weiß, wo mein Kopf steht. Durch Herrn von Bülows Abgang liegt die ganze artistische Leitung und theilweise auch die administrative der Hofkapelle auf meinen Schultern. Seit Monaten ist Conzertmeister Fleischhauer krank und habe ich die alleinige Veranstaltung der Kammermusiksoiréen, die Direktion des Chorgesangvereins, den Unterricht bei der Princessin, die Festlichkeit bei Hof, die Composition neuer Werke und die Herausgabe derselben (Correcturen pp) nehmen mich so in Anspruch, daß ich kaum Zeit zu den allernotwendigsten Correspondenzen, dienstlicher und geschäftlicher Natur finde."[9]

Es darf nicht vergessen werden, daß Strauss während dieser Zeit auch komponierte. Als Uraufführung erfolgte am 4. März 1885 das einige Jahre zuvor entstandene *Hornkonzert in Es-Dur op. 11* (1882/83) unter Hans von Bülow. Solist war der Erste Hofhornist der Meininger Kapelle, Gustav Leinhos. Der neunzehnjährige Richard hatte es dem Vater gewidmet. Und um ihm zu gefallen, schuf er damit eine Hommage an das klassisch-romantische Zeitalter.

Nach einem Es-Dur-Einleitungsakkord des Orchesters entspinnt sich im 1. Satz des *Hornkonzerts* ein lebhafter Dialog mit dem Solohorn, ähnlich dem barocken „Concerto". Inhaltlich versah der junge Strauss die Form mit den vielfältigen Ausdrucksmöglichkeiten der Romantik, deren Lieblings-

instrument das Horn war, die Kantilenen des Waldhorns im 2. Satz weisen deutlich darauf hin; während im Schluß*rondo*, einer *Caccia* (Jagdszene), das Konzert in beschwingter Anmut ausklingt.
Strauss' großer kompositorischer Erfolg dieser Zeit war aber die *f-moll-Symphonie op. 12* (1882/84). Mit diesem Werk konnte er auch das Meininger Publikum auf Anhieb für sich gewinnen. Formal und in der Klangsprache orientierte sich der junge Strauss an der klassischen Gestaltung Beethovens. Er beweist die inzwischen souveräne Handhabung des Orchesterapparats, hält sich aber keineswegs ausschließlich im Epigonentum auf. Viel zu stark drängte sich bereits Strauss' musikalische Persönlichkeit vor. Mit starken rhythmischen Veränderungen, die ihn später berühmt machen, wird im *Scherzo* experimentiert. Und die in die Besetzung aufgenommene Baßtuba verfehlt im 1. Satz und im *Scherzo* (Strauss vertauschte hier, ganz Beethovens Vorbild in der 9. Symphonie folgend, die Reihung der Sätze 2 und 3) nicht die erwünschte Wirkung.
Dennoch, trotz der Begabung, die vor allem durch die Konzeption des Schluß*rondos* (4. Satz) deutlich wurde, gab es von allen Seiten gute Ratschläge. Neben dem Vater war es Johannes Brahms, der die *f-moll-Symphonie* hörte und riet: „,Ihre Sinfonie enthält zuviel thematische Spielereien. Dieses Übereinanderschachteln vieler nur rhythmisch kontrastierender Themen auf einen Dreiklang hat gar keinen Wert, ist mir deutlich haften geblieben", wie Strauss später dokumentierte. Die Anregung fiel also auf fruchtbaren Boden: „Damals habe ich eingesehen, daß Kontrapunkt nur berechtigt ist, wenn eine poetische Notwendigkeit zwei oder mehrere nicht nur rhythmisch, sondern gerade harmonisch aufs stärkste kontrastierende Themen zu vorübergehender Vereinigung zwingt."[10]
Neben der Präsentation eigener Werke waren die Komponisten, mit denen Strauss sich damals musikalisch besonders auseinandersetzte, Schubert, Schumann, Beethoven sowie Brahms, Wagner und Zeitgenossen.
In den knapp drei Monaten der gemeinsamen Orchesterleitung mit Bülow hatte Strauss die Gelegenheit gehabt, viel zu lernen. Bülow widmete sich seinem „Zögling" mit aller Konzentration. Das konnte manchmal so weit gehen, daß im Jänner 1886 der vor lauter Arbeit physisch und psychisch fast überforderte Richard von einem Bülow-Konzert „so ergriffen [war], daß ich nach dem letzten Satz im Musikzimmer weinte wie ein Kind; ich war da mit Bülow allein und da hat er mich umarmt und mir einen Kuß gegeben, den ich mein ganzes Leben lang nicht vergessen werde"[11].

Das gab auch Franz Strauss zu denken, der nüchtern resümierte: „Über den gestrigen [Brief] war ich ganz erstaunt, denn einen solchen Enthusiasmus an Dir war ich nicht gewohnt; doch es hat mich sehr gefreut. Zwar manches werde ich Dir für die Anhänglichkeit an Bülow zugute halten müssen, denn nicht immer ist die Ausführung eines Kunstwerkes allein die Ursache zur Begeisterung, auch der Empfänger [Hörer] kann für etwas schon voreingenommen sein, und so mag es auch ein klein wenig diesmal der Fall gewesen sein."[12]

Der Einundzwanzigjährige sah sich nun in Meiningen kulturpolitisch vor die Entscheidung gestellt, entweder in Zukunft aus verordneten Einsparungsgründen mit wesentlich weniger Orchestermusikern weiterzumachen oder, was Bülow ihm empfahl, das Engagement zu wechseln. Nicht nur die Reduktion der Kapelle, sondern auch das höhere Jahresgehalt der angebotenen Stelle als Dritter Kapellmeister der Münchner Hofoper (1886 bis 1889) wird für Strauss' Entscheidung ausschlaggebend gewesen sein. Bülow war nicht glücklich über diese Wahl. Er ahnte Unerfreuliches.

Auch die inzwischen schwere Nervenerkrankung seiner Mutter beschäftigte und beunruhigte den Sohn: „Daß Mama es täglich besser geht, freut mich sehr, doch gebe ich *Dir* [dem Vater] den guten Rat, Mama so bald als möglich, sowie sie gesund ist, *aus* der Anstalt zu nehmen."[13] Und weiter vermutete Strauss damals Gewohnheiten, die auch heute oft nicht anders gehandhabt werden. So präparierte er den Vater: „Ich bin der unmaßgeblichen Ansicht, daß Mama im Frühjahr *zu lange* in der Anstalt war, das hübsche Prinzip, welches sie bei [Dr. Bernhard von] Gudden verfolgen, die gut zahlenden Erste-Klasse-Patienten solange als möglich, d. h. länger als nötig dazubehalten, ist bereits im Frühjahr zu offenkundig gewesen, um nicht von mir durchschaut zu werden."[14]

Möglicherweise kam Strauss auch der familiären Umstände wegen eine vorübergehende Rückkehr nach München nicht ganz ungelegen, was Bülow jedoch verärgerte: „Wollen Sie aus Patriotismus und Familienheimweh nach München - gut - Privatsache. Aber [...] ich an Ihrer Stelle lehnte vorläufig ab."[15]

Ganz Meiningen schien um den beliebten Richard Strauss zu trauern. Georg II. bekannte sogar, „daß ich durch Ihre Leistungen *gründlich* von meinem früheren Irrtum kuriert bin, durch Ihre Jugend seien Sie zum alleinigen Leiter meiner Kapelle noch nicht befähigt"[16]. Eine Ehre, die Richard hoffen ließ. Vielleicht war sogar ein Abschiedsorden drinnen? Tatsächlich: „Das

Verdienstkreuz ist der höchste hiesige Kunstorden und außer Rossi und der Malten haben ihn nur noch acht Menschen."[17]
Bülows Prophezeiungen bewahrheiteten sich. Mühsame Jahre voller Ärger folgten. So wurde Strauss' künstlerische Haut während dieser Zeit ziemlich dick. Nach der umstrittenen Uraufführung seiner Symphonischen Dichtung *Aus Italien op. 16*, am 2. März 1887 in der Münchner Akademie, gab es nicht nur Beifall. Seiner damals generell enttäuscht-aggressiven Gemütslage kamen diese Turbulenzen gerade recht: „Den größten Spaß habe natürlich ich gehabt dabei; es war eine ‚Hetz', wie der Wiener sagt. Die einen haben wüthend applaudiert, die anderen eifrig gezischt, schließlich siegte der Applaus. Die Gegner haben mich für halb verrückt erklärt, sprachen von Irrwegen und was dergleichen Plunder mehr ist. Mein Stolz war ungeheuer; das erste Werk, das auf die Opposition des großen Haufens gestoßen ist; da muß es doch nicht unbedeutend sein!"[18]
Im großen und ganzen verhielt sich der junge Rebell ohne Rücksicht auf Verluste. Wollte man ihn in der Münchner Hofoper nicht seiner Begabung gemäß einsetzen, arbeitete er eben nur mit halber Kraft. Zeitweise komponierte Strauss während des Dirigierens, da das Orchester auch allein spielen konnte. Oder er überforderte die Musiker durch eigenwillige Tempowahl, was ihm prompt eine Retourkutsche eintrug. Schwester Johanna berichtete: „Er kam ganz außer sich nach Hause, man habe ihn aufsitzen lassen, so daß er abklopfen mußte."[19] Wilde Jahre, die Strauss hier unter den Augen seines Vaters durchpeitschte.
Den geliebten, geschätzten Bülow amüsierte Strauss' buntes Treiben in München. Solange er sich noch wehrte, war die Sache in Ordnung. Bedenklich wäre es gewesen, wenn Richard Strauss den langweiligen Alltag - weil ohne Aufgabe - kritiklos über sich hätte ergehen lassen. Doch verzweifelt klagte er Bülow: „Daß ich das alles nicht ertragen kann, werden Sie begreifen. Ich habe nun allmählich eingesehen, daß hier nicht der Boden ist, wo ein erfreuliches Musikleben gedeihen kann. Aus dem Dreck, in dem ich hier alles finde, könnte ich allein den Karren nie herausziehen. Öder Sumpf, Biersumpf überall."[20]
Strauss suchte Bülows Hilfe, um vorzeitig aus München auszubrechen. Der ältere Freund winkte ab. Er verstand die Nöte seines Schützlings, doch meinte der Pädagoge, möglicherweise, daß solche Situationen wichtig für die persönliche Reifung waren, und empfahl, bis zuletzt durchzuhalten, nicht zu wechseln, geduldig zu sein und diese unerträgliche Situation zu meistern.

Und wieder: Niemand zweifelte an Richards Talent. In der „Neuen Zeitschrift für Musik“ konnte man bereits im Februar 1886 lesen: „In Richard Strauss besitzen wir einen Kämpfer, von welchem, in Anbetracht seiner Jugend noch glänzende Siege zu erwarten sind, wie er schon bereits mit seiner geistreichen und farbensprühenden Fmollsinfonie gerungen hat.“[21]
Schwester Johanna kommentierte später die Münchner Jahre so: „Er mußte sich erst die Hörner abstoßen.“[22] Und Strauss selbst erinnerte sich Jahrzehnte später: „Ich war kein besonders guter dritter Kapellmeister. Wenn auch gewandt im Einspringen – ich übernahm schon damals eine Rheinbergersche Oper [„Thürmers Töchterlein“] – war mein Mangel an ‚Routine‘, in der mir viel untalentierte Kollegen lange überlegen waren, mein Eigensinn im Durchsetzen ‚eigener Tempi‘, der geforderten glatten Erledigung der Oper an Gelegenheit oft hinderlich. Es gab daher so manchen Schmiß, die bekannten Unstimmigkeiten zwischen Sängern und Orchester, umsomehr, als die Opern, die ich damals zu dirigieren hatte, mich nicht genügend interessierten, um sie genau zu studieren, und viel sorgfältiger Vorprobenarbeit erfordert hätten, – eine Arbeit, die mich bei Werken wie ‚Nachtlager‘ und ‚Martha‘ viel zu sehr langweilte.“[23]
Wie eine Erlösung mußte daher die nächste Etappe als Zweiter Großherzoglich-Sächsischer Kapellmeister in Weimar empfunden worden sein. Bülow hatte sich doch wieder in bewährter Manier für Richard eingesetzt. Der war jetzt fünfundzwanzig Jahre alt. Und Freund Hans Bronsart von Schellendorf, seit 1887 Generalintendant in Weimar, führte vorerst hinter dem Rücken von Großherzog Carl Alexander von Sachsen-Weimar-Eisenach erste Verhandlungen mit dem jungen Dirigenten. Die Protektion, die Strauss genoß, wurde geheimgehalten. Bronsarts diplomatische Vermittlung funktionierte. Mit dem 1. Oktober 1889 begann für den ehrgeizigen Strauss ein neues Dirigentenleben.
Dem bereits in die Jahre gekommenen Ersten Kapellmeister, Eduard Lassen, war es nur recht, daß ihm der unverbrauchte Jüngere Arbeit abnahm. Strauss erarbeitete das gesamte deutsche Repertoire, dirigierte erstmals eine Wagner-Oper und war stolz darauf, ein williges, innovationsfreudiges Orchester vorzufinden. Der Familie und den Freunden gegenüber strich er seine Bedeutung für das Weimarer Musikleben hervor: „Die Theaterverhältnisse sind hier, trotz alles Primitiven, sehr angenehm und bequem, das Orchester schwärmt sehr für mich.“[24] Doch pendelte er seine Selbstsicht aufs richtige Maß ein: „Ich habe aber meine guten klaren, gesunden Augen.“[25]

Beeindruckt war Richard Strauss von der Begegnung mit Cosima Wagner. Von seinem Wagner-enthusiastischen Freundeskreis Alexander Ritter, Hans von Bülow u. a. empfohlen, erhielt Strauss für die Sommermonate 1889, also noch vor Antritt der Weimarer Tätigkeit, eine Berufung als Musikalischer Assistent nach Bayreuth. Unerschrocken probierte und korrepetierte er „Parsifal", nahm am gesellschaftlichen Leben teil und erwarb sich den Stellenwert eines Intimus des Bayreuther Clans.
Cosima war nicht nur von seiner künstlerischen Leistung angetan, sondern Strauss' bestimmte, zielorientierte Geradlinigkeit faszinierte sie. Auch sein Versprechen, als Weimarer Zweiter Kapellmeister für Wagner und Liszt einzutreten, förderte den Aufbau einer wechselseitigen Interessengemeinschaft.
Von Weimar aus hielt Strauss die Bayreuther „Meisterin", wie er sie nannte, über alles Musikalische auf dem laufenden. Interpretations- und Deutungsauffassungen wurden ausgetauscht. Cosima zog sich nach ihrer Vorstellung einen, wie sie es schon oft getan hatte, künftigen jungen Bayreuth-Dirigenten heran: „Wollen Sie auch, mein Freund, Ihr Hauptaugenmerk auf die deutliche Sprache lenken, was allüberall noch sehr fehlt."[26] Und sie war zufrieden: „Es ist schön von Ihnen, es so ernst zu nehmen und gerade zu dieser Zeit, wo die großen Theater die Schmach unserer Kunst bezeichnen, ist es rührend und erfreulich zu gewahren, wie an kleineren Bühnen der Geist, der uns Deutsche groß gemacht hat, heilig gehalten wird."[27]
Jemand anderer, der Strauss behutsam zu fördern bereit war, der Wagner-Witwe aber keineswegs wohlwollend gegenüberstand, war Generalintendant Hans Bronsart. Als Bülow-Freund wußte er Partei zu ergreifen, und Cosimas damals bereits unzeitgemäß gewordenen Interpretationsgedanken wies er zurück: „Jeder gute Musiker, der mit Wagner in näherer Beziehung stand, weiß darüber (d. h. über die Art der Wiedergabe seiner Werke) mehr und zuverläßigeres als die unmusikalische Witwe des großen Meisters. Vor allem aber weiß Jeder, der Wagner näher gekannt hat, wie veränderlich der Meister selbst in seinen Angaben über eine Menge Dinge gewesen – Inscenierung, Tempi etc. – und Sie selbst, mein lieber Strauss, nehmen so manche Tempi (ich erinnere an den Schluß der Tannhäuser-Ouvertüre und vieles Andere), welches notorisch den bekannten Intentionen Wagners widerspricht, also, um Ihre eigene Logik anzuwenden, mit einer stylvollen Aufführung nicht zu vereinigen ist."[28]

Strauss gab sich vorerst wieder unbelehrbar. Endlich konnte er experimentieren. Den Intendanten brachte das zur Weißglut: „Sie überwagnern Wagner – von Beethoven gar nicht zu reden! Franz Liszt dirigierte eine Beethoven'sche Symphonie bei Gott frei und nicht à la Capellmeister-Metronom [...]. Aber Sie, mein lieber Strauss, dirigieren oft selbst Wagner so, daß ich nicht einsehe, weshalb Sie nicht ad Beliebitum auch andere Instrumente, andere Harmonien ect. setzen. Daß ich, und mit mir gewiß jeder Musiker, diese ‚metrischen Umarbeitungen' ganz interessant findet, das ist eine Sache für sich; ein Musiker von Ihrer Begabung macht eben Nichts langweiliges. Aber in gewissem Sinne ist dieses ‚car tel est mon plaisir' doch recht bedenklich."[29]

Ein Teil der Orchestermusiker scheint sich ebenfalls gegen das musikalische Zelebrieren gestellt zu haben, worauf sich Strauss brüsk wehrte und Bronsart reagierte: „Sie müssen sich auch in der Erregung so weit beherrschen lernen, daß Sie nicht jeden Augenblick Ausdrücke gebrauchen, die Sie im Munde eines Anderen streng verurteilen würden. Sie müssen die Individualität mit Ihren, wenn auch im großen und ganzen unter Ihrer Leitung arbeitenden Künstlern so weit achten lernen, daß Sie ihnen auch eine gewisse Selbständigkeit in der künstlerischen Auffassung zugestehen, – und nicht alles styllos nennen, was ein Anderer anders empfindet, als man selbst. Sie müssen endlich sich so weit beherrschen lernen, daß Sie auch in der erregtesten Stimmung nie ganz unsere gegenseitige Stellung außer Acht lassen. [...] Ist Ihr Naturell – gleichviel ob angeboren oder anerzogen – so unbändig, daß Sie es nicht beherrschen können, so sind Sie auf die Dauer unmöglich in Verhältnissen, die auf Subordination beruhen."[30]

Doch Strauss wütete weiter. Und Bronsart lag auf der Lauer: „Die Äußerungen Ihrer extremen Richtung würden mir keine Besorgnis für Ihre Zukunft einflößen – ich halte sie lediglich für Symptome einer gewissen Sturm- und Drangperiode, wie sie geniale Naturen durchzumachen pflegen, um sich eines gewissen Kraftüberschusses zu entledigen, und aus welcher Sie mit der Zeit wieder in ein harmonisches Gleichgewicht gelangen, wenn Sie im Kern gesund sind – aber es liegt darin eine Gefahr für Ihren dienstlichen Wirkungskreis."[31]

Richard Strauss gefiel es trotz oder gerade wegen dieser Auseinandersetzungen in Weimar. Inmitten solcher Turbulenzen schrieb er Franz Wüllner: „Mir geht es vortrefflich, die außerordentlich günstigen und reizenden Verhältnisse in Weimar behagen mir ausgezeichnet und fühle ich mich dort sehr wohl."[32] Strauss setzte damals, so scheint es, alles auf eine Karte.

Auch Cosima bekam die „heißspornigen Excentritäten"[33] des „enfant terrible" zu spüren. Und in ihrer „gemeinsamen Angelegenheit"[34] hatte Strauss nur etwa eineinhalb Jahre lang die rosarote Brille auf. Als er merkte, daß seine Dirigier- und Besetzungswünsche für die Bayreuther Festspiele von der „Meisterin" schlichtweg ignoriert wurden, faßte er fortan seine Briefe in einem sehr barschen Tonfall ab. Auch Cosima reagierte. Nach der Uraufführung der *Salome* wandte sie sich kategorisch von Strauss ab. Die inhaltliche und musikalische Auseinandersetzung mit dieser Oper überforderte die Kunstästhetik des längst reaktionär gewordenen Wagner-Haushalts.

Josepha Strauss, geb. Pschorr (Mutter).

Franz Joseph Strauss (Vater).

Kinderbildnis von Richard Strauss.

Richard mit seiner Schwester Johanna um 1870.

Geburtshaus des Komponisten in München.

Jugendaufnahme von Richard Strauss um 1890.

Portrait von Strauss aus dem Jahr 1894.

Pauline de Ahna.

Richard Strauss als Gentleman.

Villa in Garmisch.

Hugo von Hofmannsthal und Richard Strauss am Flügel. Scherenschnitt von W. Bithorn. Postkarte 1914.

Margarethe Siems (Marschallin) und Eva von der Osten (Octavian). Szenenfoto von der Dresdner Uraufführung des „Rosenkavalier“ (1911).

Karikatur auf den Komponisten der „Elektra“: Die elektrische Hinrichtung. Zeichung von Franz Jüttner.

Hugo von Hofmannsthal und Richard Strauss in Rodaun (1912).

Künstlerkarte um 1912.

Abendgesellschaft mit Richard Strauss in Dresden. Um 1925.

Strauss mit der Sängerin Eva von der Osten.

Der Komponist mit dem Freund Max von Schillings. Berlin 1925.

Villa Strauss in der Jacquingasse 10 im III. Wiener Gemeindebezirk.

Richard Strauss mit Franz Schalk.

Max Reinhardt und Richard Strauss inmitten von Gästen bei der Eröffnung der Sträußel-Säle im Theater in der Josefstadt 1924.

Orchestermusik

„Die Hornisten haben mit Todesverachtung geblasen“

Der Symphoniker

Es gibt nach den großen Symphonien Ludwig van Beethovens kaum Komponisten im 19. Jahrhundert, die diese Monumentalform nicht als Herausforderung empfanden. Die kontroversellen Auseinandersetzungen mit der Gattung und zugleich dadurch deren formale und inhaltliche Erweiterung zeigen sich nicht zuletzt an den beiden Antipoden der Spätromantik, Johannes Brahms und Anton Bruckner. Zugänge und Ausformungen waren von beiden unterschiedlich. Brahms und Bruckner verlangten auch von ihrem Publikum einiges an neuer Hörbereitschaft.
Johannes Brahms (1833 bis 1897) leugnete nie sein besonderes Interesse am kompositorischen Aufbau, der als musikalisches Erlebnis verstanden werden sollte. Von ihm gehen die Faszination und die Inspiration thematischer Einfälle aus. Bei Brahms ordnet sich die musikalische Substanz dem logischen Aufbau der Komposition unter.
Anders bei Anton Bruckner (1824 bis 1896): Dieser gibt sich ganz seiner inneren Eingebung hin. Die Form wird für ihn Mittel zum Zweck, die erst die volle Entfaltung der Seelenlandschaft ermöglicht. Seine tiefe Religiosität und damit verbunden die Bereitschaft, sich verstärkt gedanklicher und stimmungsbedingter Inspiration hinzugeben, sind charakteristisch für Bruckners Werk. Um dem musikalischen Einfall und dessen harmonischer Durchführung zu genügen, wird erneut die symphonische Architektur entsprechend erweitert.
Kein Wunder also, daß auch die Anhängerschaft beider Zeitgenossen von der Kunstästhetik her nicht viel miteinander anfangen konnte. Im Gegenteil: Ohne aktives Zutun der Komponisten lieferten sie einander vor nahezu jeder

Uraufführung eines neuen Werks erbitterte Kulturschlachten. Jede Seite diffamierte die Kunstauffassung der anderen. Brahms erhielt im polemischen Rauschen des Blätterwalds die Bezeichnung Konservativer, während Bruckner zum gottesfürchtigen Erneuerer abgestempelt wurde. Man erhob ihn zum Avantgardisten, der durch Richard Wagners musikalische Mystik zur eigenen Auslegung inspiriert wurde. Brahms hingegen lehnte die übersteigerte Klangsprache Wagners kategorisch ab und bewegte sich individuell innerhalb des gewohnten Rahmens.

Inmitten dieser musikalischen Glaubenskriege wurde Richard Strauss hineingeboren. Nichtahnend, daß gerade er jener sein sollte, der schließlich die Konzepte beider Antipoden in seinem eigenen vereinigen sollte. Die beeindruckendsten Persönlichkeiten waren für ihn später Mozart und Wagner.

Richard Wagner war die zentrale Musikgröße in der Mitte des 19. Jahrhunderts. Mit Chromatik, Dissonanzen und der mystischen Übersteigerung in seinen Musikdramen erzeugte er Spannung und emotionalen Zugang beim Publikum, das in diesem Moment auch allen inhaltlichen und vor allem später ideologischen Eingebungen nahezu hypnotisiert folgte. Der Faszination dieser berauschenden Klangsprache, die gleichfalls auch manche Form der Ironie beinhaltet, konnte sich kein zeitgenössischer Komponist entziehen. Die ernsthafte Beschäftigung mit Wagner wurde zur Voraussetzung für das eigene Schaffen. Die Überwindung der starken Orientierung an seinen Ausdrucksformen war allerdings nur wenigen vergönnt. Erfolgreiche Komponisten, wie Engelbert Humperdinck, Wilhelm Kienzl und andere, blieben auf dem halben Weg ihrer Individualisierung stecken.

Die Weichen für den jungen Strauss waren hingegen anders gestellt. Vater Franz Strauss erwies sich ja als deklarierter Wagner-Gegner. Er vertrat jenes Bildungsbürgertum, dem an klassischen Kulturwerten gelegen war. Wagner galt als Zersetzer der Kunst und der Gesellschaft. Und mit fliegenden Fahnen diese Unvorstellbarkeit anzunehmen, paßte nicht ins Lebenskonzept von Franz Strauss. Deshalb lenkte er den begabten Sohn Richard vorerst in eine ganz andere Richtung. Mozart und Beethoven waren die zentralen Musikgrößen im Hause Strauss.

Es war also selbstverständlich, daß Richards erste Kompositionen ganz unter dem Einfluß der Wiener Klassik standen. Dazu gehören der *Festmarsch op. 1, die Bläserserenade op. 7,* das *1. Hornkonzert op. 11* oder der Schumann-Mendelssohn-Einfluß in der *Cellosonate op. 6.* Die Auseinandersetzung mit Werken von Johannes Brahms ist vor allem im *Klavierquartett op. 13* und der *Violinsonate op. 18* spürbar, während die zwar nach wie vor klassisch angehauchte *d-moll Burleske für Klavier und Orchester* bereits stärker Richard Strauss' persönliche Handschrift erkennen läßt.

Die Tondichtung *Don Juan op. 20* war schließlich der erste große Wurf, der durch seine emphatische Vitalität die Musikwelt aufhorchen ließ. Strauss selbst war am 11. November 1889 der Uraufführungsdirigent in Weimar gewesen. Nach einer intensiven Probe am Vortag schrieb er dem Vater: „Das Orchester pustete und keuchte, machte aber seine Sache famos. Ein großartiger Witz! Nach dem ‚Don Juan' saß ein Hornist schweißtriefend, ganz außer Atem da und seufzte: ‚Du lieber Gott! Was haben wir denn verbrochen, daß du uns diese Rute (das bin ich) geschickt hast! Die werden wir so bald nicht wieder los.' Wir haben Tränen gelacht! Dabei haben gerade die Hornisten mit Todesverachtung geblasen."[1]

Allein aus dieser Briefstelle spürt man die Frische und die Freude, die diese Lebensphase begleitete. Richard war inzwischen nicht nur sein eigener Herr als Weimarer Musikdirektor geworden, es war auch die erste Komposition, in die autobiographische Züge hineinspielten. 1886 begann Richard Strauss die ersten Skizzen zu *Don Juan*. Es war jene Zeit, in der seine erste Liebe zu Dora Wihan am Höhepunkt der Gefühle stand.

Keine der zuvor entstandenen „Don-Juan"-Bearbeitungen, die seit dem Barock unzählige Male die Musik- und Theaterszene durchzogen hatten, deutete mit dieser Leidenschaft die innere Glut dieses berühmten Rastlosen. Es ist ein schier endloses Wandern durch Raum und Zeit. So heißt es dazu im vorangestellten Lenau-Gedicht: „O Freund, durch alle Räume möcht ich fliegen, / Wo eine Schönheit blüht, hinknien vor jene / Und, wär's auch nur für Augenblicke, siegen."[2]

Sich selbst verwirklichend, nie Verantwortung empfindend, entwächst Don Juan letztlich nicht als Geläuterter. Nie verschwendet er einen Gedanken an die Verantwortlichkeit von Lust. Je stärker der Genuß, desto rascher zum nächsten Abenteuer. „Ja! Leidenschaft ist immer nur die neue; / Sie läßt sich nicht von der zu jener bringen, / Sie kann nur streben hier, dort neu entspringen."[3]

Don Juan, der seelenlos Entfesselte ohne Alter. Nichts bringt ihn dazu, innere Einkehr zu halten und Müdigkeit zu verspüren. Lebhaft labt er seine Begierde an der schillernden Vielfalt der Weiblichkeit: „Die einzle kränkend schwärm ich für die Gattung. / Der Odem einer Frau, heißt Frühlingsduft, / Drückt morgen mich vielleicht wie Kerkerluft."[4]

Richard Strauss verlor sich geradezu im sinnlich-entrückten Klangrausch der Einleitungstakte. Insgesamt sind es drei Themen, die die Person des Don Juan charakterisieren. Unterbrochen werden sie von der musikalischen Skizzierung dreier weiblicher Charaktere, die zum Synonym für die Erfüllung seiner Sinnesfreuden werden. Die Ausgereiztheit dieser Situationen läßt Don Juan letztlich in eine tiefe Sinnkrise stürzen, worin ihm „die Welt [...] wüst, umnachtet" scheint.[5]

Die inhaltliche Essenz der Lenau-Vorlage – „der ins Maßlose gesteigerte Wille sollte der sozialen Ordnung gegenübergestellt werden, der Übermensch der Gesellschaft, das Immerweitermüssen"[6] – hatte, wie Ernst Krause feststellte, für Richard Strauss zunächst wenig Bedeutung. Ihm lag vorrangig an seiner Befreiung von musikalischen Vorbildern. Erstmals präsentierte er öffentlich alle Nuancen seiner künstlerischen Ausdrucksvielfalt.

Natürlich war der Inhalt faszinierend. Leite(te)n nicht viele ihre männliche Identität davon ab? Auch heute noch. Ist das Sprengen der „sozialen Ordnung" in „Don Juan" und anderen Männerphantasien nicht stets vom Besitzen und Unterwerfen der Frau begleitet? Benütz(t)en Männer nicht gerade die weibliche emotionale Hingabebereitschaft, sich oftmals hierarchischer Positionen zu bemächtigen und diese zu festigen?

Wie dem auch sei, Richard Strauss verbreitete mit seinem *Don Juan* Begeisterung. Seine große Begabung in der Orchestrierung stellte er hier meisterhaft unter Beweis. Doch nicht einmal das konnte den Wiener Starkritiker Eduard Hanslick 1891 von seinem Negativurteil über diesen aufmüpfigen Komponisten abbringen.

Mit *Don Juan* hatte sich Strauss erstmals harmonisch ziemlich weit von Richard Wagner entfernt. Und dennoch lassen die rauschenden Klangbögen einige Assoziationen mit dem „Tannhäuser"-Bacchanale aufkommen. Viel stärker noch ist die Prägung durch Liszts geschaffene Form der Symphonischen Dichtung, einer Spezialform der Symphonie des 19. Jahrhunderts. Die Faszination, die Literatur auf Kunstsinnige zu jener Zeit ausübte, spielte eben auch in die Musik hinein. Die sogenannte „Zukunftsmusik", wie sie in Anlehnung an Richard Wagners Aufsatz „Kunstwerk und Zukunft" genannt wurde, wurzelte in Hector Berlioz' „idée fixe", einem immer wiederkehrenden musikalischen Gedanken. Über die französische Grenze hinaus beeinflußte Berlioz vor allem die deutschen Komponisten. Er legte seiner viersätzigen „Symphonie fantastique" erstmals ein durchgängiges inhaltliches Konzept zugrunde.

Franz Liszt sprengte die formalen Grenzen der Symphonie und ließ seine einsätzige Symphonische Dichtung daraus hervorgehen. Wagner wiederum inspirierte der Gedanke einer immer wiederkehrenden musikalischen Idee zur Entwicklung seines Leitmotivs. Liszts romantische Klangwogen steigerte dessen späterer Freund und fast gleichaltriger Schwiegersohn Richard Wagner zu wahrer musikalischer Ekstase.
Richard Strauss überwand bereits relativ früh Liszt und Wagner und fand zur neuen Form der Tondichtung. *Aus Italien op. 16* des Jahres 1886 war vorerst allerdings mehr noch ein Experiment mit allen Strauss bisher zur Verfügung stehenden Möglichkeiten gewesen. Viel zu sehr erinnert es in der gewählten Programmatik an italienische Meister, verbunden mit dem musikalischen Erbe Wagners.
Auch die vier gewählten Satzbezeichnungen *1. Auf der Campagna, 2. In Roms Ruinen, 3. Am Strande von Sorrent* und *4. Neapolitanisches Volksleben* knüpften an romantische Landschaftsmalerei an, die Strauss hier in Musik gesetzt hatte. Parallel dazu beschäftigte sich Richard Strauss bereits mit dem *Macbeth op. 23* (1889/91). Für Shakespeares Tragödie verwendete er erstmals die neue Form der Tondichtung. Das Konzept entwickelte sich über mehrere Jahre, bis Strauss 1888 die erste Fassung nahezu zeitgleich mit *Don Juan* vorlegte.
Im August 1888 entstanden auch folgende Zeilen an Hans von Bülow: „Will man nun ein in Stimmung und konsequentem Aufbau einheitliches Kunstwerk schaffen, und soll dasselbe auf den Zuhörer plastisch einwirken, so muß das, was der Autor sagen wollte, plastisch vor seinem geistigen Auge geschwebt haben. Dies ist nur möglich infolge der Befruchtung durch eine poetische Idee, mag dieselbe nun als Programm dem Werke beigefügt werden oder nicht.“[7]
Keineswegs als Gleichnis zu seiner lebensbedrohenden Lungenentzündung, wie von manchen Biographen angenommen wird, entstand bereits 1888/89 in München *Tod und Verklärung op. 24*. Die Bezeichnung war ursprünglich als Arbeitstitel gewählt worden. Wie Strauss selbst beteuerte, hatte die Themenauswahl keineswegs etwas mit seiner eigenen Erkrankung zu tun. Jene ereignete sich erst mehr als zwei Jahre später, nachdem die Tondichtung am 18. November 1889 in Weimar fertiggestellt worden war. Musikalisch hielt sich Richard Strauss darin wieder stärker an Liszt und Wagner.
Dem Werk lag ursprünglich keine Programmatik vor. Freund Alexander Ritter schrieb nachträglich dazu ein Gedicht, das Strauss seiner Tondichtung voranstellte.

Mit *Till Eulenspiegels lustige Streiche op. 28* hatte er nunmehr stilistisch unverkennbar seine eigene Persönlichkeit entfaltet. Kein nachfolgendes Werk gelang ihm ähnlich erfrischend, heiter und ironisch wie diese Tondichtung in Rondoform. Die Brillanz seiner Orchestrierung ist ein zusätzliches Kennzeichen der 1894/95 entstandenen Hommage an die kompromißlose Widerspenstigkeit und die begehrte Gedankenfreiheit. Anders als bei *Tod und Verklärung* stellte er diesmal von Beginn an ein genaues Programm zusammen.

Also sprach Zarathustra op. 30 war schließlich der Höhepunkt seiner Tondichtungen. Strauss bewies darin, daß er es sehr wohl verstand, nicht nur plakative Stoffe umzusetzen, sondern mit eigenständigen Interpretationen philosophische Vorgaben weiterzuspinnen. Sein Zusatz „frei nach Nietzsche" legitimierte ihn, die weltanschauliche Auseinandersetzung des Philosophen in seine eigene Gedankenwelt zu transformieren. Richard Strauss wagte den Appell an die Unangepaßten. Er startete den Aufruf zur Rebellion gegen alle Wertkonservativen, geistig Unbeweglichen. 1894 begann Strauss mit den ersten Skizzen und beendete das Werk im August 1896, drei Monate vor der Uraufführung in Frankfurt a. M.

In dem 1898 uraufgeführten *Don Quixote op. 35* beherrschte Richard Strauss das Konzept der Tondichtung bereits so virtuos, daß es ihm immer leichter fiel, effektvolle Wirkungen zu erzielen. Dennoch wirkte sich erstmals diese gewisse Routine auf den Gehalt der Umsetzung aus. Die seelischen und gedanklichen Stürme des jungen Komponisten, die sich um die musikalischen Antworten auf die elementarsten Fragen entwickelt hatten, verstand er überzeugend umzusetzen. Seine Positionierung und Anerkennung innerhalb der zeitgenössischen Kollegenschaft konnte er für sich entscheiden. Es verwundert also nicht, daß sich in dieser Situation – ohne geistige Reibung an fühlbaren Feindbildern in Gestalt von Skeptikern und Neidern – bei Richard Strauss eine gewisse inhaltliche Stagnation einstellte.

Überdies verausgabte Strauss sich damals an der Intensität der Gefühle als junger Familienvater (Sohn Franz war am 12. April 1897 geboren worden). Der engagierte Vater und Ehemann, der stets aus der aktiven Teilnahme am häuslichen Alltag Impulse und Regeneration erfuhr, lebte seine Affekte jetzt weniger durch die Kunst, als durch seine neuen Lebensumstände aus, die natürlich auch eine beträchtliche Umstellung für den Privatmann Richard Strauss bedeuteten. Weder das Kindergeschrei, das auf der Tagesordnung stand, noch das impulsive Temperament von Gattin Pauline brachten

Richard Strauss aus der Ruhe. Im Gegenteil: Verbrachte er einmal Zeit allein, konnte sich Strauss nicht konzentrieren. Ihm fehlte einfach das bunte Treiben.

Die kompositorische Anfangsperiode, die inhaltlich vollkommen vom einsamen, unverstandenen Individuum geprägt war, das allein auf weiter Flur gegen die gedankliche Verstocktheit der Gesellschaft kämpfte, wich mit einem Schlag dem ausschließlichen Interesse an der Mitverantwortung für seine Umgebung. Die Familie wurde zum zentralen Thema in Strauss' nächsten beiden Tonschöpfungen.

Wie 1896 bereits *Also sprach Zarathustra op. 30* wurde *Ein Heldenleben op. 40* (1899) ebenfalls in Frankfurt a. M. aufgeführt. Der einsame „Held" erhält eine „Gefährtin". Mit ihr an der Seite gewinnt er alle Schlachten. Und in der 1904 in New York uraufgeführten *Sinfonia domestica op. 53* wird das Familienglück des „Helden" komplett. „Kindliches Spiel", „Elternglück" und andere Zwischenbezeichnungen spiegeln das beschauliche Leben der Familie Strauss wider.

Auch für die *Alpensymphonie op. 64* ist das persönliche Erlebnis von Richard Strauss bestimmend. Die ersten Skizzen reichen bis ins Jahr 1911 zurück, während die Fertigstellung erst 1915 erfolgte. Es ist jene Zeit, in der Richard Strauss beschloß, seiner kompositorischen Entwicklung als Erneuerer Einhalt zu gebieten und bei der Tonalität zu bleiben. Ein nicht ganz unumstrittener Weg.

Für Aufregung sorgten Richard Strauss' Tondichtungen also stets. Doch der Kreis der Widersacher begann sich jetzt zu verändern. Das Wohlwollen des Großteils seiner einstigen Gegner des musikalischen Fortschritts konnte Strauss inzwischen gewinnen. Dafür begann er zusehends die reformwütige Jugend mit seinen neuen Werken vor den Kopf zu stoßen. Mit jetzt einundfünfzig Jahren ließ sich Richard Strauss vor allem nach dem Erfolg von *Der Rosenkavalier op. 59* (1909/10) nicht mehr zu weiteren Kompositionsexperimenten verleiten.

Es bildeten sich plötzlich zwei unterschiedliche Musikrichtungen. Zu einer Zeit, wo Igor Strawinskys exotisches „Sacre du printemps" 1913 im Pariser Théâtre des Champs-Elysées die Gemüter erhitzte und zu einer neuen gedanklichen Auseinandersetzung mit der Kunstsparte Musik führte, argumentierte Richard Strauss seine Intention zur *Alpensymphonie op. 64* (1911/15) mit einer unqualifizierten, nachträglich oft zitierten Aussage: „Ich hab' einmal so komponieren wollen, wie die Kuh die Milch gibt."[8] Kein gelungener Vergleich, aber er zeigt zumindest Strauss' unkomplizierten Zugang zum eigenen Werk.

Richard Strauss' zeitweise selbst gewählten Denunzierungen der eigenen Arbeit werden auch heute noch gerne zum Anlaß genommen, unreflektiert alte, polemische Gedanken zu tradieren. Die Vorwürfe von l'art pour l'art, Ideenarmut und künstlerischer Sorglosigkeit, die Richard Strauss am häufigsten trafen, werden ihm nur zum Teil gerecht. Sein musikalischer Weg stand für ihn fest: Die Tonalität sei prinzipiell nicht aufzugeben. Alle weiterführenden Experimente, die er ausprobieren wollte, hatte er bereits gemacht; anderes war für ihn – in seiner eigenen Kunstästhetik befangen – unvertretbar.

Daß Arnold Schönberg daher die im folgenden wiedergegeben, ungehörigen Worte von Richard Strauss in einem Brief an Alma Mahler schmerzten, ist verständlich. Schönberg verweigerte daraufhin 1914 eine Laudatio anläßlich von Strauss' 50. Geburtstag: „Herr Strauss hat in einem Brief an Frau Mahler [in Angelegenheit der Mahler-Stiftung] über mich folgendes geschrieben: ‚Dem armen Schönberg kann heute nur der Irrenarzt helfen' und ‚Ich glaube, er täte besser Schnee zu schaufeln, als Notenpapier zu bekritzeln'. Ich meine, die Auffassung, die nicht nur ich, sondern jedermann nach solchen Äußerungen von Herrn Strauss' menschlicher (denn das ist Neid gegen einen ‚Konkurrenten') und künstlerischer Persönlichkeit (denn das ist eine ‚gesangsthema-artige' Banalität) haben kann, ist nicht geeignet, der Welt zur Feier seines 50. Geburtstages verkündet zu werden."

Weiters erklärte er: „Ich habe nicht die Absicht, Herrn Strauss ‚moralisch' zu schädigen [...] Künstlerisch interessiert er mich heute gar nicht, und was ich seinerzeit von ihm gelernt hätte, habe ich, Gottseidank, mißverstanden. Ich kann nicht leugnen, daß ich, in dem Bedürfnis zu verehren, diesem Mißverstehen oft genug energisch nachhelfen mußte."[9]

Strauss war dabei seinerzeit noch ein behutsamer, ausdauernder Beobachter gewesen. Über die vielen Jahre seiner Bekanntschaft mit Schönberg blieb er überzeugt, irgendwann würde sich dieser begabte Mensch wieder auf einen gangbaren Weg in der Musik begeben. Doch völlig entnervt resignierte er.

So stand auch die gesamte Musikwelt – mit Ausnahme des engeren Kreises um den späteren Zwölftöner – Arnold Schönbergs musikalischen Überlegungen und seinem Werk perplex gegenüber. Man vermutete eine sektenhafte Verirrung. Auch der Dirigent und Strauss-Freund Max von Schillings kam zur ratlosen Erkenntnis: „Die Überpartitur von A. Schönberg ist nun bei mir eingetroffen. Mein erster Eindruck war ein echter Schrecken. [...] Nein,

wohin führen die mißverstandenen Partituren von R. Strauss diese Überjünger!! Überall Farben, Farbklexe, Farbenwirrwarr –".[10]
Strauss glaubte sich künstlerisch falsch interpretiert und seine harmonischen Erweiterungen als Freibrief für utopische Übersteigerungen. Er fühlte sich also mitverantwortlich für Schönbergs kompositorischen Weg. An eine rigorose Veränderung der Kunstästhetik glaubte Richard Strauss nicht. Mehrmals half er dem finanziell notleidenden Arnold Schönberg aus der Klemme. So hatte Strauss auch das Gefühl, diesen „Uneinsichtigen" zu unterstützen, wenn er schon dessen Werke selbst nicht aufführte. Denn ein größeres Publikum war mit Schönbergs spätem Werk nicht zu gewinnen. Dieser selbst schob als Ursache für diese Grundhaltung vor allem die Dominanz von Richard Strauss' weiterhin tonal orientierter Musikästhetik vor.
Ständig kehrte auch der vehemente Vorwurf, Strauss komponiere „nur" Programmusik, wieder. Er erteile somit der sogenannten „absoluten" und einzig wahren Musik eine Absage. Aus distanzierter heutiger Sicht ist das im großen und ganzen unbedeutend. Es stellte sich damals vielmehr die Frage der Deutung. Programmusik ließ kaum andere Gedanken zu und somit auch kaum eine Weiterführung oder Veränderung der Kunstbetrachtung. Abstrakte Musik hingegen förderte alle Möglichkeiten der Ausformung, der inhaltlichen Spekulation und der kulturpolitischen Weiterentwicklung der Zuhörer.
Richard Strauss' ureigenstes Feld war aber gerade die Musikdramatik – also wiederum die Gebundenheit an ein Programm. Den Boden der Realität wollte er nie verlassen; Spekulationen fernbleiben. Neue Gesellschaftsformationen konnten sich für ihn nicht aus der Abstraktion, sondern nur aus Altem heraus entwickeln. Keiner der erfolgreichen Opernkomponisten aus Gegenwart und Vergangenheit – außer Georg Friedrich Händel und Wolfgang Amadeus Mozart – war imstande, Bedeutendes auf beiden, sehr unterschiedlichen Gebieten der Instrumentalmusik und Oper zu vollbringen. Richard Strauss zählte zu ihnen.
Strauss benötigte, um komponieren zu können, bildhafte Assoziationen. Er hatte dabei sein ganz persönliches Prinzip, das sich vor allem von jenem Gustav Mahlers unterschied. Mahler konnte mit Programmen musikalisch überhaupt nichts anfangen, schätzte aber Richard Strauss und ließ sich aufmuntern: „Meine ‚Partituren', lieber Freund, bin ich dran in den Pult zu thun. Sie wissen nicht, welche unausgesetzte Zurückweisungen ich mit ihnen erfahre. – Jedesmal zu sehen, wie die Herren vom Sessel fallen, und es als

unmögliches Wagstück erklären, so was aufzuführen - das ist auf die Dauer unerträglich. - Dieses ewige fruchtlose Herumhausiren damit."[11]
Es blieb also nichts anderes übrig, als sich gegenseitig oder eben selbst „zu fördern". „Freitag, den 27. dieses Monats dirigire ich in Hamburg ein Concert, in welchem ich einige meiner Compositionen zur Aufführung bringe. (Ich bin nämlich der einzige lebende Dirigent, der sich für meine Compositionen interessiert, und benütze daher schleunigst die erste Gelegenheit, die sich mir darbietet.)"[12]
Richard Strauss war auch ein „lebender Dirigent", der sich in der Folge sehr für Gustav Mahlers Werk einsetzte. Mahlers Revanche folgte mit den Einstudierungen von *Feuersnot* und *Salome* sowie den Aufführungen der Tondichtungen, die er unter anderm von 1909 bis 1911 sogar mit nach New York genommen hatte.
Mahler starb 1911. Die jungen Neutöner um Schönberg verloren damit ihren musikalischen Leitstern. Eine unmögliche Frage drängt sich auf: Wenn Gustav Mahlers Lebenszeit länger programmiert gewesen wäre, hätte er die künftige künstlerische Kluft zwischen Schönberg und Richard Strauss überbrücken geholfen?

Revolutionär

„Und die Wirkung? Eine abschreckende."

Widersacher und Apologeten als treibende Kraft

Trotz der enormen Karriereerleichterung durch den Vater, die Familie Pschorr, Bülow, Cosima Wagner und andere einflußreiche Fürsprecher, denen die freundlich-selbstbewußte Art des jungen Strauss imponierte, forderte dieser beispiellose Werdegang auch genügend Kontrahenten heraus. Mit dem größten Widerstand hatte Richard Strauss in München selbst zu kämpfen. Es ging dabei aber weniger um eine Fehde der Kulturbranche mit dem eigensinnigen Franz Strauss, der stark meinungsbildend unter den ausübenden Musikern agierte und dessen Widersacher möglicherweise ihre Aversionen in einer Art Sippenhaft auf Strauss junior hätten übertragen können, sondern vorrangig um das Prinzip des ungeliebten Propheten im eigenen Land. Statt die junge musikalische Begabung in München literarisch aufzumuntern, gab sich speziell der Kritiker Oscar Merz unverständig. Noch Jahre danach versetzte das Andenken an diese Kulturstimme Richard Strauss in Rage: „Mir ist die Kritik im allgemeinen sehr wurst, aber daß ich Merz und Genossen entronnen bin, freut mich täglich."[1] Und selbst später, wenn es um Ungerechtigkeiten gegenüber einem Weimarer Kollegen ging, konnte Strauss noch recht deutlich werden: „Die Merzsche Kritik über Stav[enhagens] ‚Tannhäuser' ist wohl das ‚Geschmierteste', was an Schamlosigkeit in dieser Branche noch geleistet worden ist."[2]

Die ablehnende Haltung der Münchner Kritik präsentierte sich unverblümt. Die „Münchner Neuesten Nachrichten" vertraten ganz den offiziellen Kurs des Königshauses. Nach der geistigen Umnachtung und dem Tod König Ludwigs II. hatten sich die aufgebrachten Gemüter wegen Richard Wagners Einfluß und Verschwendungssucht noch immer nicht ganz beruhigt. Es

erwies sich weiterhin als opportun, alle Strömungen des hehren Andenkens an den gleichfalls inzwischen verstorbenen Wagner abzuwehren.
Nachdem Richard Strauss durch bedeutende Persönlichkeiten ganz in den musikalischen Bann Wagners geraten war, lernte er nun auch die Nachteile des Umgangs mit den Großen, wie Hans von Bülow, Hermann Levi, Alexander Ritter und anderen, kennen. Seine intensiven Kontakte zu Cosima Wagner und deren Familie sowie seine eigene rasante Entwicklung zur musikalischen Erneuerung und Erweiterung der symphonischen Tonsprache boten der Münchner Kritik breite Angriffsflächen. Auch der Dirigent Strauss machte sich zu neuen Interpretationsufern auf. Nachdem Richard Strauss von Hermann Levi 1894 als Kapellmeister aus Weimar für München zurückgewonnen worden war, holte ihn erneut der Zynismus von Oscar Merz „und Genossen" anläßlich der Aufführung der Oper *Guntram* ein: „Das ‚Werk' also hat seine erste Aufführung im Mai 1894 am Weimarer Hoftheater erlebt, wo Strauss damals als Hofkapellmeister wirkte. Seither ist er als Kapellmeister an unsere Bühne gekommen und mit ihm nun auch sein Versuch mit einer Oper. Daß diese inzwischen nirgend anderwärts gemacht worden ist, mag verschiedene Gründe haben."[3]
Richard Strauss begann sich jetzt weniger zu ärgern. Er sammelte vielmehr unliebsame Erlebnisse als Motivation und Stoff für seine geplante neue Oper. Und wenige Jahre später revanchierte sich Strauss bei allen Münchner Mißgünstigen. In der Oper *Feuersnot* setzte er Münchens kleinbürgerlichen Kunstverständigen ein lebendes Denkmal. Der Schuß ging zum Leidwesen Strauss' nach hinten los, und das den „Meistersingern von Nürnberg" stark nachempfundene Musikdrama geriet zum Desaster. Die Folge: Es meldeten sich jetzt auch andere Rezensenten ungelegen zu Wort: „Seine Komposition darf man nicht in der Nähe sehen, denn würde man sie auseinanderlegen und des Orchesters berauben, so möchte sie ziemlich dürftig ausfallen. [...] Der Verfasser des Textes, E. v. Wolzogen, der Überbrettllibrettist, hat einen Sud zusammengebraut, den er mit Singgedicht bezeichnet und den wir lieber Unsinngedicht nennen wollen. Den ästhetischen Gefühlen eines noch halbwegs vernünftig denkenden Menschen kann dieses alberne, frivole, zum Schluß sogar gemeine Werk eines Schriftstellers nicht imponieren."[4]
Die Schwierigkeiten, die Strauss als Wagnerianer mit dem Intendanten des Münchner Hoftheaters Karl Freiherr von Perfall hatte, der seine Position seinerzeit dem Anschieben von Wagner und Bülow verdankte, sich letztlich aber zu deren entschiedenem Gegner entwickeln sollte und sich damit auch

nach deren nicht ganz freiwilligem Abschied weiterhin seine Münchner Kulturposition sicherte, spiegelten sich später in seiner Reaktion über Perfalls beruflichen Abgang wider: „Die Münchner Theatergeschichte ist sehr amüsant; noch amüsanter aber die lieben Münchner mit ihren ‚Neuesten Nachrichten', die jetzt für diesen Obertroddel Perfall, den man sich seit zwanzig Jahren loszuwerden sehnt und dem ich seinen wohlverdienten Fußtritt von Herzen gönne, noch Partei ergreifen. Es geht doch zu drollig auf der Welt zu!"[5] Noch dazu hatte Perfall gemeinsam mit Hermann Levi Vater Strauss nach vierzigjährigem, hervorragendem Orchesterdienst in Unehren pensioniert.

Vier Jahre in München als Kapellmeister waren Strauss genug. Am 1. November 1898 wechselte er als Erster Preußischer Kapellmeister an die Hofoper nach Berlin. Die neue Aufgabe vor Augen meinte er entlastet, „ich werde erleichtert aufatmen, wenn der Druck der Münchner Atmosphäre nicht mehr auf mir liegt"[6]. Und triumphierend wollte Strauss nichts mehr von Streitereien und Intrigen wissen: „Ha welche Freude – daß ich endlich einmal der Münchner Bande, die mich doch wirklich schmählich behandelt hat, den Prügel vor die Füße werfen kann."[7]

Abseits der Kulturszene mit ihrer schmerzlichen, irritierenden Subjektivität verklärte Strauss als bereits berühmter Dirigent Münchens Atmosphäre. Aus Moskau seufzte er: „Hofbräuhaus fehlt hier, aber auch die Gemütlichkeit."[8] Am gegenseitigen Unverstehen zwischen Richard Strauss und München, das er fortan nur noch als seine Geburtsstadt, vor allem nach dem Tod der Eltern, biographisch stehen ließ, sollte sich nichts mehr wesentlich ändern. Strauss wählte München nicht mehr zum Lebensraum.

Das konservative Publikum samt Presse war aber nicht nur in München gegen seine Werke. Die Kreise des Widerstandes weiteten sich genauso außerhalb aus. Strauss lernte manches, gutgelaunt, an sich abgleiten zu lassen. Die teilweise umstrittene Berliner Aufführung der sonst erfolgreichen *Symphonie in f-moll* war von Strauss zuvor aber keineswegs so leicht zu verkraften. Dabei klammerte sich Vater Strauss, als er davon im Jänner 1886 hörte, ängstlich an die negative Publikumsreaktion, die er für maßgeblich hielt, da er teilweise die Taktik des Sohnes, auch Kritiker erfolgreich zu umgarnen, kannte: „Deine Sinfonie hat, wie ich hauptsächlich durch Leßmanns Zeitung[9] ersah, in Berlin beim Publikum kein Glück gehabt, dafür aber mehr bei den Kritiken, welche Dir, mit einer einzigen Ausnahme sehr günstig waren. Die Leßmannsche habe ich schon gekannt [...]. Auch in der Börsenzeitungskritik sind Wahrheiten, welche Du Dir beherzigen darfst, der Kritiker ist zwar Dir sehr gehässig, aber an Aussprüchen seiner Feinde erfährt man am ehesten seine Schwächen."[10]

Unqualifizierte Kritik ließ Richard Strauss aber nicht gelten. Auch wenn sie vom Vater kam. Die manchmal durchschlagende Arroganz, mit der Strauss junior Unangenehmem mit gleichlautenden Untergriffen konterte, trug nicht dazu bei, andernorts Feinde in Freunde umzuwandeln. Vor allem Dresden war ursprünglich ganz und gar nicht auf Strauss' Avantgardismus eingestellt. Publikum und konservative Presse stemmten sich gegen alles Neue. Die linksliberale „Vossische Zeitung"[11], die Strauss von Anfang an positiv gegenüberstand, nahm regen Anteil an seiner künstlerischen Entwicklung. Auch jetzt, nach der Dresdner *Heldenleben*-Erstaufführung, war Strauss zufrieden: „‚Vossische Zeitung' (Urban) sehr gut; die übrigen spucken Gift und Galle."[12]

Nach der *Salome*-Uraufführung in Dresden 1905 schenkte ihm auch die „Sächsische Arbeiterzeitung", von Richard Strauss' großbürgerlich-gewandtem Habitus unbeeindruckt, uneingeschränkte Hochachtung: „Was Jochanaan singt, gehört zu den schönsten Gaben des Strauß'schen Schaffens überhaupt. Hört man diese erhaben dahinströmenden, machtvoll den Hörer bezwingenden Töne, so begreift man beim besten Willen nicht, wie eine Wiener Theaterzensur aus Gründen der Religion die Aufführung des Werks untersagt. Denn edler, als dieser Jochanaan, kann eine biblische Gestalt kaum in Erscheinung treten."[13] Gustav Mahler hatte sich als Hofoperndirektor Jahre zuvor vergeblich um Wien als Uraufführungsort eingesetzt. Die kaiserliche Administration stellte sich gegen die Darstellung von Unmoral auf der Wiener Hofopernbühne.

So meldete sich auch die wertkonservative Seite zu Wort. Sie stand dem schillernden Phänomen Strauss vollkommen ratlos gegenüber, wie auch der Musikkritiker und königliche Kirchenmusikdirektor von Chemnitz, Georg Stolz, der *Salome:* „Und die Wirkung? Eine abschreckende. Wenigstens für mich; ich war nicht erschüttert, wohl aber aufs heftigste angeekelt von der Bearbeitung des Stoffes, angewidert von der peinlich genauen Schilderung abnormer Geschlechterverhältnisse, mit denen die viehische Gemeinheit der Salome ja nur zu erklären ist."[14]

Strauss wagte sich mit der Stoffauswahl in christliche Bereiche vor, was man ihm in der von Oscar Wilde vorliegenden Form nicht so leicht verzieh: „So habe ich denn die Erstaufführungen der ‚Salome' mehr mit Neugier als mit

Spannung erwartet, und ich muß nun nachträglich gestehen, daß alle schlimmen Befürchtungen, die ich hegte, eingetroffen sind. Strauß hat den römischen Legaten und überhaupt alles Politische ganz verständigerweise gestrichen, ebenso das allgemein Religiöse, nur die Streitereien der fünf Juden um die Person Jochanaan hat er beibehalten, hat sie jedoch zu einer harmonischen Episode degradiert, vermutlich um einen Kontrast zu gewinnen."[15]
Von der musikalischen Schwierigkeit des Werks gar nicht zu reden: „Man muß da erst mal das Werk selber näher betrachten. Eine schwierige und mißliche, fast verdrießliche Sache, bei der sich nicht nur der gestrenge, oder Richtungen fernstehende, einsame, sondern auch der freundlich betrachtende Herr Kritikus leichtlich versehen kann."[16]
Im Detail war es vor allem die Wahl des biblischen Stoffs, die damals die Gemüter erhitzte und über die der Musikkritiker und selbst Komponist Ludwig Hartmann anerkennend feststellte: „Man hat es gewagt, den Stoff als ‚unchristlich' zu verleumden. Gerade das Umgekehrte trat ein: das überfüllte Haus stand atemlos unter dem Eindruck des schauerlich-ernsten Geschichtsbildes, das wohl *kein* Lebender so tiefbewegend hätte in Musik setzen können, wie R. Strauß, der seit seinem ‚Heldenleben' und der ‚Feuersnot' doch als der größte moderne Erfinder zu gelten hat. Das Publikum stand unter einem Banne und war am Schluß derart erschüttert, und man kann sagen von der glühenden Musikfarbenpracht so geblendet, daß es eine Minute dauerte, bis der stürmische Beifall ausbrach, der die Darsteller, Herrn v. Schuch und den Schöpfer der Musik, Dr. Rich. Strauß, immer wieder vor die Rampen rief."[17]
Zur zentralen Frage erhob sich nun, was nach dem inhaltlichen Aufruhr und der musikalischen Übersteigerung der Ausdrucksmittel folgen würde. Paul Pfitzner vom „Musikalischen Wochenblatt": „Eine andere Frage ist nun die: was wird nun weiter? Kein Zweifel daß die ersten Bühnen Deutschlands nun ‚Salome' geben werden, und ich sehe Hunderte von beklagenswerten Sängern und Orchestermusikern, die fluchend und stöhnend in monatelanger aufreibender Arbeit sich in diese übersteigerten Harmonien und Tonfolgen einwühlen, bis das widerwillige Gehirn sie sich zu eigen gemacht hat, und das Publikum wird gepocht und verblüfft sein, und kundige Lebemänner wie man dies hier beobachten konnte, mit seltener Übereinstimmung sich die Hände wund klatschen, obwohl man von den letzteren sagen dürfte: Den Teufel spürt das Völkchen nie, auch wenn er sie beim Kragen hätte."[18]

Und Ludwig Hartmann ergänzte seine Kritik in der Zeitung „Leipziger Neueste Nachrichten" noch mit der Bemerkung: „Seit dem sensationellsten Musikwerk unserer Zeit, der ‚Götterdämmerung', hat keine Opernaufführung eine so hochgradige Spannung hervorgerufen, wie jetzt diese ‚Salome'."[19]

Überraschend ist neben einigen fassungslosen Betrachtungen die insgesamt breite Akzeptanz der *Salome*. Ein Vergleich bietet sich mit *Elektra* von 1909 an. Musikalisch scheint man das Werk in dieser Form erwartet zu haben. Die Wahl des Theaterstücks von Hugo von Hofmannsthal hingegen, in dem „Strauß [...] Wagner überragen will und ganze Trauerspiele sozusagen mit Haut und Haaren in Musik setzt"[20], empfanden manche als Fehlgriff.

Auffallend ist, daß sich die Musikzeitungen damals rückständiger erwiesen als die Tageszeitungen. So konnte man auch in „Signale für die musikalische Welt" über die *Elektra*-Uraufführung lesen: „Seit Wagner pochen alle, die in seinen Fußstapfen wandeln, auf deutliche Aussprache, die sie absolut über die rein gesangliche Schönheit stellen. Von gesanglicher Schönheit ist natürlich in einer Strauss'schen Oper längst nicht mehr die Rede, aber wird deshalb etwa die Deutlichkeit des Wortes berücksichtigt?"[21] – Überlegungen zur Musik, die ganz im Sinne des klassisch orientierten Vaters Franz Strauss gehalten waren. Doch dieser erlebte weder *Salome* noch *Elektra*, denn er starb Anfang 1905. Viele seiner Ratschläge schienen Richard Strauss nun doch in den Ohren gelegen zu haben, als er nur wenige Jahre nach seiner Erweiterung des Musikdramas in den Eklektizismus von *Der Rosenkavalier* verfiel.

Der Sensationserfolg des *Rosenkavalier*, der durch eine weltweit angelegte Strauss-Werbekampagne vorbereitet worden war, stellte sich 1911 tatsächlich ein. Auch deshalb wieder Ratlosigkeit in der konservativen Musikkritik. Diesmal führte das aber weiter. Auch die linksliberale Presse war ziemlich irritiert. Diesmal faßten sich die bürgerlich-fortschrittlichen Kreise schnell und begrüßten die Bestätigung ihres Kulturgedankens. Diesmal verstand man ohne Umwege Strauss' gefällige Tonsprache und das barocke Korsett der Oper: „Das neue Werk bildet so den stärksten Gegensatz zu den vorangegangenen Schöpfungen ‚Salome' und ‚Elektra', die beide in einer antiken Hülle einen Kern von modernster Psychologie und Physiologie bergen. Strauss wollte einmal der Ideenschwere ledig sein; mit Lust und Laune ging er an den leichten, unproblematischen Stoff. Er selbst hat gesagt, es sei anödend, immer in demselben Stil zu arbeiten, er hielte seine eigenen Werke nicht aus, wenn er nicht mit den stilistischen Formen abwechsle; damit zeigt er die innerliche Nötigung an zur Wahl eines solchen Stoffes."[22]

Inzwischen hatte sich eine interessante Veränderung angebahnt. Obwohl das traditionelle Publikum samt zugehöriger Presse den Neuerungen Strauss' ursprünglich ablehnend gegenübergestanden war, verstand er es, noch vor dem *Rosenkavalier* auch jene Kreise zu begeistern. Durch plötzlich subtilere Zwischentöne in seinem symphonischen Werk *Ein Heldenleben op. 40* gelang es ihm, vor der Uraufführung von *Salome* und *Elektra* beispielsweise die Zustimmung des als wenig risikofreudig gehandelten Dresdner Musikpublikums zu erringen, worüber er sich wirklich freute: „Der Erfolg war enorm, Schuch wurde zuerst zweimal gerufen, dann winkte er mir, der ich einen Eckplatz im Parkett, vierte Reihe, hatte, und ich wurde dann noch dreimal stürmisch gerufen."[23]

Mit Ernst von Schuchs Eintreten für die Werke von Richard Strauss vertrauten letztlich doch auch die Dresdner auf den hervorragenden Instinkt ihres berühmten Dirigenten und Hofoperndirektors: „,Heldenleben' von Schuch mit höchster Sorgfalt einstudiert und sehr feinfühlig dirigiert, ging prachtvoll; das Dresdner Orchester spielt mit großem Schwung und dabei vollendetster technischer Sauberkeit, und war mir das Anhören des eigenen Werkes wirklich ein seltener Genuß."[24] Für die nächsten Jahrzehnte unternahmen Strauss-Enthusiasten weite Reisen nach dem Strauss-Mekka Dresden, um dessen Werke erstklassig und authentisch interpretiert zu erleben.

Richard Strauss entwickelte sich nach dem *Rosenkavalier* zum Katalysator zwischen alter und neuer Kulturauffassung. Seine gediegene Bürgerlichkeit samt privatem Familiensinn erleichterte, möglicherweise, einigen die Akzeptanz seiner anfänglich schwer zugänglichen Tongebilde. Nur die Rezensenten standen nach der Aufführung des *Rosenkavalier* vor der Schwierigkeit, die bisher stetige Entwicklung von Richard Strauss zu kommentieren: „Für einige Zeit wird wohl die mit allen Mitteln einer amerikanischen Reklame hervorgerufene Sensation vorhalten. Was aber dann? Es ist zu fürchten, daß sich Richard Strauß zwischen zwei Stühle gesetzt hat, daß er seine Absicht, eine Oper für das große Pubikum zu schaffen, nicht erreicht und sich die Sympathien derer, die ihm diese Walzeroper nicht so bald verzeihen werden, vergeblich verscherzt hat."[25]

Zwischen „zwei Stühlen" saß Strauss nicht. Er hatte klar eine neue Richtung im musikalisch und textlich transparenteren Gewand gewählt. Die barocke

Oper sollte ins 20. Jahrhundert übertragen werden. Die Ausdrucksfähigkeit des spätromantischen Orchesters mit einer breiten Schattierung der Klangfarben blieb weiterhin signifikant für ihn. Der Neoklassizismus war eingeleitet worden (Strawinsky, Prokofiew u. a. werden ihm folgen). Umkehren wollte er nicht mehr. Für den Komponisten Strauss hatte die harmonische Erweiterung ein Ende. Alle nachfolgenden Opern experimentierten mit der Umsetzung des Begriffs Gesamtkunstwerk. Das inspirierende Zusammenwirken von Text und Musik beschäftigte Richard Strauss bis zuletzt.

Charmeur

„Ich bekomme überhaupt Geschmack an ...“

Frauengeschichten

Strauss verstand stets, seinen Charme gezielt einzusetzen. Er war dabei in keiner Weise aufdringlich. Im Gegenteil: Sein Entgegenkommen dosierte er so, daß vor allem sein weibliches Gegenüber Interesse an dem zuvorkommenden Gesellschafter fand. Manchmal in einer Weise, die von Strauss nicht immer erwidert wurde. Gerne präsentierte er dann Verehrerinnen seine „stoische Fassade“, wie es Karl Kraus einmal formuliert hatte. Richard Strauss als rätselhafte Sphinx?

Trotz seiner künstlerischen Autorität versteckte sich der Privatmann Strauss gerne hinter galanter Höflichkeit, die er mit einem Schuß bubenhafter Schüchternheit schmückte. So manche Dame fühlte sich daher herausgefordert, ihrem Beschützerinneninstinkt freien Lauf zu lassen.

Recht großspurig mutet es daher an, wenn Richard Strauss als familiär behüteter Neunzehnjähriger von seinem Berlin-Aufenthalt nach Hause prahlte: „Unter anderen hübschen Mädchen interessierten mich dort besonders die drei sehr interessanten, wenn auch sehr routinierten Töchter des Dichters Spielhagen, mit deren jüngster, einem wunderhübschen achtzehnjährigen Blaustrumpf mit einer reizenden Figur, vollendet schönem Hals und Gesicht, glänzenden grauen Augen, Piloty [Sohn des Münchner Historienmalers] und ich mich famos über Schopenhauer, naiv und sentimental und andere interessante Themen unterhalten habe.“[1] Sein Bericht klang überheblich und aufgesetzt. Als wäre zwischen ihm und der abendlichen Gesprächspartnerin ein beträchtlicher Altersunterschied gelegen, dessentwegen er so manches gelassen übergangen hätte!

Ebenfalls gustierte er beim Anblick der Schwester des späteren Kaisers Wilhelm II., die er versehentlich als dessen Schwägerin angab: „Dann kam Prinz Wilhelm mit seiner hübschen Schwägerin Charlotte von Meiningen, etc. etc. [...] Die erste Hälfte konnte man fast gar nicht tanzen, man bummelte immer herum, sah sich die Menschen an."[2] Und sein Forscherdrang blieb weiterhin bei den Damen hängen: „In der zweiten Hälfte wurde sehr eifrig getanzt, und man sah viel hübsche und schöne Gesichter, Hälse und Figuren."[3]

Und drei Wochen später als die vorherigen Briefe langte ein schwärmerisches Bekenntnis beim Vater ein: „Samstag: Ball bei Teschendorff, wo die Spielhagen wieder da waren, wobei ich mich so gut unterhielt, daß ich mich in die Jüngste, die wirklich das schönste, pikanteste und klügste Mädchen ist, daß [sic!] ich seit langem gesehen, fast verliebt hätte, das ist doch wieder mal was Neues."[4] Die abendlichen Empfänge langweilten ihn nun schon: „Das alltägliche Ballpack, mit denen man höchstens über deutsche Theater reden und die man allenfalls, wenn sie Geld haben, zur Not auch heiraten kann, habe ich furchtbar dick. Mit der geht einem der Stoff den ganzen Abend nicht aus, nebenbei ist sie wirklich verteufelt hübsch, da macht ‚ihm' das Plaudern auch Vergnügen. Da spricht man über ‚französiche Stücke', ‚Spinoza', ‚das Vorhandensein eines höheren Wesens', dann mokiert man sich über Anwesende."[5] Zuletzt fügte er zuversichtlich hinzu: „Und ich werde die Aufforderung, sie zu besuchen, nicht unbenutzt lassen."[6]

Die Ballsaison war aber bald vorbei, und der junge Strauss mußte, um in den maßgeblichen deutschen Kunstkreisen zum Begriff zu werden, sich weiterhin abends auf Gesellschaften herumtreiben. Allerdings wurde er immer routinierter. So hilflos und verärgert, wie noch kurze Zeit zuvor, fühlte er sich nicht mehr. Bereits in Meiningen wurde es zur Selbstverständlichkeit, Kavalier und Begleiter bei Einladungen und Empfängen zu sein: „Gestern abend nach dem Konzert waren Fräulein Haasters, die recht gut spielte, und ich bei Bülows zu Hasenbraten und Tee, und es war sehr nett und lustig. Bülow ist ein sehr liebenswürdiger Wirt."[7]

Strauss erwies sich auch auf dem internationalen Parkett rasch als ausgesprochen lernfähig. Auf seiner großen Genesungsreise durch Ägypten, Italien und Griechenland berichtete er aus Taormina den Seinen: „Seit zwei Tagen bummle ich aber total, da ich der jungen Frau eines höchst alten Gutbesitzers aus Hinterpommern die Cour machen muß, was auch einmal eine Abwechslung ist."[8]

Solche Mußestunden nahm sich Richard recht gerne und kam dabei nachträglich sogar ins Philosophieren: „Von Neapel an war das Schiff ganz leer, nur eine sehr nette kleine Engländerin gab mir Gelegenheit, in vier Sprachen zu kauderwelschen. Ich bekomme überhaupt Geschmack an den Engländern; sie haben etwas so Reinliches und Diskretes in ihrem Wesen, das man [an den] Italienern wie den lieben deutschen Landsleuten so sehr vermißt."[9]
Auch in Kairo betrieb der Wißbegierige „ethnologische" Damenstudien: „Auf den Zwischenstationen habe ich mich mit einer verschleierten Türkin im Damenkupee auf französisch sehr gut unterhalten. Sie war sehr niedlich."[10] Und vom Petersplatz in Rom berichtete er fassungslos: „So viel schöne Weiber auf einem Fleck habe ich noch gar nicht gesehen."[11]
Strauss war auf den Geschmack gekommen. Jahrelang hatte er folgsam studiert und mit ungeheurem Fleiß komponiert. Erotik war in jener Zeit nahezu spurlos an ihm vorübergegangen. Abseits der elterlichen Obsorge und dem kulturellen Alltagstrott regten sich Empfindungen, die er bisher zur Seite geschoben hatte.
Ausleben konnte Richard Strauss seine Wünsche erst in Meiningen. Als Kapellmeister, fern von München, wußte er sich seine Freizeit auch zu versüßen. Neben Geschichten aus dem Kulturleben, die er zu berichten wußte, ließ Strauss auch einige Bemerkungen über die Ziele seiner Rendezvous fallen: „Doch nun muß ich in die Konditorei, wo ein paar lustige Schauspielerinnen auf mich warten; griechischer Wein ist sehr gesund, Papa soll ihn nur probieren."[12]
Die Reaktion der Familie fiel sehr besorgt aus: „Aber du darfst, so glaube ich, etwas mehr auf Deine Gesundheit achten, und besonders das Weintrinken meiden, denn es gibt nichts gefährlicheres für die Jugend, als der viele Alkoholgenuß. Mir wäre es sehr lieb, in Deinem Interesse, daß Du darin vernünftig wärst."[13] Man scheute sich auch nicht, eine zu dieser Zeit wichtige Warnung vor Geschlechtskrankheiten zu äußern: „Was den Umgang mit den Schauspielerinnen betrifft, so wirst Du wohl so klug sein, und Dich nicht in Dinge einlassen, welche in *jeder Beziehung* schädlich sein können."[14] Und einen Blick richteten die Eltern unter anderem auch auf ein zurückliegendes Erlebnis: „Es ist ja recht hübsch, sich mit gebildeten, soliden, heiteren Frauen zu unterhalten, aber ein junger Künstler, der ja der Öffentlichkeit angehört, hat hauptsächlich darauf zu achten, daß sein guter Ruf nicht Schaden leidet. Bei Dir um so mehr, als Du einen Damenchor [in Meiningen] zu leiten hast, und Dich in einem kleinen Ort befindest, wo einem jede Kleinigkeit übel

gedeutet wird. Vergesse nicht, wie man hier über Dich wegen Dora W[ihan] gesprochen hat. Also sei vernünftig und beherzige Dir den guten Rat Deines Vaters. Die Wienerinnen haben ohnehin den Ruf eines zu lustigen Charakters. Ich bitte, schade Dir in Deiner Karriere nicht."[15]

Die Episode mit Dora Wihan, der Gattin des Münchner Cellisten Hans Wihan, hinterließ tiefe Spuren. Richard Strauss verbrachte manch nachdenkliche Stunde mit der Aufarbeitung dieses Erlebnisses; mit dem Hinterfragen lästiger gesellschaftlicher Tabus. Auch wenn die Gesellschaft, trotz der Scheinmoral Ende des 19. Jahrhunderts, hinter verschlossenen Türen mit allen Möglichkeiten des partnerschaftlichen Beisammenseins experimentierte, so durfte davon nichts an die Öffentlichkeit dringen.

Daß Hans Wihan, die verehrungswürdige Begabung auf dem Cello, seine Frau regelmäßig körperlich mißhandelte, wußte die Umgebung. Doch nur wenige sahen darin etwas Außergewöhnliches. Warum sollte man sich einmischen? Wurde es doch als eine Art Kavaliersdelikt gedeutet. War es denn nicht nur der hilflose Ausdruck männlicher Liebe? Eine Form, die zeigen sollte, daß ihm die Ehefrau nicht gleichgültig geworden war, wie vor allem Männer solche Situationen teilweise heute noch einschätzen? In Philippe Ariès' historischem Gesellschaftsbild über jene Epoche heißt es: „Die Frauen waren zweifellos unterdrückt." Und weiters: „Vergewaltigung war nur eine Variante normaler Verhaltensweisen in der Beziehung zwischen Mann und Frau [...]. Schon der Gedanke, sich zu beschweren, schien unmöglich zu fassen oder auszusprechen. Die sexuelle Normalität umfaßte alle ihre Konsequenzen: Gewalt, Frustration, Tod."[16]

Der Künstler Hans Wihan war Trinker. Seine um fünf Jahre jüngere Frau hatte damit eine schwere Last zu tragen. Sie konnte sich selbst einfach nicht aus dieser Situation befreien. Die befreundete Familie Strauss sah der traurigen Konstellation nicht ohne Sorge zu. Dora war mit Tochter Johanna Strauss herzlich befreundet. Und Richard fühlte sich Hans Wihan in Dankbarkeit verbunden, der seinerzeit mit anderen am 14. März 1881 sein *Streichquartett in A-Dur op. 2* erstmals öffentlich vorgestellt hatte. Das bedeutete nach dem *Festmarsch op. 1*, den die „Wilde Gung'l" aufgeführt hatte, Richards Entrée in die Musikwelt.

Und gerade in diese unglückliche junge Frau verliebte sich der zwanzigjährige Strauss. Wie lange die Romanze dauerte, läßt sich nicht genau sagen, da alles sehr diskret verlief. Der Briefwechsel beider wurde später bis auf wenige Ausnahmen vernichtet. Ob Hans Wihan davon wußte, ist nicht bekannt.

Wann die Zuneigung zwischen Strauss und Dora Wihan begann, ist ebenso unklar. Überarbeitet man aber den erhaltenen Briefwechsel mit den Eltern genauer, fällt ab Jänner 1884 Richards intensive Zuwendung und Beobachtung von Frauen, die ihm auf seinen Konzert- und Gesellschaftsreisen begegneten und über die er nach München berichtete, auf. Weder vor noch nach seinem Interesse für Dora schrieb er so freimütige lustvoll-sinnliche Bekenntnisse. Wollte er von dem schwierigen Liebesverhältnis mit einer verheirateten Frau ablenken? Außer der Spielhagen-Tochter tauchte keine Eroberung, die er bewunderte, brieflich noch ein zweites Mal auf.
Dachte Strauss, als er die Beziehung mit Dora Wihan begann, inspirierend an Richard Wagner, sein neues musikalisches Vorbild, dem er sich langsam zuzuwenden begonnen hatte? Dieser hatte es immerhin erreicht, daß Cosima sich von ihrem Gatten und Strauss-Förderer Hans von Bülow abwandte. Und die Konstellation der Vornamen von Eroberern und Verzichtern waren die gleichen: Richard - Richard und Hans - Hans.
Vielleicht nur eine gedankliche Spielerei. Jedenfalls lag ein Altersunterschied von vier Jahren zwischen den Liebenden. Auch wenn die Verbindung offiziell gewesen wäre, war es damals gesellschaftlich einfach undenkbar, daß die Frau auch nur ein Jahr älter als der Mann war. (Zum Vergleich: Nachdem die verheiratete Gräfin Marie d'Agoult sich einst dem sechs Jahre jüngeren Franz Liszt zugewandt hatte, entwickelte sich ein regelrechter Skandal.) Partnerschaftliche Beziehungen unterlagen strengen Richtlinien. Und junger Mann - ältere Frau war darin nicht enthalten; eine Ehe daher mit der kurze Zeit später geschiedenen, wenn auch erst neunundzwanzigjährigen Dora ein Ding der Unmöglichkeit. Ein späterer Brief Doras an Richard beinhaltet Anspielungen auf ihr Alter: „Nur kehre ich […] vorher noch einmal zurück […], um mich noch einmal nach Herzenslust zu amüsieren & glücklich zu sein, wenn es möglich ist! Hinterher wird es aber auch Zeit, daß die alte Schachtel dann von der Bildfläche verschwindet."[17] Die durch die Scheidung Kompromittierte mußte tatsächlich den Rückzug aus der Münchner Gesellschaft antreten.
Als Gesellschafterin verbrachte Dora drei Jahre (von 1886 an) auf Lixourion, einer griechischen Insel. Auf Geburtstagswünsche entgegnete sie in Schopenhauer'schem elegischem Tonfall: „Ach, frage nicht, es ist ja schrecklich, wie alt ich hier geworden bin: der 29ste! gelt, das ist fürchterlich? aber hier zu Lande, wo die Methusaleme nichts Seltenes sind, gilt das noch für in den besten Jahren, & deswegen wird es wohl auch nicht das letzte Jahr sein, was

mich auf meiner Robinson-Insel sieht, wie Du mir es wünscht, liebster Richard! Der Süden scheint mein Verhängnis zu sein, & hier werde ich mein unnützes Leben wohl ausleben. Weißt Du, um mich in Deutschland jetzt in anständiger Gesellschaft zu bewegen, bin ich viel zu sehr verdummt & verbauert, Du wirst Dein Wunder sehen; also bin ich auch ferner hier am Besten aufgehoben."[18] Dora dürfte damals bereits den Schlußstrich unter die Beziehung gezogen haben. Ihr aufgesetzter, resignierter Tonfall vermittelt die Aufarbeitung des emotionalen Tiefs und das Akzeptieren einer neuen Lebenssituation.

Richard hoffte über Jahre hindurch auf ein gemeinsames glückliches Ende. Denn seine erhalten gebliebenen Zeilen bersten von liebender Überzeugungskraft: „Tatsache ist, daß mich Dein Brief mit der nun in absehbare Ferne rückenden Aussicht, Dich, meine süße Dora, wiederzusehen, tief betrübt und bewegt hat. Gott, was für hölzerne Ausdrücke für das, was ich empfinde – Trösten soll ich Dich? Ja, womit denn? Ich kann Dir doch nicht schreiben, ‚es ist nicht so gefährlich, Meister', oder die Zeit heilt alle Wunden, denn gerade die ‚Zeit' schlägt ja die Wunden, Himmel, ich mache auch noch Witze – mit einem Worte: es ist abscheulich!!! –."[19]

Er entkräftet aber auch die sanfte Eifersucht Doras: „Noch eines! Wenn Du wüßtest, *wie* ich Deine Briefe lese, würdest Du nicht von distractions par une comtesse, die übrigens ein reizendes Geschöpf [Comtesse Montgelas, eine Schülerin Thuilles], ein furchtbares Zukunftsmusiknärrchen und eine der wenigen großen Verehrer Deines Richard ist, schreiben!"[20]

Und mit dem fiktiven Gedankenspiel: Richard Wagner – Cosima des verträumten Strauss war doch mehr gemeint: „Da fällt mir übrigens ein reizendes Wort von Wagner ein! In einem Brief an Uhlig hält er diesem als Vorbild Ritters Schwester Emilie vor und schreibt dazu: die Frauen sind noch unser Trost; denn jede Frau kommt als Mensch auf die Welt, während jeder Mann als Philister geboren wird und lange braucht, bis er sich, wenn überhaupt, zum Menschen durcharbeitet!! – Ja, ja warum also nicht! Zudem gewinne ich einen ‚wirklich' guten ‚Menschen' für *‚unsere'* Kunst, die allerdings himmelweit verschieden von dem ist, was man heutzutage für ‚Musik' hält!"[21]

So heilt die Zeit doch alle Wunden. Während Dora die Enthaltsamkeit wählte, kokettierte Richard mit Verehrerinnen. Manchmal ging es ganz unterhaltsam zu: „Es geht recht lustig her in dem kleinen Nest. Doch man lebt nur einmal!"[22] Der familiären Sorge um seinen guten Ruf entgegnete Richard dem

Vater: „Daß ich in dem von Gott Amor verfluchten Meiningen die Oase von ein paar lustigen Schauspielerinnen mit Freude begrüße, kannst Du mir nicht verargen. Du wirst doch nicht verlangen, daß das sonst so fidele Haus, Dein Sohn Richard, als Philister nach München zurückkommt."[23] Damit war auch alles gesagt. Richard entwickelte sich seiner guten Umgangsformen, seiner Attraktivität und seines feinsinnigen Charmes wegen zum Frauenliebling. Nicht nur Künstlerinnen umbuhlten den jungen Musikdirektor in Meiningen. Er selbst genoß die neue Bedeutung, die ihm die Sympathie vieler entgegenbrachte.

Auch die ältere Damenwelt gewann Strauss im Nu: „Frau von Bülow war entzückt, wie famos ich mich in der ersten Gesangvereinsprobe unter den sechzig Damen benommen habe; nun, nun, man ist nicht umsonst schon einundzwanzig Jahre alt! Der Chor ist besser als ich gedacht, und hübsche Gesichter darunter."[24] Ob er dabei allerdings die gutgemeinten Ratschläge des Vaters berücksichtigte, bleibt unklar: „Bleibe immer gleich liebenswürdig mit den Damen, bevorzuge keine vor der anderen, denn das wäre der sicherste Anfang zu schlimmen Zerwürfnissen. Lasse keinen musikalischen Fehler hingehen, und korrigiere mit der größten Artigkeit, und lasse Dich von keinem schönen Gesicht einnehmen. Unparteilichkeit ist bei einem Dirigenten die erste und schönste Tugend."[25]

Die Haltung, die Franz Strauss Frauen gegenüber einnahm, entsprach jedoch keineswegs jener des Sohnes. So war der Vater der Ansicht: „Beachte Schwätzereien, wie sie ja bei Damen so gerne vorkommen, *nicht*, stelle Dich auf vollständig neutralen Boden."[26] Richard nahm diese Empfehlung amüsiert entgegen. Seine Einstellung Frauen gegenüber war anders. Weibchenhaftigkeit interessierte ihn nicht. Viel zu sehr wirkte die neue Zeiterscheinung der politischen Frauenbewegung als gesellschaftliche Kraft auf ihn ein. Richard empfand die erlernte weibliche Hilflosigkeit schlichtweg als unerträglich. Als Weimarer Konzertmeister resümierte er später: „Frau Stern aus Dresden spielte G-dur-Konzert von Beethoven, wie ein richtiges Frauenzimmer, sauber, blaß, sentimental, ohne Stil; hat mir keine Freude gemacht."[27]

Und in einem weiteren Punkt unterschied er sich von den meisten Männern: Seinen Zeitvertreib mit gleichaltrigen Damen schob er zeitweise zugunsten faszinierender älterer Frauen beiseite. So schwärmte der Dreiundzwanzigjährige aus Meiningen: „Die Joachim ist eine herrliche Sängerin, bei der man trotz ihrer siebenundvierzig Jahre von einem passé nichts merkt, die Stimme

ist noch immer sehr groß und schön, Schule vorzüglich, Vortrag exzellent."[28] Und im übrigen: „Das dritte Brahmssche Lied mußte Frau Joachim, die auch persönlich sehr nett und gemütlich ist, da capo singen."[29]
Es kam daher nicht von ungefähr, daß auch Frau von Bülow ihrem Mann launig berichtete: „Sträusschen probiert frenetisch drauflos. Gestern vorm. drei Stunden an seiner Sinfonie allein. Zum Schluß Applaus vom Orchester – demgegenüber er sich skeptisch verhielt und sich nach Kritik sehnt. Ganz vernünftig. Die Chorprobe verlief wieder sehr gut. Ich sang so kräftig und begeistert mit, daß Strauss mir die Galanterie erwies, mich um zeitweises Hören bei schweren Stellen zu bitten, um zu erfahren, wie's mit den Andern ohne meine Hülfe bestellt ist."[30]
Und ganz der Strauss'schen Begabung und seinem Sinn für humorvolle Galanterie erlegen, schrieb sie zwei Tage später: „Von Hauptinteresse für Dich wird sein, daß Sträusschen sich überraschend schlagfertig und talentiert erwies. [In dem Konzert mit der blinden Prinzessin von Hessen.] Die Eroberung der Prinzessin hat er definitiv gemacht. Sie sagte zu mir: ‚das ist noch ganz was andres als der Mannstädt'."[31]
Strauss kam, sah und siegte. Sogar die altersprüde Cosima Wagner taute emotional in seiner Gegenwart auf. Obwohl er der Schützling ihres Ex-Gatten Hans von Bülow war, nahm sie sich seiner an. Sie selbst fühlte sich durch Strauss' Charme betört: „Mein Sträusschen, gegen 4 Uhr sind wir bei Ritter (Mottl und ich). Kommen Sie doch hin."[32] Oder: „Mein Freund, / ich bin sehr traurig; Sie sahen gestern sehr übel aus. Ich *bitte Sie*, heute nicht in die Probe zu kommen, und *flehe* Sie an, nicht zu rauchen. Sie tun ein Unrecht an sich, aber auch ein größeres an *mich* [sic!]. – Wollen Sie 12 $^1/_2$ Uhr in Wahnfried mit den Kindern speisen und abends 7 Uhr mit mir (Wahnfried)? / Seien Sie gegrüßt – / C. W."[33] Und ein anderes Mal hieß es: „Ach, mein lieber Ausdruck [= Spitzname Cosimas für Strauss], so Gott will, werden wir einmal ganz unter uns sein."[34]
Strauss spielte im Wagner'schen Gefühlsroulette mit: „Nehmen Sie nochmals meinen wärmsten Dank für Ihren lieben Brief und die herrlichen Bücher und seien Sie sowie Fräulein Eva herzlichst gegrüßt / von Ihrem in inniger Verehrung immer getreuesten / Richard Strauss."[35]
Daß Cosima Richard Strauss als Schwiegersohn für Eva oder Isolde erwog, geht aus keiner Briefstelle hervor. Im Gegenteil: Die Vierundfünfzigjährige bekundete in der gesamten vorliegenden Korrespondenz mit Strauss, verbunden durch ihre „gemeinsame Angelegenheit" Wagner, persönliches

Interesse an dem jungen Kapellmeister. Richard Strauss war die große Begabung nach Richard Wagner. Und fand Wagner nicht während ihrer Ehe immer wieder Gefallen an wesentlich jüngeren Frauen? Warum sollte sie daher, als Witwe und „Meisterin“, ihre Zuneigung zum wesentlich jüngeren Strauss verbergen? Weil es die Gesellschaft nicht zuließ? Erst Strauss' Verbindung mit Pauline verstörte Cosima. Von da an zog sie sich geschickt zurück.

Und Strauss selbst: Empfand er manches an Cosimas Haltung so, wie er es sich vielleicht von der eigenen Mutter stets gewünscht hätte? Ihre Charakterstärke und Anteilnahme an seiner künstlerischen Entwicklung schmeichelten ihm. Er hielt seine Mutter zwar sein Leben lang in Ehren, doch ihre familiäre Präsenz spielte eine untergeordnete Rolle. Regelmäßig mußte auf die nervenschwache, übersensible Mutter Rücksicht genommen werden. Generell war ihr Gesundheitszustand nicht der beste. Der Vater vertraute Tochter Johanna am 18. April 1885 seine Sorgen an: „Vereine Deine Bitte zum lieben Gott mit den unsern um baldige Genesung für die brave, liebe gute Mama, damit wir sie bald wieder bei uns haben, um sie durch unsere unbegrenzte Liebe der Ihrigen und der Pschorr'schen [...]. Mache Dir keinen Kummer um mich, der liebe Gott wird mir beistehen, alles mit Geduld zu ertragen. Richard ist sehr lieb und gut gegen mich, und bestrebt sich der größten Aufmerksamkeit gegen mich.“[36] Mutter Josepha war wieder in ein Sanatorium eingeliefert worden.

Richard meinte später über sie: „Meine Mutter mußte von jeher ihre Nerven derart schonen, daß sie, obwohl sehr poetisch veranlagt, wenig lesen konnte und Theater- und Konzertbesuche oft mit schlaflosen Nächten büßen mußte. Aus ihrem Munde kam nie ein böses Wort, und am glücklichsten war sie, wenn sie mit ihrer Handarbeit (Stickerei) beschäftigt, die Sommernachmittage still und einsam in dem hübschen Garten der Villa meines Onkels Pschorr verbringen konnte, wo auch wir Kinder nach Schulschluß uns einfanden und gewöhnlich die Sommerabende im Freien oder bei einer Kegelpartie zubrachten.“[37]

Beide Strauss Kinder lernten somit früh, Verantwortung zu tragen. Vater Strauss versuchte, so gut es ging, auch die familiären Pflichten der Mutter zu übernehmen. Doch ersetzen konnte er sie nicht. Richards lebenslange Sehnsucht nach Geborgenheit und die tiefe Liebe und das Verständnis für ältere Frauen resultierten aus der nur distanziert gehaltenen Mutterbeziehung.

Vor lauter Rücksichtnahme verschob sich die familiäre Konstellation – ein Kindheitstrauma, mit dem allerdings Richard und die Damenwelt in gegenseitiger Wertschätzung gut leben konnten.
Zeitlebens verband ihn mit Schwester Johanna, verheiratete Rauchenberger, ein besonders herzliches Verhältnis. Auch dieser Umstand beweist Strauss' unkomplizierte Beziehung zu Frauen. Nicht nur viele Anekdoten geben darüber Auskunft, sondern die Geschwister vertrauten einander über Entfernungen ebenso ihre Gefühlswelt und persönlichen Erlebnisse an. Dem Einundzwanzigjährigen verdankte die Schwester auch ihr erstes Ballkleid. Sie war stolz darauf: „Das Ballkeid von Dir ist nun fertig und es ist ganz entzückend geworden. Das blaßblaue mit den Spitzen steht ganz reizend zusammen und werde ich Furore damit machen. Ich trage es wahrscheinlich am Frankenball zum erstenmal."[38] Richard freute sich mit Johanna.
Nur einmal gab es Dissonanzen. 1911, als Strauss längst mit Pauline verheiratet war, fand ein unangekündigtes Treffen mit Dora Wihan statt. Johanna hatte die Freundin zur Dresdner *Rosenkavalier*-Uraufführung mitgenommen. Als enge Vertraute des Bruders wußte sie über die vor dem Publikum geheimgehaltenen Assoziationen Bescheid. Und nach häuslichem Disput reagierte Richard verärgert, „daß Du ständig daselbst in Begleitung Deiner Freundin D. W. warst, deren immerwährende Anwesenheit selbst im engsten Familienkreis Pauline wohl grämlich sein mußte. Da Du darauf offenbar keine Rücksicht genommen habest, dürftest Du Dich doch auch nicht wundern, daß Pauline, die in diesem Punkte sehr zartfühlend ist, sich etwas zurückgezogen hat. Jedenfalls lag keine Absicht vor, daß Du diese Verstimmung merken solltest, aber sie kann sich eben schwer verstellen, wenn ihr etwas contre-cœur geht. Vermutlich hat sie die Sache schon vergessen: Du brauchst deshalb auch nicht mehr darauf zurückkommen."[39]
Das Verhältnis Paulines zur Familie Strauss war kein unbelastetes. Nach einigen doch recht handfesten Auseinandersetzungen, worin Pauline, wahrscheinlich, gleich zu Beginn der Ehe die sehr engen Bande zwischen Richard und den Seinen sprengen wollte, hielt sie ihn an, seinen interfamiliären Standpunkt klar einzunehmen. So erklärte er den Eltern: „Noch glücklicher würde ich allerdings sein, wenn ich sehen könnte, daß meine fortdauernden Bemühungen, zwischen meiner Frau und meiner Familie ein gutes Einvernehmen zu erzielen, nicht von so geringem Erfolg gekrönt sind. Wenn ich Euch versichere, daß meine Frau das redliche Bemühen hat, ihre kleinen, zum Teil recht harmlosen Fehler zu verbessern (Fehler, die sie selbst und ich am

besten kennen), so muß ich doch mit Bedauern aussprechen, daß von Eurer Seite so gut wie gar nichts geschieht, um den Eigentümlichkeiten ihrer Natur ein bißchen Verständnis und Nachsicht entgegen zu bringen; wenn ich sehe, daß ein elender, erlogener Altweiberklatsch (wie der, auf Grund dessen Ihr heute morgen so schlimme Vorwürfe gegen Pauline erhobt) genügt, um alle Bemühungen meinerseits und von Paulinens Seite um gutes Einvernehmen, dessen Grundlage allerdings von vornherein liebevolle Nach- und Einsicht für Paulinens unüberlegte, heftige, zu burschikose, aber im Grunde seelengute kindlich-naive Art wäre –, von neuem zu zerstören, so frage ich mich schließlich doch, ob es nicht besser wäre, den Verkehr zwischen Euch und Pauline ganz aufzuheben. Sie sieht, daß ihre Art, sich zu geben, die sich nun mit dem besten Willen doch nicht so schnell und radikal ändern läßt, so gar nicht zu der Art paßt, die Ihr nun liebt, sie möchte weiterhin vermeiden, Euch, für die sie im Grunde ihres eifersüchtigen Herzens aufrichtige Liebe und Verehrung hegt, Euerer Ruhe zu berauben und aufzuregen".[40]
Er verschärfte weiter: „Ich kann mich auch nicht immer darauf einlassen, den leider erfolglosen Erklärer der verschiedenen Eigenschaften meiner Frau zu machen, die ein bißchen näher kennenzulernen Ihr Euch entweder keine Mühe gebt oder durch anderwertige Dinge der Verpflichtung abgehalten werdet; kurz *ich stelle Euch anheim*, Eure ungeratene Schwiegertochter einfach aus dem Familienkalender zu streichen und Euch bloß mit dem desto besser geratenen Schwiegersohn [Otto Rauchenberger] zu begnügen, da mir wirklich, und auch Pauline, ganz besonders daran liegt, *Euch, geliebte Eltern, ruhig und glücklich zu wissen* und ich zu meinem aufrichtigen Schmerze sehe, daß dies nicht der Fall ist, solange die Frau, die ich nach sehr reiflicher Überlegung zu der meinigen erkoren habe und die ich trotz ihrer Fehler liebe und verehre, als ewiger Stein des Anstoßes Euch das Leben verbittert."[41] Zuletzt stellte Strauss vor die Wahl: „Nun überlegt Euch, wie Ihr es gehalten wünscht, Pauline und ich fügen sich Euren Befehlen!"[42] Ein Einlenken der Familie war notwendig. Pauline hatte die Schlacht gewonnen.
Anfangs begegneten Pauline und Richard einander mit erlernter Höflichkeit. Die Schülerin Pauline de Ahna eroberte sich erst allmählich, doch mit Beharrlichkeit und gekrönt von gesanglichen Erfolgen, die Gefühlswelt des erfolgreichen Dirigenten und Komponisten.
Strauss sprach bereits zuvor stets wohlwollend über sie: „Pauline de Ahna studiert fleißig bei mir, es gefällt ihr hier sehr gut"[43], berichtete er 1889 aus Weimar. Ans Hoftheater hatte sie ihr fünfundzwanzigjähriger Lehrer Strauss

engagiert. Doch fast wäre das blinde Vertrauen Paulines in den jungen Mann zum Problem geworden. Eine Gagenfeilscherei geriet zum Schuß nach hinten: „Ich habe leider, und auch Brandt, die Gunst des Großherzogs für Fräulein de Ahna überschätzt und der straff gespannte Bogen ist letzten Sonntag gerissen und Bronsart hat Knall und Fall eine ausgezeichnete hochdramatische Sängerin engagiert. (Eine Art Ternina, Mezzosopran.) Nachdem jetzt Fräulein de Ahna ihre Entlassung zurückgenommen hat, worauf Bronsart auch bis jetzt eingegangen ist [...]. Nachdem soweit alles wieder glücklich in Ordnung, heißt's, aber jetzt vorsichtig sein, und ich habe mir eine dicke Lehre aus meiner, wenn auch noch so gut gemeinten, aber dummen Hitzigkeit gezogen!"[44]

Möglicherweise war diese Episode der Auslöser dafür, einander emotional näher zu kommen. Jedenfalls: Richards Sensoren Frauen gegenüber liefen einige Jahre nach Dora wieder auf Hochtouren. Eine „reizende, wunderschöne Sängerin, Fräulein v. Graba",[45] interessierte ihn. Und auch eine „Frau von Barby, frühere Schülerin von Artôt, eine sehr nette, feine Dame als Gesangsschülerin bekommen"[46], meldete er nach Hause.

Argwöhnisch wird Pauline alles beobachtet und sich sogar ins Zeug gelegt haben, eine Verbindung Richards mit anderen zu verhindern. Letztlich so, daß der sonst belastbare Strauss verärgert reagierte: „Sehr verehrtes Fräulein, allem Anschein nach beabsichtigen Sie jetzt so entschieden Ihre eigenen Wege zu gehen, daß Ihnen meine immerhin beeinflussende Gegenwart dabei nur lästig fallen würde; ich bedaure daher, sowohl heute wie künftig Ihre freundlichen Einladungen dankend ablehnen zu müssen und verbleibe mit bestem Gruß Ihr ergebenster Richard Strauss."[47]

Doch schnell war alles wieder in Ordnung. Während seiner langen Genesungsreise in Ägypten hatte Richard viel Zeit gehabt, nachzudenken; möglicherweise auch über sein Gefühlsleben klare Gedanken zu fassen. Den Sommer 1893 verbrachte er in Marquartstein, in der Villa de Ahna. Ein Jahr später feierte man Verlobung, die unter recht turbulenten Umständen ausgesprochen wurde.

Die später berühmte Strauss-Sängerin Lotte Lehmann, die auch im Hause Strauss verkehrte, erinnerte sich an die ihr zugetragene Begebenheit: „Die Geschichte ihrer Verlobung ist sehr amüsant und typisch für ihre Beziehung. Sie sang Elisabeth in ‚Tannhäuser' unter seiner Leitung, und in einer Probe irrte sie sich oder beschleunigte das Tempo (das Letztere scheint mir im Hinblick auf ihr Temperament wahrscheinlicher!), auf jeden Fall entspann sich zwischen ihr und dem Dirigenten ein Disput, der seinen Höhepunkt erreichte, als sie ihm den Klavierauszug von der Bühne herab an den Kopf warf, einige schreckliche Beschimpfungen schreiend, und die Probe verließ und in ihre Garderobe stürzte. / Strauss, sehr verärgert, legte den Taktstock nieder, unterbrach die so heftig gestörte Probe und trat, ohne anzuklopfen, in Paulines Garderobe. Die draußen Wartenden hörten durch die geschlossene Tür wildes Geschrei und Bruchstücke von Beschimpfungen – dann war alles ruhig. Erbleichend schauten sich die Wartenden an: Wer hatte wen ermordet? Eine Delegation von Orchestermitgliedern näherte sich der bedrohlichen Tür. Ein scheues Anklopfen [...] Strauss öffnete die Tür und stand strahlend auf der Schwelle. Der Sprecher der Musiker stammelte seinen Spruch: ‚Das Orchester ist so entsetzt über das unglaublich schockierende Benehmen von Frl. de Ahna und ist seinem verehrten Dirigenten schuldig, in Zukunft die Mitwirkung in jeder Oper zu verweigern, in der ihr eine Partie übertragen ist [...]'. Strauss betrachtete die Musiker lächelnd. Dann sagte er: ‚Das schmerzt mich sehr, weil sich Frl. de Ahna soeben mit mir verlobt hat.'"[48]

Paulines temperamentvolles Wesen und ihre zeitweise grobe Unbeherrschtheit liebte Strauss. Sie konnte es anfangs selbst nicht glauben, daß er vorhatte, sie tatsächlich zu heiraten. Erst wollte sie Klarheit – auch für sich – in die Sache bringen: „Mein lieber Herr Strauss! / Das kommt ja alles wie ein Sturzbad; ich bitte Sie um Gotteswillen, sich nicht so übermäßig zu freuen, Sie wissen selbst am besten, wieviele Fehler ich habe und ich sage Ihnen aufrichtig, es ist mir trotz allem Glücksgefühl, was mich überkommt, manchmal entsetzlich bang. Werde ich Ihnen das sein können, was Sie verlangen und was Sie verdienen? Darf ich nicht zuerst in Hamburg gastieren, um wenigstens voll Stolz meinem verehrten Lehrer auch einen schönen Erfolg aufweisen zu können?"[49]

Ob sie als künftige Hausfrau geeignet war und ob sie vor allem ihre Karriere als Sängerin an den Nagel hängen wollte, daran zweifelte Pauline: „So schnell, lieber Freund, brauchen wir wirklich nicht zu heiraten; wenn sich jedes zuerst allein gewöhnen könnte, in seinem Berufe alles Glück zu finden; Sie in M[ünchen] und ich in Hamburg; bringen Sie bitte meinen Contrakt mit; verzeihen Sie diesen Brief, aber ich bin von zwei Gefühlen – des Glückes und der Angst vor einem neuen Leben – so befangen, daß ich nur halb zurechnungsfähig bin. Bitte lassen Sie mich wenigstens hier noch recht viele Partien singen; das wird mir über manches hinweghelfen. [...] Das größte Glück ist eben doch unsere Kunst, lieber Freund, vergessen Sie das nicht."[50]

Den Gesang gab Pauline bis auf wenige Auftritte bei Liederabenden auf. Sie entwickelte sich statt dessen zur penibelsten und perfektesten Hausfrau. Dazu mag man stehen, wie man will. Ihr *alter ego* als Sängerin und Bühnendarstellerin produzierte sich gerne in der Öffentlichkeit, indem sie ihren Gatten Richard belehrte, denunzierte und mit ihm in der ihr eigenen, rauhen Art flirtete. Ihm gefielen diese theatralischen Auftritte. Hollywood inszenierte eigens Skandale für die Medien. Pauline brachte Richard auf ihre Weise ins Gerede. Die Umgebung war entsetzt. Der Strauss'schen Publicity tat es bis heute gut.
Abgesehen davon, daß die Ehefrauen berühmter Männer von deren Fans stets ungern zur Kenntnis genommen werden, paßte Pauline mit ihrem direkten, jähzornigen Gehabe nur schwer ins vornehme, blasierte Gesellschaftsbild der Jahrhundertwende. Daß die Künstlermuse und Wiener Salondame Alma Mahler ihre Reize bei Richard Strauss vergebens gegen jene der ungehobelten Pauline einzusetzen versuchte, blieb für sie eine schmerzliche Niederlage. Es war für viele Strauss-Verehrerinnen unbegreiflich, daß der attraktive Charmeur Pauline sein ganzes Leben hindurch treu blieb. Kein Seitensprung irritierte die Zweisamkeit. Wo Strauss auch nach seiner Hochzeit von Frauen umgeben war, bemühte er sich stets um deren Wohl, doch ohne dadurch falsche Hoffnungen zu wecken. Sogar während monatelanger Getrenntheit blieb es nur bei Schwärmerei für junge Sängerinnen.
Die Sopranistin Elisabeth Schumann begleitete Strauss 1921 auf seiner USA-Tournee und vertraute sich ihrem Tagebuch an: „Ich lasse noch einmal die ganze Zeit an mir vorüberziehen, und Dir, Du großer Mann, Dir RICHARD STRAUSS gedenke ich gerührten Herzens und danke Dir mit aller Innigkeit, die mir zu Gebote steht. Du warst mir ein wundervoller Freund – an Deiner Seite war ich geschützt gegen alle Intriguen und Managergemeinheiten. […] Mein ganzes Leben lang bin ich Dir verpflichtet – Du wirst es erleben, daß ich dankbar bin und es Dir *nie* vergesse!“[51]

Familienmensch

„mein Leben bestimmt meines Geistes Gesetz“

Erste Opern: *Guntram*, *Feuersnot* und zwischendurch: Pauline

Die Uraufführung seines Opernerstlings *Guntram* am 10. Mai 1894 im Hoftheater empfand Richard Strauss als Krönung seiner künstlerischen Tätigkeit in Weimar. Pauline de Ahna und Heinrich Zeller sangen die Hauptrollen. Der Gedanke, sich an das Wagnis Oper heranzumachen, lag schon einige Jahre zurück. Im Oktober 1887 teilte Strauss seinem Idol Bülow den Entschluß mit: „Außerdem arbeite ich an der Fabrikation eines - erschrecken Sie nicht - selbsterfundenen, ureigensten, tragischen Originalopertextes in drei Akten!!“[1] Bülow reagierte verblüfft, war aber optimistisch.
Zwei Jahre dauerte es, bis der Text niedergeschrieben war. Ganz dem Wagner'schen Vorbild entsprechend, fabrizierte der Operndebütant sein Libretto selbst. Beobachter und Gesprächspartner während der Zeit der Entwurferarbeitung war Alexander Ritter. Die Idee zum Stoff lieferte ein Artikel in der „Neuen Freien Presse“, der sich mit einem mittelalterlich-religiösen Geheimbund in Österreich beschäftigte. Die Opernhandlung sieht dann letztlich vor, daß der Minnesänger und Ritter Guntram als Mitglied einer religiösen Bruderschaft ins Land kommt, um Almosen an die Armen zu verteilen und diese aus der Gewalt des Tyrannen Robert zu befreien. Nachdem Guntram sich auch in dessen Gattin Freihild verliebt hat, tötet er Robert, als dieser den formierten Bauernaufstand niederwerfen will. Da Guntram aber nicht nur aus Abscheu gehandelt, sondern sein Herz zudem eindeutig für Freihild Partei ergriffen hatte, muß er sich der Gerichtsbarkeit seiner Bruderschaft unterwerfen und deren Entscheidung erwarten.
Das war der ursprünglich konzipierte Schluß. Nachdem Strauss während seiner ägyptischen Erholungsreise 1892 intensiv am 3. Akt gearbeitet hatte

und viel Zeit damit verbracht hatte, seine Weltsicht zu ordnen, änderte er auch das aus der christlichen Ethik heraus entstandene Ende der Oper. Durch Nietzsches Ansichten motiviert, setzte sich Strauss mit der damals aktuellen liberalen Eigenverantwortung des Menschen auseinander. Auf der Reise hatte er den Philosophen und Vertreter der Hegelianischen Linken, Max Stirner, kennengelernt. Beeinflußt durch Gespräche und dessen Buch „Der Einzige und sein Eigentum“ (1845) vertiefte sich Strauss in den Gedanken des sich aller Fremdbestimmung entledigenden Individuums.
Eigenverantwortung und Selbstverwirklichung stehen im Vordergrund. So arbeitete Richard Strauss auch die Schlußfassung der Oper um: Guntram entzieht sich dem Urteil der heiligen Gemeinschaft. Als einzelner stellt er sich nun über die sozialen Gebote des Zusammenlebens und über Gott: „Mein Leben bestimmt meines Geistes Gesetz; mein Gott spricht durch mich selbst nur zu mir“, heißt es in der 3. Szene im 3. Akt und: „Mich straft kein Bund, denn der Bund straft nur die That! Mein Wille nur sühnt meines Herzens Sünde.“ Guntram wählt die Einsamkeit.
Jahrzehnte später noch erklärte Strauss rückblickend: „Als ich in Ägypten mit Nietzsches Werken bekannt geworden, dessen Polemik gegen die christliche Religion mir besonders aus dem Herzen gesprochen war, wurde meine seit meinem fünfzehnten Jahr mir bewußte Antipathie gegen diese Religion, die den Gläubigen vor seiner eigenen Verantwortung für sein Tun und Lassen (durch die Beichte) befreit, bestärkt und begründet.“[2] Diese Erklärung schrieb Strauss zwischen 1935 und 1940. Zu einem Zeitpunkt, der ihm bereits den Rückblick auf ein ereignisreiches Leben erlaubte. Richard Strauss war damals weit über siebzig und wurde kurz zuvor seines Amtes als Präsident der Reichsmusikkammer enthoben. Seine hier formulierte Auffassung von Eigenverantwortung, worin er Reue und Einsicht ausklammert, wird später noch ergründet werden.
Motiviert ging Richard Strauss auch 1900 an die Komposition von *Feuersnot* heran. Alle Negativerlebnisse, die ihm während seiner zwei Münchner Engagements an der Hofoper und der lauen Aufnahme seiner Tondichtungen widerfahren waren, zog er als Stimmungshintergrund zur neuen Oper heran. Deutlich formulierte Strauss seine Attacken gegen die Münchner Kulturbanausen. Doch nur wenige amüsierte dieser Spaß. Viel mehr selektierte man sämtliche Schwachstellen des Librettos samt dessen musikalischer Umrahmung und hielt dem jungen Komponisten schonungslos den Spiegel vor.

Berlin, wohin Strauss nach vier Jahren München II (1894 bis 1898) engagiert worden war, interessierte sich nicht für die Uraufführung der *Feuersnot*. Seelisch tief verletzt, zog Richard Strauss auch für diese Stadt die Konsequenz. Die Kaiserhauptstadt bekam, wie München (mit Ausnahme von *Capriccio*, 1942), in den folgenden Jahren keine Uraufführung einer Strauss-Oper übertragen. Und so erfolgte die Münchner Erstaufführung erst nach den Städten Dresden (Uraufführung am 21. November 1901 unter Ernst von Schuch), Berlin und Wien.

Strauss' Hinwenden zu sinnlichen Sujets mit deutlichen erotischen Anspielungen verstörte schon in der *Feuersnot* einen Teil des Publikums. Denn als die Bürgermeistertochter Diemut ihren Verehrer Kunrad vorerst nicht erhören will und ihn beim „Fensterln" auf halbem Weg dem Spott der Münchner aussetzt, tritt ein alter Zauber in Kraft, der in der Stadt alle Lichter ausgehen läßt. Rückgängig kann dieses Ereignis nur durch die zur Buße entkleidete Diemut gemacht werden. An ihrem Rücken soll dann die Bevölkerung des 12. Jahrhunderts ihre Lichter entzünden. - Zumindest wollte es die flämische Sage so, die Strauss und Ernst von Wolzogen abgewandelt ihrem Libretto zugrunde gelegt hatten.

Strauss wäre dieser Schluß jedoch zu esoterisch, zu wenig griffig gewesen. Er änderte ihn dahingehend, daß Diemut sich Kunrad in ihrer Kammer hingeben muß. Nur durch die erfüllte sexuelle Vereinigung beider erlischt der Bann. Das Licht geht an, Handelnde und Publikum wissen jetzt Bescheid.

Allerdings nicht zur Freude aller. Kaiserin Auguste Viktoria ließ 1902 in Berlin das deftige Operngepoltere mit seiner frivolen Handlung untersagen. Nach nur sieben Aufführungen wurde die Oper abgesetzt. Das Interesse anderer deutscher Opernhäuser versiegte gleichfalls.

Zwischen der Entstehung und Aufführung der Opern *Feuersnot* und *Guntram* hatte sich in Strauss' Leben viel Neues ereignet, u. a. die Abnabelung von Bülow. Er stand inmitten seiner künstlerischen Arbeit in Weimar, als ihn die Nachricht vom Tod Hans von Bülows erreichte. Es hatte sich zwar durch Strauss' Nähe zu Bayreuth eine leichte Diskrepanz ergeben, doch die gegenseitige Erinnerung an vergangene Tage führte nie zum völligen Bruch. Im Gegenteil, „daß nichts, nichts auf dieser Welt je imstande war und sein werde, meine unbegrenzte Liebe, Verehrung und innigste Dankbarkeit zu ertöten oder auch nur zu verringern"[3]. Und Bülow entgegnete zufrieden, „daß Sie es der Mühe wert erachten, unsere *persönliche* Beziehung aus der Meininger Zeit nicht dem *sachlichen* Gegensatz zu opfern, der uns seit zwei Jahren scheidet"[4].

Auch als der bereits todkranke Bülow von Strauss' gefährlicher Rippenfellentzündung erfuhr, schrieb er dem Freund und Strauss-Verleger Eugen Spitzweg am 2. April 1893: „Für Strauss stets die innigsten Wünsche in Ferne und Nähe. Wollte Gott, ich könnte wieder fähig werden, seiner Geistesentwicklung lebhaften Anteils zu folgen. Nach *ihm* [Brahms] doch bei weitem die persönlichste, reichste Persönlichkeit! Ruhm Dir, sie eigentlich entdeckt, zuerst erkannt zu haben. Gott schütze seine Physis, dann ist die Psyche gesichert."[5]

Strauss besuchte Bülow noch knapp vor dessen Abreise nach Ägypten in Hamburg und ahnte, daß dies das letzte Mal sein würde: „Er ist zwar sehr traurig dran und schwach, doch weiß ich nicht, ob ihn nicht Ägypten, wohin er in zehn Tagen reist, wieder gesund macht. [...] er war sehr lieb und machte nur den Eindruck eines von Schmerzen total zertrümmerten Menschen!"[6]

Als Strauss 1894 die Todesnachricht erhielt, hatte er sich bereits unsterblich verliebt. Es war die heißblütige dramatische Sopranistin Pauline de Ahna. Ihre früheste Gesangsausbildung erhielt sie durch die Wagner-Nichte Franziska, die mit Alexander Ritter verheiratet war. Richard und Pauline hatten einander 1887 in der Pschorr-Villa kennengelernt. Der Starnberger See war schon damals ein beliebtes Urlaubsziel, und die Generalfamilie de Ahna ließ sich während der Sommermonate dort nieder.

Die Musikalität und Freude am Gesang hatte Pauline vom Vater ererbt. Er produzierte sich als Amateur-Sänger gerne zu Hause und bei Soireen. Schließlich wurde Richard als Korrepetitor und Gesangslehrer engagiert, der mit Pauline Opernpartien einstudieren sollte. Darunter Rollen wie unter anderem Agathe im „Freischütz", Pamina in der „Zauberflöte", Anna in Heinrich Marschners „Hans Heiling", Elvira und Donna Anna in „Don Giovanni", Eva in den „Meistersingern", Friedensbote in „Rienzi", Leonore in „Fidelio", Constanze in „Die Wasserträger", Gräfin im „Figaro", Charlotte im „Werther", Fricka in „Walküre", Isolde in „Tristan", Elsa in „Lohengrin" und Elisabeth in „Tannhäuser". Letztere Rolle sowie das siebente Blumenkind in „Parsifal" sang sie unter der Leitung von Richard Strauss 1891 und 1894 in Bayreuth.

Das erste, aufregende Engagement war aber 1890 in Weimar. Der junge Zweite Kapellmeister hatte es durch Empfehlung erwirkt. Am 22. Mai debütierte Pauline de Ahna als Pamina. Der Erfolg stellte sich ein, und sie erhielt mit 1. Juli einen Fünfjahresvertrag. Ihr gemeinsames Schicksal mit Richard war besiegelt. Es war nur noch eine Frage der Zeit. Sympathie war von Anfang an vorhanden, Liebe stellte sich erst nach sieben Jahren ein. Mit einigem Auf und Ab in der Beziehung verlobten sie sich nach Strauss' Genesungsreise am 10. Mai 1894.

„meine Frau … ist sehr kompliziert, ein wenig pervers, ein wenig kokett"

Familienidylle im Hause Strauss

Auf den Tag genau vier Monate nach der Verlobung fand am 10. September 1894 die Hochzeit in Marquartstein statt. Die anschließende Hochzeitsreise verbrachte das Ehepaar in Italien. Keine bösen Worte wie 1886 fand Strauss mehr für die südlichen Lebenskünstler. Er war jetzt glücklich: „Wir bewohnen in der herrlichen Villa, die prächtigen Park, Öl- und Weinberge, herrliche Zypressenalleen und wundervolle Aussichtspunkte auf Florenz und das gegenüberliegende Fiesole hat und hoch auf dem Berge mit herrlicher Luft liegt, zwei große Zimmer, sind aufs beste verpflegt und fühlen uns wie im Himmel."[1]

Paulines kapriziöses Wesen ermunterte den Gatten Richard zwar zur Arbeit, doch seine Familie hatte einiges mitzumachen. Es kam zu heftigen Vorfällen, die die Verwandtschaft Strauss vor den Kopf stieß.

Richard trat dann als Vermittler in Erscheinung, wie er es auch später zu tun pflegte, die Impulsivität der wenig einsichtigen Pauline zu erklären. „Pauline ist bereit, Eurer Ruhe das Opfer zu bringen und wenn Ihr es, wie ich aus allem nun beinahe wirklich annehmen muß, *wünscht*, das Los freiwillige Verbannung aus Eurer Familie - an der Seite ihres Mannes auf sich zu nehmen."[2]

In jeder Situation blieb Strauss stets treu an der Seite seiner Frau. Auch, wenn die Begebenheit noch so peinlich war. Er wußte, wann Pauline ernstgenommen werden und wann sie schließlich die Aufmerksamkeit der Umgebung von ihm auf sich abziehen wollte. Ihre niemals verletzend gemeinten theatralischen Übertreibungen belebten seinen schöpferischen Geist. Sie waren Eheleute, die einander auch nach fünfundfünfzig Jahren nicht überdrüssig werden sollten.

Den ersten musikalischen Rahmen ihrer Lebensgemeinschaft bildete die Tondichtung *Ein Heldenleben op. 40.* Strauss vertrat auch hier den Gedanken von der Freiheit des Individuums, den Widersachern zum Trotz. Als Held

empfand er jenen, der auch bereit war, gegen den gedanklichen Strom der Allgemeinheit zu schwimmen, deshalb verletzt und verlacht wird, aber überzeugt an seiner Idee festhält. Und dieser Held – so wie er, Richard – steigt letztlich durch seine Beharrlichkeit als Sieger aus dem Sumpf des Mittelmaßes hervor. Beim Tragen der seelischen Last des künstlerischen Außenseitertums steht ihm die Gefährtin unerschrocken zur Seite. Mit ihr zieht sich der Held nach Beendung seiner Mission in die Isolation zurück.
Strauss stellte *Ein Heldenleben* in kurzer Zeit fertig. Er begann am 2. August 1898 und vollendete es im Dezember. Die Uraufführung fand dann in der Museumsgesellschaft in Frankfurt am Main statt; wie man sich denken kann, mit nicht ungeteilter Publikumsmeinung.
Der französische Schriftsteller Romain Rolland erinnerte sich später: „Das artige Publikum war außer Fassung und wollte pfeifen, Orchestermitglieder bogen sich vor Lachen. Freilich, die mittelmäßige Melodik übertraf kaum Mendelssohn, aber die harmonische und rhythmische Erfindung, das Instrumentalgewitter, die dramatische Intelligenz, der Wille waren gigantisch. Den Pfeil des Lebens hat Strauss nie höher geschossen als damals. Ich beschloß, ihn zu fragen. Ich wollte den Schlüssel für die Person, besonders die Frau des Helden. Sie macht einen neugierig. Die einen hören eine Perverse, die anderen eine Kokette. Er sagte: Weder – noch. Ich habe meine Frau dargestellt. Sie ist sehr kompliziert, ein wenig pervers, ein wenig kokett, wechselt von einer Minute zur anderen. Der Held folgt ihr zu Anfang, nimmt den Ton auf, den sie sang. Sie entflieht immer wieder. Da sagt er: Geh du nur, ich bleibe. Und zieht sich in seine Gedanken, seinen eigenen Ton zurück. Da sucht sie ihn."[3]
Die Faszination, die Pauline auf Richard Strauss ausübte, versuchte er auch wenige Jahre später in der *Sinfonia domestica op. 53* einzufangen. Inzwischen war auch Franz (Bubi) geboren worden, und Strauss versah die Partitur inhaltlich mit Anmerkungen wie *Papa tut einen Luftsprung* oder *nachdenkliche Frage des Kindes / zärtliche Antwort der Mutter* oder *abendliche Waschung des kleinen Ungeheuers: Bubi schreit / Mama sehr energisch / Bubi sträubt sich* usw. … Aber auch *Papa componiert* und *Schauen und Schaffen* finden sich. Ein *Wiegenlied* sowie eine *Liebesszene* fehlen natürlich auch nicht. *Die Glocke schlägt sieben Uhr morgens,* und ein turbulenter Tag beginnt mit Kindergeschrei und einem *lustigen Streit*, der – wie anders zu erwarten – in einen *Fröhlichen Beschluß* mündet und somit das Hohelied auf das Familienglück beendet.

Formal verwendet Strauss hierbei einen frei gehaltenen Sonatensatz, der in seiner Geschlossenheit trotzdem vier Abschnitte erkennen läßt. Strauss komponierte dieses akustische Familiendokument 1902/03 in Berlin, hielt aber die Uraufführung bis zum Strauss-Festival am 21. März 1904 in New York zurück. Pauline war auf dieser ersten USA-Tournee mitgereist, denn schließlich war das Werk *Meiner lieben Frau und unserem Jungen gewidmet,* und die Vielseitigkeit des Ehepaars sollte in gemeinsamen Liederabenden demonstriert werden.

Und ein drittes großes Werk war Richard Strauss sein Familienalltag - diesmal die Oper *Intermezzo op. 72* - wert. Näher bezeichnete er das 1918 bis 1923 entstandene Werk als *Eine bürgerliche Komödie mit sinfonischen Zwischenspielen in zwei Aufzügen.* Zu seinem sechzigsten Geburtstag wollte Strauss der Musikwelt nochmals eine anspruchsvolle Auseinandersetzung mit der formalen Wandelbarkeit der Oper liefern. Den Text schrieb er selbst, nachdem Hofmannsthal und Hermann Bahr abgelehnt hatten. Begründung: Den Einblick in die Seelenlandschaft der Familie Strauss konnte nur der Komponist selbst genau wiedergeben.

Den Inhalt lieferte eine wahre Begebenheit: Im Mai 1902 war Strauss auf Reisen in England, während seine Frau den Brief einer Berlinerin namens Mieze Mücke abfing, die „Ihren lieben Schatz" um eine Freikarte für die Oper bat. Pauline war damals so erzürnt, daß sie kurzerhand die Scheidung einreichte. Als Strauss zurückgekommen war, bereitete es einige Mühe, den Sachverhalt aufzuklären und Pauline zu versöhnen.

Für die Oper wandelte Strauss die Namen der Hauptakteure etwas ab: Richard Strauss war Robert Storch, und Pauline war Christine. Übrigens, jener Kapellmeister, den Mieze Mücke verehrte und an den der Brief gerichtet war, hieß Edmund von Strauss, beschäftigt unter Richard Strauss an der Berliner Hofoper.

Das Familienglück hatte sich jedoch erst vervollständigt, nachdem Sohn Franz Alexander zur Welt gekommen war. Die Vornamen erhielt er nach dem Großvater väterlicherseits, und es war Alexander Ritters erster Todestag, der zugleich am 12. April 1897 Franz' Geburtstag war. Seine Geburt bereitete Vater Richard große Sorgen. Pauline hatte Wochen zuvor Schwangerschaftsprobleme. Er informierte die Eltern: „Von Pauline vermag ich nur zu melden, daß sie die letzten Tage und besonders die zwei letzten Nächte unter großen Schmerzen zugebracht hat, daß aber für unmittelbares Bevorstehen des großen Ereignisses die letzten Anzeichen noch fehlen."[4] Schließlich fand die

Geburt ohne ihn statt. Strauss mußte die Produktion des Melodrams *Enoch Arden op. 38* in Frankfurt, Stuttgart, Würzburg und Nürnberg leiten.
Die Überraschung war groß, als statt der vom Arzt angekündigten Zwillinge Sohn Franz gesund geboren wurde. Während der Entbindung befürchtete man, Mutter und Kind würden sie nicht überleben. „Hanna war so freundlich, mich an der Bahn zu erwarten und teilte mir schonend, um meinen allerersten Schrecken zu dämpfen, mit, in welcher schweren Lebensgefahr Pauline und das Kind geschwebt hatten und wie alles glücklich sich zum Guten gewendet“[5], berichtete Richard den Eltern.
Voll Stolz betrachtete der frisch gebackene Vater seinen Sohn: „Ich bin überglücklich, der Bub ist prachtvoll, über acht Pfund, ein Riesenschädel von 39 cm Kopfweite, meine grauen großen Augen, den Kopf voll brauner Haare, 37 cm Brustbreite, Nase ein Mittelding zwischen Pschorr und de Ahna, Paulines hübschen geschweiften Mund, Riesenpfoten, dabei schläft er so friedlich und gesund. Wenn er wach, schaut er einen ganz fest mit großen ruhigen Augen an, jeden der mit ihm spricht.“[6] Daß ihm die Sorgen und Komplikationen bei der Geburt vorenthalten worden waren, bedauerte er: „Und ich habe von all dem nichts gewußt und [...] nur das glückliche Endresultat erfahren.“[7]
Franz junior erwies sich in der Folge als unentbehrlicher Lebensinhalt. Wenige Monate nach der Geburt übersiedelte die junge Familie Strauss nach Berlin. Hier wurde das erste Eigenheim ohne elterliche Unterstützung eingerichtet. Spätere Gewohnheiten wurden hier gelegt. Den Eltern berichtete Strauss: „Vom Spaziergehen und Spielen mit Bubi angenehm unterbrochen.“[8] Und er vervollständigte: „Wir fühlen uns hier sehr wohl und hocken so gemütlich beisammen in unserer schönen hellen Wohnung und spielen so vergnügt mit unserem Bubi, der schon Eisenbahn spielt; er hängt sich an meine Rockschöße und ich dampfe los in dem Zimmer herum, alle Eisenbahnstationen ausrufend, ein Vergnügen, das er täglich dreimal von selbst fordert; da er vom Savignyplatz täglich die Stadtbahn beobachtet. Er ist so lieb und folgsam, versteht alles, was man ihm verbietet, daß er den Christbaum, der ihm sehr gefällt, und sonstige zerbrechliche Sachen im Salon nicht anrühren darf, so genau merkt er sich alles, er hat ein fabelhaftes Gedächtnis.“[9] Die selbst erlebte gute Vater-Sohn-Beziehung führte Richard Strauss mit Sohn Franz weiter. Kindergeschrei störte ihn nicht. Im Gegenteil: „Ich hocke den ganzen Tag in meiner einsamen Riesenwohnung und lese und arbeite und freue mich darauf, wenn die Räume wieder durch Paulines Stimme und Bubis Geschrei

und Juchzen belebt werden."[10] Der geliebte, knapp zweieinhalbjährige Sohn durfte sich sogar im Arbeitszimmer aufhalten: „Bubi [...] sieht mir beim Schreiben zu und erklärt mir dabei unaufhörlich die Bilder an der Wand: Wagner, Beek-hoffen, Liszt, Bilow."[11]
Den damaligen Erziehungsgrobheiten entgegen, wählte Richard Strauss das auf Verständnis und Förderung aufgebaute Erziehungsmodell seiner Eltern, das er allerdings an gelebter Warmherzigkeit und Innigkeit weit übertraf.
Erstmals spielte sich in Berlin, wo Strauss seit 1. Oktober 1898 als Erster Preußischer Kapellmeister engagiert war, so etwas wie ein geregelter Tagesablauf ab, wobei auf Lebensstil Wert gelegt wurde: „Hier ist es wunderschön. Berlin ist wirklich im Frühjahr herrlich. In der Tiergartenstraße in den Vorgärten der Protzenhäuser sind die reinen Blumenausstellungen, der Tiergarten ist prächtig, die ganze Stadt ist von Linden- und Kastanienalleen durchzogen, grün wohin das Auge blickt, wir denken so oft daran, wie sehr sich die liebe Mama darüber freuen wird [...]; wir sitzen den ganzen Tag und bereits bis 11 Uhr nachts auf unserer Loggia, die Pauline wunderschön mit roten Hängegeranien hat richten lassen, trinken dort Tee, essen schon im Freien zu Abend."[12] Und später hieß es: „Es ist hier so schön jetzt: wenn ich nicht dirigiere, so sitzen wir jeden Abend bis 11 Uhr in einem der hübschen Grunewaldrestaurants oder neulich am Wannsee im Freien; untertags auf unserer Loggia, die voll blühender Geranien ist, und haben hier mehr Luftgenuß als in München, wo das Klima so rauh, besonders abends ist. Mir geht's vortrefflich!"[13]
Von den neuen Lebensumständen war Richard Strauss fasziniert: „... unserem schönen Charlottenburg die beste Luft, stundenlanger, täglich neuer Bummel durch elegante saubere Straßen und die Reize der Großstadt so nahe, wenn man davon Gebrauch machen will, was bei uns selten genug geschieht, ich fahre nur mit meiner Stadtbahn ins Theater und sofort zurück; nur gestern war ich eine Stunde im Museum, der plastischen Abteilung, wo die herrlichen pergamonischen Funde, der Fries des großen Zeustempels und vortreffliche Renaissancebüsten (Donatello, della Robbia) das Auge erfreuen."[14]
Das Spazierengehen, das sich Strauss nach seiner schweren Krankheit angewöhnt hatte, führte Jahre später in Garmisch dazu, vor und nach dem Mittagessen eine Stunde an der frischen Luft zu verbringen. Pauline nahm die Gesundheitsempfehlung sehr ernst und ließ die Fenster stundenlang offen. Oft zum Leidwesen ihres inzwischen halberfrorenen Mannes.

Spaziergänge und Wanderungen nahmen eine wichtige Stelle im Leben der Familie Strauss ein. In den Sommermonaten hielten sie sich anfangs gerne in Marquartstein, der Sommerresidenz der de Ahnas, auf. Später, als die Villa in Garmisch-Partenkirchen fertiggestellt war, verkaufte man den Landsitz. Seit 1908 wohnte man ständig – neben vorerst Berlin – in dem von Emanuel von Seidl konzipierten Jahrhundertwende-Prachtbau.
Freunde und Familienmitglieder kamen zu Besuch. Franz junior spielte mit der Pschorr-Verwandtschaft, oder Max von Schillings fachsimpelte mit Freund Richard, der jetzt zum Generalmusikdirektor und zum provisorischen Leiter der Berliner Hofoper aufgestiegen war. Strauss war es auch, der Schillings als Nachfolger empfehlen wird.
Sein Zorn über den „undankbaren" Freund eskalierte, als dieser später mit dem Adelsprädikat ausgezeichnet wurde. Das war ziemlich die einzige Ehrung, die Richard Strauss vehement anstrebte und die ihm in seinem ruhmreichen Leben versagt blieb. Eifersucht durfte hier ausschlaggebend gewesen sein, wenn der sonst so stoische Strauss zornig lospolterte, daß Schillings „so vornehm [wurde], daß er nur von sich in den stolzesten Tönen redete. Stunden und Tage lang immer dasselbe Lied – es hat alles seine Grenzen"[15].
Den Wanderungen schloß sich später auch Schwiegertochter Alice von Grab an. Die Familien Strauss und von Grab kannten einander seit einer Aufführung der *Salome op. 54* 1907. Emanuel von Grab, der Vater Alices, war Großindustrieller. Bei Prag und Györ besaß er Webereien und Wachstuchfabriken. Gemeinsam unternahm man Aktivitäten, spielte Skat, ging miteinander spazieren.
Bis zum Jahr 1919 geschah das zwar nicht oft, doch zumindest ab da traten einander Franz und Alice mit völlig neuem Bewußtsein gegenüber. Sie hatten sich ineinander verliebt.
1923 überraschte es Vater Strauss daher wenig, als er auf seiner Südamerika-Tournee Franz' Brief erhielt: „Ich bin fest überzeugt, daß Du Dein neues Töchterl auch ein bisserl lieb gewinnen wirst, sie ist so ein goldener Charakter und liebt mich so von ganzem Herzen, daß ich vor Glück nicht aus weiß."[16]
Strauss' Verhältnis zur Schwiegertochter blieb zeitlebens herzlich. Neben Franz' Tätigkeit als Hausjurist in des Vaters Dienst übernahm Alice das Sekretariat der Familie Strauss und führte es bis zu ihrem Tod.
Richard Strauss' Familienfreude erweiterte sich am 1. November 1927, als er mit der Geburt von Enkel Richard zum Großvater wurde, dem am

27. Februar 1932 Christian nachfolgte. Gerne erzählte er ihnen Märchen, spielte mit Enkel Richard Schach, stimmte bornierte Lehrer gnädig und stellte sich als engagierter Großvater selbstlos in den Dienst seiner Lieben.
Die Einheit der Familie war für Strauss ein bedeutendes Anliegen. Pauline hielt Alltagssorgen deshalb keineswegs fern von ihm. Er brachte sich aktiv ins Familienleben ein. Strauss komponierte nicht nur teilweise neben spielenden oder lesenden Familienmitgliedern, sondern alle - auch Personal - durften ihn jederzeit beim Arbeiten unterbrechen.
Diese familiäre Verbundenheit beweisen nicht zuletzt zahlreiche Werkwidmungen an Verwandte.
Besonders intim blieben sein ganzes Leben hindurch Liedschöpfungen. Nahezu sämtliche Lieder ab 1893 sind Pauline gewidmet. Als Hochzeitsgeschenk präsentierte Strauss sein Opus 27: *Vier Lieder für hohe Stimme mit Pianoforte: Ruhe, meine Seele, Cäcilie, Heimliche Aufforderung* und *Morgen*. Daß es sich hierbei eigentlich um Männerlieder handelte, war ihm egal. Wie später auch, war Pauline sowieso die erste Interpretin dieser musikalischen Kleinode. Die Uraufführung erfolgte im familären Rahmen. Wer stieß sich da schon an für damals bereits unzulässigen Förmlichkeiten? Das Ehepaar widmete einander die Innigkeit der Liedzeilen. Und später, als Lotte Lehmann, zu Gast in Garmisch, auch die Lieder ihres Gastgebers sang, lösten die Interpretationen so starke Gefühle aus, daß Pauline kam und ihren Mann unter Tränen umarmte: „Diese Lieder mußten Erinnerungen in ihnen geweckt haben, die niemand teilen konnte und die Erlebnisse einschlossen, heilig und rührend für beide", hielt die Lehmann in ihren „Erinnerungen" fest.
In den Jahren nach ihrer Hochzeit unternahm das Ehepaar Strauss einige Tourneen mit Liederprogrammen, womit Pauline wahre Triumphe feierte. Sogar Eduard Hanslick, ein langjähriger Wiener Strauss-Skeptiker, war davon angetan. Richard Strauss erinnerte sich: „Als ich zwanzig Jahre später mit meiner Frau dort [in Wien] einen Liederabend gab, nannte er meine Frau meine ‚bessere Hälfte'. Sie hat auch meine Lieder mit einem Ausdruck und einer Poesie vorgetragen, wie ich sie nie mehr gehört habe. ‚Morgen', ‚Traum durch die Dämmerung', ‚Jung Hexenlied' hat ihr niemand auch nur annähernd nachgesungen."[17]
Einige Lieder wie *Morgen, Traum durch die Dämmerung, Cäcilie* und andere bearbeitete Strauss nachträglich auch für Orchester. Diese effektvolle Gestaltung, die ganz auf die dramatische Wirksamkeit der Vortragenden ausge-

richtet war, versetzte das Publikum damals und auch heute noch in Begeisterungstaumel.

Die nahezu zweihundert Strauss-Lieder beinhalten eine reiche Palette von unterschiedlichster Ausdrucksvielfalt. Obwohl das Liedschaffen vor allem für den jungen Komponisten charakteristisch war, gab es doch zwischendurch immer wieder Momente der Stille, in denen er innere Einkehr hielt und ihn Texte eines John Henry Mackay oder Karl Henckell inspirierten. Die tiefe Verbundenheit mit dieser Gattung beweist die Ausführung der *Vier letzten Lieder*, die Strauss bereits als schwer kranker, alter Mann Monate vor seinem Tod in Garmisch vollendete.

Politik im alten Deutschland

„Ich komme mir fast als ein rechter Kleinstädter vor"

Richard Strauss im Gewirr des deutschen Parteienwesens vor dem Untergang der Monarchie

Jene Zeit, in der Richard Strauss zur Welt kam, war spannend und beunruhigend zugleich. Zwanzig Jahre bemühte sich der preußische König um die Einigung Deutschlands unter seiner Führung, bis nach Beendigung des Deutsch-Französischen Kriegs (1870/71) das Ziel erreicht war. In Werbeveranstaltungen auf Schützen-, Turn- und Gesangsfestivitäten und im Rivalitätsstreit mit Österreich, Frankreich und England, wo bei der Bevölkerung zielführend Feindbilder geschürt wurden, warben Bismarck und König Wilhelm I. für die kleindeutsche Lösung. Dieser neuen Ära gingen mehrere taktische Schachzüge des 1862 ernannten preußischen Ministerpräsidenten und Außenministers, späteren ersten deutschen Reichskanzlers, Otto von Bismarck, voraus.

Strauss wurde am 11. Juni 1864 in Bayern geboren. 1861 errangen die „Liberalen" dort einen gewaltigen Wahlerfolg. Die Folge waren soziale und liberale Reformen, die nach bereits einjähriger Dominanz der „Liberalen" im Abgeordnetenhaus mit Zustimmung des Königs Maximilian II. von Bayern durchgesetzt werden konnten. Dazu gehörten unter anderem die Trennung von Justiz und Verwaltung, wichtige Sozialgesetze und die Gewerbefreiheit. Zuvor noch, in den Konferenzen von Bamberg 1854 und Würzburg 1860, versuchte Bayern, zum Schutz vor Preußen und Österreich, einen Zusammenschluß der Mittelstaaten im Deutschen Bund.

1866 aber, in Königgrätz, kämpfte Bayern an der Seite Österreichs gegen Preußen. Nach der Niederlage und der Durchsetzung der kleindeutschen

Lösung, 1871, fügte man sich in Bayern den politischen Bestrebungen Bismarcks. Durch die Zusicherung von Reservatrechten wie einem eigenen Heer, Diplomatie, Eisenbahn und Post willigte Bayern zum Eintritt ins Deutsche Reich ein. Erst Ende der sechziger Jahre wurden die „Liberalen" im Abgeordnetenhaus von den katholischen „Patrioten" abgelöst. Ganz den vielfältigen Parteigründungen und -zusammenschlüssen jener Zeit entsprechend, integrierten sich die in Bayern erfolgreichen „Patrioten" 1887 in die Bewegung des „Zentrums".

Das „Zentrum" formierte sich aus politisch aktiven Katholiken. Als Reaktion auf den autoritären, preußisch-protestantischen Staat etablierte sich das „Zentrum" nach der kleindeutschen Lösung in Bayern und in ganz Deutschland immer stärker. „Von der Sozialstruktur der Wähler her war das Zentrum die erste Volkspartei, die von Arbeitern und Handwerkern ebenso gewählt wurde wie von Unternehmern und Adeligen, eine Partei also - wie man selbst hervorhob - des wirtschaftlichen Ausgleichs."[1]

Daher war seine weitere Ausbreitung auf Gesamtdeutschland für Bismarck und die „Liberalen" umso bedrohlicher. Die Verfolgung, der die „Sozialdemokraten" von 1878 an durch die „Sozialistengesetze" ausgesetzt waren, erduldete zuvor das „Zentrum" von 1872/73 bis 1876 im „Kulturkampf". „Die in ähnlicher Weise erlebte offene Repression und Verfolgung durch den preußisch-protestantischen, autoritären Staat verband das Zentrum mit der Sozialdemokratie; beide waren an der Wahrung rechtsstaatlicher Prinzipien interessiert und von beiden wurde die soziale Frage ernstgenommen."[2] Doch anders als bei den „Sozialdemokraten" und „Liberalen" waren für das „Zentrum" die aktive Rolle der katholischen Kirche im öffentlichen Leben und in diesem Sinn die Lösung sozialer Fragen bedeutend. Letztlich war für Bismarck die Kooperation, nach der Etablierung und des Zuwachses des „Zentrums" um 1875 als neue politische Kraft, notwendig, um nach der Umstellung seiner Politik Ende der siebziger Jahre eine neue parlamentarische Mehrheit zu erzielen.

Da ihm die „Liberalen" 1862 die Mehrausgaben für das Heer verweigert hatten, regierte Bismarck seinerzeit ohne Parlament. Um Preußens Expansionsbestrebungen durchzuziehen, begann er, gemeinsam mit Österreich, den Deutsch-Dänischen Krieg um die schleswig-holsteinische Frage. Durch einen Schachzug trickste Bismarck Österreich 1866 bei Königgrätz aus und hatte diese Angelegenheit damit für sich entschieden.

In einem nationalen Siegestaumel konnten Bismarck und König Wilhelm I. jetzt alle Forderungen durchziehen. Die „Liberalen" hatten sich inzwischen in die „National-“ und die „Linksliberalen“ gespalten. Gemeinsam mit der „Reichs- und Freikonservativen Partei“ und den „Nationalliberalen“ erzielte Bismarck nachträglich die parlamentarische Genehmigung für den Etat zur Heeresreform. (Die „Liberalen“ hatten sich ja ursprünglich verwehrt.) Am 18. Jänner 1871 wurde Wilhelm I. zum deutschen Kaiser ausgerufen. Und die bedingungslose Loyalität zur Monarchie verband alle drei politischen Gruppierungen miteinander.

Unter den kaisertreuen Parteien etablierte sich 1876 auch die „Deutschkonservative Partei“, die speziell das Interessse der Großagrarier und Großindustriellen nach einem Schutzzoll vertrat (vor allem gegen das industriell hochentwickelte Großbritannien).

In welcher politischen Bewegung sich nun Franz Strauss in diesem turbulenten gesellschaftlichen Aufbruch vertreten sah, läßt sich nicht mit Sicherheit feststellen, da es damals, außer bei den „Sozialdemokraten“, keine weit verbreitete Parteimitgliedschaft gab. Man unterstützte eine Gruppierung ideell. Finanzgeber waren letztlich Honoratioren, die auch überwiegend die politischen Ämter bekleideten. Sympathisanten schienen daher namentlich kaum auf.

Vielmehr muß man sich bei einer politischen Einreihung von Franz Strauss auf dessen ausgeprägte Charaktereigenschaften und Selbstzeugnisse stützen. Aufgrund seiner Vorliebe für alles Klassische und Frühromantische und seines überaus bedachten Wesens und der strengen Ehr- und Moralauffassung, der er anhing, dürfte er dem konservativen Lager zuzuzählen sein. Von seiner Herkunft und beruflichen Stellung als königlicher Hofmusiker her zählte er zum mittleren Bürgertum. Er hatte aber die Möglichkeit gehabt, in die großagrarische Brauerei-Familie Pschorr einzuheiraten, die zunächst eventuell Anhänger der „Konservativen Partei“ oder der „Reichs- und Freikonservativen Partei“ gewesen waren und wahrscheinlich später die „Deutschkonservative Partei“ unterstützten, die deren Interessen am besten vertreten hätte. Kennzeichnend für die „Deutschkonservativen“ ab 1876 war – wie auch für die Christlichsoziale Partei von Karl Lueger in Wien – der zunehmende Antisemitismus, der ins Parteiprogramm Einzug fand: „Wir bekämpfen den [...] zersetzenden jüdischen Einfluß auf unser Volksleben.“[3]

Der Antisemitismus als politischer Zeitgeist war dem vierundfünfzigjährigen Franz Strauss fremd. Auch die Familie Pschorr (ab etwa 1870 altkatholisch, worin sich die Familie gegen die doktrinäre Romhörigkeit der katholischen

Kirche durch das „Vatikanische Konzil" stellte) verhielt sich unauffällig, während die neue nationale Identitätsfindung und die Suche nach der eigenen Positionierung innerhalb des jungen Staatengeflechts für die deutsche (und österreichische) Jugend und so auch für den jungen Richard Strauss mit dem Antisemitismus in Verbindung gebracht wurden.
Viele Münchner fanden sich allerdings politisch stark im „Zentrum" vertreten. Diese katholische Bewegung vereinigte alle sozialen Gruppierungen. Wahrscheinlich ist, daß Franz Strauss, wie auch später die Familie Pschorr, mit der man sich gut verstand, politisch dieser Fraktion zuzuordnen sind. Sie war die in Bayern verbreitetste Bewegung und gewann innerdeutsch immer stärker an Bedeutung (seit 1874 die stärkste Fraktion im Reichstag; Ausnahmen: die Reichstagswahlen 1887 und 1912), so daß Bismarck auch letztlich nicht umhin kam, um die Gunst und die parlamentarische Zustimmung der Katholiken zu buhlen.
Franz Strauss zählte aber keineswegs zu den bigotten Katholiken. Vielmehr wußte er darin die Wahrung der bayerischen Identität zu vertreten. Religion spielte im Familienleben der Strauss keine bedeutende Rolle. Fühlte man sich in die Enge getrieben, gewann das Bekenntnis zur Konfession an Bedeutung, sonst fühlte man sich mehr dem Credo der Kunst verpflichtet. Und immerhin sympathisierte Franz Strauss gedanklich mit dem Freimaurertum. Die humane Gesinnung der Freimaurer und deren überregionales, ausgleichendes Zusammenwirken im frisch geeinten Deutschland, das nur so vor Vorurteilen gegeneinander strotzte, empfand Vater Strauss als erstrebenswerte Haltung, wenn er dem Sohn für dessen erste Oper *Guntram* 1890 empfahl: „Es müßte so eine Art Weltverbesserer-Gesellschaft sein, die als Geheimbündler – so eine Art Freimaurer etc. – ihre Mitglieder aussenden, und dazu sanges- und redegewandte junge, begeisterte Mitglieder wählt, die die Aufgabe haben, der Welt durch ihr musterhaftes Leben als Vorbild zu leuchten und sich nicht durch Sinneslust verführen zu lassen, wie ja Guntram vollständig gezeichnet ist."[4]
Durch die enge Verbundenheit mit Sohn Richard lockerte der Vater später seine festgefahrenen Standpunkte. So zählte er sich im Jänner 1900 nicht zu den Wertkonservativen, wenn er unterschied: „Unseren herzlichen Glückwunsch zum Dresdner Erfolg, den ich von dem hochkonservativen Publikum dort nicht erwartet habe."[5] Und einem Strauss-Verehrer gegenüber beklagte er ebenso, daß „mein Sohn [...] mit den conservativen Elementen viel zu kämpfen [hat]"[6].

Der junge Richard Strauss wurde anfangs von der linksliberalen Presse hofiert. Der Neuerer und musikalische Revolutionär, der privat so absolut nichts dafür übrig hatte, seine künstlerische Experimentierfreudigkeit auch auf die gesellschaftliche Ebene zu übertragen (wie es die Doppelmoral des Fin de siècle gerne im verborgenen tat), baute kontinuierlich auf seiner Kindheitsprägung auf.
Da der Vater sich, trotz öfterer Einwände, nie von den künstlerischen Bestrebungen seines Sohnes öffentlich distanzierte und ihn sogar bei dessen politischer Gratwanderung nicht irritierte, gab es, mit Ausnahme einiger Verstimmungen bezüglich des temperamentvollen, teilweise auch taktlosen Wesens seiner späteren Frau Pauline, keinen Grund für Richard, sich gegen den Vater zu stellen. (Eine entfernte Parallele läßt sich im harmonischen Familienklima zum Strauss-Familien-Vorbild Mozart ziehen, der als musikalischer Schirmherr und gemeinsamer Lieblingskomponist der Familie ausgewählt worden war.)
Großen ideellen Einfluß auf Richard Strauss gewann vor allem Hans von Bülow. Der liberale Norddeutsche, der später mit der „Sozialdemokratie" sympathisierte, legte in seinem jungen Assistenten den Grundstein zu dessen gedanklicher Internationalität. Das äußerte sich nicht nur in großen Reisen durch Italien, Ägypten, ganz Europa, Nord- und Südamerika, sondern auch durch den Wunsch, sich als Dirigent und Komponist weltweit vorzustellen, was damals für renommierte, mitteleuropäische Künstler noch keineswegs selbstverständlich war. Und Strauss nahm dafür immer wieder die wochenlange Trennung von seiner Familie in Kauf, wo allein seinem Dirigentenkollegen Felix Mottl der Umzug von Karlsruhe nach München familiäre Sorgen bereitete.
Bülow prägte Strauss' Wunsch zum geistigen Weltbürgertum und den Zugang zum wagnerischen Gedankengebäude, was im groben bereits von Alexander Ritter vorbereitet worden war. Die „Liberalen" deckten ja seit ihrem Anfang 1848 das reformwillige Bürgertum ab. Demokratisierungsbemühungen und vor allem das Streben nach der deutschen Einigung ließen sie letztlich auch für Bismarck politisch interessant werden. Sie forderten unter anderem: „Die Verwirklichung eines verfassungsmäßigen Rechtsstaates, die Unabhängigkeit der Richter, die Verantwortlichkeit der Minister gegenüber dem Parlament, gegen die Machtposition der Junker gerichtet die Zurückdrängung des Einflusses des preußischen Herrenhauses, die Beförderung der kommunalen und provinziellen Selbstverwaltung, die Trennung

von Staat und Kirche, die Gleichberechtigung der Religionsgemeinschaften sowie die obligatorische Zivilehe."[7]

Und dem „Zentrum" nicht unähnlich fanden sich in den Reihen der „Liberalen" Vertreter des Großbürgertums, mittlere Unternehmer, Großgrundbesitzer, Kleinbürger und Intellektuelle. Arbeiter und Bauern waren für die „Liberalen" im Drei-Klassen-Wahlrecht vorerst uninteressant. Es war die Partei intellektueller Individualisten; für Strauss junior also das richtige auf seinem kurzen Weg zur künstlerischen Selbstfindung.

Vor allem Strauss' anfängliche Unbefangenheit läßt den Suchenden sympathisch wirken. So hatte er in Berlin eine „gebildete *großstädtische* Dame kennengelernt, der ich im Herzen alles frühere schlimme Vorurteil abbitte, da ich sie bis jetzt noch nicht gekannt habe. Ich komme mir fast als ein rechter Kleinstädter vor."[8] Und als Münchner in der neuen Kaiserhauptstadt fühlte er sich schon ein wenig deplaziert: „Die Berliner applaudieren nicht besonders gern, sind überhaupt ein ziemlich unmusikalisches Publikum! Das gestehen sie selbst."[9] Den Routinier Bülow wird solche Unsicherheit amüsiert haben.

Doch inzwischen hatte sich das große liberale Sammelbecken unterschiedlichster Interessen an Bismarcks Heeresreform entzweit. Es kam zur Abspaltung der „Nationalliberalen", die ab nun linientreu Bismarcks Expansionspolitik unterstützten.

Alles Grundgedanken, die auch in das elitäre Bayreuther Kulturkonzept paßten. Und das sollte Strauss für die nächsten Jahre prägen. Die Auszeichnung und Wertschätzung im engsten Umgang mit Cosima Wagner schlugen sich auch ganz im überheblichen Tonfall seiner Briefe nieder. Cosima gelang es, Strauss in eine Art Abhängigkeit zu bringen.

Erst nach seiner Hochzeit mit Pauline kühlte das Verhältnis zu Bayreuth merklich ab. Strauss' stilistische Ausdrucksfärbung gewann wieder zunehmend an humorvoll-bayerischen Wendungen und distanzierte sich von der vorangegangenen markig-arroganten Diktion.

Daß Strauss' gedankliches Intermezzo im „nationalliberalen Lager" nicht ewig halten würde und viel mehr die Distanzierung von zuviel Vaterliebe und Bülow-Zuneigung zeigen sollte (somit auch das einzige freie politische Feld darstellte, wodurch Strauss aller Welt seine Selbständigkeit und sein Erwachsensein signalsieren konnte), lag auf der Hand.

In seiner anfänglichen Deutschtümelei ließ sich der junge Mann ganz von der damaligen innerdeutschen Identitätssuche vereinnahmen. Als deutscher Komponist hegte er Aversionen gegen die italienische Musik, geprägt durch den Vater als Mozart-Fan und nicht zuletzt durch die noch nicht einmal hundert Jahre alte Gleichsetzung der eigenen, landesüblichen Kunstförderung in deutscher Sprache. Damit erst erreichte man langsam das Zurückdrängen der jahrhundertelang wesentlich besser bezahlten italienischen Musiker im deutschsprachigen Raum. Erst durch die Romantik kam ein verstärktes Nationalitätenbewußtsein auf, dem sich auch Richard Strauss nicht entzog.

So berichtete Strauss von seiner Genesungsreise – ganz kolonialer Europäer – aus Ägypten: „Über angebliche Unruhen habe ich schon geschrieben; es ist zu komisch, was die Leute in Europa in den Zeitungen schreiben, alles ist einfach erlogen, die Araber selber wissen von gar nichts, sind feindlich und feige und haben die Beschießung von Alexandria noch zu gut im Gedächtnis, um einen Streich gegen die Engländer zu führen."[10]

Aber Richard Strauss mußte nicht einmal so weit entfernt sein, um nicht den Eigentümlichkeiten anderer Nationen amüsiert gegenüberzustehen. Auch Österreich ist ihm 1889 wesensmäßig noch fremd: „Eine neue Altistin, die gastiert, eine Anfängerin und Ungarin, hat eine wundervolle Stimme, scheint musikalisch und talentvoll, ist aber etwas österreichisch angeludert in Aussprache und Rhythmus."[11]

Daß er sich nun bei einem Künstlerfest im selben Jahr in seiner Vorliebe fürs Barocke als versklavter Schwarz-Afrikaner verkleidete, „wo ich als bonbonverkaufender Neger großes Aufsehen erregt"[12], ist allgemein eine der kolonialisierenden Herrschaftshaltungen des 19. Jahrhunderts. (Deutschland unterhielt ja – im Gegensatz zu Österreich [mit Ausnahme des Forschungsgebiets Franz-Joseph-Land] – Kolonien in Afrika und hatte damit alle anfängliche Humanität und menschliche Verantwortung der Aufklärung im 18. Jahrhundert vergessen oder zumindest auf sehr individuelle Art und Weise transformiert. Es paßte vom Konzept her in Bismarcks Expansionsbestrebungen.)

Deutschland wollte verstärkt seit der Vereinigung 1870/71 innen- und außenpolitisch seine Gemeinsamkeit hervorstreichen, womit sich der katholische Bayer Richard Strauss, der viel herumreiste und vielen Diskussionen ausgesetzt war, sichtlich schwer tat. Deutschlandweit fühlte sich Strauss politisch, nach einer sympathisierenden Episode bei den „Nationalliberalen", möglicherweise durch das katholische „Zentrum" vertreten, auch wenn er als wagnerianischer Künstler mit der christlichen Ethik nicht viel anfangen konnte. (Seine Hochzeit wurde katholisch zelebriert. Aber er wünschte durch eine zunehmende Entfremdung vom institutionellen Christentum nach seinem Tod die Einäscherung. Damit ließ er keine politischen Zufälligkeiten in sein Leben, wie es die Strauss-Forschung und manche Strauss-Freunde gerne behaupten.) Im „Zentrum" fand er, über Deutschland verteilt, generell die politische Unterstützung, die ihm bei verschiedenen Engagements und Gastspielen zumindest nicht schaden konnte.

Doch politischer Mitläufer im allgemeinen Sinn war Strauss nicht. Mit seiner Aversion gegen alles „Bismärckische", wie er es formulierte, lag er nicht im Parteikonzept der „Nationalliberalen", die „an einer schnellen Herstellung des Nationalstaates interessiert waren"[13].

Richard Strauss war die bedingungslose Anhängerschaft Bismarcks suspekt. Die turbulenten Zeiten überforderten bereits den alten Reichskanzler. Richard Strauss war jung und interessiert an neuen Richtungen. So verhöhnte er die ältere Generation. „Daß meine haydnsche und unmendelssohnsche Sinfonie nichts Besonderes für das Geheimratspublikum der Sinfoniesoireen ist, wußte ich zuerst."[14] Unqualifizierte Auseinandersetzungen glitten einfach an ihm ab. Sogar, wenn sie vom Kaiser selbst stammten, der einst meinte: „Da habe ich eine schöne Schlange an meinem Busen genährt."[15]

Doch sechs Jahre vor der *Salome* bekrittelte Richard Strauss schon das Kunstverständnis des jungen Kaisers Wilhelm II. (seit 1888), als „eine ganz lustige und nette Operette", die „für Kaisers Geburtstag sehr passend ist, da er *mehr* doch nicht versteht"[16], in Berlin einstudiert wurde. Ein Jahr vor dieser Feststellung dirigierte Strauss „Fidelio" in einer Galavorstellung, „wo ich wahrscheinlich (S)iegfried (M)ayer [= scherzhaft gemeint: der Kaiser] werde vorgestellt werden"[17]. Scheinbar war das gegenseitige Kennenlernen nicht allzu überzeugend über die Bühne gegangen. Jedenfalls dürfte der Bayer Strauss keine sonderliche Affinität zum preußischen Kaiserhaus verspürt haben.

Als der Zwanzigjährige zum ersten Mal in Berlin war, besuchte er, nach intensivem Drängen der Eltern um eine Eintrittskarte, den Subkriptionsball. Von der kaiserlichen Familie zeigte er sich enttäuscht und stellte frei heraus fest: „Dann kam der alte Kaiser, der aber doch sehr wacklig und steif, mit erloschenem Blick nicht das ist, was die Zeitungen auswärts erzählen. [...] Der Kronprinz sah in der blauen Dragoneruniform mit gelben Aufschlägen und den Galareitstiefeln nicht gut aus."[18]

Verbunden fühlte er sich jedoch dem bayerischen König: „Papa soll mir ein bißchen die Geschichte unseres Königs berichten, Bülow interessiert sich auch sehr dafür."[19] Natürlich entbehrte dieses Interesse nicht einer gewissen

Portion an Neugier an dem 1886 für geisteskrank erklärten Ludwig II. sowie dessen Nachfolger Prinz Luitpold.

Fasziniert war Richard Strauss stets vom Adel. Auf einem philharmonischen Gastspiel in Moskau lud ihn ein Adelsklub ein: „Konzertsaal sehr schön (adliger Klub), Orchester zahlreich und nicht schlecht, empfing mich sehr freundlich und klatschte nach jedem Stück lebhaften Beifall."[20] So wie Strauss begierig nach öffentlichen Auszeichnungen war, war es ihm wichtig, zur auserwählten und geehrten Gesellschaft zu zählen. Richard Strauss interessierte keineswegs der Nimbus des begabten Künstlers mit gesellschaftlicher Außenseiterstellung aufgrund höherer Weihen und dem romantischen Geniebegriff des 19. Jahrhunderts, sondern er verstand seine Berufswahl ganz im Sinne der Aufklärung als eine von verschiedenen Berufsrichtungen, die es möglichst gut auszuführen galt.

Die Kreise, in denen sich Strauss bewegte, waren vor allem der sogenannte „Geldadel". Jene Schichte also, die sich aufgrund von besonderem Verhandlungsgeschick bzw. gewaltiger Geldspenden an die Nation Anerkennung erwarb; mit einem Wort also, das wohlsituierte Bürgertum, dem Ehrungen über alles ging.

Richard Strauss aber dachte nicht daran, sich Würden finanziell zu erkaufen. Hierin blieb er den kulturellen Gesetzmäßigkeiten treu und war damit stets erfolgreich. Für seinen Bardengesang aus der *Hermannsschlacht* von Kleist erhoffte er vom Herzog von Meiningen: „Wenn der Bardengesang dem Herzog gefällt, gibt's vielleicht einen Orden!"[21] – und er behielt recht, „der Orden freute mich riesig, das Verdienstkreuz ist der höchste hiesige Kunstorden und außer Rossi und der Malten haben ihn nur noch acht Menschen"[22]. Bis zum Jahr 1931 erhielt Strauss folgende Auszeichnungen: „Roter Adlerorden III. Klasse, Kronenorden III. Klasse, Bayerischer Maximilian-Orden, Ritterkreuz II. Klasse des Großherzoglich Sächsischen Hausordens vom weißen Falken, Herzoglich Sachsen-Meining Verdienstkreuz für Kunst und Wissenschaft, Österreichische Eiserne Krone II. Klasse, Ritterkreuz des spanischen Ordens Karls des Dritten III. Klasse, Ritterkreuz der französischen Ehrenlegion, Komturkreuz des Fürstlichen Monaco-Ordens vom Hl. Karl, am Bande zu tragen, Meckl. Goldene Medaille für Kunst und Wissenschaft, am Bande zu tragen, Inhaber der Friedensklasse des Ordens Pour le Mérite (seit 1903)."[23]

Und 1892 schrieb er dem Vater aus Weimar, mit einem Seitenhieb auf dessen gutgemeinte musikalische Ratschläge: „Mögest Du noch recht lange in der glücklichen Lage sein, auf die verschiedenen Orden, die Dein ungetreuer Sohn erhält, recht stolz zu sein!"[24]

Nach seiner honoris causa Doktorwürde, die ihm 1903 von der Universität Heidelberg verliehen wurde (also noch vor den großen Opernerfolgen *Salome, Elektra, Rosenkavalier!!!*), entspannte sich zunächst Strauss' Streben nach gesellschaftlichen Ehrungen. Jetzt hatte er jene Auszeichnung, die er von nun an jeder Unterschrift beisetzte. Von seiner gesamten Umgebung erwartete Strauss nun, mit Herr Doktor tituliert zu werden. Eine Ehrung, der später ein weiteres Doktorat der Universität Oxford (1914) folgte.

Auch die Bezeichnung „Preußischer Generalmusikdirektor" wurde für Richard Strauss zur namentlichen Ergänzung. Die Titelsucht unter Dirigenten verbreitete sich, nachdem Strauss sie salonfähig gemacht hatte. Die junge Dirigentengarde um Strauss gab ebensoviel darauf. Karl Böhm war der Herr Doktor (übrigens promovierter Jurist!), und Clemens Krauss ließ sich als späterer Staatsoperndirektor in Briefen mit „Hochwohlgeborener Herr Staatsoperndirektor"[25] anreden.

Der Gipfel des Strauss'schen Auszeichnungskarussells wurde mit seinem Ansuchen um ein österreichisches Adelsprädikat erreicht, woran er 1916 in Verhandlungen seine Zusage zur Leitung der Wiener Hofoper knüpfte. Durch die Abschaffung des österreichischen Adels 1919 erlosch Strauss' diesbezügliche Hoffnung.

Vor allem durch den Einfluß von Pauline schwenkte Strauss sich wieder auf den münchnerischen Kurs des politischen „Zentrums" ein. Er knüpfte hierin, wie in vielem anderen, ganz an das Vorbild der Eltern an. Eine kleine Begebenheit verdeutlicht den politischen Standpunkt der Familie Strauss: „Er [Bubi] schreibt schon tadellos Diktat und rechnet flink und geschickt. Nur neulich hat er im Diktat ‚Preußen' mit ‚ä' geschrieben, was ihm von seiner preußenhassenden Mutter einen Extrakuß eintrug."[26]

Richard Strauss beteiligte sich zwar nicht aktiv an den Parteiränken, doch die kreative politische und daher auch gesellschaftliche Unruhe beflügelte ihn in seinem kompositorischen Neuerertum. Bismarck und die „Liberalen" verbündeten sich seinerzeit gegen die „Sozialdemokraten" und gegen die „Katholiken". Um 1900 hatte sich mittlerweile vieles verändert. Doch die politischen Gegensätze verschärften sich. Polarisierungen spalteten auch die Gruppierung der „Liberalen". Der Vorsitzende der „Linksliberalen", der Parlamentarier Eugen Richter, entwickelte sich zu einem der entschiedensten Gegner des Kulturpolitikers und Urheberrechtkämpfers Richard Strauss.

„Verlagsrechte dem Verleger – Urheberrechte dem Urheber"

Urheberrecht – oppositionelle Fronten und der Fall Eugen Richter

Nachdem das politische „Zentrum" immer mehr an Wählerstimmen gewonnen und die „Liberalen" sich in zwei Flügel gespaltet hatten, wobei sich die Gruppierung der „Linksliberalen" oft trennte oder neu formierte, standen auch die Konservativen unter Zugzwang. Die „Reichs- und Freikonservative Partei" „begann 1907 eine ‚Volkspartei' aufzubauen und sich programmatisch als Organisation des ‚konservativen Fortschritts' zu profilieren"[1]. Dadurch arbeiteten jetzt auch die Konservativen an der gesellschaftlichen Erneuerung mit. Auch für die politische Rechte war von 1890 an der Weg in Richtung Demokratie unaufhaltsam geworden.
Das „Zentrum" preschte hier als konservativ-innovative politische Kraft vor. Innerhalb dieser Fraktion finden sich vier Gruppierungen:

„1. Die konservativen Kräfte der katholischen Aristokratie und der kirchlichen Hierarchie.
2. Die populistischen Kräfte des traditionellen Mittelstandes.
3. Die bürgerlichen Kräfte und der ‚neue' Mittelstand.
4. Die Arbeiterbewegung."[2]

Durch das Abdecken aller sozialen Schichten gelang es, über längere Zeit als wichtiger Entscheidungsträger im Reichstag zu wirken. Von 1892/93 bis 1907 kam es zur „Umwandlung des Zentrums in eine demokratisch-populistische Massenpartei"[3]. Durch das Zunehmen der christlichen Arbeiterschaft im „Zentrum" verlagerte sich auch das politische Interesse stärker in Richtung sozialer Demokratie, bis 1907, mit dem Konjunktureinbruch, die katholische Aristokratie und der traditionelle Mittelstand erneut die Oberhand in der Partei errangen.
Doch inzwischen hatte sich etwas politisch Bedeutendes ereignet. 1894 wurde die christliche Gewerkschaft gegründet. Und das ließ beruflich auch den Komponisten Richard Strauss aufhorchen. Lange schon war es ihm ein Dorn im Auge, wie ohnmächtig Komponisten der rechtlichen Verwertung und der Unkenntlichmachung vieler Bearbeitungen vom Original zusehen mußten. Wer bisher tatsächlich daran verdiente, waren Verleger und Veranstalter. Für den Künstler galt es mehr als Ehre, aufgeführt und verlegt zu werden.

Am 30. September 1898 schlossen sich Strauss, Friedrich Rösch (Jurist und Musiker) und Hans Sommer (Physiker und Musiker) zusammen, um eine Aussendung an 160 Komponisten zu entrichten, deren Einwilligung es zu einer Denkschrift an den Reichstag zu gewinnen galt. Man forderte darin eine Verlängerung der Schutzfrist nach dem Tod des Künstlers. Mehr als zwei Drittel positiver Erklärungen kamen zurück.
Jene aber, die mit der gängigen Situation einverstanden waren, wollten nicht leichtfertig die Aufführungsrechte an die neu gegründete „Genossenschaft deutscher Tonsetzer“ (1898) übertragen. Nur langsam ließen sich die Zauderer davon überzeugen. Die meisten aber sprachen sich sofort für eine Revision und Verbesserung des alten Urheberrechtsgesetzes von 1870 aus.
Die von Rösch, Strauss und Sommer im Namen der deutschen Komponisten gestellte Petition an den deutschen Reichstag schaffte 1901 eine langsame Verbesserung der Urheberrechtslage. Doch bis zur Durchsetzung der entscheidensten Punkte, wie die Anhebung der Frist nach dem Tod der Urheber von damals dreißig Jahren auf fünfzig und der Schutz vor der Entstellung eigener Werke, mußte Strauss viele parlamentarische Attacken abwehren. Durch die Neugründungen von Verwertungsgesellschaften (AFMA: „Anstalt für musikalische Aufführungsrechte“ und GEMA: „Gesellschaft zur Verwertung musikalischer Aufführungsrechte“) und die langsame Einverleibung bestehender Institutionen (ADMV: „Allgemeiner Deutscher Musikverein“, von Liszt 1861 gegründet) hoffte er, seine Anliegen mit vereinter Kraft gezielter durchzubringen. Die Durchsetzung seiner jahrzehntelang umkämpften Hauptanliegen gelang erst 1935, als Strauss höchster Musikkonsulent des Staates war, unter nationalsozialistischer Herrschaft. Neuerungen, die später noch erweitert wurden.
Damals aber, als es anfänglich darum ging, das alte Urheberrecht zu reformieren und schärfer zu umreißen, stellten sich die oppositionellen „Linksliberalen“, allen voran der Parlamentarier Eugen Richter, vehement gegen die Umverteilung der Tantiemen von Verlegern an die Urheber. Bisher verdienten an einem Musikwerk alle anderen mehr als der Künstler. Ihm wurde sein Werk samt Aufführungsrechten abgekauft. So wehrte sich Richard Strauss auch gegen seinen geschätzten Verleger Eugen Spitzweg, dem er von November 1898 an keine Aufführungsrechte mehr einräumte. Dazu meinte er: „Mit Bedauern nehme ich von Deinem Verzicht auf ‚Heldenleben‘ hiermit Kenntnis, da es mir, wie schon gesagt, absolut unmöglich ist, das Aufführungsrecht meiner Werke künftig dem Verleger zu übergeben. Es ist dies der Haupt-

punkt in unserer ganzen Bewegung, und ich als Anstifter darf nicht mit schlechtem Beispiel vorangehen.

Verlagsrechte dem Verleger
Urheberrechte dem Urheber

Anderen Modus gibt's künftig nicht.
Du schreibst ein langes und breites von Tantiemen, die wir allein beziehen wollen. Ich kann Dir nur nochmals versichern, daß wir Componisten alle Tantiemenforderungen ganz verworfen haben und überhaupt keine Tantiemen für uns beanspruchen und selbst den Verlegern das Recht bestreiten, für Werke, bei denen sie nicht ausdrücklich das Aufführungsrecht miterworben haben, für sich Tantiemenforderungen zu erheben."[4]
Ab *Ein Heldenleben* begann nun – noch vor den großen Opernerfolgen *Salome, Elektra, Rosenkavalier* – eine neue Ära im Finanzhaushalt der Familie Strauss. Wie überhaupt Geld für Richard Strauss nicht nur einen Sicherheitspolster darstellte, sondern als Statussymbol eine bedeutende Position einnahm. Immerhin war man mit der reichen Familie Pschorr verwandt, wo Strauss nicht als armseliger Musiker und Komponist bloß geduldet sein wollte. Er befand sich im direkten Konkurrenzkampf von geistig Schaffenden und manuell Arbeitenden. Abgesehen von der Begabung zum erfolgreichen Künstler war Strauss davon überzeugt, daß die Erfindung und Ausarbeitung von Noten durchaus den banalen Vergleich mit der Brauerei Pschorr zuließe, Hopfen zu pflücken, ihn zu vergären und letztlich Spitzenqualität an Bier anzubieten. Der Vertrieb des Produkts gestaltete sich, ob Kunst oder Bier, dann ähnlich. Jeder mußte ein interessiertes Publikum von der Qualität seiner Ware überzeugen. Und findige, kaufmännische Raffinesse war sowohl da als auch dort notwendig.
Nach diesem Qualitätsprinzip gestaltete Richard Strauss letztlich auch die Ausführung seiner Kompositionen. Was aber nicht hieß, daß er besonders auf den Publikumsgeschmack Rücksicht nahm, wie wir ja in vorangegangenen Kapiteln nachweisen konnten. Es spricht auch für Strauss' realistische Geordnetheit, seine individuelle Tonsprache nie zu verleugnen und trotzdem seine musikalisch anspruchsvollen Zuhörer zu vehementem Pro und Contra aufzustacheln. Eine Begabung, die nach ihm niemand mehr besaß.
Strauss hatte jedenfalls von Jugend an einen guten Instinkt für Wirtschaftlichkeit und menschlichen Umgang. So verstand er es stets, seinen Sympathiegrad durch geschickte Gesten Orchestermusikern gegenüber auszuweiten.

So sprang Onkel Georg einige Male mit Bier zur Stärkung der Musiker als Mäzen ein. Der absolut geschätzte Onkel ließ es sich ja auch später nicht nehmen, seinem todkranken Neffen zur Genesung eine halbjährige Reise nach Ägypten, Griechenland und Italien, die ein Vermögen gekostet hatte, zu bezahlen. Doch mit zu Reisebeginn gegebenen Versprechen wollte sich Strauss später im Juni 1893 letztlich nur ungern aufgehalten wissen, weshalb der Vater erinnerte: „Lieber Richard! Vergesse Dein Versprechen nicht, welches Du dem Onkel Georg gegeben hast im Betreff einer Komposition, [...] welche Du dann für ein oder mehrere Stücke dem Onkel verwenden kannst. Deine Reise hat Dir große Freude gemacht, dem Onkel wird auch Deine Komposition Freude machen ..."[5] Als Weihnachtsgeschenk kamen dann endlich zwei *Stücke für Klavierquartett: Nr. 1 Arabischer Tanz in d-moll* und *Nr. 2 Liebesliedchen in G-Dur.*

Auch bei anderen Geschenken achtete Strauss stets auf den Preis. Von der großen Genesungsreise berichtend, erbat er die Handschuhnummern von Mutter und Schwester. „Ich will hier Handschuhe einkaufen, sie sind außerordentlich billig und berühmt."[6] Auch beim späteren Ehekrach irritierte Strauss weniger Paulines eingebrachte Scheidungsklage, als vielmehr die Summe von 2000 Mark, die sie von der Bank abhob: „Acht Tage brauchtest Du zur Überlegung, was Du mit Deinem Untier von Mann anfangen solltest, aus Rache hast Du Dir vorerst mein schönes Geld von der Bank geholt. Wenn ich nur wüßte, was Du mit vollen 2000 Mark anfangen willst. Rechnungen lagen keine mehr vor und das eine Kleid von Gerson kann doch nicht 1500 M kosten. Oder soll dies Deine Rache sein? Da würde ich Dich doch bitten, vorerst mal zu warten, ob Du auch Grund zur Rache hast, und damit dürfte es diesmal wohl faul bestellt sein."[7]

In erster Linie wollte Richard Strauss sich und seine Familie versorgt wissen. Vor allem dann, falls ihm etwas zustoßen würde. Da er im Alleingang finanziell nicht noch mehr erreichen konnte, als er ohnehin schon besaß, ermutigte ihn dieser Umstand zum Gefecht um die allgemeine Revision des Urheberrechts.

Nachdem Strauss mit Kollegen die erste Runde in der Gesetzeslage 1901 gewonnen hatte, meldeten sich seine Gegner zu Wort. Sie bauten das Bild vom ausschließlich eigennützigen Kapitalisten auf: „Daß er [Strauss] aber den toten Eugen Richter im Grabe beschimpft, weil dieser Politiker in puncto Geschäft nicht so wollte, wie Herr Dr. Strauß will, derselbe Herr Dr. Strauß dessen geschäftsmännische Tüchtigkeit männiglich bekannt ist, und der

Verdienen immer sehr groß geschrieben hat, das ist ein Mangel an Kultur des Geistes und des Herzens, der, indem er so brutal in die Erscheinung tritt, doch überaus peinlich und beschämend wirkt."[8]

Richard Strauss' Geschäftsinstinkt wurde erst durch die Oppositionsreden des Abgeordneten im Reichstag, Vorsitzenden der „Freisinnigen Partei" und darüber hinaus dem führenden Kopf des „linksliberalen" Flügels in Deutschland, Eugen Richter, zum öffentlichen Thema. Es war weiten Teilen der Bevölkerung und der parlamentarischen Opposition unverständlich, wie in Zeiten des sozialen Kampfs um die finanzielle Absicherung der grundlegenden menschlichen Bedürfnisse wohlhabende Künstler, unter dem, wie man meinte, fadenscheinigen Vorwand der Kollegialität zu ihren ärmsten Mitstreitern, an die eigene Tasche denken konnten. Für seine kapitalistische Einstellung mußte sich Richard Strauss als Sympathisant des „konservativen" Regierungsstils und Familienmitglied der schwerreichen Bierbrauer Pschorr von Eugen Richter als „Musikagrarier"[9] beschimpfen lassen.

Die rhetorische Geschliffenheit des Oppositionellen Richter war parlamentarisch gefürchtet. Seiner massiven Gegnerschaft dem Urheberrecht und damit Strauss gegenüber lagen realpolitische Ursachen zugrunde. Richard Strauss suchte seinerzeit das persönliche Gespräch mit Richter, der zu keiner Aussprache einwilligte. So hatten Strauss und Rösch „sich selbst Eugen Richter sogar persönlich gestellt: d. h. er [Strauss] hatte ihn, zur korrekten Information und entsprechender Aufklärung, in seiner Privatwohnung auf-, im Reichstag wiederholt zu fassen und zu sprechen gesucht, war aber von dem schlauen Manne vorsichtiger Weise an ein anderes, angeblich mit dem betr. Referat beauftragtes und allerdings – bis zum offenherzigen Desaveu des großen Partei-Häuptlings – mit der Materie *wohl* unterrichtetes Fraktionsmitglied verwiesen worden."[10] Der „gewiegte Etat-Redner und Budget-Kritiker"[11] wehrte sich damit auch gegen das erneute politische Erstarken elitärer Gesellschaftskreise. Nach der politischen Wende auch der „konservativen" Parteien in den neunziger Jahren in Richtung Massenparteien (unter anderem Gewerkschaftsgründungen usw.) zeichnete sich Anfang 1900 eine Trendumkehr ab. Aristokraten forderten aufgrund ihrer Herkunft nochmals den Führungsanspruch innerhalb ihrer Fraktionen ein. Und das nicht nur im „Zentrum".

Strauss zählte sich zu diesen elitären Kreisen und mußte sich diesbezüglich Attacken als Nichtadeliger gefallen lassen. In einer Druckschrift vom 10. Mai 1901 mit dem Titel „Protest der Genossenschaft deutscher Tonsetzer gegen die Angriffe des Herrn Reichstagsabgeordneten Eugen Richter“ wehrte man sich öffentlich gegen unsachliche Beleidigungen. So hieß es u. a.: „Der Herr Abgeordnete Richter hat

1. sich ein Urteil über Verhältnisse und Einrichtungen der Genossenschaft deutscher Tonsetzer angemaßt, ohne sie zu kennen;
2. die Zuverlässigkeit der, von dem Herrn Staatssekretär des Reichsjustizamtes [Dr. Nieberding] auf Grund aktenmäßigen Materials gemachten Ausführungen auf das wahrheitswidrige Zeugnis eines persönlichen Gegners der Genossenschaft in Frage gestellt;
3. ohne jeden sachlichen Grund in voreingenommener und gehässiger Weise die Genossenschaft angegriffen und dies (als „Kampfgenossenschaft“ eines +++ „Ringes“ der „Musikaristokratie“ sie verdächtigend) lächerlich zu machen versucht;
4. auf Vorhalt der Unwahrheit seiner Behauptung in unerhörter Weise mit neuen Verdrehungen und Verleumdungen gegen die Genossenschaft geantwortet. Das Urteil über dieses Vorgehen des Herrn Abgeordneten Eugen Richter überlassen wir der öffentlichen Meinung.“[12]

Weiters wandte man sich darin gegen die „zur Täuschung des Publikums geeigneten Schlagwörter“, „gehässige Tendenz“, „Sach-Unkenntnis“, „falsche Prophezeiungen“, „Voreingenommenheit und leichtfertige Oberflächlichkeit“, „Verleumdung und Unwahrhaftigkeit“, „Unwahrheiten der Ausführungen“, „bewußte Entstellung von Tatsachen“ (auf Grund fremder Einflüsterungen und falscher Informationen), „ein im Deutschen Reichstag wohl noch nicht dagewesenes Beispiel von Unwahrhaftigkeit“, „genügend gekennzeichneter Unsinn“, „vollkommener Widersinn“, „verleumderische Verdächtigung“, „einseitige und (absichtlich) unvollständige Darstellung“, „mala fides“, „Verdrehung von Tatsachen, für die wir einen parlamentarischen Ausdruck nicht mehr kennen […]“[13]. Der Schulfreund[14], Musikwissenschafter und Apologet des Strauss-Umfelds, Dr. Arthur Seidl, hatte Auszüge aus dieser Gegendarstellung in einer öffentlichen Rechtfertigungsschrift ausgewählt.

Eugen Richter trat mit den „Linksliberalen“ für eine Verfassungsreform ein. Es sollte zu keiner Ausdehnung der staatlichen Einflußmöglichkeit kommen. In seiner absoluten Gegnerschaft zur Politik Bismarcks begab er sich mit den „Sozialisten“ und dem „Zentrum“, gegen beide grenzte er sich politisch ab, zunächst in Opposition. Eugen Richter war einer der ersten Berufspolitiker

Deutschlands. Zwischendurch war der Sohn eines Generalarztes Journalist. „Im Parlament war Richter v. a. geachtet und gefürchtet als ausgezeichneter Kenner der Finanzpolitik und Kritiker des Staatshaushalts. Unbestechlich in seiner Überzeugungstreue, war er doch mehr ein scharfer Kritiker als ein aufbauender Politiker."[15]

Vor allem die „Nationalliberalen" traten für die Einigung Deutschlands unter Preußens Führung ein. Die „Deutsche Fortschrittspartei" distanzierte sich davon gemeinsam mit anderen politischen Gruppierungen. Eugen Richter verstand es, den Grabenkonflikt des protestantischen Preußens gegen das katholische Bayern und daher auch gegen Forderungen, die dem „Zentrum" nahestanden, geschickt auszuspielen.

In Seidls Ausführung ging es nicht primär um den Konfliktherd Urheberrecht, sondern um ein parteipolitisches Hickhack. Den „Freisinnigen" galt es, der Wählermasse ihre Unterstützung gegen die Interessen der Eliten vor Augen zu halten, was gegen die gesellschaftspolitische Überzeugung von Richard Strauss und Arthur Seidl ging. Seidl bezeichnete Eugen Richter in seiner Ausführung herablassend als „Volksmann"[16]. Aber „Volksmann" wollte niemand aus dem Umkreis von Strauss sein, denn man hielt an dem Begriff der „Sozialaristokratie"[17], die nun auf „der europäischen Tagesordnung"[18] stand, fest. Und die „Kunst ist *nicht* für Alle!"[19] Der „so laut gepriesene ‚Lichthunger' des ‚gemeinen Mannes' wie der kleinen Leute, er bleibt im Grunde seines Herzens immer doch nur – Berliner ‚Piccadilly'."[20] Erneut mit einem Seitenhieb auf Berlins großstädtische Ungezwungenheit.

Vom gemeinen Volk wollte man sich distanzieren. Dafür waren die „Sozialisten" zuständig. (Man muß sich vor Augen halten, daß Arthur Seidl diesen Beitrag als öffentliche Rehabilitation für Richard Strauss schrieb, der zuvor durch seine offene Kritik des allgemeinen Wahlrechts politisch und medienmäßig stark unter Beschuß gekommen war.) Die soziale Verantwortung für die breite Masse wollte Arthur Seidl aber nicht allein den „Sozialisten" und der „Freisinnigen Partei" überlassen. Auch die „christliche Ethik" forderte Reformen für die Arbeiterschaft: „Denn, man möge mich ja nicht etwa mißverstehen, als ob ich hier selbst grundsätzlich gegen Sozialismus in jeder Form mich wendete und nicht das ‚soziale Gebot' sehr *wohl* angelegentlich betonte. *In allen materiellen* Dingen nämlich einer ‚schweren Not der Zeit' wie menschenunwürdiger Lebensorge – und daß eine solche, gesteigert bis zum Übermaße der Teuerung und Bedrängnis, nur zu vielfältig heute existiert, leugnet *kein* Gutartig-Einsichtsvoller – *da* gelte das realpolitische Losungswort: sozialwirtschaftliche Reform, reges Mitleid zum Zwecke der Aufbesserung und durchgreifend christliches Ethos gemeinsam-werktätiger Hilfe."[21] Die intellektuelle Komponente gaben die „christlichen Eliten" nicht so leicht aus der Hand. Darin konnten sie auch von den „Hausknechten" und „Gastwirten" nicht rivalisiert werden. Die Sorge vor einer Nivellierung aller Gesellschaftsschichten ging wie ein Schreckgespenst unter den „Konservativen" um. Der ungebildeten Industriearbeiterschaft parlamentarisch ausgeliefert zu sein erschien als Utopie. Auch die „Liberalen" wollten keine Gleichmacherei um jeden Preis. Unterschiede sollten bleiben, nur Not und Elend gelindert werden. Denn Bildung und Kapital blieben nach wie vor auch die Grundsäulen im Parteienwesen.

Nach der ersten entscheidenden Etappe im Streit um das Urheberrecht bekam Richard Strauss durch die Opposition imagemäßig einige Schrammen ab. Er geriet zeitweise – wie in unseren Tagen etwa der Wiener Burgtheaterdirektor Claus Peymann – zur innenpolitischen Kraftprobe der Parteien. Doch in dieser Geschlossenheit, wie im Fall Peymann, stand damals keine Partei hinter Strauss. 1912, als es in der Debatte um die Verlängerung der „Parsifal"-Schutzfrist ging, kam es in der Urheberrechtsfrage nochmals zu gewaltigen Auseinandersetzungen. Als polemischen Schlag unter die Gürtellinie griffen Zeitungen erneut die Geschäftstüchtigkeit von Richard Strauss heraus.

Harte Worte, denen ein harter Kampf folgte, den Strauss seinerzeit mit einem Leserbrief an das „Hamburger Fremdenblatt" zum Höhepunkt brachte: „Der Wiener Musikreferent des Hamburger Fremdenblatt, Ludwig *Karpath*, hat im Rahmen einer Rundfrage über den *Parsifal-Schutz* von *Richard Strauß ein Antwortschreiben* erhalten, dessen Ton und Inhalt peinliches Aufsehen hervorrufen müssen. Als Herr Karpath das Schreiben des Komponisten erhielt, war er der Meinung, es sei in einer ersten Aufwallung abgefaßt worden, und er hatte Bedenken, es zu veröffentlichen. Er teilte Strauß seine Besorgnisse mit und beantragte einige Abschwächungen. Aber Richard Strauß wollte davon nichts wissen, und so entschloß sich Karpath zu der Veröffentlichung."[22]

Im „Offenen Brief an das Hamburger Fremdenblatt" im August 1912 (Garmisch, den 18. August 1912), in dem Richard Strauss seinen aufgestauten Zorn ausdrückte und den Lesern seine Weltsicht darstellte, schrieb er: „Lieber Herr Karpath! / Für mich gibt es in der Parsifalfrage nur einen Richtungspunkt: Respekt vor dem Willen des Genies. / Leider haben aber in der Frage des Parsifalschutzes nicht Leute zu entscheiden, denen die Steigerung und

Verfeinerung unserer Kultur am Herzen liegt, sondern nur Juristen und Politiker, deren Horizont nicht bis zu dem Verständnis von den unbeschränkten Rechten des geistigen Eigentums reicht. / Ich habe seinerzeit [den] 8 tägigen Verhandlungen des Deutschen Reichstages persönlich beigewohnt, wo die Vertreter des Deutschen Volkes, mit ganz wenigen Ausnahmen, in beneidenswerter Unkenntnis der Materie über das Urheberrecht und Schutzfrist debattierten. Ich habe selbst gehört, daß ein Herr Eugen Richter in unverschämtesten Lügen die Rechte von armseligen 200 deutschen Komponisten – die Erben Richard Wagner's mit eingeschlossen – zu Gunsten von 200.000 deutschen Gastwirten zu Boden trat. / Dies wird nicht anders werden, solange das blöde allgemeine Wahlrecht bestehen bleibt und solange die Stimmen gezählt und nicht gewogen werden, solange nicht beispielsweise die Stimme eines einzigen Richard Wagner 100000 und ungefähr 10000 Hausknechte zusammen eine Stimme bedeuten. / Dann würde ich vielleicht auch im Goethebund nicht mehr die Phrasen hören: von den Rechten der deutschen Nation, die befugt sein soll, das Genie, das sie bei Lebzeiten verbannt und verhöhnt hatte, noch 30 Jahre nach seinem Tode auszuplundern und sein Werk in den kleinsten Provinzbühnen zu prostituieren. / Wir wenigen werden vergebens protestieren, und der deutsche Spiessbürger wird in 2 Jahren am Sonntag nachmittag, zwischen Mittagessen und Abendschoppen, statt fortwährend in den Kintopp und in Operetten zu gehen, auch für 50 [Pfennig] den ‚Parsifal' hören. / Und da wundern wir uns, dass uns die Franzosen und Italiener in allen Kulturfragen immer noch für Barbaren halten."[23]

Eine Welle der Empörung schlug hoch. Strauss setzte durch seine Haltung gegen das allgemeine Wahlrecht mit seiner Überzeugung, die Freund Arthur Seidl als Rechtfertigung für Strauss mit „Kunst ist *nicht* für Alle!" (in Anlehnung an die Zeitschrift „Die Kunst für Alle") auf den Punkt gebrachte hatte, und dem Gedanken der „Sozialaristokratie" ein Selbstbild, das auch ihn von da an nicht mehr als politisch unbeschriebenes Blatt zeigte. Er nahm einen Standpunkt ein, der bereits deutlich Aufschluß über seine politische Einstellung gab. Denn es sei darauf hingewiesen, daß es keine unpolitischen Menschen gibt. In allen Gedanken und in ihrer Lebensführung artikulieren auch scheinbar Politikverdrossene ihren Standpunkt. Die Strauss-Forschung nahm bisher nicht Stellung zu dieser gesellschaftspolitischen Deutung Arthur Seidls, die ja in sehr enger Anlehnung zu Richard Strauss stand, wie überhaupt die ganze Kulturdebatte mit und um Eugen Richter für den Freundeskreis von Strauss nicht ohne Bedeutung blieb.

Die Frage um den „Parsifal"-Schutz, eine Urheberrechtsfrage, wurde 1912 erneut zu einer einschneidenden Kulturdebatte, angeheizt von der „Fortschrittlichen Volkspartei" (Eugen Richters umbenannte Bewegung; er war aber 1906 gestorben), die die Schwächung des „Zentrums", nach den Reichstagswahlen des gleichen Jahres, für sich verbuchen wollte.
Der von Richard Wagner gewünschte und bisher einzige Aufführungsort war Bayreuth. Das Festspielhaus besaß dreißig Jahre lang das Monopol des alleinigen Aufführungsrechts. Diese Schranke fiel nun, und alle Bühnen der Welt hatten Anspruch und Interesse an Neuinszenierungen. Richard Strauss und seine Mitstreiter forderten vom Reichstag die Beibehaltung des alleinigen Aufführungsorts Bayreuth. Für die Wagnerianer symbolisierte der „Parsifal" ein Musikdrama, entstanden aus dem Geist christlicher Ethik – eine Hypothese, die von Wagner selbst widerlegt wurde –, und es sollte als künstlerisches Erlebnis nur während der Bayreuther Festspiele zu sehen sein. Natürlich hatte auch dieser Gedanke einen finanziellen Hintergrund. Die Bayreuther Festspiele kämpften jahrelang ums Überleben. Einige Zeit nach Wagners Tod mußte man sie wegen Unfinanzierbarkeit aussetzen. Zu einer „Parsifal"-Aufführung durfte man jedoch finanzkräftige Interessierte aus aller Welt erwarten. So erhoffte man ein Ausnahmegesetz. Und wieder bezugnehmend auf Strauss' Ausführung meinte sein „Verteidiger" Arthur Seidl, der damit nur noch Öl in die Flamme der öffentlichen Entrüstung goß: „Das ‚dumme allgemeine Wahlrecht', entweder des ‚*blinden* Urwählers Hödur' oder aber eines ‚Stimmviehes' en masse von 100 000 Nullen zum ‚Einer' bezw. 10.000 Hausknechtenaturen ‚gewogen und zu leicht befunden', – *hie*: der bedeutende und gewichtige Einer, die große Individualität aristokratischer Ausnahme-Tugenden des Geistes, mit ihrem Idealwert und Personalrecht als Kulturträger, Heilbringer und Segenspender, gegen die Nichtser und belanglosen viel zu Vielen!"[24] Strauss war am Fortbestehen des Bayreuther Gedankens interessiert, daher auch sein kraftvolles Engagement.
Für die Sache der „Auslese"[25] in Nietzsches Sinn war Richard Strauss in der Hitze des Gefechts ebenso wie sein Freund und Musikprofessor Dr. Arthur Seidl. In wirren Wortgruppen meinte jener, Strauss' und Wagners Kulturleitanspruch verteidigen zu müssen, daß „das die *einzig* richtige Stellung, der *allein* zuständige Gesichtswinkel für die ‚Weltanschauung' von Künstlern solchen Kalibers zu diesen Dingen [ist]: des berufenen genialen Geistes, der einerseits die *Pflicht* in sich fühlt, für die Kultur produktiv zu schaffen, zu wirken und zu führen, anderseits wieder ein natürlich *Anrecht*

besitzt, souverän über all das Zwergengehudel unter ihm (*ein*schl. Geraschel eines p. t. deutschen Blätterwaldes) unberührt - ein ‚Flieger' - weitaus hinweg sehen zu dürfen."[26] „Blindlings sozialer Taumel bezw. parolegemäß demokratischer Rausch" und „rückständig demokratische Velleitäten"[27] sollten durch die „Sozialaristokratie" als „kulturpolitische[r] Typ [...] jenseits von Konservativ und Liberal"[28] abgelöst werden.
Mit dieser Weltsicht der „10.000 Hausknechte und 100.000 Banausen gegen den *einzigen* Wagner!"[29] bewegte sich Strauss, laut Seidl, „*wider* die Zeitströmung in der Öffentlichkeit"[30]. Seidl hob in Erahnung des drohenden Untergangs der Monarchie plötzlich zum Rundumschlag gegen die Parteien aus, indem er, wegbereitend, den politischen Teufel an die Wand malte, „weil eben die Partei der höheren ‚Kulturmenschen' in dem öden Wahlkampf-Treiben leider noch immer und immer *un*vertreten ist"[31]. Ob Richard Strauss auch darin die Meinung des Freundes teilte, sei zumindest vorsichtig bejaht, da der 1912 als „*‚offenes Schreiben'* an die verehrl. Redaktion der ‚Allgem. Musik-Zeitung'"[32] gerichtete Essay von Arthur Seidl im Herbst 1913 sogar in dem Sammelband „Straußiana - Aufsätze zur Richard Strauß-Frage aus drei Jahrzehnten" zur weiteren Verbreitung aufgenommen wurde.
Und 1914 prophezeite Richard Strauss selbst der in Wien lebenden Frau von Hofmannsthal seine Vision von der politischen Zukunft: „Aber Scherz bei Seite - es ist eine große herrliche Zeit und unsere beiden Völker haben sich wirklich großartig gehalten; man schämt sich nachträglich jedes bösen kritischen Wortes, das man je über dies brave, starke deutsche Volk gesagt hat. Man hat das erhebende Bewußtsein, daß dies Land und Volk erst am Anfang einer großen Entwicklung steht und die Hegemonie über Europa unbedingt bekommen muß und wird."[33] Durch die erfolgreiche Zusammenarbeit mit den Österreichern Hugo von Hofmannsthal, Max Reinhardt und anderen Künstlern gab es für Strauss keine geistigen Grenzen. Doch den fürchterlichen Preis, den Europa für die großdeutsche Lösung zahlen mußte, ahnte er nicht. Strauss war nur bestrebt, sich seine Kreativität zu bewahren und dem für ihn als schmerzlich empfundenen, aber unaufhaltsamen Untergang der Monarchie noch etwas Positives abzugewinnen.
Arthur Seidl ging nun in seiner Darstellung gedanklich weiter. Nachdem sich Strauss zu Wort gemeldet hatte, brach „also, *ein* Wutschrei der Entrüstung und nahezu ‚indianischen Kriegsgeheuls' [...] da auf der ganzen Linie der ‚liberalen' Presse über [...] unseren genialen Freund"[34] herein. „Und jeder windige Zeilen-Skribent wie obskure Winkel-Redakteur unserer, in jeder

Hinsicht so wohlbestallten, liberalen Groß- wie Klein-Presse dünkt sich ja - wer weiß, *wie* sehr - überlegen über den ‚guten Musikanten', der sich da mit einem Male vor aller Welt Augen strauchelnd in Politik versucht."[35]
Es wurden zwar Strauss' unglückliche Formulierungen, seine Direktheit und „seine [...] rechtschaffene Naivität" von Seidl angedeutet, doch „‚Hands off!' gegen den armen Künstler"[36], der sich ja nur einmal Luft machen mußte, nachdem ihn von Anfang an die Presse ständig attackiert hatte. Das Eingestehen von eindeutigen Fehlern wurde vom damaligen Ehrempfinden her niemals zugegeben.
Vielleicht befürchtete man tatsächlich eine vernichtende Verschwörung der Anti-Wagner-Presse, was nach Richard Strauss' persönlichem Einsatz für den Bayreuther Gedanken möglicherweise wenig vorteilhaft für sein künftiges Werk gewesen wäre. Eine Vermutung, die ein Journalist aufstellte, nachdem Strauss und der Bayreuther Dirigent Hans Richter wiederum offizielle Stellungnahmen für Bayreuth abgegeben hatten: „Die Aeußerungen des letzteren [Hans Richter] wurden allerdings in den liberalen, jedenfalls aber in den unmittelbar jüdisch beeinflußten Blättern unterdrückt, und die Gründe sind wohl zu begreifen."[37] Doch „Richard Strauß darf es heute. Wohl kann ihm das Judentum seinen derzeitigen Künstlerruhm gewaltig kürzen, denn es beherrscht die Bühnen und die öffentliche Stimme. Aber wirtschaftlich entwurzelt wird er heute nicht mehr."[38] Und zu Richters Gedanken polemisierte man: „Hans Richter aber steht im Begriffe, seinen Taktstock niederzulegen und sich in seine ungarische Heimat zu flüchten. Er braucht die Gunst derer nicht mehr, von deren Wohlwollen heute die deutsche Kunst abhängig ist."[39]
So erkannte Richard Strauss nicht, daß er bereits zu diesem frühen Zeitpunkt politisch mißbraucht wurde: „Dr. Richard Strauss hat hier freilich nicht erwähnt, daß es seinerzeit die Kunstjuden gewesen sind, die Wagner verbannt und gehöhnt haben, und daß es heute die gleichen Leute sind, die den Parsifal nicht rasch genug entweiht sehen können und deshalb in ihren Blättern jedem Zuhälter einreden, er hätte ein Recht auf den Parsifal."[40] Strauss distanzierte sich - seiner Gewohnheit entsprechend - in Stellungnahmen oder Briefen nie von derartigen Fehlinterpretationen. „Gewinnsucht und Haß der unversöhnlichen Feinde vereinigen sich"[41] gegen Wagner. Und ganz im Sinne der neuen „Sozialaristokratie" meinte auch jener Redakteur: *„Der Parsifal ist gar kein Werk für den modernen Logenpöbel"*[42] im Theater, da auch der griechische Theatergedanke Wagners dadurch verloren ginge.

Es scheint tatsächlich eine Gesinnungswende des „Berliner Tagblatts", das dem jüngeren Richard Strauss meist wohlgesonnen war und den Fortschritt seiner Symphonischen Dichtungen von Anfang an würdigte, ihm gegenüber gegeben zu haben, denn: „Am allerschlimmsten gebärdete (und also wohl auch am allermeisten ärgerte) sich hierüber unser ‚Berliner Tagblatt', das doch sonst die ‚Intelligenz' vorlaut zu repräsentieren strebt"[43], meinte Freund Seidl. Der Herausgeber Rudolf Mosse, dessen Vater ein „überzeugter Kämpfer von 1848 war, lernte seinerzeit beim Familienblatt ‚Die Gartenlaube', dessen Verleger und Chefredakteur Erich Keil kennen", der, „ein liberaler protestantischer Fortschrittsparteiler, stritt für die 48er Revolution, für Emigranten, Juden und russische Bauern, kämpfte gegen Volksverdummung und Aberglauben"[44]; dessen Grundhaltung übertrug Mosse in das von ihm gegründete „Berliner Tagblatt" (seit 1874). Er war damit eindeutiger Sympathisant Eugen Richters und dessen damals „linksgerichteter Fortschrittspartei". Durch die Spaltung der „Liberalen" in mehrere Flügel kam es auch zu einem Redaktions- und Kurswechsel der Linie des „Berliner Tagblatts". Es etablierte sich als rechtsliberales Blatt unter der neuen Leitung des jüdischen Journalisten, Arthur Levysohn (seit 1881 Chefredakteur), „der vom ‚Neuen Wiener Tagblatt' kam, das er hatte verlassen müssen, weil man ihn wegen der ‚destruktiven' Tendenz seiner Artikel aus Österreich ausgewiesen hatte"[45], der gemeinsam mit Isidor Kastan die Blattlinie bestimmte. Es gab also in der Sache Strauss – „Parsifal" einen Medienkrieg und damit eine der politischen Glaubensfragen, da „sich die politischen Parteien außerhalb der Parlamente vor allem in den großen ihnen nahestehenden *Zeitungen*"[46] manifestierten.

Die Kluft von Strauss samt Freunden gegenüber dem linksliberalen Eugen Richter war auch nach dessen Tod allgegenwärtig. Der brillante Rhetoriker und „Nationalheros der Deutschen" griff ja seinerzeit bei vielen sozialen Angelegenheiten parlamentarisch durch. Doch für eine Reform des Urheberrechts hatte er nicht viel übrig, da Strauss als Millionär, noch dazu aus dem gegnerischen konservativen Lager, für ihn in diesem Fall kein überzeugender Repräsentant war. Die Gesellschaft wollte immer noch am romantischen Bild vom notleidenden Künstler festhalten. War nur der überzeugend, der unfreiwillig unter der Armutsgrenze leben mußte?

In Seidls Ausführung sollte der verbale Ausritt eines „Mitglieds der Reformpartei" Richard Strauss' Attacke auf den verstorbenen Richter relativieren, der nachträglich meinte: „Gegen die geistige Autorität eines Kant und

Schopenhauer, Goethe oder Wagner bedeutet mir diejenige der Herrn Richter und Rickert = *netto Null.*"[47]

Wie sehr man versuchte, sich gegen die doktrinäre sozial-moralische Autorität der „Linksliberalen", die man nach wie vor unter „Freisinnige" zusammenfaßte, aufzulehnen, beweist auch die Kritik Unkundiger am Kulturrecht, „wenn der Politiker und National-Ökonom Geh. Rat Prof. Dr. Lujo *Brentano* jählings zur unfehlbaren Autorität in *Kunst- und Kulturfragen* sich aufwirft, von ‚Fideikommissen' des geistigen Eigentums öffentlich spricht und in seiner bekannten, ‚sozial' pointierten Art (à la ‚Freisinn') gegen solche heftig zu Felde zieht"[48].

Zu Felde zogen Richard Strauss und Gefährten gegen das Dreiklassenwahlrecht, was Arthur Seidl wie folgt dokumentierte: „Das demokratische Prinzip taugt *nicht* für ein ‚Volk der Dichter und Denker'; das ‚allgemeine, direkte und geheime Wahlrecht' der deutschen Reichsverfassung bleibt ein *schwerer Kultur-Irrtum* des großen Politikers *Bismarck*".[49]

Die Interessensgemeinschaft um Richard Strauss griff trotz verbaler Distanzierungen von Bismarck dessen Angst vor den „Linksliberalen auf". Man setzte sich nochmals 1912 mit aller erdenklicher Kraft dagegen, die Monarchie aus den Angeln heben zu lassen. Eine eventuelle Ursache dafür glaubte man eben auch teilweise im allgemeinen Wahlrecht gefunden haben. Den Lauf der Geschichte aufzuhalten, meinten einige Kreise mit der Aufhebung des Wahlrechts zu erreichen. Auch Richard Strauss traute in diesem rasanten politischen Tempo des Umbruchs dem Großteil der ungebildeten Menschen aus der Arbeiterschicht nicht zu, aus der Stunde Null heraus plötzlich verantwortungsvoll für sich und für andere politisch zu agieren. So sah er als einzige Rettung der Monarchie, wie andere auch, die Abschaffung des allgemeinen Wahlrechts: „Und daß Strauß auf diese Art zum kühnen ‚Rufer im Streit', ja Pionier gegen ein unmögliches, längst vorsintflutliches und bankrottes ‚Wahlrecht' geworden"[50], beinhaltet eine deutliche politische Stellungnahme.

Arthur Seidl bedankte sich in seinem Artikel für Strauss' politisches Engagement. Denn immer wieder wurde kritisiert, „daß die ‚Intellektuellen' sich von der hohen Politik zu sehr ferne halten"[51]. Um diesem Vorwurf entgegenzutreten, „dazu gehörte für eine prominente, vor der Öffentlichkeit exponierten und engagierte Person vom Rang eines Richard Strauß unter allen Umständen ein bemerkenswerter, wahrlich nicht allzu häufig bei uns vorzufindender Mut"[52]. „Wir *danken* es ihm daher, und zwar von Herzen, daß er in ‚kritischer

Zeit' seine Stimme laut erhoben, sein Ansehen tapfer in die Wagschale geworfen, ein erlösendes Wort zur rechten Stelle gesprochen und damit wohl Vielen einen Krampf der Seele, ja die körperliche Zunge selbst gelöst – kurz, daß er (initiativ und produktiv wie stets) auch *diese* längst *über*reife, jedoch stets scheu für *un*antastbar erachtete Frucht keck gebrochen und herab geholt hat vom Baume der wachsenden Erkenntnis".[53]

Relativiert wurde die Vehemenz des Strauss'schen „Offenen Briefes" durch den Hinweis auf die „süddeutsche ‚Individualitäten-Luft' [...] die sich durch keine norddeutsche Schnauze noch Berliner Schnodderei aus ihrer natürlichen Richtung mehr bringen"[54] ließ.

Außerdem agierte man ganz im Einverständnis mit der traditionellen Mittelschichte und der Aristokratie des Gesellschaftssammelsuriums im katholischen „Zentrum". So sahen es auch Strauss-Kenner: „Ein guter Bekannter zwar sagte mir, nach diesem seinem jüngsten Ausfalle: ‚Hier hat seine Münchner Jugenderziehung einmal *vor*geschlagen und Strauß unbewußt einen Streich gespielt, – da sollte sich latenter, alttraditionell-unverwüstlicher *Katholizismus* bei ihm verraten!' Nun, an und für sich wäre das ja noch kein Unglück und gar nicht so übermäßig schlimm."[55]

War es letztlich aber doch, da Richard Strauss seine politische Haltung für seine Gegner nicht nur damals, sondern bis heute als kulturpolitischer „Sozialaristokrat" deklariert hatte und sein Weg zum Präsidenten der Reichsmusikkammer damit erklärt werden könnte.

Opernschaffen

„Strauss ... wird sich damit furchtbar schaden“

Von *Salome* bis zu *Capriccio*: doch ein stetiger Weg?

Innerhalb von nur zwölf Jahren gelangen Richard Strauss Schlag auf Schlag acht seiner großen Tondichtungs-Erfolge. Er begann mit *Aus Italien op. 16* und *Don Juan op. 20* und endete mit *Ein Heldenleben op. 40.*
Die Entfaltung seines dramatischen Talents und seine Begabung in der Orchestrierung waren am Höhepunkt angelangt. Genau zur Jahrhundertwende begann Richard Strauss, seinen kompositorischen Schwerpunkt fast ausschließlich auf das Musiktheater zu verlegen. Kompositorischer Neuling auf diesem Gebiet war er allerdings keiner mehr. 1893 hatte Strauss *Guntram op. 25* vollendet. Eine mittelalterliche Rittergeschichte um christliche Nächstenliebe, Berufung, Neigung und Leidenschaft, deren Handlung Richard Strauss erfunden und das Textbuch selbst verfaßt hatte.
Nach der Uraufführung des *Guntram* im Mai 1894 am Weimarer Hoftheater widmete sich Strauss 1900 der Arbeit an dem Singgedicht *Feuersnot op. 50.* Der sozialkritische Schriftsteller und Freund Ernst Ludwig Freiherr von Wolzogen verfaßte das ziemlich pathetische Libretto, welches sich sprachlich und inhaltlich stark an Richard Wagners „Die Meistersinger von Nürnberg“ anlehnte. Der Uraufführungs-Dirigent war der auch in Zukunft so bewährte Ernst von Schuch. Der Uraufführungsort: Dresden. Obwohl die Publikums- und Kritikerreaktion 1901 geradezu katastrophal waren, ließ sich Strauss nicht entmutigen.
So wie er anfangs bei seinen Tondichtungen stark mit Liszts und Wagners Tonsprache experimentiert hatte, war jetzt mit diesen beiden Opernerstlingen seine musikdramatische „Lehrzeit“ abgeschlossen.

Entschlossen begab sich Richard Strauss nach Vollendung von *Feuersnot* auf die Suche nach einem neuen Opernstoff. Diesmal sollten weder er selbst noch ein Freund das Libretto schreiben. Vielmehr schwebte ihm ein großer literarischer Stoff vor. Seine Gedanken umkreisten wieder etwas Historisches. Es sollte allerdings auf jeden Fall etwas Zeitloses, ja fast Archaisches sein.
Als beeindruckendes Theaterereignis erlebte Strauss Oscar Wildes „Salome". Im Berliner Kleinen Theater war es nicht nur die Inspiration der Wilde'schen Sprache, sondern zugleich der faszinierende Erstkontakt mit dem Regisseur und Theaterdirektor Max Reinhardt.
Dennoch: Das Theaterstück mußte erst operngerecht bearbeitet werden. Nach gewohnter Manier hielt Strauss daher wieder Ausschau nach einem geeigneten Librettisten. Seine Vorliebe für die sprachliche Differenziertheit österreichischer Autoren veranlaßte Richard Strauss, den Wiener Lyriker Anton Lindner zu einer Bearbeitung der „Salome" zu bewegen. Dieser lehnte ab. Das ermutigte Strauss, sich jetzt selbst über eine operndramatisch effektvolle Aufbereitung zu setzen.
Nie wurde bis zu diesem Zeitpunkt eine sinnlichere, von menschlicher Einsamkeit und zugleich von tiefer Verzweiflung handelnde Oper komponiert. Salome, die Tochter der lasterhaften Herodias, wird einzig und allein durch ihre Schönheit und Erotik von der Umgebung wahrgenommen. Sie wächst in einer wertelosen Gesellschaft auf. Moralvorstellungen sind ihr fremd. Sie kennt keine Skrupel, und intellektuelle Herausforderungen besitzen für sie keinen Reiz. Der Prophet Jochanaan, den ihr Stiefvater Herodes gefangennehmen ließ, lebt hingegen einzig in der Vision. Für ihn bedeutet Sexualität die Gefahr der Ablenkung und die gedankliche Rückkehr zur Realität. Es stoßen hier zwei grundsätzlich unterschiedliche Welten aufeinander. Während Jochanaan Salome nur am Rande bemerkt, erfühlt sie erstmals eine völlig andere Dimension des menschlichen Daseins. Jochanaan begehrt nicht ihren Körper. Er spricht von Abstraktem, das sie nicht versteht. Letztlich hält er ihr noch ihre geistige und emotionale Unvollkommenheit vor Augen. Berührt von Jochanaans kategorischer Weltflucht, steigert sich die orientierungslose, wohlstandsverwahrloste Jugendliche Salome mit dem gleichen Fanatismus wie Jochanaan in die für sie einzig verständliche Kategorie, in jene des Besitzes. Sie fordert den Kopf des widerspenstigen Jochanaan. Doch auch der am Silbertablett überbrachte Kopf des Propheten täuscht sie nicht über die ungestillte Sehnsucht des nie er- und gelebten Gefühls der hingebungsvollen seelischen und körperlichen Liebe hinweg: „Ich habe deinen Mund geküßt,

Jochanaan. Ah! Ich habe ihn geküßt, deinen Mund, es war ein bitterer Geschmack auf deinen Lippen. Hat es nach Blut geschmeckt? Nein! Doch es schmeckte vielleicht nach Liebe ... Sie sagen, daß die Liebe bitter schmecke ... Allein, was tut's? Was tut's? Ich habe deinen Mund geküßt, Jochanaan. Ich habe ihn geküßt, deinen Mund."[1] Familiäre Geborgenheit und elterliche Fürsorge hat Salome nie erlebt. Entrüstet über die Ablehnung als Liebhaber und angewidert von ihrem Mordwunsch läßt sie zuletzt ihr sexlüsterner Stiefvater Herodes erschlagen.

Nach dem unbeschreiblichen Erfolg der *Salome,* über die Kaiser Wilhelm II. die berühmt gewordenen Worte äußerte: „Es tut mir leid, daß Strauss diese ‚Salome' komponiert hat, ich habe ihn sonst sehr gern, aber er wird sich damit furchtbar schaden", überschlugen sich die Kritiker der „Leipziger Neuesten Nachrichten" mit Lob über eine außergewöhnliche Oper.

So blieb Richard Strauss auch beim nächsten Opernstoff dem erfolgreichen Sujet des antiken Sagenkreises verbunden. Es war ebenfalls ein Theaterstück, das bereits für die Bühne konzipiert und aufgeführt worden war. Ausgangspunkt war auch diesmal die familiäre Tragödie. *Elektra op. 58* heißt das neue Opernprojekt. Das Umfeld liefert der Trojanische Krieg und der mythologische Fluch, der auf dem Geschlecht der Artriden, dem mykenischen König Agamemnon, der das Griechenheer anführte, lastet. Nach jahrelanger Abwesenheit wird er bei der Heimkehr von seiner Frau Klytämnestra und deren Liebhaber Ägist ermordet. Die älteste Tochter Elektra überwindet den Verlust nicht. Sie verfolgt ihre Mutter mit Psychoterror. Entehrt verbringt Elektra ihr Dasein bei den Mägden und dem Gesinde. Sie lebt dem Tag der Vergeltung entgegen, der durch die Rückkehr des vom Hof verbannten Bruders anbrechen soll. Nachdem Orest heimgekehrt war und die Mutter sowie Ägist getötet hat, setzt Elektra zu einem mystischen Freudentanz an. Am Höhepunkt ihrer ekstatischen Hingebung bricht sie zusammen.

Der gesamte Elektra-Mythos ist natürlich viel komplexer, als es diese Episode darstellt. Zumindest setzt Hugo von Hofmannsthal für seine Handlung Vorinformationen und Kenntnisse der Symbolik des griechischen Sagenkreises voraus. Hofmannsthals Interesse galt allerdings nicht der gesellschaftspolitischen Botschaft der griechischen Sagenwelt (Ablösung des antiken Mutterrechts durch das Vaterrecht, wozu sich Elektra instrumentalisieren läßt). Elektra wird bei ihm im besonderen zum Synonym neurotischer Vaterliebe („Elektra-Komplex"). Ihre Selbstverleugnung, der Mutterhaß und die Freude an der seelischen Zerstörung der Schwester liegen in Elektras pathologischer

Persönlichkeit begründet. Völlig aufgerieben von der jahrelangen Verachtung und dem Haß nahm und nimmt sie ihrer Umgebung und sich selbst jede Facette des Lebenswillens.

Beendet Elektra ihren Rachefeldzug, hat sie auch ihre Mission erfüllt. Wie Orest und Chrysothemis mit dieser Schuld weiterleben können, ist ihr egal. Nach der Erfüllung ihres Wunsches entzieht sie sich den Geschwistern und läßt zwei tief gezeichnete Personen zurück.

Die aufkeimenden Erkenntnisse in der Psychotherapie und die neuere Forschung Sigmund Freuds faszinierten auch den Theater-Ästheten Hofmannsthal. Bis an die Grenzen des vom Publikum Nachvollziehbaren setzte man in *Elektra* auf die musikalische Ausleuchtung menschlicher Schicksale. Hofmannsthal regte Strauss' Ideenwelt an. So bat der Komponist den Dichter, ihm nun ein eigenes, neues Libretto mit frei erfundener Handlung zu konzipieren. Ein Vorschlag von Richard Strauss betraf vorerst einen Renaissance-Stoff.

Hofmannsthal winkte ab: „Ich glaube, daß nicht nur ich, sondern jeder dichterisch schaffende Mensch unserer Zeit keine Epoche mit so präziser Unlust, ja mit sicherem Widerwillen aus seinem Schaffen ausschließlich wird, wie diese Epoche. Die Stoffe aus der Renaissance scheinen dazu bestimmt, die Pinsel der unerfreulichsten Maler und die Federn der unglücklichsten Dichter in Bewegung zu setzen."[2]

In Absprache einigte man sich auf eine historische Komödie. Ausladenden Seelen-Stripteases war Richard Strauss jetzt überdrüssig geworden.

Bereits wenige Monate nach der *Elektra*-Uraufführung berichtete Hofmannsthal sichtlich begeistert: „Ich habe hier in drei ruhigen Nachmittagen ein komplettes, ganz frisches Szenar einer Spieloper gemacht, mit drastischer Komik in den Gestalten und Situationen, bunter und fast pantomimisch durchsichtiger Handlung, Gelegenheit für Lyrik, Scherz, Humor und sogar für ein kleines Ballett. Ich finde das Szenarium reizend, und Graf Kessler, mit dem ich es durchsprach, ist entzückt davon. Zwei große Rollen, für einen Bariton und ein als Mann verkleidetes graziöses Mädchen [...] Zeit: Wien unter Maria Theresia."[3]

Der Diplomat und Kunstfreund Harry Graf Kessler hatte wesentlichen Anteil an der Entstehung des Konzepts zur neuen Oper *Der Rosenkavalier op. 59*. Er setzte den Rahmen für Hofmannsthals feinsinnige literarische Ausführung. Und die Arbeit machte Freude: „Auf- und abgehend arbeiten wir vormittags drei bis vier Stunden an dem Szenario; abwechselnd trug jeder von uns

beiden eine Idee dazu bei, so daß es heute ausgeschlossen wäre herauszufinden, bei welchem von uns beiden jede ihrer Ideen Ursprung nahm. Wir setzten jede kleine Einzelheit fest, sogar das Spiel auf der Bühne. Nur die Worte fehlen noch."[4]
Viele Jahre später erinnerte sich Hugo von Hofmannsthal in seinem Aufsatz „Zum Geleit" an die Entstehungszeit: „Die Gestalten waren da und agierten vor uns, noch ehe wir Namen für sie hatten [...] Es waren Typen, die zu individualisieren der ausführenden Feder vorbehalten blieb. Aus dem ewig typischen Verhältnis der Figuren zueinander entsprang die Handlung, fast ohne daß man wußte, wie. Auch die Molièrsche Komödie ruht nicht so sehr auf den Charakteren selbst, als auf der Relation der oft sehr typischen Figuren zueinander [...] Ich fuhr nach Berlin, ohne eine Notiz als das Personenverzeichnis auf die Rückseite einer Tischkarte gekritzelt, aber mit einer erzählbaren Handlung im Kopf. Die Wirkung dieser Erzählung auf Strauss ist mir erinnerlich, als wäre es gestern gewesen. Sein Zuhören war ein wahrhaft produktives. Ich fühlte, wie er ungeborene Musik an die kaum geborenen Gestalten verteilte. Dann sagte er: ‚Wir werden das machen. Wir werden es aufführen, und ich weiß aufs Haar, was man sagen wird. Man wird sagen, daß eine allgemeine Erwartung wieder einmal schmählich getäuscht wurde, daß dies ganz und gar nicht die komische Oper ist, welche das deutsche Volk Jahrzehnte mit Sehnsucht erwartet. Und mit diesem Kommentar wird unsere Oper durchfallen. Aber wir werden uns unterhalten, indem wir daran arbeiten.'"[5]
Und über den Inhalt der Oper selbst erzählte Hugo von Hofmannsthal: „Ein halb imaginäres, halb reales Ganzes, dies Wien von 1740, eine ganze Stadt mit ihren Ständen, die sich gegeneinander abheben und miteinander mischen, mit ihrem Zeremoniell, ihrer sozialen Stufung, ihrer Sprechweise oder vielmehr ihren nach den Ständen verschiedenen Sprechweisen, mit der geahnten Nähe des großen Hofes über dem allem, mit der immer gefühlten Nähe des Volkselements. So entstand das Gewimmel der kleinen Figuren: diese Duenna, dieser Polizeikommissär, dieser Wirt, diese Lakaien und Hofmeister, diese Intriganten, Schmarotzer, Lieferanten, Friseure, Laufer, Kellner, Sänftenträger, Häscher, Tagdiebe. Das aber konnte nur zusammengehalten werden durch eine besondere Sprache, die – wie alles in dem Stück – zugleich echt und erfunden war, voll Anspielung, voll doppelter Bedeutung. Eine Sprache, durch welche jede Person zugleich sich selbst und ihre soziale Stufe malt, eine Sprache, welche in dem Mund aller

dieser Figuren die gleiche ist – die imaginäre Sprache der Zeit – und im Munde jeder Figur eine andere, mit einer ziemlich beträchtlichen Spannweite von der sehr einfachen Sprache der Marschallin (und in dieser außerordentlichen, manchmal fast demütigen Einfachheit liegt die große Kondeszendenz der Figur) zu der knappen, eleganten Sprechweise Octavians, in der sich vielleicht ein wenig jugendliche Herzlosigkeit verrät, dem Reden des Faninals – das im Munde seiner Tochter noch um ein kleines gespreizter, aber naiver ist – und der eigentümlichen Mischung aus Pompösem und Gemeinem im Mund des Buffo. Diese Sprache ist es – ein Kritiker hat sie, ich glaube im tändelnden Sinn, ein Volapük des achtzehnten Jahrhunderts genannt; ich finde diese Bezeichnung sehr annehmbar –, diese Sprache ist es, welche dieses Libretto zum unübersetzbarsten in der Welt macht."[6]

Anders als bei Richard Strauss gehörte die besondere Zuneigung Hofmannsthals nicht dem Paar Octavian – Sophie: „[Octavian] ist ein charmanter, doch im Grunde *gewöhnlicher* junger Herr, Sophie ein hübsches, bürgerliches, lebhaftes, aber im Grunde *gewöhnliches* Mädchen. Was sie für sich haben und womit die Musik sie noch freigebiger glorifizieren wird als der Text, ist ihre Jugend, ein unbestreitbares aber etwas banales *avantage*."[7]

Die beeindruckende „Heldin" kreierte Hugo von Hofmannsthal mit der Marschallin, die „im Kloster erzogen, dabei gleichzeitig frei und fromm, das Ganze verstanden durch eine offene österreichische Natur und Vornehmheit. Ich glaube, sie ist eigentlich in Ordnung [...] Wenn sie einem hier schon viel, fast zu viel Teilnahme abgewinnt, so ist das richtig, denn wie ich erst im Arbeiten verstand, sind sie und Ochs, als Gegenpole, die Hauptpersonen, Octavian und Sophie, das Liebespaar, de secondo plan. Die Polarität ist die absolute, wenn auch keineswegs geistlose Gemeinheit und die vornehme, reife Persönlichkeit; in diesem Sinn endet die Marschallin das Stück: sie wird nicht sitzen gelassen, sondern sie schiebt mit einer überlegenen Geste Octavian zu Sophie hin."[8]

Richard Strauss selbst erfaßte den Übergang der Marschallin von einem Lebensabschnitt in einen anderen musikalisch besonders einfühlsam. Die Feldmarschallin Fürstin Werdenberg soll erst vierunddreißg Jahre alt sein. Hatte Strauss die schmerzenden Selbstzweifel seiner eigenen, älter werdenden Frau Pauline hier emotional eingearbeitet? Hatte er sich auch an das Philosophieren seiner ersten Liebe Dora Wihan erinnert? Die innige Zuneigung der Künstler Hofmannsthal und Strauss zur Figur der Marschallin

und die treffende Zeichnung ihres Charakterprofils können nur durch persönliche Erfahrung und Beobachtung nachempfunden worden sein. Wie überhaupt die reife, sich entwickelnde, wissende Frau zu einem zentralen Thema des Fin de siècle geworden war.
Die Freude an der Entstehung war auch während der Arbeit am Text ungebrochen. Hofmannsthal informierte den Komponisten: „Hier schicke ich in Eile die erste Szene. Weiteres folgt schnellstens. Ich war indessen sehr fleißig im zweiten [Akt], wo mir die Übergänge etc. viel Mühe machten, und wollte mich nicht mit Diktieren von I aufhalten. Ich wünsche Ihnen II und womöglich III in absehbarer Zeit zu schicken, weil ich es für nützlich für Sie halte, wegen der Kontraste, dynamischer Verhältnisse zwischen den Akten usf., wenn Sie möglichst viel Überblick über das Ganze haben. Die Akte werden ungefähr gleich lang, sie enthalten das Notwendige der Handlung und gerade so viel Charakteristik als nötig ist, um Anteil an den Figuren zu erwecken. Wenn die Musik nirgends sehr verbreitert, dürfte jeder Akt 3/4 Stunden spielen. Das wäre ideal."[9]
Auch Strauss antwortete in Hochstimmung: „Ihre Briefe sowie die ersten Szenen dankend erhalten, erwarte mit Ungeduld die Fortsetzung."[10]
Und er streute seinem Librettisten Rosen: „Die Szene ist reizend, wird sich komponieren wie Öl und Butterschmalz, ich brüte schon. Sie sind da Ponte und Scribe in einer Person."[11]
Drei Tage später meldete sich Hofmannsthal sichtlich geehrt: „Vor allem herzlichen Dank für Ihren so lieben Brief. Ich freue mich ganz außerordentlich, daß Ihnen das Zusammenarbeiten mit mir Vergnügen macht. Wie sehr es meinerseits der Fall ist, brauch' ich wohl nicht zu sagen. Ich plage mich gehörig mit der Komödie, besonders mit manchen Partien: das Zusammenkriegen fließender Übergänge, das Herauskriegen der Figuren bei einer nirgends stockenden Handlung, das alles ist ein Kinderspiel, und sowohl Scribe als Daponte arbeiteten vielleicht innerhalb einer simpleren Konvention. Aber ich arbeite mit dem größten Vergnügen und schmeichle mir, daß es gut, ja hoffentlich, daß es ausgezeichnet werden wird und daß wir mit der Komödie so viele Zehntausende schlagen werden, als wir mit der ‚Elektra' Tausende geschlagen haben, wie es in der Bibel von Saul und David heißt: und hier wie dort ist ja von Philistern die Rede!"[12]
Nüchtern fügte Hofmannsthal noch hinzu: „Gar so ‚gut' zum Komponieren werden natürlich nicht alle Stellen sein wie diese erste rein Lyrische. Es werden auch spießige Stellen kommen, wenn auch, wie ich hoffe, keine einzi-

ge, bei der die Möglichkeit musikalischer Verwertung nicht stark bedacht ist […] und die ‚guten' werden, glaub ich, überwiegen."[13]

Als Tip regte Hugo von Hofmannsthal letztlich auch zum *Rosenkavalier*-Walzer an: „Lassen Sie sich für den letzten Akt einen altmodischen, teils süßen, teils frechen Wiener Walzer einfallen, der den ganzen Akt durchweben muß."[14]

Der Titel stand allerdings nicht gleich zu Beginn fest. Man schwankte zwischen „Ochs auf Lerchenau" und „Ochs von Lerchenau" bis man bei *Der Rosenkavalier* blieb.

Der Librettist Hofmannsthal übertraf Strauss' künstlerische Vorstellungen. Der Komponist war einfach überwältigt: „Ersten Akt gestern erhalten: bin einfach entzückt. Es ist wirklich über alle Maßen reizend: so fein, vielleicht ein bißchen zu fein für den Haufen, aber das tut nichts. Der mittlere Teil (Antichambre) nicht leicht zu gestalten, aber ich werd's schon schaffen. Hab ja den ganzen Sommer vor mir. Schlußszene herrlich, wird sich wie Öl und Butter komponieren, hab heute schon dran rumprobiert, ich wollt, ich wär schon so weit. Da ich aber der symphonischen Einheit wegen der Reihe nach komponieren muß, heißt es halt Geduld haben. Aktschluß entzückend, kurz und gut, Sie sind ein Prachtkerl. Wann krieg ich das andere? Alle Figuren sind famos, scharf gezeichnet, brauche leider wieder sehr gute Schauspieler; mit den gewöhnlichen Opernsängern geht's schon wieder nicht."[15]

Hofmannsthal freute sich über die Anerkennung, nahm in der Zusammenarbeit allerdings auch weiterhin klare, eigene Standpunkte ein: „Für Ihre lieben Worte, mit denen Sie den Empfang des 1. Aktes und Ihre Zufriedenheit bestätigt haben, danke ich Ihnen aufs herzlichste. Es ist mir eine große Freude, wenn Sie mir so etwas schreiben – und ich kann als Erwiderung darauf nur sagen, daß ich mit sehr großer Lust und Liebe mit Ihnen und für Sie arbeite und wirklich mit aller Kraft mich in die Bedürfnisse, Möglichkeiten und Stilgesetze der heiteren Oper hineinzudenken suche –, wodurch dann auch, wie ich bestimmt hoffe, etwas herauskommen wird, was gewissen Teilen Ihrer künstlerischen Individualität sehr entspricht (eben in der Mischung von Charakteristisch-Groteskem mit Lyrischem) und was sich viele Jahre, vielleicht viele Dezennien auf dem Repertoire wird zu halten vermögen. Der 3. Akt soll, wie ich hoffe, der allerbeste werden, zuerst frech und sinnlich, dann burlesk, am Schluß zart ausklingend."[16]

Bezüglich der Opernästhetik mußten sich die beiden charakterlichen Antipoden erst zu einem gemeinsamen Nenner durchringen. Hofmannsthal formulierte die divergierenden Auffassungen, wenn er Richard Strauss mitteilte: „Ihr Bedenken, die Arbeit könnte *zu fein* sein, macht mich nicht ängstlich. Der Gang der Handlung ist ja auch für das naivste Publikum simpel und verständlich: ein dicker, älterer, anmaßender Freier, vom Vater begünstigt, wird von einem hübschen, jungen ausgestochen – das ist ja das non plus ultra an Einfachheit. Die Ausführung aber muß, glaub ich, so sein wie sie ist, nämlich völlig abgehend vom Trivialen und Konventionellen, denn der wirkliche und dauernde Erfolg setzt sich zusammen aus der Wirkung auf die groben *und* feinen Elemente des Publikums, und die letzteren schaffen das Prestige, ohne das man ebenso verloren ist, wie ohne Popularwirkung."[17]
Das Publikum dankte Hofmannsthal seine feinsinnige Ausgewogenheit. Die Oper wurde zu einem Sensationserfolg. Enorm war daher der Leistungsdruck für die nächste Oper *Ariadne auf Naxos op. 60*, die erst nach der Umarbeitung von 1916, sozusagen im zweiten Anlauf, vom Publikum erfolgreich angenommen wurde. Zu puritanisch hatten sich darin die drei Künstler Max Reinhardt, Hugo von Hofmannsthal und Richard Strauss ursprünglich mit dem Verhältnis Schauspiel (Text) und Musik, Gesang und Ballett auseinandergesetzt.
Die intensive Beschäftigung mit der unterschiedlichen Ausgestaltung von rezitativischen Opernteilen setzte Strauss auch später kontinuierlich fort. So beschrieb er selbst die opernarchitektonische Brücke von *Ariadne auf Naxos* zur bürgerlichen Komödie mit symphonischen Zwischenspielen *Intermezzo op. 72*: „Im ersten Aufzug der ‚Ariadne' ist bei abwechselnder Anwendung von reiner Prosa, Secco- und pathetischem Rezitativ mit voller Sicherheit der Gesangsstil angeschlagen, der nunmehr im ‚Intermezzo' bis zur äußersten Konsequenz durchgeführt wurde. In keinem anderen meiner Werke ist aber auch die Bedeutung, die dem Dialog zukommt, größer als in dieser, der sogenannten Kantilene nur wenig Entwicklungsmöglichkeiten bietenden, bürgerlichen Komödie. Das sinfonische Element ist in sorgfältiger, häufiger Durcharbeitung und Ausfeilung oft nur mehr auf Andeutungen reduziert und kann selbst bei ungenauer Dynamik kein Hindernis mehr bieten, daß der ganz natürliche, dem Alltagsleben abgelauschte und nachgebildete Gesprächston, im Zusammenhang wie im einzelnen Textwort, nicht nur gehört, sondern auch genau verstanden werde; das lyrische Element, die Darstellung der seelischen Erlebnisse der handelnden Personen gelangt hauptsächlich in den

längeren Orchesterzwischenspielen zu voller Entfaltung. Eigentlich erst in den beiden Schlußszenen des ersten und zweiten Aktes ist dem Sänger die Möglichkeit zu ausgedehnter Kantilene gegeben."[18]

Besonders dringlich äußerte Strauss seinen Interpretationswunsch: „An den Dirigenten hinwiederum ergeht die Bitte, bei der Einstudierung des ‚Intermezzo' seine größte Aufmerksamkeit all den zarten Übergängen vom rein gesprochenen bis zum gesungenen, halbgesprochenen Wort zuzuwenden, all den feinen Gesprächswendungen, wo Prosa zwischen Seccorezitativ und dem Stil des recitativo accompagnato schwankt und sich schließlich in den sogenannten Bel Canto steigert, bei welchem endlich sogar die absolute Deutlichkeit zugunsten schöner Tongebung etwas zurücktreten könnte. Als Hauptregel für die praktische Ausführung des ‚Intermezzo'-Dialogs wäre zu beherzigen, daß alle rein dialogischen Partien – wo sie sich nicht vorübergehend zu lyrischen Gefühlsergüssen erheben –, also alles Seccorezitativische durchwegs mezza voce vorzutragen ist. Die praktische Erfahrung lehrte, daß bei voller Tongebung die Deutlichkeit der Textaussprache, insbesondere die Konsonantenbildung, erheblich leidet."[19]

Auch von der optischen Wirkung seiner Sänger hatte Strauss genaue Vorstellungen: „Wie in diesem ‚Intermezzo' keine Opernhelden agieren, sondern wirkliche Menschen darzustellen sind, kann die Auswahl der Sänger für das ‚Intermezzo' nur mit Rücksicht auf vorhandene glückliche Begabung für leichten Gesprächston, sowie auf besondere musikalische und figürliche Eignung für die in ‚Intermezzo' zu verkörpernden Individualitäten erfolgen."[20]

Diese, seine künstlerischen Werke ausschließlich bestimmende Symbiose von literarisch hochwertigem Text und musikalischem Widerpart konnte er nun ausführlich überdenken. In Hofmannsthal hatte er sein alter ego gefunden. Ob es die symbolische Märchenhaftigkeit von *Die Frau ohne Schatten*, die archaische Mystik der *Ägyptischen Helena* oder die charmante Gesellschaftskomödie *Arabella* war, es handelt sich jedesmal um ein stimmiges, in sich geschlossenes Experiment des proportionalen Verhältnisses von Literatur und Musik, weshalb man seit Richard Strauss vom sogenannten „modernen Konversationsstück" spricht.

So beschrieb Strauss nicht zuletzt seine eigene Opernentwicklung: „Sinnvoller Deklamation und lebhaftem Tempo des Gesprächs habe ich immer, mit von Werk zu Werk sich steigerndem Gelingen, die größte Aufmerksamkeit angedeihen lassen. Ist in meinem ersten dramatischen Werke ‚Guntram' die von Richard Wagner genau durchgeführte Scheidung der rein rezitierten und rein lyrischen Partien fast vollständig vernachlässigt, so wurde in ‚Salome' und ‚Elektra' der Dialog von der Überflutung durch das sinfonische Orchester wesentlich befreit. Er ist jedoch leider noch immer genügend mit instrumentaler Polyphonie belastet, wenn nicht die sorgfältigste Ausarbeitung der allerdings peinlich genau bezeichneten Dynamik dem Orchester diejenige Durchsichtigkeit verleiht, die ich bei der Komposition vorausgesetzt und bei vollendeten Aufführungen auch erzielt gesehen habe."[21]

Mit der harmonisierenden Gegensätzlichkeit hatte es ein jähes Ende, als Hugo von Hofmannsthal starb. Wie lange hatte Strauss gebraucht, bis er diesen Dichter gefunden hatte? Und wie lange hatte es gebraucht, bis sich das Künstlerduo mit seinen verschiedenen Positionen zusammengerauft hatte? Der Tod Hofmannsthals war für Strauss ein Verlust, der viele Jahre nicht ersetzbar schien und tatsächlich auch nicht war und mit dem auch seine persönliche Motivation und Kreativität zunehmend abhanden kam.

Nicht zuletzt hatte sich Hofmannsthal zu einem wichtigen Vertrauten von Richard Strauss entwickelt. Stets wurde der vorausblickende Dichter, der noch dazu die lokale Wiener Szene gut kannte, um seine Meinung gefragt und erhielt die bedeutende Position als Ratgeber und Vermittler in Richard Strauss' kulturpolitischen Angelegenheiten.

Nach dem Verlust Hofmannsthals war Richard Strauss wieder auf der Suche nach einem Librettisten. Zwei Jahre später erfolgte die erste Kontaktaufnahme mit dem Dichter Stefan Zweig. Strauss wollte eine neue Oper schreiben. Für Stefan Zweig war der weltberühmte Komponist Richard Strauss seit Jugendtagen ein Begriff. Daß dieser ihn nun als Partner für ein künftiges gemeinsames Werk auswählte, ehrte Zweig: „Bitte behalten Sie immer eines im Auge, eines im Herzen, daß mich nicht der Gedanke an Gewinn, Ruhm, literarische Ehre bewegt, sondern nur die Freude, einem Manne, den ich seit frühester Kindheit als das lebende Sinnbild der Musik verehre, dienen zu können. Aber ich freue mich ebenso, wenn ein anderer meine Vorschläge ausführt - wichtig ist einzig, daß das Schöpferische in Ihnen den stärkstmöglichen Anlaß zur Entfaltung findet."[22]

Strauss wiederum bedankte sich für diese Wertschätzung und war begeistert von Stefan Zweigs Operntext zur neuen Oper *Die schweigsame Frau op. 80:* „Ihr Buch ist einfach prima, die Aktschlüsse kolossal."[23]

Das Arbeitsklima zwischen Strauss und Zweig entwickelte sich weitaus persönlicher und herzlicher als jenes mit Hofmannsthal; ja man könnte fast sagen: freundschaftlich. Beide Künstler bewunderten einander bedingungslos. Ein konstruktives Tauziehen begann während der gemeinsamen Arbeit. Zweig vertrat seine Standpunkte ebenso vehement wie Hofmannsthal, nur überzeichnete Abgrenzungsmomente hatte der Philosoph und gutmütige Mensch Stefan Zweig nicht nötig. Er wußte um seine Qualität und setzte seine Auffassung ohne großen Theaterdonner durch.

Den künstlerischen und menschlichen Unterschied in der Person mußte Stefan Zweig vorerst aber vor allem Richard Strauss klarmachen. Und da war es ihm wichtig, sich von seinem Vorgänger eindeutig zu distanzieren: „Darf ich offen sprechen, so finde ich die letzten Hofmannsthaltexte zu sehr mit der Suche nach einem Stil belastet, zu sehr in eine Symbolik gedrängt, für die die normale Sehschärfe eines unbefangenen, nicht mit der Textbuchbrille ausgerüsteten Zuschauers nicht mehr ausreicht. Sie mißverstehen mich da gewiß nicht. Ich weiß wohl um die Weite der Hofmannsthalschen Vision, die nur die Schwungkraft seiner Sprache voll auszumessen vermochte. Aber ich fürchte, dieser Auftrieb zu einer gleichsam anderen Dimension, hat die transportable Wirksamkeit geschädigt – die Allgültigkeit eines Kunstwerks für jeden und alle ist zwar nicht die Voraussetzung seines Werts, aber doch seine letzte entscheidende Probe."[24]

Die Idee zur gemeinsamen Oper war rasch geboren. Am 3. November 1931 berichtete Stefan Zweig über einen bereits länger zurückliegenden Gedanken: „Mir schwebt (rein praktisch jetzt gesprochen) ein Werk vor, wasserklar in seinen Linien, allverständlich, an jeder Bühne der Welt, in allen Sprachen, vor jedem Publicum, dem geistigen wie dem naiven, sinnfällig verständlich, dabei den Musiker zur allerhöchsten Leistung herausfordernd, ein Werk, das alle Contraste der Kunst, vom Tragischen bis zum Heiteren, vom Apollinischen bis zum Dionysischen umfaßt, völlig zeitlos – ein Werk, in dem ein Mann und Musiker wie Sie das Summum seiner Lebensaufgabe ziehen kann. Der Plan liegt seit 10 Jahren in allen Einzelheiten fertig in meinem Pult. Ich habe ihn niemandem gezeigt und eigentlich nur an Sie gedacht – wenn ich nie an Sie herantrat, geschah dies einzig aus dem natürlichen Grunde des Takts gegenüber Hofmannsthal."[25]

Und das neue Werk war ganz nach Richard Strauss' Geschmack. In der komischen Oper *Die schweigsame Frau* bekundete er wieder seine besondere Vorliebe für das burleske Spiel im Spiel à la Commedia dell' arte. Der alte, ehemalige britische Offizier Sir Morosus ist sehr geräuschempfindlich. Als er erfährt, daß sein einziger Verwandter, Neffe Henry, bei einer italienischen

Operntruppe engagiert ist, enterbt er ihn augenblicklich und beschließt, selbst zu heiraten. Ein inszenierter Streich wird dem Onkel gespielt. In einer für Morosus nicht erkennbaren Scheinhochzeit erwählt er die vorerst schweigsame Arminta. Kurze Zeit später entpuppt sie sich als dynamische Person, die das gesamte Haus umkrempelt. Doch Ende gut, alles gut. Morosus erkennt erleichtert, daß Arminta in Wirklichkeit bereits mit Henry verheiratet ist und alles nur ein Scherz war. Behaglich genießt er wieder sein ruhiges Dasein als Single. Henry und Arminta werden als Morosus' Erben nominiert.

Richard Strauss faszinierte dieser Opernstoff, und er begann die ersten Kompositionsskizzen noch während der Instrumentierung des 3. Aktes von *Arabella.* Das einleitende Potpourri wurde im Jänner 1935 nachkomponiert; die Oper selbst am 20. Oktober 1934 beendet. (Auf die besonderen Umstände der Uraufführung während der NS-Zeit wird später noch eingegangen werden.)

Trotz der drohenden Gefahr und Schikanen des NS-Regimes, die beide Künstler in Zukunft erwarten würden, wollte Strauss unter allen Umständen an seinem Librettisten festhalten. Nachdem aber fast alle namhaften jüdischen Künstler emigriert waren, faßte auch Stefan Zweig langsam den Entschluß, nachzufolgen. Doch Richard Strauss wollte das vorerst nicht wahrhaben, wenn er prophezeite: „Aber: taktisch ist es vielleicht klug, wenn, für den Fall, daß wir wieder ein oder mehrere Werke zusammenarbeiten, wir zu Niemand ein Sterbenswörtchen darüber verlauten lassen. Ich sage, wenn man mich frägt: ich arbeite gar nichts, habe keinen Text mehr. In ein paar Jahren, bis die Sachen dann fertig sind, sieht die Welt wahrscheinlich doch wieder anders aus."[26]

Auch Zweig war die Zusammenarbeit wichtig. Er bot Strauss an, unter einem Pseudonym zu schreiben, was dieser ablehnte, ja er war geradezu entsetzt über diesen Vorschlag: „Aber ich bin noch immer verzweifelt darüber, daß Sie so obstinant sind und mir Ihre eignen Werke unter einem fremden Namen unterschieben wollen!"[27]

Als Sujet kam man auf einen Stoff, der den Dreißigjährigen Krieg und den Westfälischen Frieden behandelte. Es geht um den erbitterten Widerstand der letzten Festung des Kaisers gegen den Feind. Die Bevölkerung will die unblutige Preisgabe an den Feind, während der Kommandant mit seinen Soldaten bis zuletzt durchhalten will. Als es nun zum vermeintlichen Kampf kommen soll, läuten Glocken, die die Wende symbolisieren. Die Friedens-

botschaft durch den ehemaligen Feind wird nur zögernd vernommen. Letztlich erkennt man auf beiden Seiten die Sinnlosigkeit des Kriegs. Der Schluß der Oper klingt mit einer Apotheose des Friedens aus.
Der Arbeitstitel lautete „24. Oktober 1648", der dann in *Friedenstag op. 81* (1935/36; Uraufführung: 24. Juli 1938) umgewandelt wurde. Richard Strauss konnte diese Kriegshandlung in so gelebt tristen Zeiten absolut nicht inspirieren. So klagte er gegenüber Stefan Zweig: „Überhaupt [...] ich beschäftige mich nun schon einige Wochen mit der Composition, aber es will keine Musik werden, wie ich sie von mir verlangen muß. Der ganze Stoff ist eben doch ein bißchen zu alltäglich - Soldaten - Krieg - Hungersnot - mittelalterliches Heldentum - gemeinsames Sterben - es liegt mir nicht recht - so guten Willen auch ich habe."[28]
Stefan Zweig dazu: „Nun kann man die Idee des Völkerfriedens, wenn man will, immer verächtlich pacifistisch nennen, aber hier scheint sie mir doch ganz an das Heroische gebunden. Ich würde alles im Anonymen lassen, keine Namen geben weder für Stadt noch den Commandanten, es soll alles nur Gestalt sein, Symbol und nicht einmaliges Individuum."[29]
Dennoch: Zur weiteren Ausführung des Textes stand Stefan Zweig nicht mehr zur Verfügung. Strauss erwarteten große Probleme bei der Dresdner Uraufführung der *Schweigsamen Frau,* und Zweig selbst geriet auch durch seine jüdischen Freunde immer stärker unter Loyalitäts-Druck. Zweig suchte nach Ersatz. So schlug er vor: „Ich habe *gar* nichts dagegen, wenn Sie diesen Plan auch einem andern übergeben - Binding könnte es z. B. ausgezeichnet machen -, damit Ihnen alle Ärgerlichkeiten und das verfluchte Politische erspart bleibe."[30]
Stefan Zweigs Bindung zu Richard Strauss hielt auch später über die räumliche Entfernung. Er distanzierte sich selbst in der Emigration nicht von Strauss. Auch, als einem Gerücht nach, Arturo Toscanini Zynisches über den Komponisten geäußert haben soll, stellte Zweig klar: „Er hat meines Wissens nie einen derartigen dummen Witz gemacht und am wenigsten in meiner Gegenwart, da er doch meine verehrungsvolle Einstellung zu Ihnen kennt. Als ob die Welt nicht schon genug voll Haß wäre! Immer wieder diese widerliche Hetzerei!"[31]
Stefan Zweig fühlte sich fern von Österreich seiner Wurzeln und seiner Identität beraubt. Ihm war damals wirklich nicht nach Intrigen oder Witzen zumute. Vor seiner Emigration noch brachte er Richard Strauss mit dem renommierten Theaterwissenschafter und einem seiner engsten Freunde

Joseph Gregor zusammen. Gregor selbst schrieb Theaterstücke und war theaterhistorisch beschlagen wie kein zweiter.
Doch die folgende gemeinsame Arbeit war für Richard Strauss und Gregor alles andere als erfreulich. Gregor mußte sich viele grobe Worte anhören, und seinen ersten Wurf des Operngedankens „Semiramis" lehnte Strauss kurzerhand ab. Auch der *Friedenstag* ging nicht ganz ohne die weitere Mithilfe von Stefan Zweig von der Hand. Beschwörend versuchte der Komponist noch ein letztes Mal, Zweig erneut als Librettisten zu gewinnen: „Ihre Zusammenarbeit mit dem guten Gregor ist mir schrecklich unheimlich! Warum wollen Sie mir um jeden Preis den gelehrten Philologen anhängen!? Mein Textdichter heißt Zweig, er braucht keine Mitarbeiter."[32] Doch der unbedankte Joseph Gregor blieb ihm auch noch für die „Heitere Mythologie in drei Akten" *Die Liebe der Danae op. 83* erhalten.
In keiner der Opern, auch nicht im *Friedenstag* oder der *Schweigsamen Frau,* fand Strauss zu seiner früheren musikalischen Erfindungskraft zurück.
Aber noch einmal träumte Richard Strauss von der guten, alten Barockzeit. In der 1942 an der Münchner Staatsoper uraufgeführten Oper *Capriccio op. 85* gelang ihm noch ein später und letzter Meisterwurf. Die Anregung für diesen Opernstoff gab noch am 23. August 1934 Stefan Zweig, wenn er aufmerksam machte: „Verehrter Herr Doktor, ich studiere hier eben den Abbate Casti. Das kleine Stück ist an sich nicht brauchbar, könnte aber in ähnlicher Weise leicht geformt werden. Bezaubernd daran ist der Titel ‚Prima la musica, poi le parole', ‚Erst die Musik, und dann die Worte', den man für diese leichte Komödie jedenfalls übernehmen sollte, und manche Einzelheit."
Aus dieser Zeit stammen auch Werke wie *Verklungene Feste,* Tanzvisionen aus zwei Jahrhunderten, Musik nach François Couperin für kleines Orchester (1941), *Festmusik op. 84* zur Feier des 2600jährigen Bestehens des Kaiserreiches Japan für großes Orchester (1940), *Divertimento op. 86,* Klavierstücke von François Couperin für kleines Orchester bearbeitet (1940/41) u. a.
In der Rokoko-Geschichte um die Geburtstagsfeier der jungen, verwitweten Gräfin und die spielerische Auseinandersetzung von altem Huldigungsstück und einem völlig neuen Werk setzte sich Richard Strauss ein letztes Mal mit dem Phänomen um das geeignete Verhältnis von Musik und Text auseinander.
Erst Jahre später griff Richard Strauss den Gedanken an das Libretto „Prima la musica, poi le parole" von Abbé de Casti, das Antonio Salieri 1786 vertont

hatte, auf. (Übrigens, die Uraufführung erfolgte zugleich mit Mozarts „Schauspieldirektor" in der Orangerie von Schloß Schönbrunn.)
Joseph Gregor wurde ursprünglich mit der Konzeption der Handlung und des Textes beauftragt. Etwa ein halbes Jahr versuchten Komponist und Librettist geeigneten Anlauf zu nehmen. Doch Richard Strauss verzweifelte: „Sie senden mir einen ausgearbeiteten Dialog, der weder nach Form noch nach Inhalt meinem Geschmack entspricht. Ich bitte um Gottes Willen keine direkten Anspielungen auf Weimar. Wilhelm Meister oder gar direkte Nennung geheiligter Namen wie Mozart – Beethoven! Auch Witze wie das abgedrosselte Mimimi des Tenors etc. sind mir peinlich! […] Zu viel Gemüt und Gefühl, zu viel Poesie, während ich Molière und Oscar Wilde predige."[33]
Seine Geduld mit dem unbedankten Gregor war zu Ende. Emotionell geladen sprach Strauss Clemens Krauss, seinen einstigen Wiener Assistenten, der jetzt selbst Direktor der Wiener Staatsoper geworden war, auf die Ausführung einer eigenen Textvorlage an, und dieser willigte prompt ein: „Auch mich läßt der Gedanke an Ihr neues Stück in der Form, die wir unlängst besprochen haben, nicht los. […] Insbesondere schwebt mir der Anfang so klar vor, daß es mich drängt, Ihnen meine Einfälle über den Verlauf des Stückes zu sagen:
Vorausschickend noch einmal: die von Ihnen fixierte Zeit 1770–89 und Ort der Handlung ‚Schloß in der Nähe von Paris' ist, je mehr man darüber nachdenkt, großartig gewählt. In diese Zeit fallen die großen Auseinandersetzungen um das Reformwerk Glucks. Die Pariser Aufführungen 1774, ‚Iphigenie in Aulis' und ‚Orpheus', 1776 ‚Alceste', 1779 ‚Iphigenie auf Tauris'. Mit diesem letzten Werk setzten sich seine Ideen endgültig durch. Diese Auseinandersetzungen beschäftigten die größten Geister der Zeit, u. a. Rousseau als Vorkämpfer Glucks und Marmontel und D'Alembert gegen Gluck. Ton und Wort und Handlung als ein Kunstwerk gegen die Ansicht: Musik als dominierende Kunst oder Musik als dem Wort dienende Kunst."[34]
Die Uraufführung leitete Clemens Krauss am 26. Oktober 1942 in München. Die Rolle der Gräfin sang seine Frau Viorica Ursuleac, die inzwischen zu den bedeutendsten Strauss-Interpretinnen zählte.
Capriccio sollte Richard Strauss' letztes Opernwerk werden. Den Schluß der Oper wollte er bewußt „schwebend" ausklingen lassen. Es sollte keine Wertung in der Bedeutung von Wort und Musik geben, alles frei assoziierbar bleiben.

An Clemens Krauss schrieb er am 15. September 1946: „‚Capriccio' sollte der Schluß sein: es ist auch nach wie vor der beste und würdigste Abschluß, und dabei soll es nun definitiv bleiben bis in alle Ewigkeiten Amen!"[35]
Doch seine wirklich letzte Beschäftigung war wie zu Beginn seiner Komponistenlaufbahn das Lied. Die *Vier letzten Lieder* (1949) führten ihn wieder an jene Form heran, die ihn sein Leben lang begleitete. Doch wie so vieles im langen Wirken von Richard Strauss waren auch die Entstehungsumstände dieser Komposition sehr prosaisch. Im Zuge der Recherche zur vorliegenden Biographie erzählten Enkel Christian und Gattin Susanne Strauss erstmals die bisher geheimnisvoll gehütete Geschichte um die Anregung zu seinen letzten Liedern:
Richard Strauss komponierte sie in der Schweizer Emigration von Mai bis September 1949. Und das im Grunde genommen als bloße Beschäftigungstherapie. Denn zuvor schrieb er viele Briefe an Politiker in Deutschland mit der Aufforderung, die zerstörte Kultur wiederaufzubauen. Doch niemand hatte so knapp nach dem Krieg, in der von Strauss geforderten Ausschließlichkeit, Sinn dafür. Sohn Franz sah den Bemühungen des vierundachtzigjährigen Strauss eine Zeitlang verständnisvoll zu, dann sagte er, der Vater solle damit aufhören. Die Leute hätten andere Sorgen. Sie hätten Hunger und wollten etwas zu essen haben und keine Kunst. Und bevor Strauss so viele Briefe schreibe, solle er sich lieber hinsetzen und Lieder komponieren.
Alice Strauss besuchte einige Zeit später den Schwiegervater. Richard Strauss drückte ihr Lieder in die Hand und sagte: „Da, gib' die Lieder *deinem Mann* [sonst sprach er ausschließlich von Bubi], der sie bei mir bestellt hat."
Es war eine der wenigen Verstimmungen zwischen Vater und Sohn Strauss. Franz war jetzt endlich erwachsen geworden, und die *Vier letzten Lieder* waren für die Musikwelt geboren.

Neue Zeit

„Jetzt heißt's tüchtig umlernen!"

Ende der Monarchie – neuer Anfang: Berlin und Wien am Wendepunkt

Richard Strauss war vierundfünfzig Jahre alt, als am 12. November 1918 in Österreich die Republik ausgerufen wurde. In Deutschland wurde am 6. Februar 1919 die Nationalversammlung in Weimar eröffnet. Für Strauss war es eine ungewünschte Begebenheit, dem politischen Umsturz zusehen zu müssen: „Ein Skandal, daß man solche Zeiten miterleben muß! Jetzt heißt's tüchtig umlernen. Ich fange aber erst damit an, wenn die ganze Lage sich einigermaßen geklärt, sonst müßte man sich zuviel drehen und wenden, ich halte den Kopf hier immer noch hoch und glaube, daß Deutschland zu tüchtig ist, um so ganz unterzugehen - trotz allen Blödsinns, den die werte Regierung angestellt hat. Bismarcks Traum ist jedenfalls ausgeträumt, und 200 Jahre Preußentum sind zu Ende. Wollen wir hoffen, daß sie durch bessere Zeiten ersetzt werden. Ich glaub's zwar nicht - aber geschichtliche Tatsachen muß man eben hinnehmen."[1]

Der Kaiser-, aber vor allem Königstreue (die bayerische Prägung ließ ihn da nicht ganz los), der sich selbst als doppelter Ehrendoktor und Berliner Generalmusikdirektor stets zur Elite zählte, stand der neuen Zeit ratlos gegenüber. Wendehals wollte er so rasch nicht sein. Richard Strauss hatte nicht vergessen, daß seine großen Erfolge eng mit der Monarchie verknüpft waren. Und nur aus ihrem Geist heraus waren seine Werke entstanden und auch zu verstehen. Künstlerisch Neues hatte ihn fasziniert. Doch politischen Experimenten wollte er sich nicht hingeben. Zumal sich Demokratie noch nicht als tatsächlich durchführbar herausgestellt hatte. Und als Versuchskaninchen wollte Strauss weder sich noch seine engere Umgebung zur Verfügung stellen.

Alle bisher in Deutschland geltenden gesellschaftlichen Regeln schienen belanglos. Künstlerisch wie gesellschaftlich artikulierte sich der Parteienkampf, der von nun an heftiger ausgetragen werden konnte als zuvor, da nunmehr die Überwachung des kaiserlichen Hofes fehlte. Strauss erschreckte dieser Gedanke: „Das ist schäbig. Erst haben sie gebuckelt, jetzt bewerfen sie ihn [Kaiser Wilhelm II.] mit Dreck."[2] Der Umgang mit der Demokratie erwies sich tatsächlich für viele Länder als schwierig.
Die Künstlerwelt erblickte in den zwanziger Jahren eine kreative, anarchische Wende. Nicht zuletzt durch die Wirklichkeit gewordene Oktoberrevolution 1917 in Rußland bestärkt, versuchte man im Rausch der vermeintlich politischen Freiheit alle Schattierungen der gesellschaftlichen Möglichkeiten auszuloten. In Deutschland scheiterte allerdings die linke Revolution mit Rosa Luxemburg und Karl Liebknecht an der Spitze.
Mittelpunkt der Experimente war Berlin. Die neue politische Schwüle dieser nervösen Stadt, dem Zentrum der ungebrochenen Macht des aus dem Ersten Weltkrieg - im Vergleich zu Österreich - noch glimpflich hervorgegangenen Deutschlands, lief dem geschlagenen, strengen preußischen Militarismus als Strömung entgegen.
Gestärkt durch die aufbauenden Wahlergebnisse der „Sozialdemokraten", die gemeinsam unter Gustav Stresemann mit den gemäßigten Rechten und der bürgerlichen Mitte Deutschland regierten, traten auch alle Minderheiten, die die Partei unterstützt hatten, aus ihrem Schattendasein hervor. Das weltoffen, aufgeschlossen regierte Berlin entwickelte sich (parallel zu Wien) zum künstlerisch-kreativen Zentrum Europas. Was jahrzehntelang unterdrückt worden war, fand nun Beachtung. Daß die gesellschaftliche Anarchie unaufhaltsam schien, glaubten die anderen.
Alles, was bis dato verboten oder verpönt war, war jetzt erlaubt. Vielmehr noch, es wurde umjubelt und gefeiert. Die ganze Stadt schien im anhaltenden Taumel für Ungewöhnliches. Es gab hervorragende künstlerische Shows. Rund um die Uhr schien es keine Sperrstunde zu geben, sah man das bunte Treiben auf den Straßen.
Politische Gruppierungen, die alle möglichen Formen des Lebensstils auszuprobieren verlangten, meldeten sich zu Wort, und die Positionierung der Geschlechterrollen begann nach neuen Ufern Ausschau zu halten. Transvestitenshows entwickelten sich zu den Publikumshits der Berliner Szene. Hetero- und Homosexuelle besuchten gemeinsame Bälle und Festivitäten. Nach Jahrhunderten der Versteckheit akzeptierte man erstmals öffent-

lich die männliche und weibliche Homosexualität als mögliche gesellschaftliche Lebensform.
Vielmehr noch: Auch die heterosexuelle Welt fand in der männlichen und weiblichen Androgynität ihre neuen Idole. Die legendären homo- oder bisexuellen Kultpersonen dieser Tage waren vor allem Rudolfo Valentino, Gustaf Gründgens, Hans Albers, Claire Waldoff, Elisabeth Bergner und viele andere. Nicht zu vergessen: Greta Garbo und Marlene Dietrich. Eine der bedeutendsten Medienstimmen dieser Zeit, die „die Dietrich" forcierte, war der Berliner Papst unter den Theaterkritikern, Alfred Kerr, der Texter der Spottverse zu Richard Strauss' *Krämerspiegel op. 66*. Er sollte 1928 „die Wirkung ihrer schönen Beine für die Schauspielkunst entdecken"[3].
Ihre Mischung aus *femme fatale* und burschikoser Aufmachung erfüllte alle Fantasien dieser Zeit und deckte an sinnlicher Medienwirksamkeit männliche wie weibliche Sehnsüchte[4] ab. Ihr Vorbild als Diseuse war die etwas ältere Berliner Kultkabarettistin und enge Freundin Claire Waldoff, die „sich um Konventionen auch sonst nicht viel kümmerte"[5]. Sie brachte der jungen Dietrich einiges an Vortragskunst bei und manches an neuer Einstellung zum Leben. „Das betrifft die bewußte Betonung der eigenen Persönlichkeit, das freie Bekenntnis zum eigenen Stil sowie die Courage, im privaten Leben wie in der Kunst, wenn dies erforderlich sein sollte, über herrschende Meinungen und Vorurteile hinwegzuschreiten."[6]
So stellte sich die Dietrich 1931, nachdem der Dietrich-Hosenanzug als Synonym für die selbstbewußte, emanzipierte Frau festgelegt worden war, auch gegen eingefahrene Gleise: „Ich wehre mich dagegen, immer wieder als ‚Vamp' etikettiert zu werden, nicht nur aus künstlerischen Gründen, sondern weil eine wirkliche Persönlichkeit auch das Recht haben muß, sich durch die Gestaltung verschiedenartiger Rollen zu entwickeln."[7] Und an anderer Stelle erklärte sie freimütig: „Ich finde nur, daß ich in Männerkleidern anziehender wirke."[8] Auch Hans Albers verheimlichte nie, wie die Dietrich, seine erotische Neigung zum eigenen Geschlecht auszuleben; trotzdem wurde er als Inbegriff der Männlichkeit speziell vom weiblichen Publikum verehrt.
Diese gesellschaftliche Offenheit im Berlin der zwanziger und beginnenden dreißiger Jahre war dennoch nicht jedermanns Sache. So entsetzte sich der feinsinnig-verklemmte und verbitterte, homosexuelle Klaus Mann, Sohn von Thomas Mann, über die frivole und ausgelassene Stadt: „Die Dichter winden sich in hellseherischen Konvulsionen; die ‚Girls' der neuen Revuetheater schütteln animiert das Hinterteil. Man tanzt Foxtrott, Shimmy, Tango, den

altertümlichen Walzer und den schicken Veitstanz. Man tanzt Hunger und Hysterie, Angst und Gier, Panik und Entsetzen. Ein geschlagenes, verarmtes, demoralisiertes Volk sucht Vergessen im Tanz."[9]
Künstlerisch entstand der Expressionismus aus Opposition gegen alle Tradition. Vereinigungen wie das Bauhaus und andere experimentierten mit neuen Formen, während Literaten und Maler die bizarre, neue Kunstrichtung in ihre Ausdrucksmöglichkeit umzusetzen versuchten. Unter ihnen auch Oskar Kokoschka, den Strauss damals als Bühnenbildner für die Berliner Oper gewinnen wollte. Doch im großen und ganzen konnte Richard Strauss dieser schreiend-grellen Gegenwart zumindest nach außen hin nicht viel abgewinnen. Den gesellschaftlichen Umwälzungen stand er äußerst skeptisch gegenüber. Obgleich Strauss selbst einer der künstlerischen Vorboten dieser Freizügigkeit war.
Mit *Der Rosenkavalier* und *Ariadne auf Naxos*, in denen Richard Strauss die barocken Welten neu aufleben lassen wollte, knüpfte er an die Seelendramen *Salome* und *Elektra* an. Während die Triebkraft im einen Musikdrama die fanatische Liebe der Tochter zum Vater ist (Elektra-Komplex), die seinen Tod durch den Bruder rächen läßt, erotisiert *Salome* gleich auf mehreren Liebesebenen. Abgesehen davon, daß das Theaterstück vom wegen Unzucht mit minderjährigen Knaben hinter Gittern sitzenden Oscar Wilde geschrieben wurde, war *Salome* durch die „sittenwidrigen" Gesamtumstände auf nahezu allen deutschen und österreichischen Bühnen verboten worden. Auch Richard Strauss' Oper war anfangs davon nicht ausgenommen. Trotz der Bemühungen des Direktors Gustav Mahler kam es nach dem Uraufführungsort Dresden nicht zur österreichischen Erstaufführung an der Wiener Hofoper.
Im *Rosenkavalier* brach Richard Strauss ebenso mit sexuellen Tabus: junger Mann mit älterer Frau, Ehebruch, Dreiecksverhältnis. Und überdies durfte sich jeder ehrenwerte Bürger, der sich im honorigen Opernpublikum befand, gedanklich dem Liebesspiel der weiblichen Darstellerinnen hingeben. – Erotische Männerfantasien, deren Voyeurismus auch heute noch bei fast allen Sexumfragen an oberster Stelle der Wunschskala zu finden ist.
Die französischen Historiker Philippe Ariès und Georges Duby halten das männliche Verhalten in ihrer umfassenden Gesellschaftsanalyse „Geschichte des privaten Lebens" fest, wenn sie meinen: „Während des ganzen 19. Jahrhunderts profitierte die weibliche Homosexualität von der heimlichen Komplizenschaft des Mannes, dessen Phantasie sie beschäftigte. […] Ein weiterer

Beweis für das beschädigte Verhältnis des damaligen Mannes zu seinem eigenen sexuellen Begehren."[10]
Außerdem heißt es: „Von sexueller Minderwertigkeit bedroht, malten sie sich [Männer] gerne die erotische Bulimie von Frauen aus, die ihren Gefühlen freien Lauf ließen. [...] Die Inszenierung des weiblichen Körpers [lebende Bilder wurden mit Frauen nachgestellt] hatte hier, wie in dem Theater der Hysterie in der Salpetrière, eine therapeutische Funktion."[11] Richard Strauss und Hugo von Hofmannsthal (der deklarierte homosexuelle Harry Graf Kessler sei davon ausgenommen) distanzierten sich somit nicht vom allgemeinen Zeitgeistempfinden jener Tage. Vielleicht mag das wohl auch heute noch die Erklärung für die wesentlich größere Beliebtheit dieser Oper bei Männern als bei Frauen sein?
Jedenfalls war die Geschichte des *Rosenkavalier* ein damals die Gesellschaft zur Auseinandersetzung stimulierender Stoff, den Strauss seinem Publikum vorlegte. Die anfängliche Ablehnung des Werks durch Wertkonservative nahm erst allmählich ab.
1898 übersiedelte Richard Strauss mit dem gesamten Hausrat als Erster Preußischer Kapellmeister der Hofoper nach Berlin. Von nun an sollte er bis zu seinem weiteren Umzug 1919 alle seine epochalen Werke aus der gedanklichen Schroffheit dieser zur Kreativität stimulierenden Stadt heraus schaffen. Auf der einen Seite gab es das alteingesessene, gebildete Bürgertum samt Adel, auf der anderen Seite wagemutige, zukunftsorientierte, unbeschwerte Zuwanderer, die in der noch jungen Reichshauptstadt (seit 1871) ihr Glück versuchen und neue Chancen ergreifen wollten.
Eine Stadt des gesellschaftlichen Ungleichgewichts war entstanden. Als Gast auf Zeit bewegte sich Strauss mitten drinnen. Berlin – eine pulsierende Stadt für Abenteurer. Und ein hellhöriger Beobachter dessen war der nach außen hin so gleichgültig wirkende Richard Strauss.
Hier in Berlin war der Lebensimpetus, im Gegensatz zur anderen Kunstmetropole Wien, kraftvoller und mit weniger differenzierten Zwischentönen behaftet. Die Dynamik der polternden Berliner Naturalisten (Otto Brahm, Gerhart Hauptmann usw.) stand beispielsweise auch im größten Gegensatz zu den feinnervigen Wiener Symbolisten (Hofmannsthal, Schnitzler usw.).
Strauss entzog sich keiner dieser Stimmungen. Aus seiner Verehrung für Gerhart Hauptmann machte er noch Jahrzehnte später keinen Hehl. Sogar als dieser politisch, wie er selbst, stark unter Beschuß geriet. Die Wertschätzung beruhte auf Gegenseitigkeit, denn auch Hauptmann war vom Künstler und

Menschen Strauss angetan: „Es war sehr schön, Sie in angenehmer Geselligkeit, und unvergeßlich schön, Sie in Ihrem durchseelten Hause zu erleben."[12] Richard Strauss erinnerte sich auch später noch an die zündende Vitalität der Jahrhundertwende in Berlin. Große Kompositionen entstanden da, oder es wurde das Konzept dazu entwickelt und an einem anderen Ort ausgeführt. *Ein Heldenleben op. 40* (1897/98), *Salome op. 54* (1903/05), *Elektra op. 58* (1906/08) samt der künstlerischen Wende mit *Der Rosenkavalier op. 59* (1909/10), *Ariadne auf Naxos op. 60* (I. Fassung (1911/12) und II. Fassung (1916)), *Die Frau ohne Schatten op. 65* (1914/17) oder *Arabella op. 79* (1929/32) bewegten sich im spannungsreichen Wirkungskreis jener Zeit.
Man kann beobachten, daß Strauss sich nach *Elektra* immer stärker mit Österreich, dessen Geschichte und der Mentalität seiner Bevölkerung beschäftigte. Die ihn beflügelnde Faszination ging seit 1909 von hier aus. Ohne daß Richard Strauss vorerst noch vorhatte, Berlin den Rücken zu kehren. Viel zu sehr fürchtete er, von der Wiener Lebensart vereinnahmt zu werden, deren Charme Strauss aber letztlich doch nicht widerstehen wollte. So leitete Richard Strauss ab 1915, nachdem er von 1908 an Preußischer Generalmusikdirektor geworden war und damit ein Kulturspitzenamt innehatte, langsam seine Bestellung zum Wiener Staatsoperndirektor ein.
Viele Berliner begannen, nach der Gründung der Republik 1918, zu einem nicht unbeträchtlichen Teil ihre bis dato biedere Lebenseinstellung zu verändern. Doch der in die Jahre gekommene Komponist wollte diesem Abenteuer nur noch aus der Ferne zusehen. Der einst musikalische Rebell glaubte, selbst nichts mehr beisteuern zu können. So beschloß er, ins konservativere Wien, das den Künstler Richard Strauss euphorisch feierte und dessen Kulturklima mit der Musikavantgarde - Schreker, Schönberg, Zemlinsky, der junge Berg und anderen - neue Möglichkeiten der geistigen Auseinandersetzung und damit Reibungspunkte schuf, zu wechseln. Einige von Wiens revolutionären Künstlern kannte er ja bereits aus Berlin. Trotzdem: Im Prinzip flüchtete der ehemalige Avantgardist Strauss aus der „verrückten", künstlerisch brennenden Theaterstadt Berlin, um endgültig in die feiner gesponnene Traumwelt der alten Zeit, die er in Wien noch leben zu können glaubte, auszuweichen. Eine Verbundenheit mit dieser Stadt entstand, die ihn bis in seine letzten Lebenstage nicht mehr loslassen sollte.

Gewaltige Herausforderungen

„Da meine hiesige Stellung ... infolge der enormen Teuerung wenig lukrativ ist“

Staatsoperndirektor in Wien

1919 war es dann soweit. Richard Strauss trat das seit langem von ihm begehrte Amt als Direktor der Wiener Staatsoper gemeinsam mit dem Dirigenten Franz Schalk an. Vorher aber noch sorgte er für einen ihm genehmen Nachfolger in Berlin. Dort hatte Richard Strauss den Posten des Interims-Operndirektors verlassen. Und dafür war jetzt Freund Max von Schillings zum auserwählten, definitiv bestellten Direktor geworden.

In Schillings glaubte Richard Strauss eine ihm bedingungslos vertrauende Person gefunden zu haben, die er noch von Wien aus gedanklich beeinflussen zu können meinte. Er setzte sich daher mit Vehemenz beim deutschen Minister für Wissenschaft, Kunst und Volksbildung Haenisch für den Freund ein. In einem Brief vom 15. Juli 1919 begrüßte Strauss letztlich die Entscheidung und meinte: „[Ich] beglückwünsche [...] Sie aufs wärmste zur Wahl von Max Schillings, dem ausgezeichneten und hochbegabten Musiker, dessen vornehme künstlerische Gesinnung und dessen sicheres Verständnis für die wahren Ziele der deutschen Oper eine gute Bürgschaft sind. Möge ihm eine erfreulichere Tätigkeit und längere Amtsdauer beschieden sein als seinem ‚einstimmig‘ gewählten Vorgänger. [...] Wenn Sie, hochgeehrter Herr Minister, jedoch noch eine Brücke wissen, die mich weiterhin mit Berlin verbinden könnte, worauf Sie freundlich wertzulegen scheinen, wenn sich noch irgend eine Form finden lässt, in der ich meine Erfahrung und meine Autorität gegenüber dem Personal des Opernhauses M. Schillings *helfend* (nicht störend) zur Verfügung stellen kann, so wollen Sie mir dieselbe bitte, nennen. An meinem guten Willen soll es nicht fehlen.“[1]

Richard Strauss wandte alle Diplomatie an, Haenisch für seine Absicht, von Wien aus die Berliner Kulturfäden weiter in der Hand zu behalten, zu gewinnen. Schillings sollte, ohne es selbst zu merken, ein Diener zweier Herrn sein, so stellte es sich Strauss vor.
Minister Haenisch durchschaute aber die Absicht und wies Max von Schillings im September 1919 an, dem Freund bei dessen vertraglichen Forderungen finanziell nicht mehr entgegenzukommen und das auch abzuklären. Schillings schickte deshalb ein Telegramm: „Der Herr Kultusminister beauftragt mich, anzufragen, ob Du unter keinen Umständen zur Revision Deiner Forderungen für Leitung von zehn Aufführungen bereit wärest. Direktantwort erbeten. / Schillings.“[2]
Richard Strauss hatte den Schulterschluß Max von Schillings’ mit der Berliner Verwaltungsspitze nicht erwartet und antwortete deshalb brüsk: „Da meine hiesige Stellung [als Wiener Staatsoperndirektor] infolge der enormen Teuerung für mich wenig lukrativ ist, muß ich die wenigen freien Monate, die ich habe, etwas Geld verdienen und kann dies überall reichlicher, als in Berlin.“[3]
Strauss ersuchte Schillings mit Nachdruck, seine finanziellen Wünsche beim Minister zu verfolgen. Doch Max von Schillings blieb Minister Haenisch gegenüber loyal und ersuchte den Freund, statt zehn Opern zu je 2000 Mark nur noch fünf zu dirigieren. Mit Schillings’ Eigenständigkeit oder gar Undankbarkeit hatte er nicht gerechnet. Die Freundschaft zu Max von Schillings war von diesem Zeitpunkt an belastet.
Richard Strauss hatte versucht, jeweils mit Schillings und Minister Haenisch getrennt zu kooperieren. Was er letzlich nicht in Erwägung gezogen hatte, war, daß sich beide gegen seine Interessen verbündeten und Strauss so von Wien aus keinen unmittelbaren Einfluß mehr auf Berlin nehmen konnte. Zur finanziellen Besserstellung begann er jetzt von Wien aus nach lukrativen Gastspielen Ausschau zu halten, die sich natürlich auch rasch anbahnen ließen.
Zwischendurch war man beschäftigt, eine standesgemäße Bleibe zu finden. Gattin Pauline erwies sich nach dem Bau der Villa in Garmisch als ziemlich anspruchsvoll. Das Domizil wählte die Familie Strauss zunächst im IV. Wiener Gemeindebezirk, bezeichnenderweise am Mozartplatz 4. Da Richard Strauss seinen offiziellen Amtsantritt im Dezember 1919 leistete, erfolgte die Übersiedlung auch erst zu diesem Zeitpunkt.
Obwohl es Anfang 1924 bereits konkrete Schwierigkeiten in der administrativen und künstlerischen Direktionsauffassung zwischen Strauss und Schalk

Strauss bei der Grundsteinlegung der Salzburger Festspiele in Hellbrunn am 19. August 1922.

Mit Gattin Pauline und Damen am Lido von Venedig.

In Taormina 1920.

Richard Strauss mit Hund.

Franz (Sohn) und Alice Strauss.

Strauss mit Maria Jeritza als „Ägyptische Helena“.

Richard Strauss bei der Probenarbeit mit den Sängern zur Wiener Erstaufführung von „Intermezzo": (V.l.n.r.) Margarethe Kraus als Anna, Karl Ziegler als Baron Lummer, Lotte Lehmann als Christine, Alfred Jerger als Hofkapellmeister Storch und Regisseur Lothar Wallerstein.

Mit Sohn Franz und ciner Dame vor der Villa in Garmisch.

Mit der Familie bei der Eröffnung des Deutschen Museums in München 1925.

Richard Strauss mit den Sängern der Uraufführung seiner Oper „Arabella“: Viorica Ursuleac in der Titelrolle und Alfred Jerger als Mandryka.

Im Olympiastadion in Berlin bei der Uraufführung seiner „Olympischen Hymne“ anläßlich der Eröffnung der Olympischen Spiele 1936.

Strauss bei der Arbeit an seiner Oper „Die schweigsame Frau".

Bei der Auszeichnung mit dem Adlerschild des Deutschen Reichs im Sitzungssaal der Reichsmusikkammer in Berlin 1934. (V.l.n.r.) Otto Meissner, Hans Pfundtner, Walter Funk, Richard Strauss.

Richard Strauss im Gespräch mit Joseph Goebbels.

Baldur von Schirach, Gauleiter von Wien, während der Festrede zur 100-Jahr-Feier der Wiener Philharmoniker 1943. Richard Strauss als Zuhörer.

Beim Teetrinken mit Sohn Franz und den Enkeln Richard und Christian.

Aufbahrung und Leichenfeier in München 1949. Der Bayerische Ministerpräsident Hans Ehard bei der feierlichen Verabschiedung von Richard Strauss.

gab, steckte Richard Strauss seinen Kopf in den Sand. Daß er nicht ewig Direktor bleiben würde, davon wollte er vorerst nichts wissen. Sein bevorstehender 60. Geburtstag ließ ihn an eine Lösung des Konflikts für die Zukunft glauben.

So verhandelte er mit dem österreichischen Bautenministerium wegen eines attraktiven Baugeländes. Der Gedanke an einen eigenen Wohnbereich im Schloß Schönbrunn zerschlug sich. Eine Möglichkeit bot sich im sogenannten Kammergarten, der an das Belvedere und an den Botanischen Garten grenzte.

Richard Strauss schloß einen Pachtvertrag mit der Gemeinde Wien ab. Als Entgelt einigte man sich auf die *Rosenkavalier*-Partitur und die Partitur des Balletts *Schlagobers op. 70*, das Strauss 1921/22 für das Wiener Ballettensemble komponiert hatte. Es handelt sich dabei um keine musikalische Offenbarung. Die Musik erweist sich darin als unverwechselbar Strauss'sche Schwärmerei für den Wiener Walzer. Der Inhalt ist äußerst banal: Im heiteren Grundton marschieren Heere aus Marzipan, Lebkuchen und anderem auf, die plötzlich Aufruhr in der nächsten Konditorei üben. Eine Teekanne, die ihren Inhalt über die Revolutionäre gießt, schafft Ernüchterung. Zuletzt sind alle miteinander versöhnt, und Prinzessin Praline wird von ihrem Volk gefeiert.

Auch mit dieser „Handgelenksübung", wie Richard Strauss manche seiner Ausführungen bezeichnete, legte er ein tiefes Bekenntnis zur Monarchie ab. Boris Wutki, ein betrunkener Russe, nimmt gleichfalls mit allen anderen an der Lebkuchenrevolution teil. Doch eben anders als die nur vier Jahre zuvor erfolgte Oktoberrevolution löste sich diese im herbeigeholten Kaffee- und Teesud auf. So konnte Richard Strauss in seiner eigenen kleinen Welt das Abendland retten.

Die Wiener Bürger hingegen ließ der Inhalt des Balletts völlig kalt. Heinrich Kröller besorgte die Choreographie, die allerdings niemanden belangte. Vielmehr echauffierte sich die Wiener Volksseele, angeheizt durch die sozialdemokratisch gestimmte Federführung eines Karl Kraus, gegen die Kosten des „Milliardenballetts". Die Stimmung gegen Strauss war zu diesem Zeitpunkt ziemlich aufgeheizt. Denn die Unstimmigkeiten um das Ballett ließen gerade in Zeiten der parteipolitischen Konfrontationen keinen Zweifel an seiner bürgerlichen Gesinnung. Doch die Diskussion um Strauss' Wirken war noch keineswegs zu Ende.

1927 erwirkte Richard Strauss letztlich die Umwandlung seines Pachtvertrags in eine Kaufurkunde. Erweitern mußte er sein einstiges Angebot an die

Gemeinde mit der Beigabe der Partitur der *Ägyptischen Helena* und hundert Dirigierabenden.

Was hier in relativ kurzer Bauzeit entstand, war keine Villa wie in Garmisch, sondern ein repräsentativer Prachtbau, der vom Volksmund auch die Bezeichnung „Strauss-Schlössl" erhielt.

Das stand im krassen Widerspruch zur Realität. Ein Großteil der Bevölkerung war arbeitslos und litt an der wirtschaftlichen Umstrukturierung. Nicht einmal Strauss selbst hatte das erforderliche Geld für seinen Bau. Den fehlenden Betrag stellte Emanuel von Grab, der Vater von Schwiegertochter Alice, zur Verfügung. Den Rest erwirtschaftete der Komponist mit Gastspielen. Dadurch begann für ihn letztlich der Anfang vom Ende.

Denn Strauss war als Operndirektor von Anfang an von der Wiener Bevölkerung wegen seiner finanziellen Forderungen unerwünscht. Massive Proteste gingen seiner definitiven Bestellung voraus. Und warum es gerade zwei Direktoren, Schalk und Strauss, in wirtschaftlich prekären Zeiten geben mußte, empfanden viele als Provokation. So umstritten Richard Strauss gekommen war, so umstritten mußte er den exponiertesten österreichischen Kulturposten 1924 auch wieder aufgeben.

Massive Zugeständnisse an den Mitdirektor Franz Schalk stellten sich als unbewältigbarer Konflikt heraus. So nannte ihn Strauss einst: „Lieber, verehrter Freund"[4]. Und umgekehrt bezeichnete sich Schalk selbst als: „Ihr getreuest ergebener Schalk"[5]. Doch das waren jetzt vergangene Zeiten.

Franz Schalk verstand es, die Wiener Administration während der oft monatelangen Abwesenheit von Richard Strauss für sich zu gewinnen. Er fällte Entscheidungen, ohne die Zustimmung des Kollegen abzuwarten. Sollte er wochen- und monatelang auf eine Antwort warten? Strauss war zu oft und zu lange unterwegs. Hätten die unzähligen Telegrammgebühren damals möglicherweise auch den Finanztopf der Oper überdimensional strapaziert? Doch Ulk beiseite: Strauss' teilweise Kompromißlosigkeit und – bei allem Humor, den er an den Tag legte – sein autoritäres Selbstverständnis brachten im Laufe der Zeit ein Bündnis an Gegnern zustande.

Schalk hingegen galt als konzilianter Mann. Ursprünglich ließ er bei der Spielplangestaltung Richard Strauss freie Hand. Strauss' kurzzeitig alleiniger Jahresplan wies vor allem Wagner- und Verdi-Opern an der Spitze auf, gemeinsam mit eigenen Werken. Franz Schalks Opernprogramm hingegen lobte die Wiener Kritik jener Tage als überaus ausgewogen. Er war daran interessiert, der etablierten Opernkunst eine große Zahl unterschiedlicher zeitgenössischer Werke gegenüberzustellen.

Richard Strauss reduzierte ursprünglich die Vielfalt des Spielplans zugunsten einer sorgfältigeren Einstudierung. Denn nach Gustav Mahlers Demission von der Wiener Hofoper (1907) sank der künstlerische Qualitätsstandard der Abende merkbar. Auch das Gewicht der meistgespielten Komponisten verschob sich: Wagner führte weiterhin mit 59 Aufführungen, gefolgt von Richard Strauss selbst mit 56. Puccini und Verdi lagen mit 34 Abenden schon etwas dahinter, und mit insgesamt 22 Aufführungen war Mozart angesetzt.[6] Lebende Komponistenkollegen wurden - so meinten die kritischen Geister - beiseite geschoben. Der Wiener Musikkritiker Theodor Haas verwies beispielsweise in der „Neuen Musik-Zeitung" darauf.

Und dennoch, auch wenn Richard Strauss seine eigenen Werke oft auf den Spielplan setzte, war ja das ursprünglich der Sinn seiner Bestellung gewesen. Selbst das in der Opernstadt Wien seit jeher ungeliebte Ballett lag ihm am Herzen. Interessiert an neuen Impulsen, bestellte er Heinrich Kröller zum Wiener Ballettchef. Premieren wie „Don Juan" von Gasparo Angiolini oder einige Choreographien zu „Das lachende Phantom" (Musik: Franz Salmhofer), „Ma mère l'Oye" (Musik: Maurice Ravel), „Tanzlegende" (Modest Mussorgski) waren erfolgreich. Und nicht zuletzt die Choreographie zu Projekten wie Richard Strauss' *Ballettsoirée* (nach Couperin-Tänzen), *Schlagobers* und *Josephslegende,* die vom neuen Ballettdirektor am 18. März 1922, nach der Uraufführung in Paris im Jahr 1914, neu gestaltet wurde, bemühten sich um künstlerische Akzente.

Überraschend war, daß in der Wiener Premiere die Rolle von Potiphars Weib die hochdramatische Sängerin Marie Gutheil-Schoder übernahm. In unzähligen *Elektra-* und *Salome-*Abenden konnte sie bereits die Strauss-Fans international begeistern. Jetzt zeigte sie auch andere Qualitäten als bloß stimmliche. In pantomimischer Bewegung warb sie mit aller Sinnlichkeit um den tugendhaften Joseph, der sich virtuos dagegen sträubte, verführt zu werden. Ähnlich dem *Salome-*Stoff will sich Potiphars Weib in ihrer Enttäuschung mit Brachialgewalt an Joseph rächen. Doch anders als in *Salome* bezahlt Joseph nicht mit seinem Leben, sondern im Moment höchster Not tritt ein „deus ex machina" in Form eines Engels auf. Von ihm hat Joseph zuvor geträumt, und nun löst er seine Fesseln. Verzweifelt über ihre Ohnmacht, begeht Potiphars Weib Selbstmord.

Den Schöpfern des Ballettlibrettos, Hugo von Hofmannsthal und Harry Graf Kessler, war daran gelegen, „die scharfe Antithese der zwei Hauptfiguren, die zum Schluß in polarem Gegensatz, die eine zum lichten Himmel hinauf, die andere zum jähen Tod und zur Verdammnis führt“[7], herauszuarbeiten. Es galt, den Gegensatz von Erotik samt leidenschaftlicher Magie gegenüber der Enthaltsamkeit, die göttlich gelenkt erscheint, künstlerisch umzusetzen.

Richard Strauss selbst war der Initiator dieses Balletts. Er wollte unbedingt mit Serge Diaghilews phänomenaler Tanztruppe zusammenarbeiten und für Ida Rubinstein und Vaclav Nijinsky anspruchsvolle Rollen schaffen. Das Spiel und das inhaltliche Konzept stammen ausschließlich aus der Werkstatt Hofmannsthals.

Isadora Duncan hatte zur Jahrhundertwende dem inzwischen veralteten klassischen Tanz ihren neuen Ausdruck gegenübergestellt. Und die dramatische Vielschichtigkeit des neuen Formenspiels faszinierte Richard Strauss. Jahrzehnte später erinnerte er sich 1941 in München an die Entstehungszeit zurück: „Ich wollte mit ‚Josephs Legende‘ den Tanz erneuern. Den Tanz als modernen [sic!] Abart, in der er nur rhythmisierende oder paraphrasierte Handlung ist, führt uns leider oft allzuweit weg von jenem eigentlichen Kernwesen des richtigen, rein inspirativen, der Bewegung und der absoluten Schönheit geweihten Tanzes: des Balletts. Das wollte ich verjüngen. Auf den Gedanken haben mich, glaube ich, zuerst die russischen Tänzer gebracht. Mein ‚Joseph‘ enthält beide Elemente: Tanz als Drama und Tanz als – Tanz.“[8]

Der orientalisch-alttestamentarische Inhalt kam Richard Strauss’ üppigem Orchesterklang entgegen. Die Schwüle der Leidenschaft und die Hitze der Landschaft regten seine Fantasie in der Orchestrierung an. Sein Verständnis und seine Sympathie fielen dabei aber keineswegs auf Joseph: „Dieser Hirtenknabe […] sieht für mich einem edlen ungebändigten Füllen viel eher ähnlich, als einem frommen Seminaristen.“[9]

Vaclav Nijinsky und Ida Rubinstein, die ursprünglich Mitglieder in Diaghilews legendärer Truppe waren, hatten sich vor der Uraufführung von diesem getrennt. Die Premiere tanzte schließlich Maria Kusnezowa, und Serge Diaghilew entdeckte den damals siebzehnjährigen Leonid Massine, der mit der Gestaltung der Rolle des Joseph seinen Weltruf begründete.

Ein Geschenk an die Wiener war noch vor Strauss’ Amtsantritt die Uraufführung von *Die Frau ohne Schatten op. 65* an der Staatsoper. Der Dirigent der Uraufführung war Franz Schalk.

Der Entstehungsgedanke der *Frau ohne Schatten* ging zwar weit in Richard Strauss' Berliner Jahre hinein, doch die szenische Umsetzung folgte erst am 10. Oktober 1919 in Wien. Hugo von Hofmannsthal war es, der 1910/11 nach der gemeinsamen Arbeit am *Rosenkavalier* das grobe Konzept zur *Frau ohne Schatten* entwarf. Die Bereitschaft beider Künstler allerdings, sich nach der handfesten *Rosenkavalier*-Geschichte gleich diesem sphärischen Märchenstoff hinzugeben, hielt sich in bescheidenem Rahmen. Viel zu sehr lockte da die burleske Zwischenarbeit *Ariadne auf Naxos op. 60*, die ihren großen Erfolg erst in der zweiten Fassung in Wien feiern sollte. Hugo von Hofmannsthal schickte am 19. Mai 1911 die ersten Skizzen an Strauss: „Lesen Sie bitte das durch und sagen Sie mir, wie weit es Ihnen entspricht. So denke ich es mir. Nicht als eine sklavische Nachahmung, sondern als eine geistreiche Paraphrase des alten heroischen Stils, durchflochten mit dem Buffo-Stil. Die Figur der Ariadne denke ich mir zart umrissen, aber ganz *wirklich*, so wirklich wie die Feldmarschallin. Zu Nummern, Duetten, Terzetten, Quintetten, Sextetten ist reichlich Gelegenheit. - Sie werden gut tun, mir anzudeuten, an welchen Stellen Sie präzise Nummern legen wollen, an welche Sie diese Form nur effleurieren wollen, so wie dies im ‚Rosenkavalier' mehrmals geschehen ist."[10]
Die Zusammenarbeit bei *Ariadne auf Naxos* erfolgte genauso intensiv wie schon beim *Rosenkavalier*. Nur diesmal war der Theaterregisseur Max Reinhardt direkt am Entstehungsprozeß der Oper mitbeteiligt. Auch wenn es immer wieder zu Schwierigkeiten während der Einstudierung kam. Eine Intrige um den Hausregisseur Toller am Stuttgarter Opernhaus erschwerte vor allem dem als Opernregisseur noch unerfahrenen Reinhardt das Leben. Doch unbeirrt arbeitete dieser weiter.
Auch in Besetzungsfragen gab es kurzzeitig Verstimmungen zwischen Strauss und Reinhardt: „Wenn Reinhardt, wie es scheint, uns mit zweiter Garnitur anrückt, ohne Wassermann, wird er keinen leichten Stand haben." Hofmannsthal schaltete sich ein: „Die Bemerkung über Reinhardt (2. Garnitur) verstehe ich vorläufig gar nicht, da ich mit Reinhardt die Besetzung im März bis ins kleinste festgelegt (Arnold statt Wassermann für Jourdain, Wassermann ist Possenreißer, schmeißt mir die Kontur der Figur und die Linie des Stückes um, Arnold wahrhafter Komiker und Schauspieler)."[11]
Der Theaterdonner legte sich. Richard Strauss fühlte sich in Stuttgart vor allem nach Unstimmigkeiten in Dresden recht wohl. „Es klingt prachtvoll, schöner als alles, was ich bisher gemacht habe. Ein ganz neuer Stil und neue Klangwolken. Also alles erfreulich. Alle kommen einem hier [...] mit so

großem Verständnis für die neuen Aufgaben entgegen, daß ich mich jede Stunde freue, daß ich mich nicht wieder in dem dämlichen, altmodischen Dresden herumzuärgern habe. Hier gilt mein Wille als Befehl: da muß ich nicht immer katzebuckeln, wenn ich meine einfachsten künstlerischen Forderungen verwirklichen will."[12]
Für die Titelrolle der Ariadne entdeckte Richard Strauss die junge Maria Jeritza. Er hatte sie erstmals in einer Münchner Vorstellung von Offenbachs „Schöner Helena" gesehen. Die Rolle der Dryade wurde mit Lilly Hoffmann-Onegin besetzt, die später ebenfalls unter dem Namen Sigrid Onegin Weltruf erlangte.
Nach der Uraufführung fand die Oper selbst Beifall, die Bearbeitung vom „Bürger als Edelmann" durch Hofmannsthal und die Inszenierung waren allerdings negativen Kritiken ausgesetzt. Viele sprachen von einer Verfälschung und Verstümmelung des Molière-Stoffes, von einer Selbstverwirklichung Reinhardts, die auf Kosten des Werks ging. Unzufrieden wurde vor allem das Mischwerk aufgenommen; die technischen Mittel aber, womit Reinhardt seine Inszenierung verwirklichte, hervorgehoben, wie zum Beispiel die Verwendung von Schiebebühnen. Auffallend ist, daß Maria Jeritza weniger gute Kritiken einstecken mußte, obwohl Strauss in ihr die ideale Interpretin seiner Ariadne gesehen hatte.
Schließlich widmete man sich wieder der *Frau ohne Schatten.* Bei der anfänglichen Arbeit an der Oper fielen Strauss und Hofmannsthal gleich nach Fertigstellung des Opernszenariums die geistige Parallele zu Mozarts „Zauberflöte" auf. Strauss meinte: „[Sie] schwebt mir wirklich mit Gewalt vor Augen und stört mich sogar im Arbeiten und hat den andern Plan, ‚das steinerne Herz' ganz zurückgedrängt, weil es um so viel *heller* und *freudiger* ist. Das Ganze, wie ich es da in der Luft hängen sehe (aber es ist noch unfertig, noch fehlen mir wichtige Zwischenglieder), verhielte sich, beiläufig gesagt, zur ‚Zauberflöte' so wie der ‚Rosenkavalier' zum ‚Figaro', d. h. es bestände hier wie dort keine Nachahmung, aber eine gewisse Analogie. Die bezaubernde Naivität vieler Szenen der ‚Zauberflöte' kann man natürlich nicht erreichen, aber der Einfall ist, glaub ich, sehr glücklich und ergiebig."[13]
Die Handlung ist sehr komplex zwischen Geisterwelt und irdischem Leben angesiedelt. Viele symbolhafte Elemente begleiten den Übertritt der Tochter des Geisterkönigs Keikobad, die Hofmannsthal nur „Die Kaiserin" benennt, von der angeborenen Unsterblichkeit zur irdischen Vergänglichkeit, die sie der Liebe wegen annimmt.

Auf der Jagd hatte sie sich einst dem Kaiser gezeigt, sich verliebt und ihn geheiratet. Doch Symbol für das Mensch-Sein ist der Schatten. Die Kaiserin besitzt keinen. Wer ihn hat, kann auch Kinder gebären. Der verlassene Vater Keikobad knüpfte jedoch die Erdenzugehörigkeit seiner Tochter an das Gebot, innerhalb eines Jahres einen eigenen Schatten zu erhalten, sonst würde der Kaiser versteinern.

Durch Schätze gelingt es der Kaiserin, der unzufriedenen mittellosen Färberin ihren Schatten abzukaufen. Tiefes Dunkel breitet sich daraufhin über alle Beteiligten aus. Über eine bewußtseinserweiternde Odyssee, die sich philosophisch mit der Sinnhaftigkeit des Seins auseinandersetzt, gelingt es den Beteiligten letztlich doch, ihr Glück zu finden. Jeder, der einen Schatten besitzen möchte, erhält ihn.

Nicht allein die Märchenhaftigkeit läßt Ähnlichkeiten mit Mozarts „Zauberflöte“ zu. Die Parallele findet sich vor allem in den zwei einander konträr laufenden Lebenswelten: der Paare „Kaiserin - Kaiser“ und „Färberin - Färber“.

Während die einen die geistige Ebene mit starker emotionaler Verbundenheit leben und eigene Wünsche zugunsten einer tiefen humanen Grundhaltung zurückstecken, verkörpert das andere Paar sinnliche, diesseitsbezogene Menschen. Aus diesem Alltag möchte die Färberin entfliehen. Sie findet sich aber damit ab.

Und dennoch: Trotz der Mozart-Begeisterung von Richard Strauss gibt es zwischen der *Frau ohne Schatten* und der „Zauberflöte“ nur wenig tiefere Berührungspunkte. Von der Spielfreudigkeit und Urwüchsigkeit der „Zauberflöte“ findet man in der esoterischen *Frau ohne Schatten* nichts. Auch die Figuren in *Frau ohne Schatten* sind wesentlich komplexer und vielschichtiger als jene der „Zauberflöte“. Was sie aber gemeinsam haben: Die bedingungslose Liebe und das Verständnis für gegensetzliche Menschentypen, die das Zusammenleben erst bereichern.

Danach machte sich Hofmannsthal erneut an die Arbeit zu einem Operntextbuch. Er stellte zur Zeit von Strauss' Direktionszeit an der Staatsoper abermals einen symbolistisch abgewandelten Märchenstoff fertig. Diesmal wurde das Geschehen im alten Griechenland angesiedelt. Als Stoff griffen Hofmannsthal und Strauss zum mythologischen Helena-Sagenkreis.

Auch wenn die Opernhandlung von *Die Ägyptische Helena op. 75* der eigentlichen Quelle nicht sonderlich glich, war doch bereits Euripides diesem gleichnishaften Spiel der Gefühle verfallen. Wie nahe liegen Leidenschaft und Schmerz, Leben und Tod beisammen. Menelaos befindet sich auf dem Feldzug, seine verlorene Ehre, die der Ehebruch seiner Frau Helena verursacht hat, zu rächen. Paris hat er zu Beginn der Handlung bereits getötet. Helena soll ihm jetzt folgen. Die ägyptische Königstochter und Zauberkundige Aithna vereitelt dieses Vorhaben, indem sie sich auf die Seite Helenas begibt und Menelaos' Verzweiflung und Zorn durch Vergessens- und Erinnerungstränke wieder in Liebe verwandelt. Zuletzt sinken die Ehegatten einander liebend in die Arme. Der gemeinsame Sohn Hermione mahnt die Eltern zuletzt zum Aufbruch.

Weder die orientalische Prächtigkeit noch die deklamatorische Feinheit der musikalischen Auslegung konnte den Großteil der Opernbesucher und der Presse begeistern. Damals wie heute zählt die *Ägyptische Helena* zu den musikhistorischen Kostbarkeiten für spezielle Musikliebhaber. Strauss arbeitete fast viereinhalb Jahre an dem Ehe-Musiktheater in zwei Aufzügen, das seiner Familienoper *Intermezzo* in der Reihe der Entstehung nachfolgte.

Und noch eine Oper sollte Richard Strauss mit Wien verbinden. Für die lyrische Komödie *Arabella op. 79* war die ehemalige Kaisermetropole der Schauplatz. Und wieder stand der Gedanke der Gattenliebe im Vordergrund.

Hochzeitsvorbereitungen finden statt und bilden den Rahmen für die turbulente Handlung. Die überschwenglichen Gefühle Arabellas und ihrer Schwester Zdenka sowie die Hitzigkeit des Ungarn Mandryka und die Sensibilität Matteos laden zur geschickten Ausgestaltung der Gefühlsskala ein. Das alte Grafenehepaar Waldner steht den jugendlichen Aufregungen aufgeschlossen bis aufgebracht gegenüber. Zuletzt erfolgt natürlich die Versöhnung auf allen Ebenen.

Nach zweiundzwanzig Jahren war Strauss auf Anhieb wieder ein Opernschlager gelungen. *Arabella* war vom ersten Aufführungstag (1. Juli 1933) an beliebt. Dem Konversationsstil hatte Richard Strauss hier wieder verstärkt Melodik beigemischt. Eine geglückte Mischung war ihm gelungen.

Noch bevor das Libretto der Oper fertiggestellt werden konnte, starb Hugo von Hofmannsthal am 15. Juli 1929 an einem Schlaganfall. Es war der Tag des Begräbnisses seines Sohnes Franz, der Selbstmord begangen hatte. Ein doppelter Verlust für Hofmannsthals Frau Gerty, an die auch Richard Strauss' Beileidsworte gerichtet waren: „Unauslöschliche Dankbarkeit in treuestem Freundesherzen wird die Empfindung sein, die ich in Bewunderung ihm bis an mein Lebensende bewahren will. Die herrliche Dichtung, die er mir kurz vor seinem tragischen Ende geschickt hat, [...] wird dem Edlen, Reinen, Hochsinnigen ein letztes Ruhmesblatt sein."[14]

Dabei waren die gemeinsamen Jahre der Opernarbeit keineswegs spannungsfrei verlaufen. Zu gegensätzlich erwiesen sich die beiden Charaktere, was letztlich allerdings das Geheimnis ihrer erfolgreichen Zusammenarbeit gewesen sein dürfte. Hofmannsthal bedankte manchmal solche Situationen, wenn er resümierte: „Jedes Auseinanderkommen zwischen uns [...] ist ja ein Unglück höherer Ordnung."[15]

Es ist überhaupt interessant, daß anders als mit Hermann Bahr oder Stefan Zweig zwischen Strauss und Hofmannsthal doch immer ein Keim der Rivalität in dieser Künstlerbeziehung mitschwang. Die Reibung der Persönlichkeiten führte zur Stimulanz der künstlerischen Kreativität. Hugo von Hofmannsthal, der standfeste Visionär, der poetische Wortjongleur, benötigte oft mit energischem Einsatz Richard Strauss' Sinn für Konkretes. Der sensible Überfeinerte, wie er gern apostrophiert wird, konnte ganz schön ausfallend werden. Wenn Hofmannsthal sich über etwas ärgerte, ließ er seinem Zorn freien Lauf. Strauss gegenüber bekannte er freimütig: „Auch gibt es zwischen zwei Menschen wie wir nichts als gemeinsame Arbeit, und eigentlich auch kein anderes gemeinsames Thema."[16]

Strauss war es allerdings, der immer wieder seinen richtigen Instinkt für Theaterwirksamkeit einsetzte; manchmal jedoch nicht sehr erfolgreich, wie im Fall der Urfassung der *Ariadne auf Naxos* (1912, Stuttgart), der ja Molières Komödie „Der Bürger als Edelmann" erfolglos vorangestellt worden war.

Obwohl Richard Strauss sein Leben lang an der Gewichtung von Wort und Musik arbeitete, konnte er sich nur mühsam von Hofmannsthal zum *Ariadne*-Abenteuer überreden lassen. Dementsprechend mürrisch war dann auch seine Stimmung. Hofmannsthal wußte das genau. Deshalb befürchtete er Schlimmes und forderte Richard Strauss auf, ein deutliches Lebenszeichen zu geben: „Mir ist ganz bang, wenn ich so lange von meinem zweiten Ich nichts höre."[17]

Hofmannsthal hatte den Nagel auf den Kopf getroffen. Strauss streikte vorübergehend: „Sie sind komisch. Sie wollen von mir etwas hören! Aber ich will von Ihnen was lesen, dann erst können Sie von mir was ‚hören'! Also dichten Sie und warten Sie!"[18]

Die zweite, geänderte Fassung der *Ariadne auf Naxos* wurde am 4. August 1916 unter der Leitung von Franz Schalk in Wien aufgeführt. Diesmal mit großem Erfolg. Schalk verhielt sich auch nach der gemeinsamen Bestellung zunächst stets loyal. Er entgegnete, wo er nur konnte, allen Widrigkeiten, die gegen Strauss vorgebracht wurden. Doch alles hat nun einmal ein Ende. Wenn der Bogen zu oft überspannt wird, wie Strauss das unbewußt tat, kann das Konsequenzen haben. Auch Schalks Geduld war einmal zu Ende. Richard Strauss resümierte in einem Brief an Heinrich Kralik: „Daß Schalk als loyaler Mitarbeiter sowohl hinsichtlich seines guten Willens wie seiner Tatkraft versagt hat, war mein Unglück."[19] Strauss bedauerte auch die „fortwährende Sabotage von seiten Schalks"[20].

Die Kluft wurde unüberwindbar: „Bei dem unbegreiflichen Widerstande Schalks und seiner den Sommer über immer stärker zu Tage tretenden offenen und heimlichen Resistenz blieb mir – allein auf das Wohl der Staatsoper bedacht, frei von jeder persönlichen Animosität – nichts mehr anderes übrig, als dem Herrn Minister zu erklären, daß ich mit Schalk nicht weiter arbeiten könne und seine Pensionierung nach Ablauf dieser Saison beantragen müsse."[21]

Es kam aber anders. Strauss war derjenige, der seinen Hut nahm, denn Schalk wurde nicht aus seinem Vertrag entlassen. Als Richard Strauss den Haussegen der Staatsoper bereits schief hängen sah, bekannte er am 4. Februar 1924 gegenüber Franz Schalk: „Ich glaube, meine Zeit ist vorüber, es sei denn, daß eine definitive Aussprache zwischen uns beiden und der Gesamtregierung, eventuell auch Zimmermann, nach meiner Rückkehr [...], die ich inzwischen vorzubereiten bitte, auch nur einen leisen Hoffnungsschimmer auf künftige Besserung zuläßt."[22]

Doch Richard Strauss war Realist genug, um im gleichen Brief die Ausweglosigkeit beim Namen zu nennen: „Ich bleibe auch als Exdirektor in Wien wohnen."[23] Versiert lenkte er gleichfalls die Entspannung im Konflikt mit Schalk ein: „Wir können dann im Belvedere zusammen vierhändig oder Schach spielen! Die arme Oper! Es ist recht traurig."[24]

Anfangs war es ja nicht leicht, Richard Strauss in den Sattel des Operndirektors zu verhelfen. Damals sprach sich sogar jene Komponistengruppe um Arnold Schönberg und die Zweite Wiener Schule, die den jungen bis mittelalterlichen Komponisten Strauss verehrt hatten und dem älteren ablehnend gegenüberstanden, für dessen Bestellung zum Wiener Operndirektor aus. Eine Petition wurde unterschrieben, die auch Alma Mahler und ihr Salon sowie natürlich Mitstreiter Hugo von Hofmannsthal genauso wie Adolf Loos, Felix Weingartner, Stefan Zweig, Arthur Schnitzler befürworteten.

Die Bestellungsturbulenzen um Richard Strauss erinnerten geradezu an eine Komödie: Journalisten, allen voran Julius Korngold, wiegelten die Öffentlichkeit bereits einige Zeit vorher gegen den künftigen Operndirektor auf – Strauss blieb nach außen hin gelassen. Das Opernpersonal war wegen der angesagten Einsparungen besorgt und protestierte im vorhinein, während ein Teil der Strauss-Gegner im Publikum die Überzahl von Richard Strauss-Opern im Spielplan befürchtete. Und das alles, bevor Strauss noch einen Fuß nach Wien gesetzt hatte – ein Spiel, das wir bis heute kennen.
Selbst Richard Strauss' definitive Bestellung zum Direktor war kurzzeitig wankend. Den Besorgten beschwichtigte damals Hugo von Hofmannsthal: „Jetzt ist alles viel schwebender, alle möglichen Faktoren (Sylvester etc.) haben mit zu entscheiden und haben wieder nichts zu entscheiden, und die gewisse schwindelhafte vox populi hat auch mehr Gewicht."[25]
Hofmannsthal setzte sich jetzt für Strauss ein, obwohl er dessen Ernennung ursprünglich sehr skeptisch gegenübergestanden war. Er traute ihm nicht wirklich zu, mit der notwendigen Sensibilität vorzugehen. Doch nach dem Ende des Ersten Weltkriegs brauchte auch die Wiener Oper Geld und Renommee. Und für beides war Richard Strauss unersetzbar.

„Vor allem kann ich mir dann … den Luxus der Wiener Culturarbeit leisten"

Auslandsgastspiele

Richard Strauss wußte zeitlebens, wie wichtig es war, internationale künstlerische Kontakte zu pflegen. Nicht nur, um als musikalischer Botschafter eines Landes zu agieren, sondern auch um die Nachfrage eigener Werke zu lancieren. Ein Umstand, dessen Bedeutung vor allem Hans von Bülow dem jungen Strauss nahegelegt hatte.
Nach dem Ersten Weltkrieg begann sich Richard Strauss' finanzielle Lage wieder einigermaßen zu erholen. Durch den Ausbruch des Ersten Weltkriegs hatte er nahezu sein gesamtes Vermögen verloren, das er einst zwecks besserer Verzinsung und vermeintlich sicherer Anlage auf der Londoner Bank festgesetzt hatte. Großbritannien zog sämtliches Fremdkapital der Kriegsgegner ein. Die Wertanlagen von Strauss als deutschem Staatsbürger waren dabei; sein Zorn über den Verlust maßlos.

Als Dirigent war Richard Strauss stets viel herumgereist. Das lieferte immer wieder Gründe für Auseinandersetzungen – auch mit dem Berliner Intendanten der Hofoper und der Presse. Doch Strauss taktierte unklug. Er gab sich zumeist sämtlichen Anliegen gegenüber unzugänglich. Alle Vorwürfe ließ er an sich abprallen. Im Gegenteil: Sogar in Wien handelte er sich einen ähnlichen Vertrag aus, der ihm genügend Freiraum zum Komponieren und für Gastspielreisen einräumte.
Allerdings ließen ihn seine finanziellen Einbußen jetzt immer rücksichtsloser vorgehen. Da ihn scheinbar überall dieselben Vorwürfe erwarteten, nahm er sich vor, kompromißlos an seinem künstlerischen Credo und seinem dicht gesetzten Terminplan festzuhalten: Zuerst wurde komponiert, dann durch Gastspiele Geld verdient, und zuletzt hielt Richard Strauss die vertraglichen Verpflichtungen mit diversen Opern- und Konzertinstitutionen ein.
Manches seines überstürzten Handelns war zu dieser Zeit mit tatsächlicher finanzieller Sorge zu erklären. Den raschen Entschluß, im Herbst 1921 eine Nordamerika-Tournee zu unternehmen, begründete er seinem Kollegen Franz Schalk gegenüber so: „Ich fahre nicht zum Vergnügen! Nachdem England mein Hauptvermögen beschlagnahmt hat, ich von keiner Seite Pension zu erwarten habe – bin ich allein auf die Tantièmen meiner Werke angewiesen, falls mir etwas zustoßen sollte, das mich an weiterem Dirigieren hindert. Auch Opernerfolge sind wandelbar – bleiben heute die Tantièmen aus, was ich vorläufig nicht hoffe, bin ich ein Bettler und lasse meine Familie in ‚Armut und Schande' zurück." [1]
Die Reise dauerte von Oktober 1921 bis Jänner 1922. Konzerte mit dem New York Symphony Orchestra und dem Philadelphia Orchestra standen auf dem Programm. Und so mußte Wien, wo Strauss ja inzwischen Staatsoperndirektor geworden war, auf seinen dirigierenden Superstar warten. Ein Umstand, der Richard Strauss noch Kummer bereiten sollte. Bülow war jener gewesen, der den Grundstein zum Reisedirigenten gelegt hatte. Sein junger Kollege Strauss nutzte diese Neuerung ausgiebig für sich. Bülow und Richard Strauss waren ihrer Zeit voraus. Sie wiesen bereits damals die Richtung zu heutigen Jetset-Dirigenten.
Strauss legte seine Strecken damals per Schiff und Bahn zurück. Auf seiner ersten Südamerikareise, die er 1920 ebenfalls bereits als Wiener Operndirektor unternahm, befand er sich auf der Hinreise allein fünfzehn Tage auf See. Die tagelange Bahnreise ist da nicht dazugezählt. Immerhin reiste Richard Strauss in Gesellschaft. Er hatte den inzwischen dreiundzwanzigjährigen

Franz mitgenommen. Als verläßlicher Vater stets um das Wohl des Sohnes bemüht, kümmerte Strauss sich sogar nachts um den Seekranken: „Um 3 Uhr nachts aus dem Nachbarbett eine ersterbende Stimme: ‚Papa, mir ist schlecht, mich friert, furchtbare Leibschmerzen.' Ich stürze ans Fenster, stelle den Ventilator ab, reiße mir dabei eine Wunde in den Daumen - und treffe dann alle Vorbereitungen, a tempo Explosion - nach allen Seiten. ‚Ich half so gut ich konnt' - wie der alte Mime. Ich erheiterte ihn durch Vorlesen der Gebrauchsanweisung ‚gegen Keuchhusten, Schwindsucht, Veitstanz, Gebärmutterkrämpfe'. Als er bestens versorgt, überließ ich ihn seiner doppelten Funktion und legte mich endlich schlafen, nur ab und zu durch unzweideutige Geräusche geweckt."[2]

Umsorgen ließ sich auch die junge Sängerin Elisabeth Schumann, die Richard Strauss als Interpretin seiner Lieder auf die zweite Nordamerikareise mitgenommen hatte. Die Sängerin hielt nachträglich ein Konzerterlebnis fest, bei dem Strauss versucht hatte, auswendig zu spielen: „Er ist kein guter *by heart player* und es passierte etwas Wunderbares bei *All mein Gedanken.* Schon nach dem 3. Takt wußte er nichts mehr von der Begleitung und komponierte ein vollständig neues Lied. Ich sprang mit, die Worte passten absolut, niemand ahnte etwas im Zuschauerraum und als wir glücklich zu Ende waren, drehte ich meine Augen nach rechts, um zu sehen, wie er reagierte. Da sah ich nur seinen Mund von einem zum anderen Ohr lachen - es war wirklich schwer für mich, die Ruhe und den Ernst zum nächsten Lied zu finden. Später lachten wir noch im Künstlerzimmer."[3]

Aus ihrer Begeisterung für den großen Komponisten machte Elisabeth Schumann keinen Hehl. Wohl in Hinblick auf die Unsterblichkeit seiner Werke und der künftigen Beschäftigung der Nachwelt mit seiner Person, verfaßte sie für ihr Tagebuch (!) die überschwenglichen Worte: „Du warst immer nur auf *meinen* Erfolg bedacht, warst um meine Gesundheit besorgt und brachtest mir Medikamente, wie ein Vater seiner geliebten Tochter. Ich habe Dich als einen edelsten Menschen kennen gelernt, der für Wahrheit und Ehrlichkeit seine ganze Persönlichkeit einsetzt. Es war eine herrliche Zeit, diese 2 1/2 Monate, täglich, ja stündlich an Deiner Seite zu sein. Du gibst einem *immer,* selbst wenn Du schweigst." [4]

Und manchmal wird sich Richard Strauss wohl auch an einige Situationen seiner ersten Nordamerikareise erinnert haben, die er gemeinsam mit Pauline erlebte. In fünfunddreißig Liederabenden und Orchesterkonzerten stellte er sich und sein Werk von Februar bis April 1904 vor. Der Höhepunkt war

damals ein Strauss-Fest in New York mit vier Konzerten und der Uraufführung der *Sinfonia domestica.*
Damals berichtete das Künstlerehepaar den Eltern nach München: „Mein erstes Concert, Sonnabend, war ein großartiger Empfang mit Orchestertusch, eine vorzügliche Aufführung des ‚Zarathustra' unter Wetzler, ‚Heldenleben' unter mir. Nach ‚Heldenleben' wurde ich cirka 5 bis 6 mal stürmisch gerufen. Orchester sehr liebenswürdig und willig, will mir am 16. März eigens einen Festcommers geben. Carnegiehall ein schöner Riesensaal für 4000 Menschen, aber gut akustisch, so daß Paulinens Stimme den ganzen Saal schön ausfüllen konnte. Montag war Orchesterconcert in Brooklyn (‚Don Juan', ‚Eulenspiegel', ‚Tod und Verklärung'), Pauline 6 Klavierlieder (3 da capos). Wir fuhren mit elektrischem Automobil (40 Mark) durch das wilde, miserabel gepflasterte New York über die großartige Hudsonbrücke circa eine Stunde hin."[5]
Die seinerzeitige jugendliche Scheu vor Fremden hatte Richard Strauss inzwischen längst überwunden: „Jedenfalls sind die Leute überall reizend und reißen sich die Beine aus, um einem Freude zu machen und zu ehren. Im übrigen wirkt das ganze Land sehr großartig, aber etwas wild. Hotels, Bahnhöfe, Eisenbahnen, Geschäftsleben und Industrie grandios, alle oraktischen Einrichtungen glänzend, die 20stöckigen Riesenhäuser wirken sogar auf mein Auge teilweise schön und großartig, da sie in den Proportionen sehr glücklich sind. Jedenfalls scheint unsere Amerikafahrt nach jeder Richtung sich glänzend zu lohnen und alles im besten Zuge."[6]
Neben gesellschaftlichen Verpflichtungen hielt die stets gesundheitsbewußte Pauline auch Anfang März 1904 konsequent an ihrem täglichen Körpertraining fest: „Vor Einladungen und Besuchen kann man sich kaum retten. Pauline ist aber sehr vergnügt und schwimmt, nachdem sie einmal glücklich da ist, wie eine Forelle im Gebirgsbächlein."[7]
Die voyeuristische Publicity-Sucht der amerikanischen Presse war Richard Strauss dabei neu: „In den Zeitungen steht natürlich in Interviews das möglichste und unmöglichste Zeug, was ich niemals gesagt habe, auf den Programmen und in illustrierten Zeitungen alle möglichen Bilder von Marquartstein, Bubi, etc."[8]
Klatsch und Tratsch über Künstler und High Society gehörten auch damals schon zum werbewirksamen Rüstzeug erfolgreicher Konzertveranstalter. Das war eine Erfahrung, die Strauss in den USA kennenlernte und von da an vor jeder neuen Oper wirkungsvoll anzuwenden verstand. Für jedes öffentliche Auftreten von Richard Strauss wurde eine gewaltige Werbemaschinerie

in Gang gesetzt. Die Wirkung war enorm. Strauss entwickelte sich neben seiner überragenden musikalischen Begabung auch noch zum Medientalent.
Die spätere zweite Südamerikareise von Juni bis August 1923 unternahm er mit den Wiener Philharmonikern. Sie führte durch Brasilien, Argentinien und Uruguay. Diesmal präsentierte er als Staatsoperndirektor seine erfolgreichen Musikdramen *Salome* und *Elektra*. Ein studiertes Sängerensemble samt Orchester reiste mit.
Richard Strauss besuchte alle kulturell bedeutenden Metropolen der Welt. Von 1895 bis zu seinen – aus gesundheitlichen Gründen – letzten Reisen 1947 nach Italien und London absolvierte Strauss im Laufe von zweiundfünfzig Jahren unzählige Gastspiele. Seine Reiseroute umfaßte ganz Europa, Moskau (eine zweite Reise dorthin sagte er ab), Nord-, Südamerika sowie Nordafrika. Strauss' beliebteste südliche Urlaubsziele waren seinerzeit Italien und Griechenland. Nicht nur die Landschaft und das Meer, sondern die Kulturgeschichte dieser beiden Länder faszinierten ihn. Wen verwundert es, daß für ihn Reisen Abwechslung und Regeneration bedeutete? Seine Kreativität konnte wieder langsam wachsen, der Alltagstrott wurde vergessen.
Nach dem Ersten Weltkrieg ergriff das in seinem internationalen Ansehen angekratzte Österreich jede Möglichkeit, seine Visitenkarte als Kulturnation im Ausland so oft als möglich zu deponieren. Für Richard Strauss war das allerdings sicher nicht der primäre Beweggrund für den Antritt der strapaziösen Reisen. Die Wiener kritisierten seinerzeit seinen zu hohen Monatsbezug. Die Staatskassa war ziemlich leer. Doch ihm war sein Verdienst eindeutig zu wenig. Die finanzielle Aufbesserung durch die Gastspiele brauchte er, wie er meinte, „vor allem kann ich mir dann mehr als bisher den Luxus der Wiener Culturarbeit leisten"[9].

Der „Belebungskünstler" Max Reinhardt

Zusammenarbeit bei den Salzburger Festspielen, in Dresden und Stuttgart

Es war nicht erst die Bekanntschaft mit Hugo von Hofmannsthal und Franz Schalk, die Richard Strauss Richtung Salzburg führte. Denn wie konnte es anders sein: Natürlich ließ er sich die Festivitäten zu Mozarts 150. Geburtstag nicht entgehen. Einige von Strauss' Werken kannte man auch hier bereits aus Konzerten. Und jetzt war der renommierte Dirigent Carl Muck erkrankt, der die Wiener Philharmoniker am 17. August 1906 in der Aula academica mit einem Mozart-Programm leiten sollte. Ob Muck selbst seinen Kollegen Strauss, der wie er zu diesem Zeitpunkt am Berliner Opernhaus wirkte, als Ersatz empfahl oder ob der Vorschlag von der Internationalen Stiftung Mozarteum kam, ist nicht mehr von Bedeutung.

Vielmehr interessierte Richard Strauss auch die Begegnung mit dem Schriftsteller Hermann Bahr, die sich weiter ausbauen ließ. Beide hatten einander in Berlin kennengelernt. Max Reinhardt, der Theaterregisseur und damals noch Direktor des Deutschen Theaters war, bildete gemeinsam mit dem Bühnenbildner Alfred Roller den faszinierenden Angelpunkt für neue Theatergedanken. Er nahm Richard Strauss für sich ein. Seine Inszenierung von Oscar Wildes „Salome" in Berlin beeindruckte ja den Komponisten dermaßen, daß er sich kurzerhand zur Vertonung entschloß.

Hofmannsthal nannte Max Reinhardt seinen „Belebungskünstler" und war verblüfft darüber, daß dieser „jedes Werk jedesmal wieder neu auf sich wirken [lassen] konnte"[1]. Dabei fand Reinhardt stets „den Schwerpunkt und von ihm aus auch gleich die rechte Perspektive für jeden Moment der Szene"[2].

Richard Strauss war von Reinhardt so überzeugt, daß er ihn uneingeschränkt als Burgtheaterdirektor in Österreichs Erster Republik sehen wollte. Daraus wurde zwar nichts. Doch Max Reinhardt übernahm in Wien das Theater in der Josefstadt und formte daraus eine der damals führenden Theaterinstitutionen des deutschsprachigen Raums.

Reinhardt schwebte allgemein die Vision des Großen Welttheaters vor. Für Salzburg träumte er vom Nebeneinander geistlicher und volkstümlicher Stücke, Opern und von Uraufführungen zeitgenössischer Theaterliteratur.

Dabei begann die Zusammenarbeit der drei Künstler, fast könnte man sagen, rein zufällig. Hofmannsthal und Strauss hatten Reinhardt 1911 gebeten, für den künstlerisch überforderten Hausregisseur der Dresdner Hofoper Georg Toller einzuspringen. Strauss und Hofmannsthal gingen seinerzeit den Kompromiß nur ein, um den genialen Alfred Roller für die *Rosenkavalier*-Uraufführung zu verpflichten.

Der ebenfalls erwünschte und inzwischen vielfach bewährte Uraufführungsdirigent von Strauss-Opern Ernst von Schuch wollte seinem Willen als Direktor der Dresdner Hofoper Ausdruck verleihen, indem er wenigstens den Regisseur aus den eigenen Personalreserven bereitstellte.

Doch Strauss und Hofmannsthal tobten, als sie schon zu Beginn merkten, daß die wienerische Eleganz, die zur Jahrhundertwende ein neues gesellschaftliches Lebensgefühl einleitete, zu ersticken drohte und das vibrierende Augenzwinkern in ein altmodisches Korsett gezwängt werden sollte. Richard Strauss schäumte und erinnerte sich: „Als ich in Dresden die erste Bühnenprobe mit Orchester hörte, war mir schon im zweiten Akt klar, daß der dortige brave Regisseur alten Schlages [Georg Toller] vollkommen unfähig sei, das Stück zu inszenieren. Rollers Dekorationen waren herrlich, sind heute noch vorbildlich wie am ersten Tag! […] An ein gültiges Anerbieten Max Reinhardts mich erinnernd, machte ich dem Generalintendanten Graf Seebach den Vorschlag, Reinhardt bitten zu dürfen, er möge kommen und helfen! Seebach gestand dies widerstrebend zu, unter der Bedingung, daß Reinhardt aber nicht die Bühne betrete."[3]

Reinhardt durfte in Dresden vorerst nur Einzelgespräche mit den Sängern bezüglich ihrer Rollen führen. Letztlich fielen diese aber so gelungen aus, daß der achtunddreißigjährige Regisseur zu Tollers Ärger die Uraufführung übertragen bekam.

Alfred Roller, der berühmteste Bühnenbildner der Jahrhundertwende, hatte jahrelange Erfahrungen in der Zusammenarbeit mit Gustav Mahler an der Wiener Hofoper gesammelt. Seine *Rosenkavalier*-Dekoration für Dresden ist heute noch gültig. Nahezu siebzig Jahre lang war sie für jede neue Produktion richtungsweisend.

Doch ohne publikumswirksame Turbulenzen darf eine so wichtige Uraufführung wie *Der Rosenkavalier* natürlich nicht über die Bühne gehen. Durch Georg Tollers Abberufung enttäuscht, protestierte die Dresdner Belegschaft. Der Operndirektor und Uraufführungsdirigent des *Rosenkavalier* Ernst von Schuch fand sich plötzlich zwischen zwei Stühlen sitzend.

Dementsprechend deutlich äußerte sich auch Richard Strauss im Zuge des Gefechts gegenüber Schuch: „Daß die Reinhardtangelegenheit (ich hoffe, *ohne* mein Verschulden, jedenfalls gegen meine Absicht) in die Zeitung gekommen ist, ist mir sehr unangenehm. Die Hauptschuld daran tragen Sie, den wir vor 4 Wochen um Erledigung dieser Sache gebeten hatten u. der sie auf die lange Bank geschoben hat. Es tut mir sehr leid, wenn der vortreffliche Herr Toller, der nun natürlich ganz unvorbereitet durch die Reinhardtbombe erschreckt worden ist, sich nun gekränkt fühlen würde. Ich möchte um Alles nicht, daß Herr Toller, den ich sehr schätze u. für seine Elektraregie zu Dank verpflichtet bin, sich verletzt fühlt. Ich gehöre leider zu dem Menschen, der wenn es sich um Interessen der Kunst handelt, auch nicht einmal dran denkt, daß hierbei Privatinteressen collidieren könnten u. so kann ich mir garnicht vorstellen, daß ein so intelligenter Mann wie Toller sich der Beihilfe eines Reinhardts nicht aufrichtig freuen könnte. Wie ich heute noch von Ihnen u. Mahler u. allen Leuten, die was können, willig wie ein Schulbub lerne, ohne daran zu denken, daß mein Piedestal dadurch verschoben werden könnte. Ich eigne mich deshalb auch nicht für den Aufenthalt an Hoftheatern. Bitte übermitteln Sie Herrn Toller mit meinen besten Grüßen u. dem Ausdruck meiner aufrichtigsten Wertschätzung mein herzlichstes Bedauern, daß die Sache in die Zeitung gekommen ist. Hätte ich Herrn Toller damals nicht als sehr einsichtigen u. guten Ideen, auch wenn sie nicht von ihm selber kommen, zugänglichen Mann kennen gelernt, wäre ich auf den Gedanken, Reinhardts Wunsch, mal für mich eine Oper zu inscenieren, schon für Dresden näher zu treten, gar nicht gekommen. Aber auf eine so ungewöhnliche Chance verzichtet man ungern. In dem lieben Dresden wird nun glücklich so viel Zündstoff gegen mich und meinen armen Rosencavalier angesammelt sein, daß ich mich wohl besser bei der Premiere gar nicht blicken lasse. Auch am 12. Dezember werde ich möglichst incognito da sein. Gesteinigt zu werden soll garnicht angenehm sein. Was macht Perron [Sänger des Ochs]? Grüßen Sie ihn bitte herzlich."[4]

Doch dem Theaterdonner folgte eine unvergleichliche Premiere. Der Erfolg war überwältigend. Ein neuer Kulturmeilenstein wurde gesetzt, neue Richtlinien für Opernregie und Gesamtkunstwerk gesetzt. Zeitlebens unvergeßlich blieb Richard und Pauline Strauss der Dresdner Uraufführungserfolg. Bewährte Strauss-Sänger wie Margarethe Siems (Marschallin), Carl Perron (Ochs), Eva von der Osten (Octavian), Minnie Nast (Sophie) setzten damals die höchsten Maßstäbe.

Richard Strauss dachte Jahre später gerne an einige Episoden um die Entstehungsgeschichte seines Welterfolgs zurück, an den man anfangs so gar nicht glauben wollte: „Als ich Hofmannsthals Buch meinen Berliner Intendanten Graf Hülsen hatte lesen lassen, riet er mir ab: das sei kein Text für mich! Er bedauerte, daß er ‚so wenig Zeit' habe, sonst hätte er mir selbst einen ‚echt deutschen Text' geschrieben! Nach der hundertsten Berliner Aufführung kam er zu mir ins Künstlerzimmer, gratulierte mit den Worten: ‚Es ist aber auch ein entzückendes Textbuch!' […] ‚Der Rosenkavalier' ist die einzige Oper von mir, die sich Kaiser Wilhelm auf Zureden des Kronprinzen einmal anhörte, aber mit den Worten verließ: ‚Det is keene Musik für mich!'"[5]

Und auch Ernst von Schuch war – trotz der zuvor angespannten Stimmung – wieder versöhnt. Letztlich hatte er ja alles in seiner Macht Stehende zum

Erfolg beigetragen. Sein Sohn Friedrich erinnerte sich später: „Die Begeisterung, nachdem zum ersten Mal das Terzett der drei Frauen: Margarete Siems als Marschallin, Eva v. d. Osten als Octavian und Minnie Nast als Sophie, und das kurze Nachspiel verrauscht waren, war unbeschreiblich. Zusammen mit Rollers Ausstattung und Reinhardts Regie war ein Rosenkavalierstil geschaffen, der bis zu unseren Tagen vorbildlich geblieben ist. Eine Wallfahrt zu den Dresdner Aufführungen setzte ein. In Berlin vermittelte ein zu diesem Zweck besonders eingerichtetes Büro den Besuch des ‚Dresdner Rosenkavaliers' mittels Extrazügen."[6]

Die erste Salzburger Aufführung vom Sommer 1929 knüpfte an den Dresdner Erfolg an. Die Sänger waren wiederum vortrefflich: Richard Mayr als Ochs, Lotte Lehmann als Marschallin, Vera Schwarz als Octavian und Adele Kern als Sophie. Der Dirigent dieser Produktion war Clemens Krauss, einer der profundesten Kenner von Strauss-Werken. Sein Name ist mit Richard Strauss letztlich durch den von ihm mitkreierten Strauss-Aufführungsstil und die herzliche Freundschaft zueinander verbunden.

Die erste Strauss-Oper, die bei den Salzburger Festspielen aufgeführt wurde, war 1926 *Ariadne auf Naxos* in der zweiten (Wiener) Fassung gewesen. Lotte Lehmann sang die Titelrolle, und Oskar Strnad besorgte eine gelungene Inszenierung.

Die Entstehung der Oper resultierte aus der großen Bewunderung von Hofmannsthal und Strauss für den Theatermann Reinhardt. Sie war später das Dankeschön an ihn und noch vor der Gründung der Salzburger Festspiele 1912 in Stuttgart uraufgeführt worden.

Die „Bürger als Edelmann"-Fantasie-Variante der hintereinandergesetzten Theaterblöcke, in stilisierter Anlehnung an die monumentale griechische Aufführungspraxis, scheiterte an der Gegensätzlichkeit der Gattungen und der daraus resultierenden Langatmigkeit. Oper und Schauspiel samt Balletteinlagen harmonierten bei Wahrung ihrer ursprünglichen Form nicht miteinander. Das Publikum legte hierbei verschiedene Interessensschwerpunkte.

Auf einer Paris-Reise kam Hugo von Hofmannsthal der Gedanke, Molières Schauspiel „Le Bourgeois Gentilhomme" („Der Bürger als Edelmann") der Oper voranzustellen. Er informierte Strauss: Es sollte eine „30-Minuten-Oper für kleines Kammerorchester [werden], […] benannt ‚Ariadne auf Naxos', und gemischt aus heroisch-mythologischen Figuren im Kostüm des 18. Jahrhunderts in Reifröcken und Straußenfedern und aus Figuren der Commedia dell' arte, Harlekins und Scaramouccios, welche ein mit dem heroischen Element fortwährend verwebtes Buffo-Element tragen"[7].

Hofmannsthal wollte ein Werk schaffen, das Reinhardt genug Spielraum für seine phantasievollen Regievorstellungen bot. Außerdem kannte er dessen Vorliebe für alles Barocke. Daher schien ihm die Stoff-Auswahl nicht ungünstig, zudem sich auch Richard Strauss einer Realisierung dieser Idee gegenüber nicht abgeneigt zeigte. So entstand die Idee einer Verbindung von Musiktheater und Schauspiel sowie einer Verknüpfung von „opera buffa" und „opera seria". Der Reiz, den dieser Plan auf Reinhardt ausübte, wurde durch die Vorstellung einer Mischung aus Musik, Dialog, Pantomime und Tanz verstärkt. Er wollte ein Gesamtkunstwerk schaffen, aber in eine andere Richtung, als Wagner es verstanden hatte. Reinhardts Zugang zur Kunst war zeitlebens nie über die Musik, sondern immer über das Schauspiel und die Regie erfolgte.

Es kam zu einer engen Zusammenarbeit zwischen Hofmannsthal und Reinhardt, der zu jeder Frage der Bühnenrealisierung hinzugezogen wurde. Die Uraufführung der Oper war an Max Reinhardts Deutschem Theater in Stuttgart vorgesehen. Aus diesem Grund bestand Strauss auf einen Umbau des Orchesterraums. Er wollte ein „offenes, hochliegendes Orchester kriegen wie im Münchner Residenztheater"[8].

Im November 1910 hegte Richard Strauss Zweifel darüber, ob Reinhardt überhaupt imstande sein würde, die Oper aufzuführen, „[…] ich sehe immer noch nicht, wo er Orchester und Sänger hernehmen soll"[9]. Er schlug das Münchner Residenztheater als geeigneten Ort zur Uraufführung vor. Hofmannsthal drohte Strauss indirekt mit dem Bruch der Zusammenarbeit, wenn er Reinhardt ablehnen sollte, zeigte sich jedoch bereit, das Residenztheater näher ins Auge zu fassen.

Pauline Strauss stellte sich von Anfang an gegen eine Zusammenarbeit ihres Gatten mit Reinhardt. Warum genau, dürfte einer Laune entsprungen sein. Am 27. Februar 1911 beschwor sie ihren Richard: „Lasse Dich nicht bewegen, nicht breitschlagen, Dein neues, kurzes, aber schwieriges Werkchen bei Reinhardt zu geben, […] sie werden Dich über manches hinwegtäuschen, der geizige Bruder Reinhardts wird später alles aufs billigste rausstaffieren. Du brauchst keineswegs Reinhardt, er braucht Dich! Seine Dresdner Gefälligkeit [*Der Rosenkavalier*] ist 10 mal wett, da er in Verbindung mit Deinem Namen und der Hofbühne Dresden stand, darauf sieht er ja! Du mußt da einmal wenigstens fest bleiben, das schauderhafte Theater, unakustisch mäßiges

Orchester, geringe Sänger [...], Deine Sache verlangt prima, prima Leute oben wie unten, ein elegantes, wohldurchlüftetes Theater und Mittel, reiche Mittel für Kostüme und Dekoration, keine Pappe, à la Reinhardt, was mich jedesmal abstößt, der Geruch von billiger Pappe und Malerei in seinen 2 Häusern. Rede Dir nicht ein, Du seist es Reinhardt schuldig, denn das ist nicht wahr, Du bist Dir schuldig, das Werk am königlichen Schauspielhaus zu geben."[10]
Strauss blieb allerdings bei Max Reinhardt und Stuttgart. Das „abgelegenste Nest auf Gottes Erdboden"[11], wie Hofmannsthal das Königliche Opernhaus nannte, wurde zur Uraufführungsstätte. Die Theaterunstimmigkeiten wurden erst durch einen internen Pakt beseitigt. Reinhardt und Hofmannsthal waren für die Auswahl des Schauspielerensembles verantwortlich, Strauss hingegen für das Engagieren einer von ihm gewünschten Sängerelite. Richard Mayr (Strauss' Lieblingsbassist), Richard Tauber, Alfred Jerger, Selma Kurz, Elisabeth Rethberg, Rose Pauly, Lotte Schöne, Elisabeth Schumann und andere.
Reinhardt war übrigens nicht der erste gewesen, der Salzburg als Festspielstadt in Erwägung gezogen hatte. Vor ihm schon träumte Hermann Bahr davon und zog vor allem Hugo von Hofmannsthal in seinen Bann. Bei Reinhardt befürchteten Kunstkenner vorerst, daß sich die geplanten Festspiele in ein zu kommerzielles Unternehmen verwandeln könnten, bei dem allein die Spielfreude, ohne bildungspolitischen Hintergrund und damit ohne die große künstlerische Dimension vor Augen, zählt. Hugo von Hofmannsthal beschäftigte sich nahezu zehn Jahre mit der Erstellung eines geeigneten ideellen Konzepts. Er war es letztlich auch, der die höhere politische Entscheidungsebene in Form des Freundes und Generalintendanten der kaiserlichen Hoftheater, Leopold Freiherr von Andrian, mit Max Reinhardt zwecks Gedankenaustauschs zusammenbrachte.
Reinhardt selbst faßte später die konzipierte Festspielidee in einem Brief an Andrian zusammen: „In dem festen Glauben an Österreichs hohe Sendung in den Künsten, an die reichen, sich immer erneuernden Kräfte unseres Vaterlandes, an die unversiegbare Fülle der Talente, die unvergleichlichen Möglichkeiten, die sich aus dem farbenreichen Nebeneinander der Völker und Kulturen ergaben, endlich in dem festen Willen, nichts unversucht zu lassen, um für die Zukunft diese Talente zu sammeln und zu binden, ihrem beständigen Abfließen einen Damm zu setzen [...]. Hohe Zeit schien es uns beiden, hier Entscheidendes zu tun. Auch darin war zwischen uns Übereinstimmung, daß diese schwere Prüfungszeit die Bedeutung alles Geistigen, so

auch die der Kunst und des Theaters, hoch emporgehoben hat. Gerade in diesen Jahren ist es deutlich geworden, daß das Theater kein Luxus für eine dünne Oberschichte ist, sondern ein unentbehrliches geistiges Lebensmittel für die breiten Schichten. Ein mächtiges Lenkmittel ist es endlich auch über den Sinn und die Phantasie der großen Massen, so mächtig, daß es nicht länger den Händen niedriger Spekulanten überlassen werden darf, sondern, daß die höchsten und reinsten Hände zu höchsten und wohlverstandenen politischen Zwecken sich seiner bedienen müssen. In all diesem waren wir einig.
Der Festspielgedanke liegt in der Luft, und man muß erstaunen, wenn man gewahr wird, wie mitten unter dem Wust und der Qual dieses Kriegsgeschehens der gleiche Gedanke in allen Ländern auftaucht, wie dieses eminente Friedenswerk als Plan da und dort jetzt mitten im Krieg sich hervorhebt, Gestalt annimmt, ja den Boden der Wirklichkeit gewinnt: So bei den Franzosen, bei den Schweizern, bei den Italienern. – Auch in Österreich ist an der geeignetsten Stelle – in Salzburg – dieser Gedanke aufgegriffen worden. Es hat sich ein Festspielverein gebildet, der Kapital sammelt; ein Grundstück am Hang des Hügels von Maria Plain, der wie ein Wahrzeichen von Österreich über die Grenze gegen das Bayerische hinschaut, ist, wie ich höre, für den Bau gesichert. Der Name Mozart soll dem Unternehmen nicht nur die Weihe, sondern auch das Gepräge geben. Ich wüßte keinen glücklicheren. Heiter, fromm und festlich, so sind Mozarts Werke; in keinem anderen Geiste als in diesem sollten Österreichs Festspiele geplant werden – nirgends aber als in Österreich könnten mit soviel Recht eben in diesem Geist Festspiele geplant werden.
Alle diese Gesichtspunkte darlegend, sind die Salzburger Herren an mich herangetreten – nicht als die ersten. Vordem ist das groß gedachte, im wesentlichen ähnliche Projekt der Züricher Stadtverwaltung an mich gelangt. Beides war mir eine Genugtuung. Wieviel in meinem Gemüt und in meiner Phantasie für das österreichische Projekt spricht, brauche ich nicht zu sagen. Was mich begeistern könnte, wäre eines: In Salzburg eine Triumphpforte österreichischer Kunst zu errichten mit Mozart als Krönung, um den sich Grillparzer und Raimund, aber auch Calderon wie Sophokles zwanglos strahlenförmig stellen würden, zu diesem Zweck alle schlummernden Kräfte zu sammeln, neue Kräfte zu entwickeln, die reife Frucht der österreichischen Gesamtkultur – denn ich denke nicht nur an das Schauspiel, sondern ebenso an die Oper und die mimische Darbietung, ebenso an das weite Gebiet der dekorativen Kunst und ich denke nicht nur an das deutsche Österreich, sondern ebenso an die anderen Völker der

Monarchie, denen Bühne, Musik und Malerei soviele große Talente verdanken – einem europäischen Publikum darzubieten. Der Augenblick ist in der Kulturpolitik wie in der großen Politik entscheidend. Die Konstellationen ändern sich, die Fäden, die man in der Hand zu haben glaubt, entgleiten. Alles kommt darauf an, sie nicht entgleiten zu lassen. Zu diesem Friedenswerk, das kein anderes dem Prestige der Monarchie dienen könnte, müßte jetzt und heute gerüstet werden. Ich habe es für meine Pflicht gehalten, auf diesen Weg hinzudeuten. Gehen kann ich ihn nur, wenn Sie als Chef der kaiserlichen Hoftheater ihn mit mir gehen, wenn Sie diesen Weg wollen, wenn Ihr Allerhöchster Herr ihn will.
Es ist Österreichs Tradition, daß die Darbietung des Hohen in der Kunst immer eine Unternehmung war, die das Allerhöchste Haus durch die in seinen Diensten Stehenden durchführte. In der gleichen Weise müßte – soll diese Salzburger Unternehmung in einem großen, Österreich ehrenden Sinn gelingen, hier eine konstitutive Allerhöchste Willensäußerung vorliegen, welche über den einmaligen Akt des Wohlwollens hinausgehend als andauernd und immanent diesem Unternehmen ein dem Hoftheater verwandtes Gepräge und verwandten Rang verleiht und dieses Verhältnis müßte, unbeschadet der Selbständigkeit des Salzburger Komitees in allen materiellen Dingen, dadurch zum Ausdruck kommen, daß einer Persönlichkeit, die in diesem Ressort das Allerhöchste Vetrauen genießt, gleichsam kommissarisch die letzte Entscheidung in allem Geistigen und Künstlerischen zustehen müßte. Dann könnte, glaube ich voraussagen zu dürfen, allerdings Außerordentliches zustande kommen und Österreich seine, ihm von der Vorsehung verliehenen Gaben auf diesem Gebiet zur Geltung bringen."[12]

Mit Ende des Ersten Weltkriegs war die Sehnsucht nach Frieden, nach wirtschaftlicher und politischer Stabilisierung groß. Es war ja zur willkürlichen Aufteilung Europas gekommen. Österreich suchte nach seiner neuen Identität. Seine geschrumpfte politische Position mußte neu definiert werden. Was man aber über alle Sorgen hinweg aus der alten Bedeutung heraus erhalten wollte, war: die Kunst.

Und sie sollte von Salzburg aus, mit dem musikalischen Abgott Mozart voran, über alle Grenzen hinweg in die ganze Welt hinausstrahlen.

Die Realisierung des Festspielgedankens dauerte fast fünfzehn Jahre lang. Manche Fehde mit der Bürokratie mußte da ausgefochten werden. Jedoch nicht ausschließlich aus Unverständnis, sondern aus der Not des Ersten Weltkriegs und seiner Nachwirkungen heraus.

Durch geschickte Stimmungsmache erreichte man es, daß der mit Hermann Bahr und Hugo von Hofmannsthal befreundete Leopold Freiherr von Andrian 1918 zum Generalintendanten der Wiener Hoftheater ernannt wurde. Im gleichen Jahr bestellte der 1917 gegründete Verein „Salzburger Festspielhaus-Gemeinde" den „Kunstrat" mit Reinhardt, Schalk und Strauss. Sinn und Zweck dieses Rats war es, die Attraktivität und Kreativität des Festspielprogramms im Auge zu behalten.

Zu Beginn wurden alle administrativen Fäden von Wien aus gezogen. Und Franz Schalk mußte - heute kaum vorstellbar - seinerzeit Richard Strauss' Interesse zur Teilnahme erst entfachen. Strauss konnte sich anfangs nichts Konkretes unter der Idee der Salzburger Festspiele vorstellen.

Ein Jahr später erweiterte sich der „Kunstrat" um Hofmannsthal und Roller. Salzburg sollte zum künstlerischen Zentrums Österreichs, ja ganz Europas werden. Und das nicht nur im Sommer. Man dachte ursprünglich daran, das ganze Jahr über in Salzburg Produktionen zu zeigen. Hofmannsthal war von diesem Gedanken wie besessen. Letztlich war auch er es gewesen, der seine ganze Lebenskraft in die Umsetzung des vorerst theoretischen Kulturkonzepts gesetzt hatte.

In zahlreichen Schriften befaßte sich Hofmannsthal mit dem Festspielgedanken. Er spricht von der „moralischen Sendung" Salzburgs. Es sei Aufgabe dieser Stadt, als regenerierende Kraft zu wirken, alte Traditionen zu erneuern, die Kunst als Friedensbringer für ein zerrissenes Europa einzusetzen. Salzburgs geographische und geistige Position im Herzen Europas sollte zum Symbol der Versöhnung einer vom Krieg entzweiten Generation werden.[13] Ein auch nach fast acht Jahrzehnten immer noch aktueller Gedanke.

Hugo von Hofmannsthal empfahl wichtige strategische Vorgangsweisen, um künstlerische Einigkeit zu beweisen: „Hiezu scheint mir besonders nötig, daß die Gruppe der Künstler (Sie [Reinhardt], Strauss, Schalk, Roller und ich) in allem vollkommen d'accord und geschlossen vorgehen; die Salzburger Bürger des Comités müssen das Gefühl haben, von uns mit sicherer Hand in einer bestimmten uns vorschwebenden Richtung geführt zu werden. Diesem Zwecke diente unter anderem mein Programmentwurf. Er suchte das Dilemma Oper oder großes Schauspiel aus dem Weg zu schaffen, indem er beide zusammen unter den Begriff Festspiel faßte."[14] Und dieser Gedanke sollte bereits beim Bau des Festspielhauses berücksichtigt werden: „Die beiden Theaterräume, der große und der kleine, beide umgestaltbar für Oper, großes Schauspiel und Concert."[15]

Den Grundstein zum Festspielhaus legte man am 19. August 1922 in Hellbrunn. Der Gedanke einer ebenfalls diskutierten Theatergrotte wurde letztlich verworfen: Es war Richard Strauss, der den Grundstein legte. Er war inzwischen zum Festspielpräsidenten ernannt worden, und seine Aufgabe bestand unter anderem darin, Geld aufzutreiben, was Max Reinhardt selbst immer unangenehm gewesen war.
Doch das Rad der Geschichte hatte sich trotz der Zusage von Kaiser Karl und Freiherrn von Andrian weitergedreht. Aus der Monarchie war eine Demokratie geworden. Vormalige Führungskräfte wurden ausgetauscht. Im allgemeinen politischen Trubel hatte vorerst niemand ernsthaftes Interesse an der Umsetzung von Theatervisionen.
Strauss und Schalk hatten sich als hohe Kulturrepräsentanten vertraglich aus der alten in die neue Zeit hinüberretten können. Man glaubte an Strauss' künstlerische Autorität und seinen Instinkt, im richtigen Moment Geld herbeischaffen zu können. Er begab sich auch auf die Suche nach Sponsoren. Doch selbst er konnte in Zeiten der weltweiten Rezession keine Wunder wirken.
Übrigens liebäugelte bereits einer der berühmtesten Wagner-Dirigenten Hans Richter 1887 mit dem Bau eines Mozart-Festspielhauses auf dem Mönchsberg. Gegenfestspiele zu Bayreuth sollten es sein. Es war aber letztlich der Salzburger Kaufmann Friedrich Gehmacher, der ab 1913 daranging, eine „Festspielgemeinde" zu gründen. Schließlich war am 1. August 1917 der Bau eines eigenen Festspielhauses in Salzburg beschlossene Sache.
Am 20. August 1920 eröffnete man ohne staatliche Finanzunterstützung die Salzburger Festspiele. Gagen konnten keine bezahlt werden. Die Künstler spielten und sangen unentgeltlich. Es sollte ein Festival für Mozart werden, höchste künstlerische Auseinandersetzung vor einem geneigten, zahlungskräftigen Publikum. Das „österreichische Bayreuth"[16] war geboren.

Ominöses Kulturamt

„Im allgemeinen herrscht seit den blöden Hitlerwahlen hier eine greuliche Stimmung"

Der Präsident der Reichsmusikkammer – Das höchste Musikamt im Deutschland der Nationalsozialistischen Deutschen Arbeiterpartei

Von 1919 an lebte Richard Strauss offiziell in Wien. Er verbrachte dennoch viel Zeit in Garmisch, gab in aller Welt Konzerte, unterhielt intensive Kontakte zu Berlin und blieb weiterhin deutscher Staatsbürger.
Langsam hatte er seinerzeit begonnen, sich von Berlin zu lösen. Nach dem Untergang der Monarchie wollte Strauss vor allem aber fort aus der Stadt, die ihn, als politischen Bewahrer konservativer Gesinnung, mit allen kaiserlichen Würden, die es zu erringen gab, belohnt hatte. Teile des neuen, demokratischen Berlin ließen ihn ganz deutlich spüren, daß der damals kaiser-(königs)treue Gegner der Demokratie nicht mehr im gesamten Umfang seiner Tätigkeit erwünscht war. Richard Strauss symbolisierte eine von den linken Revolutionären politisch unerwünschte Personengruppe. So stand er auch nicht zufällig auf der Todesliste der Kommunisten, deren fataler Auswirkung Richard Strauss nur per Zufall entkam.
Anders war Wien: Hier wurde, im Gegensatz zum stets konsequenten Deutschland, nie so heiß gegessen wie gekocht. Hier konnte der beinahe pensionsreife Komponist den erworbenen Ruhm vergangener Jahre weiter genießen und sein Image im Geburtsland Deutschland, nach einigen Tiefschlägen, wieder langsam aufbauen. Strauss wies ja dafür ungemeine diplomatische Begabungen auf.
Allerdings ist eindeutig festzustellen, daß Richard Strauss schon Jahre vor dem Zusammenbruch der Monarchien in Mitteleuropa große Hoffnungslosigkeit überkam. Der künstlerische Weg des Erneuerns, der zur Jahr-

hundertwende vielerorts noch Impulse, Mut und Kreativität entfacht hatte, kostete Strauss jetzt viel Substanz. Auch Pauline hatte inzwischen ihre Gestaltungsgabe als Sängerin gegen hausmütterliche Biederkeit eingetauscht. (Ein Gast berichtete: „Ich wußte damals noch nicht, daß es im Hause Strauß gern gesehen wird, wenn der Besucher, wie in japanischen Tempeln und Häusern, bereitgehaltene, saubere Ueberschuhe anzieht, damit er nicht den Schmutz der Straße in das spiegelglänzend saubere Haus hineintrage. Japan in Garmisch."[1])

Strauss interessierte sich nach der *Elektra* (1909) eindeutig weniger als zuvor für neue, provozierende Strömungen in der Kunst. Für ihn zählte jetzt vor allem, sich künstlerisch entschieden von sozialistischen und kommunistischen Tendenzen abzugrenzen.

Mit seinen Aktivitäten bezüglich des Urheberrechts war er zur Freude einiger linker und rechter Gruppierungen den fortschrittlichen Weg des solidarischen Reformers gegangen. Die Beschäftigung mit der Urheberrechtsfrage prägte eindeutig Richard Strauss' gesellschaftliches und politisches Interesse. Als Kulturpolitiker mit gewerkschaftlicher Ambition verbot er sich daher, künstlerisch weiterhin die Grenzbereiche der Atonalität bis zu der an neue Regeln gebundenen Zwölftontechnik auszuloten. Sie galt als Synonym für das Freiheitsbedürfnis und die Aufbruchsstimmung einiger junger Menschen zu dieser Zeit. Strauss wollte sich selbst als „Fels in der Brandung" sehen und angehenden Komponisten weiter stabilisierendes Vorbild bleiben. (Dabei komponierte Strauss in *Also sprach Zarathustra* die erste Zwölftonsequenz der Musikgeschichte, die selbst den jungen Arnold Schönberg über alle Maßen faszinierte!)

Richard Strauss war überzeugt, das für ihn gangbare Ziel erreicht zu haben. Die russische Oktoberrevolution von 1917 brachte eine Schreckvision in Umlauf. Sie schürte die Angst vor ähnlichen politisch nivellierenden Tendenzen im deutschsprachigen Raum und somit auch in der Kunst. Und gegen Gleichmacherei stellte sich Richard Strauss ja seinerzeit bereits öffentlich mit seiner politischen Forderung, das allgemeine Wahlrecht aufzuheben.

Seit der Jahrhundertwende bis in die zwanziger Jahre hinein hatten sich also die politischen Verhältnisse eindeutig gegen Richard Strauss' politische Überzeugung entwickelt. Mit seiner Ansicht stand er jedoch keineswegs allein. Strauss gehörte nicht zuletzt jener Generation von Vätern an, gegen deren Wertvorstellungen sich die Jugend nach Monarchie-Ende zu stellen begann. Und das kam nicht von ungefähr: „Hinter dem Generationskonflikt verbarg

sich […] ein neues Lebensgefühl, das sich als anti-bürgerlich verstand, obwohl es nur auf dem Boden spezifisch bürgerlicher Lebensformen Entwicklungsmöglichkeiten besaß."[2]
Richard Strauss war mit fünfzig Jahren dem jugendlich-oppositionellen Lebensgefühl längst entwachsen. Dem geistigen Chaos der Zeit wollte er entfliehen. Die Fehler der deutschen Monarchie hatte er noch direkt miterlebt und ärgerte sich machtlos darüber. So beschloß er, nach Österreich zu übersiedeln.
Der Übergang war keineswegs abrupt. Strauss wirkte zuvor oft in Wien und hatte hier Freunde und Verehrer gefunden. Das gebildete Wiener Bürgertum hielt eindeutig stärker als das Berliner an Traditionen fest. Ein Umstand, der sich auch im Berufsmilieu der Beamten niederschlug. Noch zu Zeiten der österreichisch-ungarischen Monarchie gab es das ungeschriebene Gesetz, „daß die Berufschancen der Beamten in den ungarischen Ministerien maßgeblich durch den Beruf des Vaters beeinflußt waren"[3].
Und nicht nur dort. Auch in Österreich und Deutschland verlief es nicht anders. Nicht primär die Leistung, sondern die Herkunft war wichtig. Doch einiges war man im Begriff zu verändern. Mitglieder von Burschenschaften begannen die Beamtenebene zu unterwandern. Und in den mittleren und unteren Beamtenbereichen gab es auffallend viele Sympathisanten der politisch radikalen Flügel: „Der starke Akademikeranteil von der Väter- zur Söhnegeneration von 24 Prozent auf 75 Prozent ist somit Ausdruck eines ausgeprägten Trends zu vertikaler Mobilität."[4]
Für die Achse Salzburg – Wien faßt dies eine eigene Untersuchung zusammen: „In der Gruppe der ‚besonders aktiven' Schönerianer stellten die Rechtsanwälte das größte Kontingent, gefolgt von Notaren und technisch-akademischen Beamten. Auffallend viele von ihnen waren Söhne mittlerer Beamter. Keiner stammte dagegen aus einer höheren Beamtenfamilie. Die große Gruppe der ‚aktiven Schönerianer' setzte sich beinahe zur Hälfte aus höheren Beamten (einschließlich Mittelschullehrer) zusammen. Ein Drittel waren Angehörige der Freien Berufe."[5]
Ein Generationskonflikt war in diesem Lager später ausgeschlossen, da „die Alten Herren auch […] für die berufliche Zukunft des Nachwuchses"[6] sorgten und dadurch längst vor Hitlers Machtergreifung die ideellen Voraussetzungen dafür geschaffen hatten.
Überraschend ist, daß Richard Strauss unter dem sozialistischen Bundeskanzler Dr. Karl Renner seine Bestellung zum Staatsoperndirektor ent-

gegennahm (aus Verbundenheit dirigierte er sogar „Arbeiter-Konzerte zum 1. Mai im Konzerthaus"[7]). Eine Position allerdings, die Renner nur ein Jahr ausübte, unter politischem Protest zurücklegte und sich aus der Regierung zurückzog. Unter der neuen christlichsozialen Regierung Dr. Ignaz Seipels wirkte Strauss ohne nennenswerte Ereignisse.

Richard Strauss' Kulturverständnis und dessen musikalische Ausformung standen nun im Einklang mit der politischen Polarisierung jener Tage. Im schweren Kulturkampf der Zeit zwischen Heimwehr und Republikanischem Schutzbund stand Strauss tatsächlich den Tagesereignissen „in seiner rechtschaffenen Naivität" (Bezeichnung seines Freundes Arthur Seidl!)[8] gegenüber.

Eine Naivität, die nach dem Ende des Zweiten Weltkriegs der von Richard Strauss unerkannt gebliebene Klaus Mann als Journalist in einem Brief an den Vater Thomas Mann festhielt: „Scham und Takt sind seine Sache nicht. Die Naivität, mit der er sich zu einem völlig ruchlosen, völlig amoralischen Egoismus bekennt, konnte entwaffnend, fast erheiternd sein, wenn sie nicht als Symptom sittlich-geistigen Tiefstandes so erschreckend wäre. *Erschreckend* ist das Wort. Ein Künstler von solcher Sensibilität – und dabei stumpf wie der Letzte, wenn es um Fragen der Gesinnung, des Gewissens geht! Ein Talent von solcher Originalität und Kraft, ein Genie beinahe – und weiß nicht, wozu seine Gabe ihn verpflichtet! Ein großer Mann – so völlig ohne Größe! Ich kann nicht umhin, dies Phänomen erschreckend und auch ein wenig degoutant zu finden."[9]

Die Verharmlosung des Strauss-Biographen Kurt Wilhelm will hier nicht greifen: „Klaus Mann […] war voll von Vorurteilen und wollte Strauss' Haltung und Beweggründe nicht verstehen. Er legte die Maßstäbe eines Menschen an, der nicht dabeigewesen war."[10]

Auch der von Richard Strauss menschlich enttäuschte Thomas Mann notierte ein Jahrzehnt zuvor: „Ist nicht dieser Strauss, dieses naive Gewächs des Kaiserreichs, viel unzeitgemäßer geworden als ich? Müßte er als Künstler nicht viel unmöglicher im ‚3. Reiche' sein als ich? Er ist dumm und elend genug, ihm seinen Ruhm zur Verfügung zu stellen, und es macht ebenso dumm und elend Gebrauch davon. Der Jude Hofmannsthal schrieb ihm Texte. Jetzt komponierte er ein Libretto des Juden Zweig."[11]

Die geschliffene Feder des Wiener Kritikers Karl Kraus hakte gleichfalls ein. Er deklarierte sich als ausgesprochener Gegner des Menschen und Künstlers Richard Strauss. Ihm war Strauss' pauschale Ablehnung des Sozialismus und

die nach außen hin herablassende Art zutiefst zuwider, was sich unter anderem in dessen Kritik des neuen Balletts widerspiegelt.
Für ihn stand eines fest, „daß es eine grauenvollere Verödung sogar des Ballettgeistes und eine ausgiebigere Herabsetzung des Theaters zur Kleinkinderbewahrungsanstalt bisher nicht gegeben hat als dieses ‚Schlagobers', worin sich der launige Altmeister, dem so vielfach der Schalk im Nacken sitzt, mit der sozialen Frage auf seine Art auseinandersetzt. Nämlich so, daß das feine Demelgebäck es mit dem ordinären Gebäck, Stritzeln, Bretzeln, Schmalznudeln, Gugelhupf und dergleichen Proletariat - dieses, wirklich, aufgewiegelt von dem intellektuellen Mazzes - zu schaffen kriegt, bis zur Beruhigung der Kreise, die in den Opernlogen sitzen und deren kapitalistisches Bewußtsein von dieser Kunst so sympathisch angesprochen wird, wie sonst nur ihr Snobismus, also bis das resolute Münchner Bier - so ist's recht! - dem Klassenkampf ein versöhnliches Ende setzt. Wozu ja das Münchner Bier speziell in der Sphäre der Wiener Konditorei berufen ist."[12]
Daß Strauss' Weltsicht 1924 allen hinlänglich bekannt war, bestätigte Karl Kraus: „Kritische Verehrer, die sich Herrn Richard Strauß nun einmal ohne Weltanschauung nicht vorstellen können, haben hier eine Goetheflucht [lebenslanger Lieblingsdichter von Strauss] des reinen Künstlerwesens aus den Schrecken des sozialen Umsturzes in ein Kinderland der Phantasie (wo auch Herr Slibowitz und der Herr Wutki auftauchen) beobachten wollen."[13]
Kraus kannte die gewalttätigen Umstände des jüngsten politischen Geschehens in München, wo die Nationalsozialistische Arbeiterpartei Deutschlands am 9. November 1923 den blutigen Marsch zur Feldherrnhalle unternommen hatte. Hitler verbrachte von seiner offiziellen Gefängnisstrafe, die fünf Jahre in der Festungshaft auf Landsberg betrug, wegen guter Führung nur ein Minimum. Und die Reichstagswahlen im Mai 1924 brachten „dank des ‚Märtyrereffekts' sogar 32 Mandate"[14].
Unter diesem Eindruck ahnte Karl Kraus die Greuel der nächsten Jahrzehnte voraus, auch daß Österreich sich diesen Tendenzen nicht würde entziehen können oder wollen. Er glaubte auch, in dem Bayern Richard Strauss, *der* bayerischen Galionsfigur, einen der harmlos scheinenden Vorboten der neuen Zeit für Wien zu erkennen; eine der Formen des Kulturkampfs, der auch in Österreich zu toben begann. Daß Strauss gerade in diesem Augenblick sein Amt als Staatsoperndirektor niedergelegt hatte, werteten anti-konservative Kreise als leisen Triumph.

Die katholische Kirche stellte sich zu diesem Zeitpunkt noch entschieden gegen die Vereinbarkeit von Nationalsozialismus und christlicher Ethik. In Österreich und in Deutschland sollte sich diese Haltung von verantwortlicher Stelle her jedoch bald ändern: „Im Januar 1933 teilte das ‚Zentrum' mit vielen anderen die Illusion, eine Regierung Hitler würde schnell abwirtschaften. Man paßte sich aus Furcht vor einem neuen Kulturkampf an, auch hier wirkten - wie bei der SPD - die Vorbilder aus dem 19. Jahrhundert. Unter Fraktionszwang stimmten die Zentrumsabgeordneten im März 1933 für das Ermächtigungsgesetz. Wenige Tage später widerrief die Fuldaer Bischofskonferenz Warnungen und Verbote gegenüber dem Nationalsozialismus; Katholiken stand jetzt die Zusammenarbeit mit Nationalsozialisten frei."[15]

Lange noch vor der Machtübernahme der Nationalsozialisten in Deutschland und Österreich prophezeite Karl Kraus unter Mißbrauch von Richard Strauss' Ballett: „Daß das Blut der Menschheit in Strömen von Münchner Bier verfließt, könnte zwar eine pessimistische Pointe sein, die von den Begebenheiten in der engeren Heimat des Herrn Richard Strauß abgenommen wäre, aber er selbst scheint eher der gemütlichen Deutung solcher Umstürze, deren Flamme nur begossen werden muß, zuzusprechen oder gar in einem Symbol andeuten zu wollen, daß er sich alles politische Heil von München erwartet."[16]

Diese Stellungnahme des Wiener Kritikerpapstes über das vermeintliche Kokettieren einer öffentlichen Person mit jener so bedenklichen politischen Gruppe legte für manche die Grundlage zu allen späteren massiven NS-Vorwürfen an Strauss.

Kraus ging es in seiner Betrachtung nicht um Richard Strauss' Musik. Er fand dazu keinen Zugang. Sondern um dessen „Generaldirektoren"-Image und um „dieses Gesicht, das ein ganz neues Deutschland des Willens zur Macht und zur Aufmachung" verkörperte, während Karl Kraus „neben diesem stärksten Anführer [!] der Zeit, für die Echtheit der Erscheinung eines Reinhardt oder Hermann Bahr [seine] Hand ins Feuer leg[t]e."[17]

Aus diesen Zeilen spürt man die tiefe Verletzung von Karl Kraus, der auch selbst immer öfter antisemitische Gehässigkeiten zu spüren bekam. Der zunehmende gesellschaftliche Stimmungswechsel mußte zu dieser Zeit bereits bedrohliche Formen angenommen haben, da Richard Strauss sich bemüßigt fand, seinem Mit-Direktor Franz Schalk gegenüber zu relativieren: „Bodansky empfiehlt mir als größtes Dirigiertalent und reizenden Menschen

den Kapellmeister Fritz Zweig in Elberfeld, mit dem ich – wenn auch Jude – sofort zu verhandeln bitte."[18]
Strauss war allerdings auch in wirtschaftlich schlechter Zeit ungemein auf Vorteile und Privilegien bedacht. Vielen war es daher unverständlich, daß „ein Bettelstaat Milliarden [opfert], während die Stadt dem Meister ein Grundstück zum Bau eines Schlosses im vornehmsten Park von Wien schenkt"[19].
Womit Richard Strauss eindeutig politisch Stellung bezog, war „sein Widerstreben, an der Künstlerhilfe für die Hungernden in Rußland mitzuwirken"[20]. Mit den politischen Verhältnissen in Rußland wollte er nichts zu tun haben und am liebsten: nicht einmal daran denken.
Von seiner persönlichen Mutlosigkeit an, die etwa 1910 begann, verweigerte Strauss auffällig jegliche demokratische Unterstützung. Der prominente Berliner Theaterkritiker und Autor der Spottverse des *Krämerspiegels* Alfred Kerr sammelte in den zwanziger Jahren Unterschriften für ein Heine-Denkmal in Hamburg, das 1926 enthüllt und 1933 zerstört wurde. Dem Zeitgeist entsprechend, distanzierte sich Richard Strauss: „Wie komme ich dazu, mich gerade von Herrn A. K. ins Schlepptau nehmen zu lassen für ein Heinedenkmal [...]. Und warum interessiert sich Herr K. nicht z. B. für ein Eichendorff- oder Mörikestandbild?"[21]
Hingegen sprang Richard Strauss für den Bayreuther Gedanken sogar im wahrsten Sinne des Wortes ungeschaut in die Bresche. Gemeinsam mit wertkonservativen Wagner-Freunden wehrte er sich mit der Unterzeichnung eines Protests gegen Thomas Manns Betrachtung „Leiden und Größe Richard Wagners", dem sogar der Schweizer Richard Strauss-Apologet, Fan und Freund seiner späten Jahre, Willi Schuh, in einem Artikel der „Neuen Zürcher Zeitung" vom 21. April 1933 ratlos gegenüberstand: „Daß die Geheimräte und Akademieprofessoren – deren Ruf nur vereinzelt über die blau-weißen Grenzpfähle gedrungen ist – die Gelegenheit freudig begrüßen, ihre strammnationale Gesinnung auch bei diesem Anlaß zu dokumentieren, kann nicht weiter auffallen. Schmerzliches Erstaunen muß dagegen die Tatsache wecken, daß auch Männer wie Franckenstein, Gulbransson, Hausegger, Knappertsbusch, Hans Pfitzner und Richard Strauß ihren Namen unter diesen peinlichen, in Geist und Stil gleich widerwärtigen Schriftsatz glaubten setzen zu sollen."
In weiterer Folge betrachtete Willi Schuh das Verhältnis Richard Strauss' zum NS-Staat als tatsächlich kein glückliches. Er hatte aber viel Verständnis, wie

nahezu alle Strauss-Forscher, für Richard Strauss' Haltung als eine Art Kavaliersdelikt. Spielte bisher nicht doch vieles an eigener, vergangener Sympathie der Herrn (denn Wissenschafterinnen gibt es für den Forschungsbereich Richard Strauss kaum!) und die verklärende Erinnerung an die eigene Jugendzeit in ihre – wie sie meinen – wissenschaftlich distanzierten Betrachtungen hinein?
Historische Fakten müssen jedoch berücksichtigt werden: Strauss selbst war, nach genauer Recherche seiner beruflichen Tätigkeit, für keine menschenrechtsverletzenden Handlungen persönlich verantwortlich. Er wurde nach 1945 von den Alliierten gerichtlich freigesprochen, half einigen Verfolgten seinerzeit bemüht aus deren politisch großem Bedrängnis und sah sich selbst ab 1935 – samt Familie – Repressalien der NS-Diktatur ausgesetzt.
Doch die Frage bleibt nach wie vor bestehen, was einen fast Siebzigjährigen tatsächlich dazu verleiten konnte, eine aktive Rolle im kulturpolitischen Treiben jener Tage einzunehmen.
Die Haupttriebfeder in Richard Strauss' Leben war zum einen sicher sein Ehrgeiz. Zum anderen lag ihm an der Erhaltung und weiteren Verbreitung seiner Werke, deren neuere lange nicht mehr an die Erfolge der Vergangenheit anknüpfen konnten.
An seiner eigenen Einschätzung als lebendes Denkmal und wichtigster Musiker Europas („ist es nicht traurig, daß in Deutschland nicht einmal ein kommandierender General mehr weiß, wer Richard Strauss ist?"[22]), an der Hochhaltung des Bayreuther Gedankens („solange nicht beispielsweise die Stimme eines einzigen Richard Wagner 100 000 und ungefähr 10 000 Hausknechte zusammen eine Stimme bedeuten"[23]) und vor allem an der Bestätigung seines heftig erkämpften Lebenskonzepts von der „Sozialaristokratie" und der Kunst als „Auslese"[24] war Richard Strauss ungemein gelegen.
Strauss war auch, trotz seiner späteren Wien-Begeisterung, immer Bayer geblieben. Nicht zuletzt dokumentierte er als bayerischer Weltbürger seine Verbundenheit mit der Errichtung seines Stammsitzes und Zufluchtsorts Garmisch-Partenkirchen. München verlor nach all dem früheren Ärger, den er dort erlebt hatte, und dem relativ geringen Kunstinteresse der Bürger für Strauss als Lebensraum seinen Stellenwert. Doch die bayerische Indentifikation blieb. Richard Strauss distanzierte sich nie. So wie er es sein Leben lang nicht verstand, sich klar von unlauteren Personen und schwierigen Situationen abzugrenzen. Türen schloß Strauss auf seinem Lebensweg keine hinter sich.

Bayern entwickelte sich – und das konnte Richard Strauss bei seinen Aufenthalten deutlich beobachten – zum Brutkasten einer neuen, damals oppositionellen Bewegung, der Nationalsozialistischen Deutschen Arbeiterpartei (NSDAP), die vorerst Deutsche Arbeiterpartei (DAP) hieß. Die DAP wurde 1913 als Partei für nichtsozialistische Arbeiter im deutschsprachigen Iglau (Mähren) gegründet. Nach dem Untergang der Monarchie und nach dem Ende des Ersten Weltkriegs wurde Adolf Hitler offiziell von der Reichswehr als Spitzel eingesetzt, die kleine Nationalsozialistische Partei zu beobachten, da „die Zahl der rechtsextremen Gruppen in München […] zu jener Zeit so groß [war], daß es sich die Militärs nicht leisten konnten, sie unbeobachtet zu lassen“[25].
Ideell konnte sich der junge Hitler für den Extremismus jedoch derart begeistern, daß er daraufhin 55. Mitglied wurde. Kurze Zeit später übernahm er die Parteileitung und wandelte die Strukturen zur berühmt-berüchtigten „Führer“-Partei um. Das geschickte Taktieren und die Propaganda, für die Hitler anfangs in der Partei zuständig war, verstand er auch später zur Gewinnung von Partei-Sponsoren einzusetzen. „Von der ursprünglichen Arbeiternähe ist nur noch wenig zu merken, wenngleich in einigen Artikeln soziale Forderungen, sozusagen als Alibi, aufgegriffen werden. Gerade diese sind bald vergessen, je mehr sich Hitler um neue Finanzquellen bei der Wirtschaft und der Reichswehr umsieht.“[26]
Und in der Wirtschaft waren es speziell die Industriellen, die Interesse daran hatten, die neue, aktive Protestpartei zu unterstützen. Es war parallel dazu jener gebildete und einflußreiche Bekanntenkreis, in dessen Gesellschaft sich auch die Familie Strauss bewegte.[27] Verstärkt nicht zuletzt seit dem Jahr 1923, als Richard Strauss den Kontakt zur Familie des österreichischen, jüdischen Großindustriellen Emanuel von Grab, dem Schwiegervater seines Sohnes, intensivierte.
Man war in Wirtschaftskreisen offenbar davon überzeugt, mit der finanziellen Unterstützung Hitlers einen wichtigen Beitrag gegen die sich ausbreitende Gefahr des Kommunismus zu setzen. Die NSDAP präsentierte sich als eine politische Kampftruppe der Industrie samt mittelständischer Wählerschaft („Dabei klang ein früh- bzw. vorkapitalistisches Wirtschaftsideal an, kleine Unternehmer und Gewerbetreibende, Kleinbauern und Handwerker wurden gefeiert.“[28]), die letztlich selbständig ihre Ziele zu verfolgen begann.
Anfangs spielte der Antisemitismus im Parteiprogramm der NSDAP eine noch untergeordnete Rolle. Lucian O. Meysels faßte zusammen: „Zeitge-

nossen versicherten indes, daß es allein Hitlers persönliche und unmittelbare Ausstrahlung war, die seine Umgebung in seinen Bann zog. Wobei er sogar intellektuell Überlegene gleichsam verzaubern konnte."[29]
Daß der alte Richard Strauss gemeinsam mit seinem Familien- und Bekanntenkreis damals keine weiteren Bedenken hatte, ist - heute betrachtet - nahezu unvorstellbar. Glaubte Strauss damals doch manchen seiner Gedanken aus früheren Tagen bestätigt?
Die gewalttätige, rücksichtslose Weise, mit der Adolf Hitlers Gefolgsmänner für organisierte Unordnung sorgten, stieß ihn, den geordneten „Sozialaristokraten", aber letztlich ab. So gab es für Richard Strauss - als manchmal näherem, manchmal entfernterem Sympathisanten des heimatlichen katholischen „Zentrums" - keine politische Hinwendung zu dieser neuen Gruppierung.
Erst allmählich änderte sich auch die Position des „Zentrums": „Die Partei rückte jetzt in eine Mittler-Rolle zwischen parlamentarischer Demokratie und autoritärem bzw. totalitärem Weg. Damit aber war der Boden der parlamentarischen Demokratie verlassen. [...] Einige seiner Mitglieder, vor allem aus den christlichen Gewerkschaften, gingen in den Widerstand, später auch unterstützt von einzelnen Klerikalen."[30]
Überdies gab es zuvor in der katholischen Partei einige Unruhe. Als Reaktion auf die Junikrise 1917, die das „Zentrum" in den Kriegswirren als Regierungspartei etablierte, spaltete sich deren Parteichef Erzberger, „der auf Parlamentarisierung, Demokratisierung, Verabschiedung einer Friedensresolution und Zusammenarbeit mit Linksliberalen und Sozialdemokraten"[31] abzielte, vom „Zentrum" ab und gründete die „Bayerische Volkspartei" (BVP). Vier Monate nach der Abstimmung zum „Ermächtigungsgesetz" wurden das „Zentrum" und die BVP auf nationalsozialistischen Druck hin aufgelöst.
Dem nationalsozialistischen Terror stand das Ausland überaus negativ gegenüber. Dabei hatte sich zu dieser Zeit der italienische Faschismus unter Benito Mussolini bereits als politische Unkultur gefestigt. Und dennoch: Italiens Diktator, der bereits in den zwanziger Jahren an die Macht gekommen war, distanzierte sich von Adolf Hitler: „Er sieht keine Beziehung zwischen den unkultivierten Nazis und seinen Faschisten, die zu jenem Zeitpunkt antisemitische Tendenzen etwa noch entschieden ablehnen."[32]
Richard Strauss war 1930 ganz auf der Hitler ablehnenden Linie der konservativen BVP und dem „Zentrum" gegen diese gewalttätige Politgruppe. Im

September 1930 kam es „zu einem Erdrutsch: Die NSDAP wurde mit 18,3 % der Stimmen und 107 Sitzen im Reichstag die zweitstärkste Partei nach der SPD".[33]
Am 25. Oktober 1930 kommentierte Richard Strauss seinem Sohn Franz von Paris aus sein Mißtrauen gegenüber Hitler: „Nach mancherlei Befürchtungen vor nationalistischen Demonstrationen ist mein Concert gut verlaufen und alle Leute sind furchtbar nett zu mir. Im allgemeinen herrscht seit den blöden Hitlerwahlen hier eine greuliche Stimmung, man sprach nur von Krieg, den Deutschland in den nächsten Tagen beginnen wolle. [...] Hösch war unlängst in Berlin mit dem Hitlerianer Rosenberg zusammen, einem 26jährigen Buben [1930 war Rosenberg 37 Jahre alt], der keine Ahnung hatte und dessen leere Phrasen von Defaitismus und Pazifismus von Curtius in wenigen dürren Worten abgefertigt wurden!"[34]
Die allgemeine politische Skepsis der Bürgerlichen gegenüber Hitler trug auch Richard Strauss. Die katholische Kirche, die hier ebenfalls als Orientierung für ihn galt - trotz der lebenslangen kritischen Haltung von Strauss -, stellte ihren Gläubigen ja erst ab 1933 eine politische Zusammenarbeit mit der NSDAP frei. Strauss war in der Beurteilung der Lage hilflos. Denn durch die Umstrukturierung der Parteienlandschaft und der internationalen Positionierung anderer Diktaturen in Europa empfand er im Juni 1928 die neuen politischen Verhältnisse in Italien scheinbar als Zukunftsmodell. Harry Graf Kessler, jener Ideenlieferant Hugo von Hofmannsthals zum *Rosenkavalier*, notierte darüber verwirrt in sein Tagebuch: „Bei Hofmannsthals in Rodaun gefrühstückt mit Richard Strauss, seinem Sohn und seiner Schwiegertochter. Das Gespräch kam nicht recht in Fluß, da jeder etwas anderes wollte. Strauss äußerte unter anderem seine drolligen politischen Ansichten, Notwendigkeit einer Diktatur usw., die niemand ernst nimmt."[35] Hitler strebte den Weg zum Diktator an, dem damals ein Teil der Bevölkerung (inklusive Künstler und Intellektueller) zustimmte.
Dem Gruppendruck der Gesellschaft folgend, sah Richard Strauss seine Weltsicht von der „Sozialaristokratie" ansatzweise von den Nazis vertreten.
Er selbst war sich der Tatsache bewußt, als eine der bedeutendsten Künstlerpersönlichkeit der Zeit zu gelten. Das Musikpublikum lag ihm weltweit zu Füßen. So glaubte er auch vom NS-Regime - und er war es eine Zeitlang tatsächlich - künstlerisch unverwundbar zu sein. Denn: Im Ausland errang Strauss für Deutschland Reputation, das war sicher: „Schließlich leiste ich doch auch Einiges für's Vaterland an Propaganda."[36]

Doch hatte auch er sich in letzer Konsequenz verschätzt. 1945, knapp vor Kriegsende, erkannte Richard Strauss seinen Irrtum. Sein politischer Poker war zu hoch gewesen. Resigniert stellte er fest, daß ihn, den Komponisten, die Menschen in Deutschland kaum noch kannten. Dazwischen lag ein langer Weg der Enttäuschung darüber, die Grenzen eigener Überzeugungsfähigkeit so deutlich vor Augen gehalten zu bekommen.
Vorerst aber fand sich Richard Strauss schnell mit den neuen politischen Verhältnissen ab. Grundsätzlich widersprachen sie nur in einigen Punkten seiner bisherigen Lebenseinstellung. Und vor allem der Gedanke einer Führungselite zog ihn an, samt dem nationalsozialistischen Lippenbekenntnis zur Aufwertung der deutschen Kunst.
Außerdem hatte das rasche Umschwenken des ehemals kaisertreuen, demokratieskeptischen und ordnungsliebenden Bürgers Richard Strauss einen pragmatischen Hintergrund. Sein verlorenes Vermögen in London mußte neu angehäuft werden. Er war also auf einen florierenden künstlerischen Fortgang angewiesen. Und den versprach eine Annäherung an die neuen politischen Verhältnisse, in die die autoritäre Persönlichkeit Richard Strauss hervorragend hineinzupassen schien.
Daß Richard Strauss sich als unangefochtene Führungsfigur des deutschen Musiklebens fühlte, noch bevor er als Präsident der Reichsmusikkammer dazu ernannt wurde, verdeutlicht die besorgte Ermahnung von Sohn Franz und Schwiegertochter Alice. Sie warnten 1924 das bedingungslos verehrte Vater-Genie, das bereits als Wiener Staatsoperndirektor in enormen Schwierigkeiten steckte, eindringlich: „Papa, du unterschätzt Schalk's Arbeit. Dieser Betrieb ist nicht autoritär am langen Zügel zu führen. Das ist mühsame Kleinarbeit."[37] Doch die Warnung kam zu spät. Der Rückzug aus der Wiener Position war angesetzt und unumgänglich.
Das Versagen in seiner administrativen Tätigkeit als Wiener Operndirektor wollte Richard Strauss allerdings nicht so einfach akzeptieren. Immerhin präsentierte er erfolgreich seine Fähigkeiten auf nahezu jedem Gebiet: als Künstler, Geschäftsmann und PR-Manager. Daß es jetzt nicht so mit der Kunstorganisation gelingen sollte, war für ihn nicht einzusehen. Deshalb wollte er sich noch einmal als koordinierender Kulturmann beweisen: mit der Übernahme des Amts als Präsident der Reichsmusikkammer. Die Zusage und das Interesse daran wäre sonst beim vielbeschäftigten Strauss psychologisch nicht erklärbar. Aber auch hierin blieb das Scheitern von Richard Strauss unaufhaltsam.

Seine kulturpolitische Autorität setzte Strauss erstmals 1933 gezielt unter den neuen politischen Verhältnissen ein, indem er um einen offiziellen Termin bei Adolf Hitler ansuchte. Gesprächsthema war die Unterstützung der Bayreuther Festspiele, deren Fortbestand bisher jährlich aufgrund finanzieller Not neu diskutiert werden mußte; nun sollte endlich eine gültige Regelung getroffen werden und die öffentliche Hand einspringen. Richard Strauss trat als Verhandler in Erscheinung, und der Erfolg stellte sich ein.
Im gleichen Jahr hatte Richard Strauss schon im März die Sympathien der Nationalsozialisten errungen. Damals sprang er für das boykottierte Konzert Bruno Walters mit den Berliner Philharmonikern am 20. März 1933 ein. Walter wurde von der NS-Behörde darüber unterrichtet, „wenn er es wage, in der Philharmonie zu dirigieren, werde dort alles kurz und klein geschlagen, woraufhin Walter auf das Dirigat verzichtete"[38]. Der jüdische Dirigent ließ daraufhin Richard Strauss bitten, er möge für ihn einspringen. Strauss lehnte ab. Als ihn nun von anderer Seite seine nationalsozialistischen Freunde Julius Kopsch und Hugo Rasch darum ersuchten, willigte er ohne Honorarforderung ein (er überwies es an das Orchester - eine diplomatische Entscheidung).
Ähnlich verhielt es sich im Sommer mit Strauss' Einspringen für Arturo Toscanini, der seiner Solidarität mit den jüdischen Kollegen und seinem Protest gegen die Diktatur durch sein Fernbleiben an den Bayreuther Festspielen Ausdruck verlieh. Zwei Jahre zuvor wurde Toscanini sogar von italienischen Faschisten tätlich angegriffen. Richard Strauss stellte sich wiederum als Einspringer zur Verfügung. Seine Haltung trug ihm außerhalb Deutschlands viel Kritik ein. Als zum damaligen Zeitpunkt noch freies Land erwog „Österreich [...] einen Boykott seiner Werke"[39].
Als Richard Strauss nun am 15. November 1933 zum Präsidenten der Reichsmusikkammer ernannt wurde, distanzierten sich die Salzburger Festspiele sofort von ihm. Seine Werke wurden bis auf den *Rosenkavalier* abgesetzt. Die Revanche des Deutschen Reichs erfolgte mit einem Bombenattentat auf das Festspielhaus.
Mit den deutschtümelnden Reden, die Richard Strauss nun öffentlich kundtat, konnte man sich in Österreich offiziell noch nicht identifizieren. Eine der ersten Weisungen des Musikers für das deutsche Musikleben war: „Gewiß sind die Opern Verdis und Puccinis für die Theaterleiter und ein oberflächlich genießendes Publikum bequemer und weniger anspruchsvoll als unsere deutschen Werke, die für die Ausführenden und Zuhörer bedeutend anstren-

gender sind. Es ist selbstverständlich, daß Deutschland mit seiner Universalität und Großherzigkeit wertvollen Kunstwerken des Auslandes weitgehend Gastfreundschaft gewährt, es muß aber einigermaßen im Verhältnis zur Gastfreundschaft des Auslands, auf dessen Opernspielplänen ausschließlich Wagner, sehr sporadisch Mozart und Beethoven, einige meiner älteren Werke, sonst außer ,Hänsel und Gretel' und ,Tiefland' kein lebender Deutscher steht. Deutsche Spielpläne der vorigen Woche ergeben in Hamburg innerhalb von 8 Tagen 6 Opern von Verdi, Puccini, Staatsoper Berlin 5 Italiener und ein Russe, Reichsoper Berlin 4 Italiener und ,Postillon von Lonjumeau'. Das ist keine Kulturarbeit an staatlich und städtisch subventionierten Theatern. Das ausländische Repertoire soll ein Drittel, ausnahmsweise vielleicht einmal die Hälfte des Spielplans einnehmen, das ist immer noch ein weit größerer Prozentsatz, als was uns das Ausland gewährt."[40]

Die eindeutige Ausschaltung der italienischen Konkurrenz (speziell Giacomo Puccini), die Richard Strauss vor allem durch solche Äußerungen verfolgte, ließ seinen künstlerischen Stern als Komponist auch noch mit bereits schwächeren Werken, wie *Intermezzo, Ägyptische Helena* u. a., erstrahlen. Denn unter den deutschen Komponisten war und blieb er – vorerst – uneingeschränkt der bedeutendste.

Nach Strauss' oben angeführter Empfehlung zur Programmierung von Opernspielplänen lag sein Eintreten für eine kulturelle Internationalität als Präsident im „Ständigen Rat für die internationale Zusammenarbeit der Komponisten" nahezu auf der Hand. Denn da hieß es: „Da sollte deutsche, englische, polnische Musik in Italien aufgeführt werden oder französische in Österreich, oder tschechische in Dänemark, etc."[41]

Doch entgegen dem Gedanken des Biographen Kurt Wilhelm, der im oben angeführten Zitat die künstlerische Toleranz Richard Strauss' zu erkennen glaubt, verfolgten er und die Nationalsozialisten hier in schöner Einigkeit ein gemeinsames Ziel. Allgemein gesagt war Strauss am Sortieren des internationalen Musiklebens in Deutschland und in Österreich nicht besonders interessiert. Erpicht war er dabei speziell auf die Verbreitung der eigenen Werke im Ausland.

Strauss erreichte allerdings auch Wichtiges und Wertvolles für den Musikerstand. Das Urheberrecht wurde nun endlich von dreißig auf fünfzig Jahre angehoben.

Daß Richard Strauss, wie Wilhelm ebenso vermittelt, „alles Politische [...] seinem Denken und seinen Interessen fern (lag)"[42], ist eine Untertreibung, die jeglicher greifbaren Grundlage entbehrt. Daß ein Mensch unpolitisch ist, muß als Ausrede und mangelnde Bereitschaft, Verantwortung zu tragen, aufgefaßt werden. Kein Mensch, auch nicht das simpelste Gemüt, ist unpolitisch. Und so hatte auch Richard Strauss, trotz seiner Etikettierung als „naiver" Mensch, seinen eindeutigen Standpunkt. Jeder Mensch besitzt seine Vorstellung von Leben, Finanzen, Umwelt, Sozialem und Gesellschaft. Und all das fällt in die Kategorie Politik.

Joseph Goebbels, der die scheinbar Unpolitischen an seine Brust nahm, drückte es deutlich aus: „Es ist Ihr gutes Recht, sich als Künstler zu fühlen und die Dinge auch lediglich vom künstlerischen Standpunkt zu sehen. Das bedingt aber nicht, daß Sie der ganzen Entwicklung, die in Deutschland Platz gegriffen hat, unpolitisch gegenüberstehen."[43]

Der Musikwissenschafter Gerhard Splitt zog daraufhin seine Schlüsse. So meinte er über den deutschen Künstleralltag im Dritten Reich: „Von seiten der Machthaber wurden sie [die Künstler] als scheinbar unpolitische Größe nicht ungern gesehen."[44]

Auch Thomas Mann setzte sich mit dem Phänomen des scheinbar „unpolitischen Künstlers" auseinander. So resümieren Hermann Glaser und Karl Heinz Strahl in ihrer Ausführung über den selbst nicht ganz unumstrittenen, weil ursprünglich mit den Nationalsozialisten liebäugelnden Literaten: „Thomas Mann stellt mit Nachdruck fest, daß es ein Irrtum deutscher Bürgerlichkeit gewesen war, zu glauben, man könne ein unpolitischer Kulturmensch sein. Er weiß, daß die Kultur in schwerste Gefahr gerät, wenn es ihr am politischen Instinkt und Willen mangelt; kurzum das demokratische Bekenntnis drängt sich auf die Lippen und wollte trotz allen Hemmungen antipolitischer Tradition abgelegt sein."[45]

Und wenn Claudia Maurer-Zenks meinte: „Im Dritten Reich gab es keine unpolitische Kultur; auch die als unpolitisch bzw. das Regime nicht in Frage stellende maskierte Literatur war nicht unpolitisch, denn sie wurde für das Regime vereinnahmt. / Auch nicht-faschistische Äußerungen konnten sich dem nicht entziehen, denn die scheinbare oder wirkliche Enthaltsamkeit von politischer Stellungnahme war das einzige, was neben direkt positiver Haltung dem Reich diente und für seine Zwecke ausgenutzt werden konnte."[46]

Man muß noch hinzufügen, daß Kultur in jedem Fall Individualität und Persönlichkeit ausdrückt. Und da Kultur ja seine(n) TrägerIn widerspiegelt, ist sie somit auch politisch. Eine Symbiose, die sich genauso auf die kommunistische Kunstinterpretation umlegen läßt.

Richard Strauss' Kunstauffassung kann hier - wie auch in den vergangenen Kapiteln - als linearer Weg nachgewiesen werden. Seine Grundeinstellung behielt er konsequent ein Leben lang bei.
Der Historiker Peter Lösche hält in seiner Parteiengeschichte fest, daß „das Programm der NSDAP, das im Februar 1920 verkündet worden war, [...] keinen originären Gedanken [enthielt], sondern [...] aus dem 19. Jahrhundert kommende, völkische, nationalistische, antidemokratische, antiliberale, antiparlamentarische, antikommunistische, antisozialistische und antisemitische Einstellungen und Vorurteile zusammen[faßte]"[47].

Schikanen

„Dieser jüdische Eigensinn!“

Bekenntnis zu Stefan Zweig und anschließender Skandal

„Im November 1933 hat der Minister [Goebbels] mich [Richard Strauss] zum Präsidenten ernannt, ohne vorher meine Einwilligung hiezu einzuholen, mit einem Präsidialrat an der Seite, über dessen Zusammensetzung ich ebenfalls nicht befragt worden war. Ich habe dieses Ehrenamt angenommen, weil ich hoffte, Gutes tun und größeres Unglück verhüten zu können, wenn das deutsche Musikleben jetzt nur von Dilettanten und unwissenden Stellenjägern angeblich ‚neu organisiert‘ werden sollte.“[1] Ein frommer Wunsch, den Richard Strauss hier ausdrückte. Seine Möglichkeiten zu nützen, waren minimal. Es spricht daraus die Verbitterung eines Verblendeten, der die Täuschung zu spät erkannt hatte. Von den Nationalsozialisten wurden Strauss die Grenzen seines eigenen Gestaltungsraums vorgegeben, was seine künstlerische Eitelkeit tief verletzte.

Die Grundhaltung dieser 1935 entstandenen Strauss-Notiz für bare Münze zu nehmen und nicht daran zu denken, daß er diese Kulturstelle ursprünglich erfreut annahm und erst nachträglich dazu meinte, kein anderes Regime hatte sie ihm zuvor angeboten, erachte ich, in Anbetracht der Umstände, als ambivalent. Richard Strauss korrigierte sein Leben lang am eigenen Denkmal. Er hatte sich in Sohn Franz und Schwiegertochter Alice seine Nachlaßverwalter herangezogen. Durch das Imitieren des aufopfernden Bayreuther Familienlebens und die gegenseitige hilfreiche Unterstützung der Familie Mozart seinerzeit für ihren Wolferl vor Augen, konnte sich Strauss schon zu Lebzeiten an seiner eigenen künstlerischen Unsterblichkeit erfreuen, die er auch in dieser Form für später adäquat betreut wußte.

So wie Cosima Wagner ihren Sohn Siegfried psychisch nicht losließ, setzte Richard Strauss durch Überfürsorge und liebevollen Gehorsam, den er von

Franz verlangte, diese Tradition fort. (Franz Strauss wurde Jurist und dissertierte mit dem Thema „Genossenschaft deutscher Tonsetzer", einer Gründung des Vaters. Er war zeitlebens Sekretär des Vaters, abwechselnd mit Gattin Alice, und begleitete Richard Strauss überall hin.)
Daß Richard Strauss seinerzeit tatsächlich in die NS-Ernennung zum Präsidenten der Reichsmusikkammer einwilligte, lag wahrscheinlich primär an den neuen kulturpolitischen Möglichkeiten, die ihm zur Verwirklichung vorschwebten. Seine künstlerischen Erfolge ließen bereits zu wünschen übrig. Er befürchtete, von der heranwachsenden Generation der Expressionisten und der Avantgarde bald vergessen zu werden, wenn er nicht selbst einen Riegel vorschob. So nahm er lieber wieder die Bürde des Organisierens und Administrierens auf sich, um alles in den Bahnen seiner Vorstellung zu belassen. Letztlich gab es für ihn keine Chancen. Seinen ab 1935 vernichtenden Worten über die Nationalsozialisten gingen zweieinhalb Jahre aktiver, kulturpolitischer Einblick voraus, in denen er oft Widerstand geleistet und viel Ärger erlebt hatte. Zuletzt mußte er erkennen, als internationale Berühmtheit nicht verehrt, sondern kulturpolitisch mißbraucht worden zu sein.
Richard Strauss verfolgte später auch aus der Ferne die parteiinternen Streitigkeiten, die mit der Liquidation der Berliner SA-Leitung sowie anderer Hitler-Rivalen endete. Er beobachtete ebenso den Terror, den die Nationalsozialisten in Österreich ausübten und schließlich Kanzler Engelbert Dollfuß am 25. Juli 1934 ermordeten. Und am 2. Mai 1935 gelang den Nationalsozialisten die Besetzung des entmilitarisierten Rheinlands auf Kosten der Franzosen.
Was aber immer stärker den Widerwillen von Richard Strauss erregte, war der mit 1. April 1933 sanktionierte „Judenboykott" (Ausschließung von Juden als Beamte), der bis zum Jahr seines Rücktritts noch stärker greifen sollte.
Strauss wurde am 6. Juli 1935 zur Demission als Präsident der Reichsmusikkammer gezwungen. Kurze Zeit später kam es am 15. September 1935 zum Erlaß der „Nürnberger Rassengesetze". Ob Hitler und Goebbels den Strauss-Briefwechsel mit Stefan Zweig – von dem später die Rede sein wird – über längere Zeit hin beobachten ließen? Wurde die damals „bedenkliche" Arbeitsgemeinschaft Zweig-Strauss auch nach allen zuvor gegebenen „Zugeständnissen" zu *Die Schweigsame Frau op. 80* gezielt als Propagandamittel gegen Juden und deren Freunde verwendet?
Verdächtig und gleichzeitig wie bestellt war der Zeitpunkt des Auffliegens von Richard Strauss' Bekenntnis zum jüdischen Schriftsteller Zweig.

1929 war Strauss nach dem plötzlichen Tod Hugo von Hofmannsthals dringend auf der Suche nach einem neuen Librettisten. Er fand ihn 1931 in Stefan Zweig, der in seiner fast übertriebenen Bescheidenheit ganz im Bann des berühmten Richard Strauss stand. Auf eine Einladung, die Strauss ihm gegenüber aussprach, antwortete er: „Hochverehrter Herr Doktor, ich danke Ihnen innigst für Ihren bedeutsamen Brief und werde mir erlauben, in der zweiten Hälfte November anzufragen, ob Ihnen mein Besuch nicht ungelegen kommt; nur möchte ich bitten, im Hotel wohnen zu dürfen, ich bin als Hausgast niemals sicher, daß ich nicht störe."[2]

Und bei einem der anfänglichen Abtastgespräche beider bekannte Richard Strauss Stefan Zweig gegenüber ganz offen: „Symphonische Werke wie *Eulenspiegel* oder *Tod und Verklärung* würden ihm kaum mehr gelingen, denn gerade die reine Musik bedürfte eines Höchstmaßes von schöpferischer Frische. Aber das Wort inspiriere ihn noch immer und darum habe er sich ausschließlich der Oper zugewandt. […] ‚Aber', fügte er mit einem breiten bajuwarischen Lachen bei, ‚ich habe mir geholfen, indem ich einen Umweg um ihn [Wagner] gemacht habe. Mir fallen keine langen Melodien ein wie dem Mozart. Ich bringe es immer nur zu kurzen Themen. Aber was ich verstehe, ist, dann so ein Thema zu wenden, zu paraphrasieren, aus ihm alles herauszuholen, was drinnen steckt, und ich glaube, das macht mir heute keiner nach'."[3]

Richard Strauss fühlte sich völlig sicher, das künftige gemeinsame Opernprojekt von *Die Schweigsame Frau op. 80* über das sich zusehends verschlechternde politische Klima hinweg ohne größere Widerstände über die Bühne zu bringen. Unbeschwert, den Ernst auch seiner eigenen Lage nicht erkennend, versuchte er Stefan Zweig sogar zu überreden, ein zweites Libretto anzufertigen, und versicherte eindringlich: „Ein Zufall (kann man es so nennen?) führte mich zu Ihnen. Ich gebe Sie auch nicht auf, auch nicht, weil wir jetzt gerade eine antisemitische Regierung haben. / Ich bin sicher, dieselbe würde auch einer neuen Zweigschen Oper keine Schwierigkeiten bereiten und wenn ich offen mit dem mir freundlich gesinnten Dr. Goebbels darüber rede, auch keinen Affront darin erblicken! Aber warum jetzt unnötige Fragen anschneiden, die in 2 bis 3 Jahren sich von selbst erledigt haben? Ich bleibe daher bei meiner Bitte: arbeiten Sie mir ein Paar schöne Bücher (den anderen Dichter finde *ich nie*) und die Sache bleibt unter uns so lange geheim, bis wir beide den Zeitpunkt für gegeben erachten, damit hervorzutreten! Das ist nicht unwürdig, sondern nur klug!"[4]

Richard Strauss' optimistische Einstellung teilten allerdings viele nicht. Die Angst vor unheilvollen Konsequenzen saß ihnen im Nacken. Stefan Zweig erahnte, was ihn selbst und alle jene wie Richard Strauss, die an ihrer Freundschaft zu jüdischen Menschen festhielten, bedrohte: „Ich fürchte, Sie werden selbst wahrnehmen, daß die Entwicklung in culturellen Belangen immer mehr sich den extremsten Gruppen zuneigt: hoffentlich geht wenigstens noch die ‚Schweigsame Frau' aus Respect für Sie ohne jedes überflüssige Gezänke vorüber, aber sie bedeutet für die gegenwärtige Einstellung schon eine einmalige und nie wiederholbare Ausnahme und es ist nicht das geringste Anzeichen einer Umkehr in diesen Auffassungen. [...] Als Einzelner kann man dem Willen oder Wahnwitz einer Welt nicht widerstreben, es ist schon genug Kraft vonnöten, sich fest und aufrecht zu halten und jeder Bitterkeit und offenen Gehässigkeit zu erwehren. Schon dies ist heute eine Art Leistung geworden und schwerer fast als Bücher zu schreiben."[5]

Als die politische Stimmung für eine zweite gemeinsame Oper im April 1935 tatsächlich nicht zu halten schien, drängte Richard Strauss den resignierenden Stefan Zweig dennoch weiter: „Bitte bleiben Sie mir treu und arbeiten Sie für mich. Das weitere wird sich finden. Es soll niemand davon erfahren – bei Dr. Goebbels habe ich mir für alle Fälle den Rücken gedeckt. Sind in zwei Jahren die Verhältnisse die gleichen, so bleibt das Werk in der Schublade und wir Beiden haben wenigstens unsere Freude daran gehabt."[6]

Sogar Zweig war zwischendurch guter Dinge: „Wegen des Schicksals der ‚Schweigsamen Frau' bin ich immer ohne Sorge gewesen: das Wesentliche ist getan, das Werk. Alles andere wird sich gewiß finden. Schließlich wird ja noch heute Mozarts Don Juan in Ehren gehalten, obwohl der brave Librettist Da Ponte ein Stammgenosse, unverfälscht, des wackern Shylock aus Venedig war, und es hat dem Werk und seiner Dauer in Deutschland nichts geschadet."[7]

Alle Überredungskünste Richard Strauss' waren aber letztlich vergebens. Stefan Zweig entschloß sich aufgrund des sich verschlechternden politischen Klimas, Österreich zu verlassen. Ein ihm auferzwungener Entschluß, der Zweig unsagbar schwer fiel. Überdies eine Situation, die ihn auch später im Exil so belastete, daß er am 23. Februar 1942 in Petropolis (Brasilien) Selbstmord beging.

Stefan Zweig war 1934 nach England, 1940 nach Amerika emigriert, und Richard Strauss erprobte nun nach monatelanger Librettistensuche, auf Zweigs Wunsch hin, den Wiener Theaterwissenschafter Joseph Gregor. Nach

einigen mißlungenen Textproben Gregors explodierte Strauss. Trotz der räumlichen Entfernung klammerte er sich weiterhin an Zweig. Verzweifelt bedrängte er den Dichter: „Ihre Zusammenarbeit mit dem guten Gregor ist mir schrecklich unheimlich! Warum wollen Sie mir um jeden Preis immer den gelehrten Philologen anhängen!? Mein Textdichter heißt Zweig, er braucht keine Mitarbeiter - wovon Sie sich nach der gestrigen Probe I. Akt *[Schweigsame Frau]* hätten persönlich überzeugen können.“[8]
Als Strauss nicht zu drängen aufgab, wollte Zweig sogar unter falschem Namen schreiben, was Richard Strauss allerdings ablehnte. Er glaubte nicht an die ewige Dauer des nationalsozialistischen Regimes. Stefan Zweig dachte anders. Noch in Österreich weilend, gab er seinerzeit dem Komponisten zu bedenken:
„Sie kennen meine Verehrung für Sie und diese allein gibt mir das Recht der Aufrichtigkeit. Ich habe manchmal das Gefühl, daß Sie - und ich ehre dies sehr - der ganzen historischen Größe Ihrer Stellung selbst gar nicht ganz bewußt sind, daß Sie zu bescheiden von sich denken. Alles, was Sie tun, ist bestimmt, historisch zu werden. Ihre Briefe, Ihre Entschlüsse werden einst wie jene Wagners und Brahms' Gemeingut sein. Darum scheint es mir nicht gut möglich, daß heute etwas in Ihrem Leben, in Ihrer Kunst heimlich geschieht, denn wenn ich auch jedes Wort mir verwehren würde, daß ich etwas für Sie arbeite, so würde es doch später einmal offenbar werden, daß dies heimlich geschehen ist. Und das wäre für mein Gefühl unter Ihrem Rang. Ein Richard Strauss darf sich jedes Recht öffentlich nehmen und nichts heimlich tun, niemand soll jemals sagen dürfen, Sie hätten eine Verantwortung gescheut. Sie haben durch Ihr grandioses und in der künstlerischen Welt unvergleichbares Werk die Verpflichtung, sich nicht in Ihrem freien Willen und Ihrer künstlerischen Wahl einschränken zu lassen; wer als Sie allein hätte heute dieses Recht?“[9] Richard Strauss ließ aber nicht locker.
Doch das vermeintliche Geheimnis ihrer beider Zusammenarbeit war keines mehr. Das Kontroll- und Informationssystem der Nationalsozialisten funktionierte und machte auch vor der Privatsphäre des damals berühmten Richard Strauss nicht halt. Seine Post wurde kontrolliert. Und die Nationalsozialisten hatten bereits den nachhaltig bekannten Strauss-Brief an Stefan Zweig abgefangen, aber noch niemanden darüber infomiert.
Richard Strauss schrieb arglos weiterhin an Stefan Zweig: „Hoffentlich sind Sie nicht allzuböse über meinen letzten Brief! Aber ich bin noch immer verzweifelt darüber, daß Sie so obstinant sind und mir Ihre eignen Werke unter

einem fremden Namen unterschieben wollen! / Wenn Sie unser Werk hier hören könnten und sähen, *wie* gut es ist – Sie würden alle Rassesorgen und politische Bedenken, mit denen Sie unbegreiflicher Weise Ihr reiches Künstlergehirn unnötig beschweren, fallen lassen und so viel wie möglich für mich dichten, aber nicht von Anderen schreiben lassen." Und er verstärkte: „Aber vom Zweig erfundene Texte componiere ich nur unter dem Titel: Zweig."[10]

Es hatte bereits im Vorfeld der Uraufführung zur *Schweigsamen Frau* Zwistigkeiten zwischen Richard Strauss und der Dresdner Opernleitung gegeben, weil diese den Namen Stefan Zweig unterschlagen sollte. Das Abfangen des Briefes vom 17. Juni 1935 an Zweig brachte nun den – möglicherweise von Joseph Goebbels propagandistisch für die „Nürnberger Rassengesetze" (September) vorinszenierten (!) – Tumult.

Richard Strauss legte darin ein eindeutiges Bekenntnis ab und schrieb beschwörend: „Lieber Herr Zweig! / Ihr Brief vom 15. bringt mich zur Verweiflung! Dieser jüdische Eigensinn! Da soll man nicht Antisemit werden! Dieser Rassestolz, dieses Solidaritätsgefühl – da fühle sogar ich einen Unterschied! Glauben Sie, daß ich jemals aus dem Gedanken, daß ich Germane (vielleicht, qui le sait) bin, bei irgend einer Handlung mich habe leiten lassen? Glauben Sie, daß Mozart bewußt ‚arisch' komponiert hat? Für mich gibt es nur zwei Kategorien Menschen; solche die Talent haben und solche die keins haben, und für mich existiert das Volk erst in dem Moment, wo es Publikum wird. Ob dasselbe aus Chinesen, Oberbayern, Neuseeländern oder Berlinern besteht, ist mir ganz gleichgültig, wenn die Leute nur den vollen Kassenpreis bezahlt haben. Bitte hören Sie jetzt auf, mich mit dem guten Gregor zu peinigen! Das übersandte Lustspiel ist reizend, und ich weiß genau, daß es ausschließlich Ihre Idee ist. Unter getarntem Namen aczeptiere ich es nicht, ebenso wie 1648 [*Friedenstag*]! Ich bitte also nochmals dringend, mir baldigst diese beiden Einakter auszuarbeiten, nennen Sie mir die Bedingungen! Was ich dann, wenn nur Sie die Sache ganz *geheim* halten, damit gesagt, daß ich *politisch so weit* vorgetreten bin? Weil ich für […] Bruno Walter ein Concert dirigiert habe? Das habe ich dem Orchester zuliebe – weil ich für den andern ‚Nichtarier' Toscanini eingesprungen bin – das habe ich Bayreuth zuliebe getan. Das hat mit Politik nichts zu tun. Wie es die Schmierantenpresse auslegt, geht mich nichts an, und Sie sollten sich auch nicht darum kümmern. Daß ich den Präsidenten der Reichsmusikkammer mime? Um Gutes zu tun und größeres Unglück zu verhüten. Einfach aus künstlerischem Pflichtbewußtsein!

Unter jeder Regierung hätte ich dieses ärgerreiche Ehrenamt angenommen, aber weder Kaiser Wilhelm noch Herr Rathenau haben es mir angeboten. Also seien Sie brav, vergessen Sie auf ein paar Wochen die Herrn Moses und die anderen Apostel und arbeiten Sie nur *Ihre* zwei Einakter. Der mexikanische Text mag ein ganz guter Operntext werden, aber nicht für mich. / Ich interessiere mich nicht für Indianer, rote und weiße Götter und spanische Gewissensbisse! Diesen Text soll Gregor ruhig mal ausarbeiten, aber für einen anderen Komponisten, der sicher dankbarer dafür sein wird als Ihr Sie herzlich grüßender, ebenso eigensinniger / Dr. Richard Strauss. / Beste Wünsche für das Wohlergehen Ihrer Mutter. Die Aufführung hier wird famos. Alles ist in heller Begeisterung! Da soll ich auf Sie verzichten: Nie und Nimmer!"[11]

Der Reichsstatthalter und Gauleiter von Sachsen, Martin Mutschmann, sandte erst am 1. Juli 1935, eine Woche nach der Premiere der *Schweigsamen Frau* (24. Juni 1935) und zwei Wochen (!) nach Abfassen des obigen Briefs, das Original offiziell mit folgendem Begleitschreiben an die Reichskanzlei: „Mein Führer! / Dem Geheimen Staatspolizeiamt in Sachsen fiel der in der Anlage mitfolgende photokopierte Brief des Herrn Dr. Strauss an den Juden Stefan Zweig in die Hände, den ich zur gefälligen Kenntnisnahme beifüge. / Zu der Aufführung der ‚Schweigsamen Frau' möchte ich noch erwähnen, daß die Uraufführung vor vollem Hause, darunter 500 geladene Gäste, stattfand, die zweite Aufführung so schwach besucht war, daß sie seitens der Generalintendanz durch Freikarten gefüllt werden mußte, und die dritte Aufführung, angeblich wegen Erkrankung der Hauptdarstellerin abgesagt wurde. Heil / Ihr sehr ergebener / Martin Mutschmann."[12]

Ein übler Streich, der Richard Strauss und Stefan Zweig da gespielt wurde. Neben Demagogie war es der Gipfel der Uninformiertheit, worin Mutschmann sich hier auszeichnete. Dienstkarten (= Freikarten) sind bei Uraufführungen, auch heute noch, für ein geladenes Fachpublikum üblich. Damals handelte es sich um eine Uraufführung, die die Weltöffentlichkeit interessierte, die zugleich auch in die kulturpolitischen Verhältnisse des nationalsozialistischen Deutschlands (ein Jahr vor den propagandistischen Olympischen Spielen) Einblick nehmen sollte und wollte.

Deutschlands Ansehen im Ausland war Hitler damals noch sehr wichtig. Freikarten gab es also für jeden Journalisten, der sich darum bemühte. Und Hitlers Propagandagedanke ging auf. Die Verharmlosungen des „Judenboykotts" und der nationalsozialistischen Diktatur durch die ausländische Presse breiteten sich auch durch diesen kulturpolitischen Schachzug aus, die

Uraufführung der *Schweigsamen Frau* zuzulassen. Die Nationalsozialisten besorgten dann national schon selbst das Demontieren des Erfolgs.
Um den berechtigten Verdacht der Bespitzelung von Richard Strauss öffentlich abzuwehren, unterstellten sie dem Komponisten bereits alterssenile Züge, denn er soll, aus Versehen, seinen Zweig-Brief direkt an Joseph Goebbels geschickt haben. Strauss selbst hielt am 7. Februar 1937 in den eigenen Aufzeichnungen fest: „Gestern erfuhr ich, daß von Seite Dr. Goebbels' das Märchen verbreitet wird, ich hätte damals in Dresden gleichzeitig 2 Briefe geschrieben: einen an die Reichskulturkammer, einen an Herrn Stefan Zweig. Man hat es inzwischen mit der Culturangst bekommen und will widerrechtliche Öffnung meines nach der Schweiz gerichteten Briefes, seine Beschlagnahme durch die Staatspolizei und Denunzierung – gleich bei verschiedenen Ministerien [...] – damit entkräften, daß ich die Couverts verwechselt habe und der Zweigbrief daher direkt an Goebbels gekommen sei!!! / Eine zweite, noch dümmere Lesart: daß diese Verwechslung von mir absichtlich geschehen sei, um auf diese Weise – sehr witzig – dem Propagandaministerium meine Unzufriedenheit kund zu tun. So etwas sieht mir gerade ähnlich, – als ob ich Herrn Goebbels mein Mißfallen am Gehaben der Theaterkammer nicht jederzeit direkt mitgeteilt hätte."[13]
Dies war allerdings ein Bekenntnis gegen die sich verschärfende nationalsozialistische Politik, die immer konsequenter ihrem eigentlichen Ziel, der Endlösung in der Judenfrage, der propagandistischen Nutzung von Kunst und dem „totalen Krieg" (Goebbels) um jeden Preis entgegensteuerte.
So hielt Richard Strauss seine Gedanken für die Nachwelt fest und, was er damals noch nicht wissen konnte: Er lieferte sich selbst damit den greifbar wichtigsten Beitrag für seine Freisprechung im Entnazifizierungsverfahren der alliierten Mächte.

„Sie, Herr Strauss, sind von gestern!"

Die Konsequenz: geheimer und offener Widerstand

Richard Strauss bezog sich 1935 auf jenen besagten Brief an Stefan Zweig, als er den Nationalsozialisten die Ursache seiner beschwörenden Worte zu erklären versuchte: „Der Brief selbst ist die etwas verärgerte Antwort auf die Weigerung Zweigs [länger mit mir zusammenzuarbeiten, um] mir durch weitere Mitarbeit auf meinem als Präsident der Reichsmusikkammer *politisch* vorgeschobenen Posten *nicht zu schaden* und mich keinen weiteren Mißdeutungen auszusetzen, sich selbst auch nicht den Vorwurf der ‚Streberei' zuzuziehen, daß er als mein Mitarbeiter eine ‚Spezialduldung' anstrebe [...]. Wir componieren halt seit Bach eben, was unser Talent uns erlaubt und sind eben Arier und Deutsche ohne uns weiter darüber Rechenschaft zu geben. Das ist wohl kaum als Landesverrat zu bezeichnen, sondern mir als treuer Dienst am Vaterland, auch wenn wie bei Mozart und mir Nichtarier den Text dazu geschrieben."[1]

In dieser für ihn schwierigen Situation, in der man ihm „Landesverrat" vorwarf, zog Richard Strauss Mozart zum Vergleich heran. Trotz manch öffentlicher Bedenken dem konvertierten da Ponte gegenüber, der den kirchlichen Rang eines Abbé eingenommen hatte, hielt seinerzeit auch Mozart konsequent am auserwählten Librettisten fest. Ein beträchtlicher Teil seiner bedeutendsten Opern entstand in Zusammenarbeit mit ihm.

Richard Strauss knüpfte an der Grundeinstellung seines große Vorbilds an. Nur war für ihn die Situation weitaus prekärer. Jede Unachtsamkeit und Standhaftigkeit konnte verheerende Folgen haben.

Strauss ließ aber auch in gefährlichen Zeiten nicht von Stefan Zweig ab. Sein klares, unbeirrbares Bekenntnis zum Schriftsteller und Menschen Zweig, von dessen Intensität und Beharrlichkeit bereits die eigene Familie aus Angst vor eventuell unliebsamen Folgen abriet („Die Familie warnte zwar, aber er blieb dabei: ‚Das fechte ich durch!'"[2]), war für Richard Strauss bis zur letzten Konsequenz gültig.

Er selbst konnte es sich wahrscheinlich aus dem bisherigen Verlauf seiner eigenen Geschichte heraus nicht verzeihen, daß er seinerzeit auf das Drängen der zwei Parteimitglieder Rasch und Kopsch hin als Dirigent für den politisch verfemten Bruno Walter eingesprungen war.

Eine Pikanterie am Rande: Kopsch war es gleichfalls, der nach Kriegsende aus seiner Strauss-Begeisterung keinen Hehl machte. Als weiterhin ehrenwerter Mann übernahm er, damals wie heute befremdend, als erster Präsident die „Internationale Richard-Strauss-Gesellschaft". Sicher war das wiederum einer der vielen kulturpolitischen Fehler der Nachkriegszeit, der auch hier gemacht wurde. Doch diesmal hatte Strauss nicht sich selbst diesen Umstand zuzuschreiben. 1951 war er bereits zwei Jahre tot. Diesmal war es seine Familie, die sich durch geschickte Schmeicheleien einwickeln ließ. Vielleicht glaubte man, so das Vergessen des berühmten Verwandten zu verhindern. Und Kopsch bot sich in dieser Situation bereitwillig an.

Auch die Übernahme der durch die Nationalsozialisten boykottierten Toscanini-Dirigate in Bayreuth durch Richard Strauss war unklug. Die Proteste und Angriffe der internationalen Presse – auch die der Wiener – hatten ihn sehr verschreckt. Nun glaubte Strauss den Zeitpunkt gekommen, wieder gutzumachen, indem er als Repräsentant des höchsten Musikamts im Staat offen zu Stefan Zweig stand.
Ich bin nicht der Meinung, daß Strauss an der Zusammenarbeit nur allein aus künstlerisch-egoistischen Gründen festhielt. Ich glaube vielmehr, daß der sonst harmoniesüchtige Richard Strauss hier ein für allemal sein für die Öffentlichkeit erkennbares Eintreten für jüdische Künstler festhalten wollte.
Mit offizieller Genehmigung durch Hitler und Goebbels sicherte sich Richard Strauss noch vor dem Zweig-Eklat politisch immer wieder ab; hielt sie künstlerisch auf dem laufenden und fragte nach der nationalsozialistischen Einschätzung der Lage für Stefan Zweig, um diesen wiederholt zu beruhigen: „Ich fragte dann Dr. Goebbels direkt, ob gegen Sie ‚politisch etwas vorliege', worauf der Minister mit Nein antwortete."[3]
Als Joseph Goebbels im Sommer 1934, während eines Besuchs in Bayreuth, Strauss die öffentliche Aufführung der *Schweigsamen Frau* verwehren wollte, taktierte dieser: „Ich erklärte, daß es mir fern läge, Adolf Hitler und ihm selbst durch die Aufführung meiner Oper irgend welche Verlegenheit zu bereiten und daß ich bereit sei, die Schweigsame Frau gänzlich zurückzuziehen und auf jede Aufführung im In- und Ausland zu verzichten. Dies hat Goebbels, wie er nachher bekannte, einen ‚tiefen Eindruck' gemacht, vielleicht auch, weil ich ihm offen bekannte, daß die ganze Affaire eine ‚große Blamage' bedeute. Wir trennten uns mit der Abmachung, dem Führer zur letzten Entscheidung die Partitur vorzulegen – nachdem Goebbels vorher die Bemerkung hatte fallen lassen, daß er zwar in der Lage sei, der Presse einen Maulkorb anzulegen, aber eventuell nicht verhindern könne, daß in der Premiere ‚Stinkbomben' geworfen würden."[4]
Wiederholt versuchte Richard Strauss bei Goebbels einen neuen Anlauf für eine zweite Zweig-Oper: „Dr. Goebbels konstatierte, daß ein weiterer von Richard Strauss componierter ‚Zweig nicht mehr tragbar' sei, worauf ich mich bereit erklärte, eine solche Oper in aller Heimlichkeit für meinen Schreibtisch zu arbeiten, sie nach Vollendung in einen Safe zu versperren und sie weder veröffentlichen noch aufführen zu lassen: ‚nur untätig könne ich nicht sein'. Zum Schluß bemerkte ich: ‚Sie können doch nicht verlangen, daß ich das Componieren aufgebe.' Der Minister gab hierauf keine Antwort: ich

glaube, er war der Ansicht – lieber nichts mehr als eine Oper mit jüdischem Textautor."[5] Der Gedanke zu einer weiteren Oper nahm im *Friedenstag op. 81* Gestalt an.
Nach der Brief-Affäre und nach der Entlassung von Richard Strauss als Präsidenten der Reichsmusikkammer, die von Goebbels „ohne auch nur eine Erklärung über den beschlagnahmten Brief einzufordern"[6] durchgesetzt wurde, verdüsterte sich das Klima dramatisch. Strauss konstatierte: „Aber es ist halt eine traurige Zeit, in der ein Künstler meines Ranges ein Bübchen von Minister um Erlaubnis fragen muß, was er componieren und aufführen lassen darf. Ich gehöre halt auch zur Nation der ‚Bedienten und Kellner'."[7]
Ausgeträumt war für den einfordernden Komponisten der Traum vom neuen „‚kulturpolitischen' Typ einer sozialaristokratischen Auslese"[8]. Und da für Strauss wie für viele andere „in der Kunst nur die Auslese gilt und einzig das Talent zur Ausbildung des Berufs berechtigt"[9] (Gedanken, an denen er bis zu seinem Tod festhielt), war es für ihn unakzeptabel, minderqualifizierte Musiker, nur weil sie politisch erwünscht waren, als große Begabungen herauszustellen. Die „Dilettanten und unwissenden Stellenjäger"[10] hatten nun politisch endgültig das Sagen.
Auch Stefan Zweig wandte sich nach der unwürdigen Diffamierung der *Schweigsamen Frau*, und dadurch solidarisch mit allen Juden, von Deutschland ab. Er war jetzt nicht mehr bereit, unter diesen Umständen an einem Kunstwerk, das für Deutschland gedacht war, mitzuarbeiten. Beeindruckt von der geistigen Freiheit und Standhaftigkeit Zweigs meinte Richard Strauss, seine eigene, triste Situation betreffend: „Ich beneide beinahe meinen rasseverfolgten Stefan Zweig, der sich nun definitiv weigert, offen und geheim für mich zu arbeiten, da er im dritten Reich keine ‚Spezialduldung' beansprucht."[11]
Die Ungezwungenheit, mit der Richard Strauss zuvor der antisemitischen Diktatur begegnete, schlug nun in brüske Ablehnung um. Dem „Bübchen von Minister" rechnete er die „Wirtshausredner" auf: „Wenn wir selbst die Freiheit des Künstlers nicht in uns wahren, kann man sie auch nicht von Wirtshausrednern verlangen."[12]
Und schon vor der Uraufführung der *Schweigsamen Frau* äußerte Richard Strauss seiner Gattin Pauline gegenüber heftige Kritik an der nationalsozialistischen Diktatur: „Es herrscht allgemeine Begeisterung – ich hoffe, daß Rosenberg und so manche andere platzen werden. Man kann sich doch nur selbst entschädigen für all den Unsinn, der um einen herum in der Welt

vorgeht. Du kannst ganz beruhigt sein: *dieser* Oper kann niemand was anhaben."[13]

Alles war anders. Und wie man konnte. Nach nur vier (!) Aufführungen wurde die Oper abgesetzt. Seine anderen Werke standen zwar weiter für die deutsche Propaganda auf den Opern- und Konzertprogrammen, aber als Privatperson war Strauss von nun an politisch unerwünscht. Das steigerte sich bis zur persönlichen Bedrohung 1943 durch den nationalsozialistischen Kreisleiter in Garmisch, der, als Richard Strauss sich vehement gegen weitere Repressalien wehrte, mahnte: „‚Auch Sie müssen Opfer bringen für den Heldenkampf unseres Volkes. Denken Sie an die Front, wo Tausende der besten Deutschen fallen.' Strauss entgegnete: ‚Wegen mir braucht kein Soldat zu fallen. Ich habe den Krieg nicht gewollt, ich habe nichts damit zu tun.' Die Reaktion des Kreisleiters: ‚Es sind schon ganz andere Köpfe gerollt als der Ihre, Herr Doktor Strauss.'"[14]

Große Besorgnis wegen eventueller Konsequenzen aus dieser Begegnung veranlaßte Richard Strauss und seine Familie, sich an den Strauss-Verehrer Reichsjustizminister Hans Frank zu wenden. Er sollte eventuelle Bedrohungen abwenden, was auch geschah.

Und Stefan Zweig beobachtete bereits aus der Ferne die plötzliche Distanz der Machthaber zu Richard Strauss. „In einigen Kritiken spüre ich die Animosität, die heute in Deutschland gegen Strauss herrscht." Und realistisch diagnostizierte er: „Es scheinen auch die offiziellen Leute ein wenig von ihm abzurücken, denn Goebbels ist zur Premiere [*Schweigsame Frau*] nicht gekommen und auch die anderen Bonzen haben (glücklicherweise) gefehlt."[15]

Als es darum ging, die Staatskassa für die im Juni des Jahres 1941 geplante Invasion der Deutschen in der Sowjetunion aufzufüllen, sollten unter anderem auch die Musiker ihre laufende Selbstverwaltung an den Staat übertragen. Strauss wehrte sich entschieden dagegen.

Aufgrund der Unstimmigkeiten lud Joseph Goebbels Strauss zu einem Gespräch vor. Die Berliner Unterredung vom 10. Februar 1941 faßte der Komponist Werner Egk zusammen: „Zuerst war Strauss allein im Ministerbüro. Man hörte durch die Türe Goebbels schreien. Dann holte man die Vorgeladenen dazu. Goebbels befahl vorzulesen, was Strauss in einem Brief geschrieben hatte: ‚Nach der genehmigten Satzung entscheiden wir selbst über die Verteilungsplanfragen. Der Dr. Goebbels hat sich hier nicht einzumischen.' / Goebbels schlug auf den Brief und schrie: ‚Herr Strauss, haben Sie das geschrieben?' – ‚Ja.' – ‚Schweigen Sie! Sie haben keine Vorstellung davon, wer

Sie sind und wer ich bin! Sie wagen es, Lehár als Gassenmusikanten zu bezeichnen?! Ich kann diese Unverschämtheit in die Weltpresse lancieren. Ist Ihnen klar, was dann geschieht? Lehár hat die Massen. Sie nicht! Hören Sie endlich mit Ihrem Geschwätz über die Bedeutung der ernsten Musik auf. Damit werden Sie sich nicht aufwerten. Die Kunst von morgen ist eine andere als die von gestern. Sie, Herr Strauss, sind von gestern!'"[16]
Das einstige Wohlwollen Goebbels für Richard Strauss war verflogen. In seiner Tagebuchaufzeichnung fand man auch über Strauss eine Notiz: „Leider brauchen wir ihn [Richard Strauss] noch – aber eines Tages werden wir unsere eigene Musik haben und brauchen dann diesen dekadenten Neurotiker nicht mehr."[17]
Aber nicht nur die Person Strauss erfuhr Erniedrigungen, sondern auch Sohn Franz und dessen Frau Alice. Nach den „Nürnberger Rassengesetzen" war jemand, der mit einem Menschen jüdischer Herkunft Kinder hatte, ein Rasseschänder und dafür zu bestrafen. Die Familie Strauss erhielt eine Ausnahmegenehmigung. Dennoch wollten aus diesem Grund nationalsozialistische Lokalpolitiker am 19. April 1941 Franz Strauss die Gemeindejagd Schlehdorf in Bayern, die er gepachtet hatte, konfiszieren.
Wieder einmal schaltete sich Richard Strauss persönlich ein. Er schrieb an Minister Heß und zitierte den stellvertretenden Ortsgruppenleiter wörtlich: „‚Gegen den Jagdpächter (gemeint mein Sohn Dr. Franz Strauss) ist nichts einzuwenden, aber den heutigen politischen Anschauungen entspricht er und seine Familie nicht. Die Jagd dürfe nur mehr an solche Personen verpachtet werden, die politisch vollständig einwandfrei sind.'"[18]
Weiters zitierte Richard Strauss die Gründe, weshalb die Pacht nicht mehr an seinen Sohn vergeben werden sollte. Neben Belanglosigkeiten kam man zum eigentlichen Grund: „3. Die Frau des Herrn Strauß jun. ist Jüdin und hatte sich während der Judenaffäre im November 1938 in die dortige Jagdhütte geflüchtet. Sie ist auch jetzt öfters in dem kleinen Ort Schlehdorf und verhält sich dort, wie es Judenart ist, nicht eben bescheiden. / 4. Der Ortsgruppenleiter wurde um seine Meinung gefragt, ob die Jagd weiter an Strauß jun. verpachtet werden soll, worauf er erklärte, die Familie Strauß sei in Schlehdorf politisch nicht angenehm. Gegen Strauß jun. sei persönlich nichts einzuwenden."[19]
Aus der Kanzlei des Gauleiters München-Oberbayern der NSDAP erhielt man am 26. Juni 1941 die Antwort: „... zu erledigen und zu schreiben vom Gaupersonalamt / 1) Strauss behält die Jagd, da kein Grund vorliegt sie

anderweitig zu vergeben. Es wird dabei besonders Rücksicht genommen auf den Generalmusikdirektor Richard Strauss / 2) es besteht kein Grund gegen den Ortsgruppenleiter vorzugehen, da die Frau Strauss junior Jüdin ist", daher tatsächlich „die Familie nicht den heutigen politischen Anschauungen entspricht. Heil Hitler!"[20]

In den letzten Kriegsjahren erfolgte schließlich eine zweitägige Verhaftung von Franz und Alice Strauss in Wien, und es kam zum Verhör durch die Gestapo. Sie erfolgte ohne Angabe von Gründen und wurde erst durch das Einschreiten des Wiener Gauleiters und gleichfalls großen Strauss-Bewunderers Baldur von Schirach beendet.[21] Es traf dann auch ein Haftbefehl gegen Alice in der nationalsozialistischen Kreisleitung Garmisch ein. Der Akt wurde durch einen wohlgesinnten Beamten immer wieder ganz unten in den Stapel gereiht.[22]

Im Vergleich dazu war es verhältnismäßig harmlos, daß sich die Strauss-Enkel Richard und Christian in der Schule in Raufereien gegen die Meute der Kollegen durchsetzen mußten, bis ein Dekret der Reichskanzlei eintraf, welches erklärte, „daß Strauss' Enkel wie Arier zu behandeln seien, jedoch von Partei, Wehrmacht und öffentlichen Ämtern ausgeschlossen blieben"[23]. (Richard war damals elf, Christian sechs Jahre.)

Ab 28. Juni 1944 durfte sich auch Richard Strauss nicht mehr frei bewegen. Die Behörde gestattete ihm keine Reise ins Ausland mehr. Auch Kuraufenthalte wurden ihm untersagt: „Aus dem Führerhauptquartier wird mitgeteilt, dass der Führer sich strikt gegen eine Auslandsreise (in diesem Fall von Richard Strauss) ausgesprochen hat. Der Führer betonte in diesem Zusammenhang, dass es in Deutschland genügend Heilbäder gebe, so dass es besonders in der heutigen Zeit nicht notwendig wäre, ein ausländisches Bad aufzusuchen."[24] Eine Weisung, die von da an auch für alle anderen deutschen Künstler zu gelten hatte.

Wahrscheinlich ging es neben dem Gedanken des eventuellen Absetzens in die Schweiz vor allem darum, keine Reichsmark an Devisen ins Ausland zu bringen. In diesem Jahr hatten sich seit dem 6. Juni 1944 die Alliierten im Kampf gegen das Hitler-Deutschland in Frankreich eingefunden. Das Ansehen und die Bedeutung Deutschlands durch Künstler daher propagandistisch im Ausland zu forcieren, wurde den Nationalsozialisten aufgrund der sich außenpolitisch verhärtenden Fronten zusehends gleichgültig.

Die anwachsende, öffentliche Geringschätzung des Privatmanns Richard Strauss verschärfte sich parallel zur Vernichtung von Juden, Zigeunern (heute Sinti und Roma), weiblichen und männlichen Homosexuellen und politisch Andersdenkenden. Nach 1941, dem Beginn der systematischen Judendeportationen, begannen nun auch offene Repressalien gegen die Familie Strauss, die nicht daran dachte, sich von Alice und den Kindern zu distanzieren oder zu trennen. Immer wieder dachte man, das Schlimmste sei bald vorbei und die nationalsozialistische Herrschaft würde durch ihre Mißerfolge politisch zerfallen. Statt dessen war der Gipfel noch lange nicht erreicht.

Richard Strauss gab sich starrköpfig und regimekritisch. Durch sein unzuverlässiges Verhalten fiel er den Behörden weiterhin auf, bis am 24. Jänner 1944 ein Dekret erlassen wurde, das besagte: „Der persönliche Verkehr unserer führenden Männer mit Dr. Strauß soll unterbleiben. / Der Aufführung seiner Werke sollen jedoch, wie der Führer heute auf Rückfrage des Reichsministers Dr. Goebbels entschied, keine Schwierigkeiten bereitet werden. / Verteiler: Reichsleiter, Gauleiter, / Verbändeführer."[25]

Als Anlaß für diesen internen Boykott des Privatmanns Richard Strauss nahm man dessen Langzeit-Weigerung, fremden Personen Unterkunft in seiner Garmischer Villa zu gewähren; auch wenn es sich dabei um ausgebombte Zivilisten handelte. Dazu hieß es schon in einer behördlichen Mitteilung vom 23. Dezember 1943, „daß auf Ihr Haus nur zurück gegriffen werden soll, wenn es unumgänglich notwendig wäre. In diesem Falle würden ledige Ingenieure in Frage kommen, denen ans Herz gelegt wird, besondere Rücksicht zu nehmen."[26] Strauss wußte nicht, ob nicht als mögliche Konsequenz eine Enteignung folgen würde und blieb - wie in so manchem - unnachgiebig.

Die Korrespondenz der Nationalsozialisten über den widerspenstigen Strauss war trotz aller Anzeichen des in Kürze verlorenen Kriegs ausführlich. In der „Vertraulichen Bekanntgabe 12/44 vom 14. Jänner 1944" heißt es: „Zur Kenntnisnahme: / Der Komponist Dr. Richard Strauß bewohnt mit seiner Frau in Garmisch eine Villa mit 19 Zimmern. Zu dem Anwesen gehört ein Nebenhaus, das ausser der Hausmeisterwohnung noch zwei Zimmer mit Küche und Bad umfaßt. / Dr. Richard Strauß hat es verstanden sich allen Anforderungen, die man wegen der Unterbringung von Bombengeschädigten und Evakuierten an ihn stellte, zu entziehen. Auf den Hinweis, heute müsse Jeder Opfer bringen, der Soldat an der Front setze sogar ständig sein Leben ein, antwortete er, das gehe ihn nichts an, für ihn brauche kein Soldat kämpfen. Er lehnte sogar die höflich vorgebrachte Bitte des Kreisleiters, wenigstens zwei Räume des Nebenhauses zwei alleinstehenden Ingenieuren eines Rüstungsbetriebes zur Verfügung zu stellen, rundweg ab. Die ganze Angelegenheit wird in der Garmischer Bevölkerung lebhaft besprochen und der gebührenden Kritik unterzogen. / Der Führer, dem die Sache vorgetragen wurde, entschied, das gesamte zum Anwesen des Dr. Richard Strauß gehörende Nebenhaus sei sofort zur Unterbringung Bombengeschädigter und Evakuierter zu beschlagnahmen. Ausserdem wünscht der Führer, daß führende Persönlichkeiten der Partei, die bisher mit Dr. Richard Strauß persönlichen Verkehr unterhalten haben, diesen alsbald einstellen. / Verteiler: Reichsleiter, / Gauleiter, / Verbändeführer."[27]

In Unkenntnis der längst erfolgten Regelung jener Angelegenheit zu seinen Ungunsten schrieb Strauss in besagter Causa noch zwei Briefe. Einen davon an Hitler persönlich, worin er detailliert seine Bitte vortrug: „[...] mußte der Kreisleiter anerkennen, daß diesem Künstlerheim auch in der jetzigen schweren Zeit eine Ausnahmestellung zuzugestehen sei und erklärte sich einverstanden, das Haupthaus von jeder Einquartierung frei zu halten, schon im Hinblick darauf, daß eine solche die empfindlichste Behinderung meiner für die kompositorische Arbeit notwendigen Bewegungsfreiheit in Anwesen und Garten und schwerste Störung meiner Stille und Ruhe bedürftigen geistigen Tätigkeit, außerdem für meine Frau, die seit ihrer schweren Erkrankung im Frühjahr äußerster Schonung bedarf, die gefährlichsten Aufregungen bedeuten würde. / Ich habe mich daraufhin bereit erklärt, im Nebenhaus (das auch Garage und im ersten Stock die Wohnung meines seit 4 Jahren bei der Wehrmacht dienenden Gärtners und seiner jetzt als Hausmeisterin tätigen Frau enthält), die drei Lern- und Schlafzimmer meiner beiden Enkel im Erdgeschoß zur Verfügung zu stellen, dem der Kreisleiter zustimmte."[28]

Eine Entscheidung war aber längst getroffen worden. Richard Strauss wurde der Conférencier Clemente samt Familie für das Nebenhaus zugeteilt. Später beherbergte er den Musiker Kurt Overhoff im Haupthaus.

Bemerkenswert ist bei aller menschlicher Zurücksetzung die Tatsache, daß sich die Nationalsozialisten am 11. Juni 1939, zu Richard Strauss' 75. Geburtstag, als „Kulturmenschen" präsentieren wollten. Ihren politischen Wahnsinn feierten sie im Siegesrausch über Österreich, das Sudetenland und Böhmen, den Hitler-Stalin-Pakt hatten sie in der Tasche und den Einfall in Polen planten sie für den August des gleichen Jahres. Die zensurierte Presse brachte keine Notiz über Strauss' Scheitern als Präsident der Reichsmusikkammer. Es sollte in der Öffentlichkeit des In- und Auslands kein Zweifel über Richard

Strauss' vermeintliche politische Ausrichtung entstehen. Parteipolitischer Optimismus war angesagt, und die errungenen Triumphe sollten ohne Trübung gefeiert werden.

Nur im „Völkischen Beobachter" bezog sich Herbert Gerigk auf Richard Strauss' „politische Unzuverlässigkeit" den Nationalsozialisten gegenüber: „Kulturpolitisch hat Strauß nicht immer den richtigen Instinkt bewiesen. Aber selbst seine Verirrungen, die man nicht einfach ignorieren kann, vermögen das Gesamtbild der Persönlichkeit und der schöpferischen Leistungen nicht zu verkleinern. / Die *Festigung der Weltgeltung der deutschen Musik* auch innerhalb des zeitgenössischen Schaffens ist das *alleinige Verdienst von Richard Strauß.* Daran ändert auch die Tatsache nichts, daß zahlreiche Musiker und ein beträchtlicher Teil der Jugend keinen Zugang zu seiner Kunst finden können."[29] Ungesagt blieb darin, daß Hitler und Goebbels längst begannen, Franz Lehár stärker zu favorisieren, um den alten, starrköpfigen Strauss aus der Öffentlichkeit zu nehmen.

Das erklärt auch Richard Strauss' strikte, eifersüchtige Ablehnung jenes Komponisten-Kollegen, was sonst weniger seinem Wesen entsprach. In einem Protokoll des Propagandaministeriums wird die Unterredung vom 28. Februar 1941 (vgl. a. a. O. Werner Egk) wörtlich festgehalten: „Auf entsprechende Fragen des Herrn Reichsministers antwortete Richard Strauss: / ‚Nach meiner Auffassung sind mindestens 70 Prozent der Unterhaltungskomponisten nichts anderes wie Gewerbetreibende.' / ‚Lehár, Herr Minister? – Der Lehár ist doch sehr, mindestens aber ziemlich niedriges Niveau!' / Auf Befragen durch den Herrn Minister, welchen Komponisten Strauss als U-Komponisten gelten lasse, antwortete Strauss: / ‚Allenfalls noch Paul Lincke. Die anderen sind doch niedrigstes Niveau!' / Andere – lebende – U-Komponisten kennt Strauss, danach befragt, nicht. Er kennt keinen Filmkomponisten. Der Herr Minister nennt Herbert Kindt, Melichar u. a. und Strauss antwortet: / ‚Die kenne ich nicht! Von denen habe ich noch nichts gehört!' / ‚Wenn man sehr nachsichtig ist, ist Paul Lincke ein U-Komponist mit ein paar harmlosen Sachen.' / R. Strauss bei der weiteren Unterhaltung mit dem Herrn Minister u. a.: / ‚Die meisten U-Komponisten sind gar keine Musiker, wie wir sie meinen! Nur ein paar von ihnen können mit Ach und Not arrangieren oder instrumentieren.'"[30]

Der „Völkische Beobachter" war für Richard Strauss allerdings kein Maßstab. Über die Zeitungen, die ihn regelmäßig bekämpften, resümierte er bereits im „Memorandum" vom 10. Juli 1935: „Meine schlimmsten und bösartigsten

Feinde und Gegner waren ‚Arier', ich nenne nur die Namen Perfall, Oscar Merz [/Münchner / Neueste Nachrichten], Theodor Göring [Sammler], Felix Mottl, Franz Schalk, Weingartner und die ganze nähere Parteipresse: V[ölkischer] B[eobachter] etc."[31]
Wie sehr Richard Strauss als Synonym für die internationale Bedeutung deutscher Kunst verwendet wurde, faßte Oscar von Pauder in „Heimat und Welt" zusammen: „Mit Stolz dürfen wir Deutsche seinen 75. Geburtstag einen Festtag der abendländischen Kunst nennen, der nicht nur bei uns, sondern überall, wo es Musik in unserem Sinn gibt, feierlich begangen wird. Nie ist ein Musiker in dem Maße repräsentiert in der Allgemeinheit gewesen, wie Richard Strauß."
Wichtig war zu diesem Zeitpunkt noch die Rehabilitierung des deutschen Kunstansehens im Ausland, das mit Recht ohne die Mitgestaltung zahlreicher jüdischer Künstler und durch die dilettantische Kunstzensur der Nationalsozialisten mit einem Schlag an kreativem Schwung verloren hatte. Deshalb war es unbedingt notwendig, den weltberühmten Musiker Richard Strauss als zeitgenössische Künstlerpersönlichkeit beizubehalten.
Strauss' eigenes Ansehen und die künstlerische Bedeutung seiner neueren Werke waren damals bereits stark umstritten. Nicht zuletzt war seine anfängliche Willigkeit, sich in diesem politischen Wahnsinnskarussell mitzudrehen, der verzweifelte Versuch eines vom Publikum als lebendes Denkmal verehrten, doch in seinem Schaffen und seiner gedanklichen Grundhaltung längst überholten Künstlers.
Und trotzdem: In der Laudatio Oscar von Pauders erinnerte man sich der guten Verwendbarkeit des Musikers Richard Strauss: „Keiner unter den Zeitgenossen vertritt die Weltgeltung der deutschen Musik auch im Auslande nur annähernd in der Breite der Auswirkung wie er. Und keiner unter den Zeitgenossen hat auch außerhalb der Reichsgrenzen das Bild seiner schaffenden Persönlichkeit nur annähernd so vollenden und abrunden können wie er."
Und wieder wird mit keinem Wort Strauss' Entlassung als Präsident der Reichsmusikkammer erwähnt: „Es ist selbstverständlich, daß dem repräsentativsten Meister der abendländischen Musik auch in der Leitung der Musikorganisation alle verantwortungsvollen Aemter anvertraut wurden. In dieser Richtung hat er als kühner Vorkämpfer namentlich bei der Gründung und Entwicklung der Genossenschaft deutscher Tonsetzer für die Musikerschaft unendlich viel Wertvolles erwirkt. Ebenso selbstverständlich, daß sich auf

den erfolgreichsten Musiker der Welt alle erdenklichen Ehrungen und Auszeichungen des In- und Auslandes häuften."[32]

Richard Strauss war also für die außenpolitischen Propagandazwecke der Nationalsozialisten eine Zeitlang unentbehrlich. Ein Umstand, mit dem er rechnen konnte; er forderte daher weiterhin Spitzengagen ein und bekam sie auch zugesprochen (vgl. unter anderem Tobis-Film: in den Film hineinkopierter Dirigent Richard Strauss; Honorar: 10.000.- Reichsmark).

Strauss nahm sich aber auch weiterhin kein Blatt vor den Mund. Seine Freiheit war ihm wichtig. So deponierte er unter anderem verschiedene Beanstandungen. Strauss wünschte zum Beispiel, daß die Bauwut in Garmisch eingestellt werde (Neubauten, Siedlungen, usw.), da dies die Landschaft „so verunstaltet, dass bald kein Fremder mehr diesen schönen Kurort besuchen würde, weil es kaum noch Wiesen, sondern nur noch Bauplätze dort gäbe"[33].

Trotz der persönlichen Erniedrigung, des Ärgers und der Angst hielt Strauss unabdingbar an seinem Lebenskonzept fest. Auch als Verfemter schützte er seine Familie. Doch weltverdrossen klagte Richard Strauss am 30. Oktober 1944 seinem jungen, nach den nationalsozialistischen Rassengesetzen halbjüdischen Enkel Richard, der im Arbeitsdienst als Hilfsarbeiter in der Wiener Fabrik von Manfred Mautner-Markhof arbeitete: „Denn zu hören wird wohl bald nichts mehr von Nibelungenring, Salome, Daphne etc. sein, geschweige denn zu sehen. Ich selbst habe von den Meistersingern und Tristan heute noch reineren Genuß, wenn ich die Partitur mit richtigen Tempi lese, statt eine mittelmäßige Aufführung mit falschen Zeitmaßen meiner Herrn Collegen anhören zu müssen."[34]

Richard Strauss war enttäuscht, daß in seinen letzten Lebensjahrzehnten die Zeit künstlerisch an ihm vorüberging. Und nach der Uraufführung der Oper *Capriccio* (1942) bestanden für ihn keine realistischen Möglichkeiten mehr, sich weiterhin frei zu entfalten. Im gleichen Brief an Enkel Richard fuhr er deshalb fort: „Ich habe vorgestern begonnen, die *Eulenspiegel*-Partitur noch einmal zu schreiben. Es ist gescheiter als noch weiter altersschwache Originalwerke zu fabrizieren."[35] Die allgemeine gesellschaftliche Depression und Resignation hatten sich nun endgültig auch auf Strauss gelegt.

Seine politischen Ideen, Deutschland nach dem Zerfall der Monarchie gesellschaftlich zu ordnen, sich vom dogmatischen Sozialismus der Sowjetunion abzugrenzen, mehr Gerechtigkeit ins politische System zu bringen sowie Begabten, Künstlern und Intellektuellen von vornherein den ihnen gebühren-

den Platz im hierarchischen Gesellschaftsgefüge einzuräumen, waren niemals aufgegangen.
Richard Strauss wollte die Monarchie nicht aufgeben. Und dennoch brach er gedanklich zu neuen Ufern auf. Strauss fand keine griffigere Lösung, sich gegen den radikalen Sozialismus aufzulehnen, als sich kurzzeitig an den eindeutig antisozialistischen Rechtsfaschismus anzulehnen. Kompositionen wie die *Olympische-Hymne (o. op.)* und die *Japanische Festmusik op. 84* lieferten dafür künstlerische Beispiele.
Später sah Richard Strauss auf seinen persönlichen, gedanklichen Trümmerhaufen zurück. Er war froh, seine Familie unversehrt zu wissen und hielt an seiner Vorstellung von der deutschen Vormachtstellung, zumindest in der Musik, fest.
Der Traum von der politischen und gesellschaftlichen „Sozialaristokratie" war nun endgültig ausgeträumt. Die von den Nationalsozialisten prophezeiten Reformen, für die sich Richard Strauss anfangs begeistern konnte, verkamen zusehends zum terroristischen Fanatismus, dem das Ausland, das Strauss' Werke selbst da noch euphorisch feierte, jahrelang tatenlos zusah. Getäuscht durch Propagandamanöver wie die Olympischen Spiele (1936), als die „Nürnberger Rassengesetze" bereits seit September 1935 in Kraft getreten waren, reagierte die ganze Welt (mit Ausnahme Mexikos) nachsichtig.
Die Nationalsozialisten hatten ideologisch kurz vor Beginn der Olympischen Spiele in deren Sinn „aufgeräumt": „Damals hatte niemand an ein ‚völker'-verbindendes Sportfest in einem rassistischen Land geglaubt. Nun wurde, wenn auch halbherzig, die Möglichkeit einer Verlegung aufs Tapet gebracht. Um diesen Bestrebungen entgegenzuwirken, verpaßte Hitler seinem Land eine lächelnde Maske: besonders der Stadt Berlin, dem Austragungsort der Sommerspiele. Hetzparolen verschwanden von Haus- und Plakatwänden und das widerlichste antisemitische Schmutzblatt, ‚Der Stürmer', wurde nun unter dem Ladentisch gelagert. / Die NS-Sportgewaltigen versprachen dem IOC sogar, Athleten jüdischer Abstammung in die deutsche Mannschaft aufzunehmen, was jedoch nur in Ausnahmefällen geschah. / Jedenfalls wurden die Spiele für das NS-Regime ein gewaltiger Erfolg. Ausländische Sportkommentatoren – in politischen Belangen ohnehin nicht allzu versiert – bewunderten nicht nur die Perfektion der Organisation, sondern auch die freundliche Atmosphäre. In Konzentrationslager hat man sie natürlich nicht geführt."[36]

Dorthin führten die Nationalsozialisten 1943 nur das „Rote Kreuz“. Man brachte Vertreter der Internationalen Organisation zu ausgesuchten Plätzen wie nach Theresienstadt. Man drehte Propagandafilme über die heimelige Idylle des Konzentrationslagers, wo wohlgenährte jüdische Kinder nach tüchtigen Sportstunden lachend und Butterbrot kauend dargestellt wurden und neben ihnen spinnende und handarbeitende Mütter und Großmütter – ganz dem deutschen Sittenbild entsprechend; Gartenanlagen mit Springbrunnen und freundliche Gouvernanten förderten die jüdischen Kinder auch schulisch. Jede deutsche Familie hätte aufgrund dieser für die Wochenschau und das Ausland vorgetäuschte Erbaulichkeit in den Konzentrationslagern aufbegehren müssen, warum es den bekämpften jüdischen Menschen scheinbar besser ginge als ihnen selbst, die nur dürftig zu essen bekamen und keine Springbrunnen vor dem Haus hatten. Statt dessen verlor niemand ein Sterbenswort. Man schwieg ebenso wie das „Internationale Rote Kreuz“, das völkerrechtlich als einzige Weltorganisation, auch gegen den Willen eines Staates, Zutritt verlangen konnte und ihn auch gewährt bekommen mußte.
Auch Richard Strauss glaubte an die Idylle, und so erscheint es uns heute unbegreiflich, wie weltfremd er trotz jüdischer Familienmitglieder gewesen sein mußte. Denn in Gesprächen mit nationalsozialistischen Größen, wie Reichsjustizminister Hans Frank, Gauleiter Baldur von Schirach und anderen, soll im geschützten, privat-freundschaftlichen Rahmen nie ein Wort über Politik gefallen sein?
Möglicherweise diskutierte man über Weltpolitik und Zukunftsziele. Doch über die Judenfrage nicht? Man kannte Richard Strauss' Vorliebe für jüdische Künstler, seine Freundschaft zu jüdischen Kunstinteressierten und Intellektuellen und seine Familienkonstellation. Sprach Strauss daher von sich aus dieses Thema ab 1935 nicht mehr an?
Weitere Fragen: Wenn Konzentrationslager diese propagandistische Idylle besaßen, warum begingen viele Juden vor ihrer Deportation Selbstmord, falls sie noch konnten? Warum fürchtete sich auch Richard Strauss aus diesem Grund vor einem Auseinanderreißen seiner Familie? Antworten auf diese Fragen suchte man bisher nicht. Die Familie Strauss steckte, obwohl selbst betroffen, wie die übrige Welt den Kopf in den Sand.

Bekenntnisse

„was nützt mir ein Erfolg, der auf einem Mißverständnis beruht?"

Antisemitismus und Faschismus

Faschismus automatisch mit Antisemitismus gleichzusetzen ist keine ursprüngliche Symbiose. Zumindest in den Anfängen des Rechtsfaschismus war der Antisemitismus kein essentielles Thema. Wie wir gesehen haben, gelangte Benito Mussolini 1922 in Italien ohne diesen emotionalen Verstärker an die Macht. Erst als er durch Hitler die Akzeptanz dieser psychologischen Maschinerie bei der Masse des Volks erlebte, wurde der Antisemitismus auch Bestandteil seines Regierungskonzepts.
Auch der parallel laufende Linksfaschismus erkannte sehr bald die ideologieverstärkende Emotionalisierung, die der Antisemitismus auszulösen verstand. Obgleich viele der ursprünglichen Ideenträger der kommunistischen und sozialistischen Thesen stark aus dem assimilierten Judentum kamen, wurde auch ihnen spätestens unter Josip Stalin ein Riegel vorgeschoben, wenn es um bedeutende Positionen ging. Selbst im Kommunismus entstanden Ablehnung und Verfolgung dieser im Gefüge der Gleichheit oft intellektuell Ungleichen.
Die Mechanismen dafür zu erkunden, ist hier nicht das Thema. Wir haben uns in diesem Fall mit historischen Fakten abzufinden und sie zu akzeptieren. Dazu gehört auch, das gesellschaftliche Klima, in dem der junge Richard Strauss aufwuchs, kurz aufzugreifen.
Der Antisemitismus zur Zeit des zwanzigjährigen Strauss war ein weit über Europa hinausgehendes Phänomen. Von Wien aus hatte es zwar seit Ende des 19. Jahrhunderts verstärkte Diskussionen über das Judentum, vor allem nach Theodor Herzls Forderung eines Judenstaates (1896), gegeben; die Positionen

verschärften sich dadurch zusehends in Sympathien und Antipathien; doch der Nährboden der starken Ablehnung lag Jahrhunderte zurück.
Durch die Heftigkeit, die die Debatte über das Judentum auslöste, kam auch der Politiker Karl Lueger schließlich auf die Idee, dieses die Massen mobilisierende Element als politischen Motor einzusetzen, und gewann 1897 die Wiener Bürgermeisterwahl. In Deutschland formulierte der evangelische Hofprediger und Abgeordnete Adolf Stoecker ähnliche Gedanken. In Paris gab es die Dreyfus-Affäre, wodurch die antisemitische Welle einen neuen Höhepunkt erreichte, und „im zaristischen Rußland finden [zu dieser Zeit] gerade mittelalterlich-blutige Judenverfolgungen statt"[1]. So begab es sich in nahezu allen sogenannten „zivilisierten Ländern Europas" und überrollte mit Verzögerung ebenso Japan, Nord- und Südamerika sowie Südafrika.
Schon als junger Mensch lernte Richard Strauss viele jüdische Künstler kennen, die sich ihm gegenüber keineswegs unangenehm verhielten. Dabei war die Stimmung im Münchner Musikermilieu durch Richard Wagners antisemitische Einstellung immer noch angeheizt.
Der Vater Franz Strauss machte aus seiner Klassikervorliebe keinen Hehl. Richard Wagner gab er die Verantwortung dafür, von der kontinuierlichen Musikentwicklung abgewichen zu sein, und hatte daher für dessen überlange, dissonanzenreiche, thematisch überfrachtete Musikdramen keinerlei Verständnis. Selbstverständlich liebäugelte er auch keinesfalls mit Wagners abstrusen gesellschaftspolitischen Gedankengebäuden. Dessen selbstgefällige langatmige literarische Abhandlungen langweilten ihn gleichfalls. Franz Strauss prägte seinen begabten Sohn Richard anders. Auch wenn dieser einer kurzzeitigen Verblendung durch den Zeitgeist erlag.
Von väterlicher Gegnerschaft zum Judentum gibt es keine Dokumente. Daher bleibt auch die Anmerkung des Musikhistorikers Franz Trenner zum Briefwechsel Richard Strauss-Cosima Wagner polemische Hypothese: „Bei Franz Strauss bezog sich der Antisemitismus im wesentlichen auf das Dienstliche: Auf seinen Chef Hermann Levi und auf musikalische Differenzen. Gegen Mendelssohn hatte er kaum etwas einzuwenden. Der Bayer ‚frotzelt' gern, er braucht ein Objekt, an dem er sich reiben kann. Damals war es der Jude, später der Preuße." Trenner kommt allerdings zum Schluß: „Aber sehr tief sitzt die Abneigung nicht."[2]
Ist auch für Franz Trenner, wie für viele andere Strauss-Biographen und Forscher, der Antisemitismus ein unangenehmes Kavaliersdelikt, das man gerne anderen, nur nicht dem verehrten Forschungsgegenstand Richard Strauss,

zuschieben möchte? In diesem Fall lieber dem Vater als dem Sohn? Beweise für seine verharmlosende Unterstellung liefert Trenner in seiner Ausführung nicht.

Jedenfalls war der Antisemitismus anfangs auch für Richard kein Thema. Er freute sich seinerzeit über die Unterstützung, die er durch den berühmten Dirigenten Hermann Levi erhielt. Der junge Strauss fühlte sich geschmeichelt, als der Münchner Kapellmeister ihn im Zuge seiner ersten künstlerischen Vorstellungsreise seinem Bruder Martin Levi nach Berlin empfahl und dieser Richard zu einer Soiree einlud. Dort konnte er dann seine *Cellosonate op. 6* aufführen, „die, glaube ich, schon gefiel, Radecke und Levi sprachen sich sehr günstig darüber aus"[3]. Auch der gegenseitige Eindruck war ein durchaus erfreulicher: „Dann war ich bei Martin Levi, der wie seine Frau (sie haben ein wunderschönes Haus im Potsdamer Viertel) sehr nett waren und die mir, glaube ich, musikalisch von sehr großem Nutzen sein werden. Levi, Kapellmeister [Hermann Levi], hat mich, scheint es, überall sehr liebenswürdig empfohlen, und ich werde ihm nächstens schreiben."[4]

Drei Jahre später freute sich Richard Strauss darüber, daß Levi seine *Serenade für 13 Blasinstrumente* zum Druck empfahl: „Levi hat mit Bock schon über den Verlag derselben gesprochen, derselbe will sie sich erst anhören."[5] Und wichtig war es Strauss jun. auch, daß der Vater Hermann Levi von seinem Dirigierdebüt mit der Ouvertüre zum „Fliegenden Holländer" ohne Probe vor dem Prinzen Alexander von Hessen erzählte: „Papa kann's Levi erzählen, es ist immerhin eine Aufgabe, so ein Stück prima vista, hört und staunt!"[6]

Erst als Richard anfing, sich gedanklich aus der väterlichen Umklammerung zu emanzipieren und vorerst fasziniert an den Lippen Hans von Bülows hing, öffnete er sich gedanklich zugleich seinem älteren Freund, Lehrer und Wagner-Verwandten Alexander Ritter. Dieser war beseelt von der Allgemeingültigkeit des Wagner'schen Gesamtkunstwerks. Dazu zählte für Ritter auch das gesamte damit verbundene Gedankenbild der theoretischen Schriften.

Als Vater Strauss mit siebenundsechzig Jahren von Kapellmeister Levi in Pension geschickt und dies in der Münchner Hofoper unwürdig mit einer bloßen Information am „Schwarzen Brett" vermittelt wurde, zeigte sich die ganze Familie verletzt. Immerhin war Franz Strauss der beste Waldhornist seiner Zeit gewesen. Und jetzt dieser formlose Abgang!

Trotz Hermann Levis offenkundiger Sympathien für den jungen Strauss fühlte sich Richard ganz dem Vater verbunden und gewissermaßen als Rächer der

Familienehre. Kein gutes Wort verlor er von diesem Zeitpunkt mehr über den Münchner Kapellmeister. Und eingenommen von Bayreuths antisemitischem Klima polterte Richard Strauss in diesen Jahren der Selbstfindung gegen das gesamte Judentum und plapperte damit unreflektiert nach, was andere ihm vorsagten.

Auch ein Brief aus München verärgerte Strauss, „da er mir die niederträchtige Handlungsweise *unserer* Taktjuden wieder so recht halt vor Augen führte"[7]. Und enttäuscht von dem einst so verehrten Dirigenten Hermann Levi versuchte der Sohn den Vater nach dessen unrühmlicher Pensionierung zu trösten: „Na, nun sind da nur mehr ein paar Künstler in dem Orchester; wenn es Levi gelungen sein wird, die auch noch herauszubringen, dann paßt das ganze Orchester zu seinem Leiter und alles schwelgt in höchstem Dilettantismus!"[8]

Die Sympathie des Strauss-Sohnes versuchte Hermann Levi wiederzugewinnen, was diesen allerdings in besonderen Zorn versetzte: „L[evi] spielt den Harmlosen und Liebenswürdigen, na!"[9]

Richard Strauss hatte im Jahr 1889 ziemlich viel zu tun und war besonders stolz, Assistent in Bayreuth zu sein. Etwas eitel kommentierte er damals auch herablassend die Leistungen des befreundeten Felix Mottl. Doch ist ihm dieser „immer noch lieber als Levi, der es zwar genauer nimmt, dessen Tempi aber von einem Tag zum anderen verschieden, aber nie richtig sind"[10].

Strauss war zu dieser Zeit ganz im Bann von Cosima, deren späterer konservativer Geschmack ja legendär geworden ist. Nach diesem Bayreuther Sommer stand sie im intensiven Briefwechsel mit dem inzwischen jungen Weimarer Kapellmeister. Sie unterwies ihn unter anderem in Wagners originalen Artikulationsbestimmungen. Hermann Levi, der Wagner persönlich gekannt hatte, und andere Dirigenten waren diesem künstlerischen Durchgangsstadium längst entwachsen und setzten ihre eigenen musikalischen Deutungen um. Richard Strauss als Cosima-Schüler war diese Form der Selbständigkeit noch fremd. Jede Andersartigkeit der Interpretation irritierte ihn daher zunächst stark: „Mottl hat neulich den ‚Parsifal' herrlich dirigiert, dagegen Levi um so scheußlicher, so daß Frau Wagner ganz außer sich war."[11] Zwischendurch hielt er auch fest: „Levi benimmt sich anständig; ich verkehre sehr wenig mit ihm."[12]

Großer Zorn überkam ihn in dieser Zeit ebenso über die Machtspiele des Berliner Konzertagenten und Unternehmers der Philharmonischen Konzerte in Berlin Hermann Wolff. Er genoß geradezu Monopolstellung auf dem

Berliner Konzertsektor und wirkte dadurch meinungsprägend für ganz Deutschland. Strauss war 1890 noch keineswegs an der Reihe, als Stardirigent gehandelt zu werden, und mußte, zu seinem Leidwesen, die damals auch in Musikerkreisen geltende Ordnung der altersbedingten Rangfolge einhalten. Verbittert, seine Arbeit nicht genügend gewürdigt zu wissen, flüchtete sich Richard Strauss wieder in seine Weimarer Musikdirektorposition, „nach dem ich mich aus dem scheußlichen Judengetriebe Berlins, in dem man kaum mehr wie die zwei Möglichkeiten hat, entweder überfahren zu werden oder einem Spitzbuben in die knoblauchduftenden Hände zu fallen, recht gesehnt habe"[13]. Attackiert wurde in dieser Anspielung Hermann Wolff, der, wie Strauss glaubte, den Ausbau seiner Karriere beeinträchtigte.

Richard Strauss begann sich damals als Sechsundzwanzigjähriger von Bülow künstlerisch und menschlich zu distanzieren, um seine eigene Persönlichkeit zu entfalten. Er stellte sich daher entschieden gegen dessen Interpretations-Auffassung seiner eigenen Symphonischen Dichtung *Don Juan op. 20.* Bülow schien nicht auf Strauss' Interpretationswünsche einzugehen, wie dieser meinte, sondern war in Absprache mit Hermann Wolff anderer Meinung. Doch das Publikum feierte das neue Werk, was Richard Strauss erst recht kränkte, und so lamentierte er: „Was nützt mir ein Erfolg, der auf einem *Mißverständnis* beruht?"[14]

Der „geliebte Bülow"[15] bekam in dem verzweifelten Brief Richard Strauss' an die Eltern auch einiges ab, da er die Symphonische Dichtung „zwar mit großem Fleiße, größter Anstrengung und mit einer Heidenangst vor einem Mißerfolg (den er [Bülow] jetzt nicht mehr ertragen kann, da er furchtbar eitel wird, und zwar hauptsächlich durch seine scheußliche jüdische Umgebung, der Wölfe, Ochsen, Köche etc.) einstudiert, und dem Publikum ein sehr interessantes Musikstück, aber nicht meinen ‚Don Juan' vorgeführt hatte."[16]

Aber selbst Bülow hatte schnell antisemitische Bemerkungen bei der Hand. Trotz all seiner Liberalität, war auch er darin unrühmlich ganz Kind seiner Zeit. Nach Unstimmigkeiten mit dem gewitzten Geschäftsmann Hermann Wolff distanzierte sich Bülow von ihm. Strauss hielt daraufhin süffisant fest: „Er [Bülow] schimpft gegenwärtig furchtbar auf die Juden und Wolff besonders; trotzdem glaube ich nicht daran, daß er bei seinem Entschlusse, die Berliner Konzerte aufzugeben, bleibt, wenn Wolff schlau ist! / Was soll Bülow auch machen? Er ist den Juden verfallen und kann aus den Schlingen nicht mehr heraus; wenn er auch zehnmal jetzt, um die Hochschule zu ärgern, wieder Berlioz kultiviert. Vielleicht bringt er jetzt sogar Liszt, aber auch nur wieder, um Weingartner auszustechen, es ist alles kleinlich und persönlich von ihm. Schade, Dirigieren tut er noch wundervoll!"[17]

Letztlich fühlte sich Strauss am 31. Jänner 1892 bestätigt: „Das Neueste ist, daß es Rösch gelungen ist, Bülow und Wolff auseinanderzubringen."[18]

1894 war es dann soweit, daß Hermann Wolff sich auch für den Dirigenten Richard Strauss interessierte. Strauss war allerdings nicht sonderlich erfreut, mit dem ihm grenzenlos unsympathischen Wolff ins Geschäft kommen zu müssen. Er wußte aber: „Als Dirigent braucht man den momentanen Erfolg, als Komponist muß man etwas *sein*, das andere ist dann egal und findet sich schon!"[19] Um als Komponist weiterhin zu reüssieren, mußte der Dirigent Strauss seinen Bekanntheitsgrad weiter ausbauen. Und das ging eben nur durch Wolffs Konzerte: „Wolff ist fest entschlossen, mich für Berlin zu gewinnen, ich reise morgen nach Berlin, um die Bedingungen festzustellen."

Richard Strauss dürfte es dabei erstmals in seinem Leben mit jemandem zu tun gehabt haben, der ausschließlich an der Wirkung seiner Werke, nicht aber an seiner Person interessiert war. Den begabten Komponisten verwöhnte man stets mit Liebe und Zuneigung. Wolff hingegen war ein nüchterner Charakter. Richard Strauss' wortgewandtes Sunnyboy-Flair berührte ihn wenig. Eine neue Situation, die den jungen Musiker verunsicherte. Seiner persönlichen Zurücksetzung wegen gekränkt, beklagte er sich trotzig: „Wolff nimmt mich doch nur, wenn er darin seinen Vorteil sieht."[20]

Franz Strauss war besorgt um die richtige Wahl der künstlerischen Angebote und im Wissen um die Antipathie des Sohnes zu Wolff; Richard wußte den Vater aber zu beruhigen: „Nun lieber Papa, nur keine Angst, kein Mißtrauen, ich suche mir jetzt aus allem das Vorteilhafteste und Bequemste heraus, und das werden wahrscheinlich die Wolffschen Konzerte sein!"[21]

Mittlerweile hatte sich auch Richard Strauss' Zorn gegenüber Hermann Levi gelockert, der anscheinend nicht mit der brüsken Ablehnung der Familie Strauss nach der zuvor verunglückten Pensionierung des Vaters gerechnet hatte. Jetzt wurde es aber auch Franz Strauss zuviel. Er begann zwischen den beiden Mißgestimmten zu vermitteln. Der Sohn ließ Hermann Levi ja unmißverständlich seine menschliche Enttäuschung spüren. Um einzurenken, bot Levi dem Neunundzwanzigjährigen die Stellung als Münchner Hofkapellmeister an. Der Vater riet Richard nun endgültig, von seinem Groll abzulassen. So übermittelte er Levis Wunsch: „Ob Du als Hofkapellmeister hier in Stellung treten wolltest unter vollständig gleicher Rangstellung mit ihm, ganz frei in Deinem Wirken als Künstler, nur möchte er eine Gewißheit haben, daß Du ihm in freundlicher Weise begegnen würdest, für die Zeit noch, als er in hiesiger Wirksamkeit wäre. […] Levi ließ auch rasch einfließen, daß Du künstlerisch und pekuniär über Fischer [Zweiter Kapellmeister] gestellt würdest. Aber immer wieder bemerkte er, daß Du mit ihm freundlich verkehren und wirken möchtest."[22]

Der Vater legte dem Sohn nahe, die Stellung anzunehmen und versuchte Richard von seiner dogmatischen, antisemitischen Haltung wegzubekommen: „Ich glaube, Levi fürchtet […] bei Dir Ritters Einfluß auf Dich. Er bemerkte auch, daß er nicht begreife, was Ritter gegen ihn hat, er ist sich ihm gegenüber keiner Schuld bewußt. / Ich antwortete: Ritter ist Antisemit und, wie ich glaube, einmal durch einen Juden zu Schaden gekommen."[23]

Und geschickt unterbreitete Franz Strauss dem scheinbar unversöhnbaren Trotzkopf: „Wenn Du glaubst, daß Du einige Jahre, in denen er noch mittut, neben ihm Dich bewegen kannst, so überlege, ob Du nicht hier eintreten willst, wenn es so weit kommt."[24]

Der Ratschlag verfehlte sein Ziel nicht. Richard ließ sich umstimmen, „soeben habe ich an Levi einen, glaube ich, sehr diplomatischen Brief geschrieben, ihm aber auch offen gesagt, daß Deine Pensionierung die Hauptursache war, daß ich mich von ihm getrennt. Ich schrieb ihm, da Du, lieber Papa, anscheinend die Sache verschmerzt habest, wollte ich sie aus meinem Gedächtnis streichen und ich wollte ihm, wenn er diesen Schatten, wie weit er an der *Form* Deiner Pensionierung Schuld trage, *ganz* tilgen könnte, wieder freundschaftlich entgegentreten, um so mehr, als ich mich stets dankbar erinnere, daß er der erste gewesen, der mich s. Z. in der Musik eingeführt habe. Alles Persönliche hätte ich längst vergessen. Ist es Dir so recht?"[25] Vater Strauss war sicher gerührt über die tiefe familiäre Verbundenheit des Sohnes. Und es war natürlich keine Frage, daß er die getroffene Entscheidung insgeheim erhofft hatte.

Die tiefe Kluft zwischen Richard Strauss und Hermann Levi war überwunden, und die Lage hatte sich normalisiert: „Soeben ist Levi abgereist, mit dem ich einen sehr netten Tag verbracht; er war nett, offen und liebenswürdig und wir sind recht versöhnlich auseinandergegangen."[26] Gute Voraussetzungen für die künftige Zusammenarbeit. So schien es zumindest.

Doch es war noch nicht aller Tage Abend. Insgeheim verhandelte die Direktion der Hofoper auch mit anderen Dirigenten. Ein Umstand, der den jungen Strauss emotional hochgehen ließ. Er regte sich über die ärgerliche Verschlagenheit in der Hochkultur auf. So echauffierte er sich: „Außerdem hat er

[Siegfried Wagner] mir erzählt, daß Possart und Levi im September von neuem mit Mottl unterhandelt hätten, ob er am 1. Oktober in München eintreten wolle. Hört! Danach scheinen sie – zum mindesten – auf Weingartners früheres Eintreten gar nicht zu rechnen! Ist das eine Bande! Zudem fragt vor drei Tagen Levi aus Berlin bei mir telegraphisch an, ‚ob ich mit München in Ordnung wäre'! Wenn die Kerls mich nicht mit dem ‚Guntram' in der Hand hätten, wollte ich es ihnen schon zeigen. Aber so!"[27]
Viele Jahrzehnte später, fünfunddreißig Jahre nach Levis Tod, zu einer Zeit, als die „Nürnberger Rassengesetze" bereits einen Monat in Kraft waren und Strauss wegen der Affäre Stefan Zweig zur Demission als Präsident der Reichsmusikkammer gezwungen worden war, hielt dieser in Berlin dennoch das Andenken an den großartigen Wagner- und Mozart-Dirigenten Hermann Levi hoch. Der nationalsozialistische Reichstagsabgeordnete Dr. Fabricius empörte sich dementsprechend in einem Brief vom 18. Oktober 1935 an Staatssekretär Körner und Staatskommissar Hinkel, der hier erstmals, wie viele andere Dokumente, wiedergegeben wird: „Das Kernstück des [Programm-]Heftes bildet ein Aufsatz des früheren Präsidenten der Reichsmusikkammer Dr. Richard Strauss, der seinen Präsidentenposten, wie man sagt, wegen Unbelehrbarkeit in der Judenfrage vor kurzem hat niederlegen müssen. In dem Aufsatz, der Mozarts ‚Cosi fan tutte' behandelt, kann Dr. Strauss es sich nicht versagen, der peinlich korrekten, geradezu musterhaften Textübersetzung von Hermann Levi ein besonderes Loblied zu singen. Am Schluss schreibt Dr. Strauss: ‚Wenn es an unseren Operntheatern mit rechten Dingen zuginge, müsste ‚Cosi fan tutte' im Repertoire aller deutschen Bühnen zum mindesten jetzt den Ehrenplatz erhalten, den es schon immer verdient hat. Aber wie viele Ehrenplätze stehen daselbst heute nicht leer?!' / Nach Ansicht von Herrn Dr. Strauss geht es also an unsern Operntheatern nicht mit rechten Dingen zu. Was soll der Volksgenosse und vor allem der Ausländer denken, der ein solches Programmheft in unserer Staatsoper [Unter den Linden] ersteht und derartiges liest? / Ich habe den Eindruck, dass denen, die für den Inhalt, und zwar Text- und Inseratenteil, dieser Programmhefte verantwortlich sind, einmal auf die Finger geklopft werden müsste. / Heil Hitler!"[28]
Und wenige Wochen vor den oben abgefaßten Zeilen hielt der Administrations-Referent Dr. Zeitschel bezüglich Richard Strauss' Oper *Die schweigsame Frau* am 21. September 1935 fest: „Aus beiliegendem Klavierauszug geht hervor, dass nicht weniger als 4 Juden an diesem neuesten Werk von Richard

Strauss beteiligt sind. Eine fast groteske Unverschämtheit für die heutige Zeit. Wenn es auch Strauss gelungen ist seinerzeit beim Führer persönlich die Erlaubnis zu erwirken, das von ihm vertonte Libretto des Juden Stefan Zweig zur Aufführung bringen zu dürfen, so ist es als eine doppelte Anmassung zu empfinden, wenn Strauss als Dank für die Grosszügigkeit und das aussergewöhnlich weite Entgegenkommen des Führers, dann dieses Werk bei einem Juden verlegen lässt und ausserdem von einem anderen Juden den Klavierauszug herstellen lässt. / Von meinem Referat aus sehe ich die Angelegenheit vom Standpunkt aus an, den zweifellos die gesammte Auslandspresse einnehmen wird, wenn die neuste Strausssche Oper diesen Winter über alle deutschen Bühnen gehen sollte, auf denen Aufführungen von alten Klassikern wie Meyerbeer, Mendelsohn [sic!], Offenbach etc. verboten sind. Erschwerend kommt noch die nach den neusten Judengesetzen gegebene Situation hinzu. / Nicht unerwähnt möchte ich lassen, dass Strauss mit der Komposition des Werkes erst unmittelbar vor der Machtergreifung begonnen hat, sodass es, nachdem er es sehr bald verstand im neuen Staate die höchsten Positionen zu erklettern, eigentlich eine selbstverständliche Pflicht gewesen wäre, als Praesident der Reichsmusikkammer die Komposition eines jüdischen Librettos sofort abzubrechen."[29]

Auch Stefan Zweigs Auslandstätigkeit wurde von den Nationalsozialisten genauestens beäugt. Aus dessen Buch „Die Welt von Gestern – Erinnerungen eines Europäers" wurden dem nationalsozialistischen Strauss-Akt Passagen über Richard Strauss beigelegt. Und da hieß es am 10. Juli 1944: „Betr.: Richard Strauss. Anliegend überreiche ich Ihnen 13 Seiten Photo-Kopie eines neuen Buches des bekannten Juden Stefan Zweig. Dieser Auszug beleuchtet das Verhalten von Richard Strauss in vergangenen Jahren. Nehmen Sie das bitte zu den Akten. / Heil Hitler!"[30]

Und knapp vor Richard Strauss' Hinauswurf aus der Präsidentschaft der Reichsmusikkammer unterbreitete der nationalsozialistische Spitzel und Geschäftsführer Heinz Ihlert dem Geschäftsführer der Reichskulturkammer Hans Hinkel: „Strauss hat als Vorsitzender des Berufsstandes der deutschen Komponisten dessen Satzungen nicht unterschrieben, weil diese Satzungen vorsahen, dass Juden nicht aufgenommen werden sollen. Strauss weiss von der Struktur und der Musikpolitik der Reichsmusikkammer ebenso wenig, wie ein völlig abseits Stehender."[31]

Richard Strauss war also nicht bereit, auch als Mitrepräsentant eines Schreckensregimes, jede Entscheidung mitzutragen. Menschenwürde und

-rechte zu wahren, empfand der Künstler Strauss als selbstverständlich. Und viele Menschen jüdischer Herkunft waren hervorragende Künstler. Warum sollte er selbst sie ausschließen wollen? Ein Gedanke, der ihm absurd erschien. Es war ein offener Protest von Richard Strauss, noch lange bevor die mörderische „Endlösung" (1941) umgesetzt wurde.

Der Verweigerung zur Unterschrift war vorausgegangen, daß Richard Strauss die kulturpolitischen Wünsche der Nationalsozialisten als immer abstruser empfand: „Ich höre, dass der Arierparagraph verschärft werden soll und Carmen verboten! An derartigen weiteren Blamagen wünsche ich als ‚Verfemter des Geistes' mich so wie so nicht aktiv zu beteiligen. Meine ausgiebigen ernsthaften Reformvorschläge hat der Herr Minister abgelehnt. Möge weiterhin das Arbeitsbeschaffungsamt des Herrn Laubinger das grosse Wort führen. Meine Zeit ist mir zu kostbar, um mich an diesem Dilettantenunfug weiter zu beteiligen!"[32] Eine eindeutige Haltung, die Strauss als Präsident der Reichsmusikkammer hier in dem Brief aus dem Jahr 1934 einnahm.

Nachdem er bereits ein Jahr das höchste Musikamt im NS-Staat innegehabt hatte, erinnerte man sich im Juni 1934 in der „Berliner Central Verein-Zeitung" (Blätter für Deutschtum und Judentum) anläßlich des 70. Geburtstags an seine Zusammenarbeit mit vielen jüdischen Freunden und sein generelles Interesse an jüdischer Tradition: „Aus diesem verschwenderischen Reichtum [der Melodien] gewannen wir Freude und Erhebung: in Stunden musikalischer Versenkung hielten wir Zwiesprache mit dem Genius. Gemeinsames brauchten wir nicht zu suchen: Ohr und Herz schufen von selbst Verbundenheit. Und heut? Wir blättern in dem Briefwechsel zwischen Strauß und Hofmannsthal [...]. Wir lesen die Stelle, an der Strauß von seiner Lektüre in Bernsteins Novelle ‚Mendel Gibbor' spricht, aus der er den jüdischen Brauch der Abbitte bei den Toten für das im Leben begangene Unrecht als Motiv in die Dichtung der ‚Frau ohne Schatten' hineingearbeitet wünscht."[33]

Der Redakteur gedachte weiters der Förderung des Künstlers Richard Strauss durch Hermann Levi; daß Strauss einst Heine-Texte vertonte, mit Hofmannsthal bis zu dessen Tod zusammenarbeitete und jetzt Stefan Zweig zum Librettisten erwählte. In der Oper *Intermezzo* bezog Richard Strauss die befreundete Familie Levin ein, die ihn mit dem Kartenspielen vertraut gemacht hatte und der er seine Skat-Euphorie verdankte („heute denken wir daran, daß Strauß damit seinem Berliner Freund Levin, dessen Familie die *Elektra* gewidmet war, ein kleines Denkmal setzte"[34]). Der jüdische Journalist zählte auch Max Reinhardt und den Musikschriftsteller und Strauss-Bewunderer Oskar Bie als bedeutende Persönlichkeiten auf Richard Strauss' künstlerischem Weg auf.

In der Zeitschrift wird auch Strauss' musikalische Ironie über die Diskussionsfreude im Judentum erwähnt, die er im Judenquintett der Oper *Salome* dargestellt hatte. Seine jüdischen Fans kamen nun durch sein neues öffentliches Amt als Präsident der Reichsmusikkammer in seelischen Zwiespalt. Jeder sollte sich aber seine eigenen Gedanken über den Künstler machen, da „es uns unbenommen bleibt, unser Verhältnis zu ihm ganz für uns zu bestimmen. Gerade dort, wo wir geliebt, verehrt, angebetet haben, dürfen wir uns vom Aeußerlichen des Vergangenen *und* des Gegenwärtigen nicht bestimmen lassen. [...] Liegen nicht die Strauß-Lieder noch immer bei unseren Noten? Und wer könnte in uns die Welt des Meisters zerstören, die unveräußerlich in uns lebt? Richard Strauß arbeitet unentwegt an seiner neuen Oper weiter; sie handelt von dem Mann, der keine Musik hören kann, und der schließlich durch die Frau, von der er es am wenigsten erwartet, zur Musik geführt wird. Nehmen wir uns ein Beispiel daran, und bleiben auch wir uns selber treu, mit jener Liebe im Herzen, die Oktavian uns zusingt mit den Worten, die auch die Liebe zum Genius bedeuten können: ‚Wie du warst, wie du bist, das weiß niemand, das ahnt keiner ...'"[35] Schmerzliche Worte, die wahrscheinlich auch Richard Strauss so empfunden haben mag, wenn er diese Zeilen jemals gelesen hat. Von seinem Kampf hinter den nationalsozialistischen Kulissen wußte man öffentlich nichts – auch nicht der Redakteur der „Berliner Central Verein-Zeitung".

Das große Risiko und die gewaltigen Angriffe, die Richard Strauss mit seinem Beharren auf Stefan Zweigs Libretto zur *Schweigsamen Frau* einging, lassen sich allein mit einem Artikel im nationalsozialistischen Kampfblatt „Der Stürmer" wiedergeben. Die antisemitischen Attacken und im Zuge derer die negative Stimmungsmache gegen Strauss wurden in den „Blätter[n] für Deutschtum und Judentum" gedruckt. Auf jüdischer Seite beweist das wieder große Sympathien für den Umstrittenen und bald selbst in Ungnade Gefallenen.

Wenige Nummern nach der zurückhaltenden Geburtstags-Laudatio auf Richard Strauss wird der „Stürmer"-Artikel abgedruckt. Und dort hieß es: „Dem ‚Stürmer' wird vom Herausgeber der ‚Neuen Literatur' mitgeteilt, daß Richard Strauß eine neue Oper herausbringt mit einem Text, den der Jude *Stefan Zweig* dazu geschrieben habe. Der sächsische Generalintendant

Adolph hätte dieses Werk bereits zur Uraufführung erworben. Daß Herr Adolph keine Bedenken haben mag, wenn heute noch Juden (wie Stefan Zweig!) Operntexte schreiben, das mag vielleicht darin seinen Grund haben, daß Herr Adolph mit einer Jüdin verheiratet war (sie brachte ihm auch Kinder zur Welt). Wer sich schon einmal mit der jüdischen Rasse verband, wie es Herr Adolph tat, von dem kann man nicht verlangen, daß er dabei etwas – sagen wir – Unpassendes findet, wenn im heutigen Deutschland Juden noch Operntexte schreiben können. Durch längeres Zusammenleben mit Angehörigen der jüdischen Rasse verliert sich das feine, abwägende Gefühl, das einer haben muß, wenn er dem deutschen Volke der Gegenwart vollwertig dienen will. Also, bei Herrn Adolph können wir manches verstehen. Daß aber Herr Richard Strauß zu seiner neuen Oper ausgerechnet einen Text sich gewählt haben könnte, dessen Erzeuger der jüdischen Rasse angehört, das können und wollen wir nicht recht glauben. Würde es Tatsache sein, daß sich Herr Richard Strauß für seine noch kommenden Werke jüdischer Mitarbeiter bedienen will, dann müßten wir daraus Schlüsse ziehen, die auch uns keine Freude zu machen vermöchten. Also, wir können es vorerst noch nicht glauben."[36]

Der politische Druck auf Personen des öffentlichen Lebens, die jüdischen Menschen wohlgesonnen waren, wurde immer gewaltiger. Und deshalb verbreitete die „Essener National-Zeitung" am 27. Juli 1934 ein Gerücht: „Wie der Großdeutsche Pressedienst meldet, hat Richard Strauß seine Oper ‚Die schweigsame Frau', deren Libretto bekanntlich von dem *Literaturjuden Stefan Zweig* stammt, von der im Dresdner Staatstheater vorgesehenen *Uraufführung zurückgezogen.* Diese Nachricht wird – wenn sie sich als stichhaltig erweist – überall Befriedigung auslösen. Denn eine solche klare Entscheidung des im nationalsozialistischen Deutschland an hervorragender Stelle stehenden bedeutenden Komponisten für die welt- und kunstanschaulichen Anschauungen und Belange des neuen Reiches war nachgerade zu einer dringenden Notwendigkeit geworden. Auch der Umstand, daß Richard Strauß seine Mitwirkung bei den Salzburger Festspielen abgesagt hat, wird seiner Position im Kulturleben des Dritten Reiches nur förderlich sein können."[37]

Die Absage bei den Festspielen erfolgte auf Wunsch der Nationalsozialisten und nicht auf jenen von Richard Strauss. Letztlich aber scheiterte er und verdarb sich die Gunst der Nationalsozialisten ein für allemal durch seine „Unbelehrbarkeit in der Judenfrage".

Im Glauben an seine eigene künstlerische und persönliche Immunität, die er selbstverständlich auch auf seine engste Umgebung übertragen wissen wollte, begann sich Richard Strauss dennoch, wie wir sehen konnten, für die Akzeptanz jüdischer Künstler einzusetzen (vgl. geheime Berichterstattung von Heinz Ihlert). Auch vor Joseph Goebbels setzte Strauss sich für die Abschaffung des Arierparagraphen ein. Stefan Zweig berichtete er Goebbels Antwort: „Alle Versuche, hier den Arierparagraphen zu mildern, scheitern an der Replik: solange vom Ausland her eine solche Lügenpropaganda gegen Hitler getrieben wird - unmöglich!“[38]

Richard Strauss war überzeugt davon, daß der Nationalsozialismus nur eine kurze politische Modeerscheinung bliebe. Er erkannte die menschenvernichtende Durchschlagskraft dieses Systems nicht. Völlig entgeistert nahm Strauss daher Zweigs Emigrationsgedanken entgegen: „Ich verstehe zwar dieses jüdische Solidaritätsgefühl nicht und bedauere, daß der ‚Künstler‘ Zweig sich nicht über ‚politische Moden‘ erheben kann.“[39]

Möglicherweise überkamen Richard Strauss letztlich, nach seiner Entlassung aus dem Präsidentenamt der Reichsmusikkammer, doch Zweifel darüber, ob er nicht auch weitere Konsequenzen für seine Überzeugung würde tragen müssen, so daß er im Falle seines eventuellen Ablebens in einem *Memorandum* am 10. Juli 1935 für die Nachwelt seine persönliche Einstellung zum Judentum festgehalten wissen wollte. Stefan Zweigs Befürchtung hatte sich somit bestätigt.

Die Enttäuschung über den Ausgang seines in den letzten Jahren konsequenten Eintretens für verfolgte jüdische Menschen, weshalb ihn ja jetzt die braunen Machthaber absetzten, ließ ihn seine verfängliche Position, zwischen mehreren Stühlen sitzend, erkennen (was Richard Strauss bis zuletzt auch von jeder politischen Seite her angreifbar machte).

Den großen Fehler, den er als fast siebzigjähriger Mann gemacht hatte, mit den Nationalsozialisten gemeinsam ein Stück ihres Wegs zu gehen, ließ ihn verbittert resümieren. Strauss erkannte richtig, daß er jetzt weder für die einen noch für die anderen glaubwürdig war. Sein politisches Ansehen hatte er auf allen Seiten verloren. Seine politische Unschuld war dahin; die Enttäuschung groß.

Alte Geschichten wurden von Richard Strauss sofort nach seiner Demission 1935 ins rechte Licht gerückt: „Jetzt mögen die Opfer aufgezählt werden, die ich gebracht habe dafür, daß ich mich von vornherein nicht von der ganzen nationalsozialistischen Bewegung fern gehalten. Es begann damit, daß ich für

den davongejagten Bruno Walter dem philharmonischen Orchester zuliebe und auf eifriges Zureden von Kopsch und Rasch Walters letztes Abonnementsconcert übernahm. Das Honorar von 1500 M. habe ich dem Orchester überwiesen. Darauf begann ein Sturm gegen mich in den ausländischen, besonders aber in den Wiener jüdischen Zeitungen, der mir in den Augen aller anständigen Menschen mehr Abbruch und mehr Schaden getan, als je die deutsche Regierung an mir wieder hätte gut machen können. Man verdächtigte mich als servilen, eigennützigen Antisemiten, während ich im Gegenteil so oft ich konnte, bei den hiesigen maßgebenden Leuten (auch wieder zu meinem eigenen Schaden) stets betont habe, daß ich die Streicher-Goebbelsche Judenhetze für eine Schmach für die deutsche Ehre, für ein Armutszeugnis, für das niederträchtigste Kampfmittel der talentlosen, faulen Mittelmäßigkeit gegen höhere Geistigkeit und größere Begabung halte. Ich bekenne hier offen, daß ich von Juden so viel Förderung, so viel aufopfernde Anregung genossen habe, daß es ein Verbrechen wäre, dies nicht in aller Dankbarkeit anzuerkennen. Gewiß hatte ich auch in der jüdischen Presse Gegner, dagegen war mein Verhältnis zu meinem reichlich gegensätzlichen Antipoden Gustav Mahler ein fast freundschaftliches zu nennen. Meine schlimmsten und bösartigsten Feinde und Gegner waren ‚Arier'".[40]
Kein recherchierbarer äußerer Druck veranlaßte Richard Strauss seinerzeit, dieses Bekenntnis abzulegen. Es wurde ihm aber langsam bewußt, daß das Konzept der „Sozialaristokratie" nicht moralisch verantwortungsvoll umsetzbar war. Nicht dann, wenn Unbegabtere ihren Platz nur durch Vertreibung und Mord an Begabteren einnahmen. Strauss schwebte seinerzeit eine geordnete gesellschaftliche Hierarchie der Begabungen und des Geistes vor, die jedoch in dieser Form nicht verwirklichbar war.
Mit der politischen Realität wollte Richard Strauss infolge aktiv nichts mehr zu tun haben. Auch dann nicht, wenn Briefe an Adolf Hitler wie jenes Dankschreiben für die Geburtstagswünsche zum 75. („Meine Frau, die Sie in der Wiener Oper unlängst mit mir begrüssen durfte, sendet mit meinem Sohne ihre höflichsten Empfehlungen! Ich selbst verbleibe mit dem Ausdruck meiner vorzüglichsten Hochachtung, sehr verehrter Herr Reichskanzler, / Ihr sehr ergebener / Richard Strauss"[41]) andere Spekulationen zulassen möchten. Strauss schlug sich zwar mit Joseph Goebbels und anderen nationalsozialistischen Administratoren heftig herum, doch die letzte Tür zu Hitler wollte er für alle Fälle nicht leichtfertig zuschlagen. Falls es in Zukunft Probleme geben sollte, würde ihm Hitler, der Musik- und Wagner-Freund, sein Ohr leihen,

davon war Richard Strauss immer noch überzeugt. Ab 1944 war auch diese Quelle ein für allemal versiegt. Gegen Strauss war von nationalsozialistischer Seite her intensiv Material gesammelt worden. Die Schirmherrschaft Adolf Hitlers über den deutschen Parademusiker Richard Strauss war erloschen.
Nach seiner jugendlichen Verhetzung ergab die Judenfrage für Strauss kein Thema mehr. Er war von jüdischen Kollegen, Sängern, Regisseuren, seinen Verlegern Fürstner, Wolff, seinen Librettisten, Freunden und seiner eigenen Familie umgeben. Für den Altkatholiken Strauss[42] änderte sich auch am allgemeinen Interesse für andere Glaubensvorstellungen nichts. Er selbst entfernte sich gedanklich zwar mit zunehmendem Alter vom Christentum und hing, wie viele linke und rechte Künstler jener Zeit, einer Art zeitgeistiger Naturreligion bzw. Esoterik an. Generell war von der Jahrhundertwende bis in die zwanziger Jahre hinein eine rigorose Aufweichung starrer gesellschaftlicher Dogmen erfolgt.
Doch die tiefe Verbundenheit zu den katholischen Lebensräumen Bayern und Österreich blieb zeitlebens. So wie er auch starken Einfluß auf die Erziehung seiner Enkel Richard und Christian nahm und empfahl, sie in die katholische Schule einschreiben zu lassen, sie gedanklich mit Lebensweisheiten unterstützte und ihnen bei den Hausaufgaben half.

Lebensende

„vom Gesetz nicht betroffen“

Entnazifizierung und Tod

Das Kriegsende bereitete der Familie Strauss nicht ausschließlich Erleichterung. Nach elf Monaten, in denen die Nationalsozialisten ihre Todesmaschinerie in den Kriegsgebieten forcierten und auch der eigenen Zivilbevölkerung gegenüber als Terror im Alltag einsetzten, war der deutsche Alptraum von der ersehnten Weltherrschaft zu Ende.

Vorerst schwankte man innerhalb der Familie Strauss zwischen Trauer über die zerbombten Städte (alle Hauptstädte wurden schwerstens beschädigt, Dresden dem Erdboden gleich gemacht, trotz des damals auch für die Alliierten bestehenden, international-völkerrechtlichen Übereinkommens zum Schutz von Baudenkmälern im Krieg), Trauer über den Verlust von Millionen Menschen, eingeschlossen viele jüdische Freunde, Bekannte und Familienmitglieder von Alice, und der Angst, was die Zukunft bringen würde. Man fürchtete sich vor der Enteignung. Immerhin war im letzten Kriegsjahr ungefragt im Wiener Schlößl die serbische Exilregierung untergebracht worden. Weshalb sollte das, was in Wien vorgefallen war, nicht auch mit dem Garmischer Besitz passieren?

Fest entschlossen stellte sich der einundachtzigjährige Richard Strauss den Alliierten entgegen. Er war bereit, sein Garmischer Anwesen mit aller Konsequenz zu verteidigen. Doch soweit mußte es gar nicht erst kommen. Nach einem vehementen „Ich bin Richard Strauss, der Komponist des *Rosenkavalier* und der *Salome*“[1], wich auch der holländische Major Kramer zurück. Strauss hatte prinzipiell gar nicht mehr damit gerechnet, daß man seinen Namen noch im Ausland kannte. Nach einem Mittagessen für die Soldaten vertraute Richard Strauss seinem Tagebuch den bekannten Satz an: „Ein totaler Sieg des Geistes über die rohe Materie." Das Anwesen wurde danach mit dem Schild „Off limits" versehen, womit jede Beschlagnahme abgewendet war.

Bei aller bestehenden Verbundenheit von Richard Strauss zu Deutschland war es wichtig, von den vorgefallenen Ereignissen Abstand zu gewinnen. Eine räumliche Distanz würde bewußt auch für die Öffentlichkeit eine Abkehr vom „alten" Deutschland schaffen. Ein halbes Jahr nach Kriegsende brachen Pauline und Richard Strauss deshalb zu einem mehrjährigen Schweiz-Aufenthalt auf. Die Gesundheit beider, vor allem Paulines, war sehr mitgenommen. Durch die Mithilfe alliierter Offiziere und die Bürgschaft der übrigen Familie trafen beide im Oktober 1945 auf abenteuerliche Weise in Baden bei Zürich ein.

Seine späten Jahre erlebte Richard Strauss als Zeit des Rückblicks auf ein langes, aufregendes Leben. Gerne und oft nannte er seinen Schweizer Aufenthalt „Asyl"; wohl in Anlehnung an Richard Wagners einstige Flucht aus München.

Richard Strauss las damals viel. Er holte vieles nach, was ihm seine gesellschaftlichen Verpflichtungen und seine rege Tätigkeit bisher nur in bescheidenem Ausmaß erlaubt hatten. Sein Freund und neuer Biograph Willi Schuh kam gar nicht schnell genug nach, Lesbares für Strauss aufzutreiben.

Besonderes Interesse fand Goethes gesamtes Lebenswerk. Er war der gedankliche Begleiter von Richard Strauss in dessen letzten Lebensjahren: „Ich lese Goethe, und zwar so, wie ich es mir ein Menschenalter lang gewünscht habe, wozu ich aber durch Notenschreiben und Opernkomponieren nie gekommen bin – den ganzen Goethe, so wie er wuchs und wurde. Nicht hie und da nippend, mal ein Stück ‚Faust' oder ‚Hermann und Dorothea' oder ‚Wilhelm Meister', wie es einem gerade in den Sinn kommt – sondern mit Grundsatz und System."[2]

„Grundsatz und System" ließen ihn auch an seinem Lebensabend nicht los. Strauss kam mit manch eigener Ansicht ins Wanken. Zu welchen Ufern sollte er im Scherbenhaufen Deutschland gedanklich aufbrechen? War er nicht für große Veränderungen in seinem Leben zu alt?

So war seine Orientierungslosigkeit größer denn je. Er glaubte den Untergang des Abendlands angesagt. Die Möglichkeiten zu einem Ummontieren Deutschlands empfand Strauss als völlig unrealistisch. Seine Überzeugung von der überragenden kulturellen Bedeutung Deutschlands pflegte er weiterhin.

Durch seine neuerliche Beschäftigung mit dem operndramaturgischen Konzept Richard Wagners und den Rückblick auf die abendländische Kulturentwicklung hielt Richard Strauss – immerhin Deutschlands Zertrümmerung und Kriegsniederlage vor Augen – doch unabdingbar an der Identität seines Landes fest: „Und Beethoven war *doch* ein Deutscher"[3], heißt es da. Ob es Deutschland weiterhin geben würde, war ihm – wie vielen anderen – nicht ganz klar.

Mit Bekenntnissen zu seinem Lebenswerk und dem Brückenschlag zur vom Vater Franz Strauss einst eingemahnten Klassikertreue söhnte er selbst das Bild der beiden gegensätzlichen Musiker Vater und Sohn Strauss in seinem eigenen Bewußtsein und für jenes Bild, das der Nachwelt erhalten bleiben sollte, aus.

Und nochmals wagte Richard Strauss einen vereinnahmenden deutschen Vorstoß: Daß Österreich im speziellen an der Entwicklung der klassischen Musik beteiligt war, schien er bei der folgenden Betrachtung vergessen zu haben: „Aber Deutschland hat mit der Erfindung der deutschen Musik die letzte und höchste Kulturmission erfüllt, und mit diesem Gedanken will ich gern abwarten, bis ich zu meinen Göttern im Olymp abberufen werde – die ‚Religion der Klassik' im Herzen."[4]

Die deutsche Kultur in seiner eigenen, Wagners und anderer Sichtweise schien für Richard Strauss zu Ende zu gehen. Sein eigener Stellenwert innerhalb der Musikgeschichte verschwamm ihm immer mehr. War er tatsächlich, wie Goebbels einst sagte, aus der „alten Welt"? War das Operndrama wirklich tot und der Aufbruch in ein Zeitalter der reinen Unterhaltungsmusik gekommen, wie es die Nationalsozialisten mit Franz Lehár und anderen vorgehabt hatten und wie es die Amerikaner jetzt mit Jazz und Musical zeigten?

Deprimiert stellte Richard Strauss sich selbst, auf der Suche nach dem eigenen künstlerischen Stellenwert für die Geistesgeschichte, neben Goethe aufs Podest. Zu seinem 85. Geburtstag wollte er, daß es alle verstehen sollten: „Gerade bei Goethe forschen alle Literaturhistoriker fast in jedem Werk und in jedem Satz nach den Beziehungen der Persönlichkeit, des Erlebnisses zum Kunstwerk – warum sieht man nicht das Neue an meinen Werken, wie in ihnen, wie nur noch bei Beethoven, der Mensch sichtbar in das Werk spielt –, dies beginnt im dritten Akt *Guntram* schon (Absage an den Collektivismus), *Heldenleben, Don Quixote, Domestica* – und in der *Feuersnot* ist bewußt der Ton des Spottes, der Ironie, der Protest gegen den landläufigen Operntext das

individuelle Neue. Darum die heitere Persiflage der Wagnerschen Diktion, wegen der nicht zu streichenden Anrede Kunrads ist ja gerade das ganze Nichtöperchen entstanden! Das Bekenntnis im *Intermezzo, Capriccio* ist doch das, warum sich meine dramatischen Werke von den landläufigen Opern, Messen, Variationen unterscheiden in direkter Beethoven-, Berlioz-, Liszt-Nachfolge." Und weiter bezeichnete er sich selbst als: „Der griechische Germane."[5]
Richard Strauss arbeitete in den letzten Jahren an der Korrektur des Selbstbilds. Er legte jedoch kein öffentliches Bekenntnis der Distanzierung vom Nationalismus, der Keimzelle der nationalsozialistischen Ideologie, ab. Strauss hielt auch in zerrütteten Zeiten an Deutschland fest. Wie viele andere verdrängte auch er das mörderische Trauerspiel rund um das Deutsche Reich. Erinnerung an die vor kurzem ausgestandenen Ängste und Sorgen wurden vermieden. Eine Tatsache, die später von Strauss-Freunden und Fans, von vielen in Politik und Kultur maßgeblich involvierten Personen (teilweise bis zum heutigen Tag – immer noch bei einigen älteren Freunden um die Internationale Richard Strauss-Gesellschaft) lange Zeit genauso gehandhabt wurde und die heute noch nicht in objektiverem Licht, aus der Distanz der Zeit heraus, erkannt wird.
Strauss gab sich als beharrlicher Patriot, auch wenn er selbst durch das Schreckensregime zu Schaden gekommen war. Den Sinn für die Realität völlig verschoben, hielt Richard Strauss an der Opferrolle des von den Alliierten besiegten und in Trümmern liegenden Deutschlands fest, wenn er sich gedanklich zwischen den politischen Fronten positionierte, indem er meinte, daß „die Gefahr besteht, daß der Autor [Strauss] von allen Culturhistorikern, Universitätsprofessoren, der jüdischen Presse sowohl wie von allen germanischen Patrioten, die nach einem neuen Kriege zwischen Amerika und Rußland die Wiederkehr der ‚Deutschen Weltmacht' und die Rückkehr Barbarossas's aus dem Kyffhäuser und Hitlers aus der Reichskanzlei erhoffen - zerrissen, geviertteilt, gerädert werde, wenn er den Mut hat zu schreiben, daß das politische Deutschland zerstört werden mußte, nachdem es seine Weltmission: die Erschaffung und Vollendung der deutschen Musik erfüllt hatte"[6].
Er beachtete dabei seine eigene Mahnung nicht: „Wenn man nicht genug Arbeit hat, kommt man ins Schwatzen und denkt nicht an die Folgen."[7]
Politisch distanzierte sich Richard Strauss einzig vom Krieg selbst. Paris bereitete für Strauss' (letzten) Geburtstag ein Festival vor, dem er aus gesund-

heitlichen Gründen fernbleiben mußte, doch schrieb er bewegt: „Daß die Rundfunksendung des ‚Friedenstag' mit der Pariser Conferenz der Außenminister zusammentrifft, ist wohl schicksalhaft, und ich betrachte es als schönen Lohn, daß meiner künstlerischen Vision vom Jahre 1938 ein wirklich die ganze Welt beglückender Friede von der Lichtstadt Paris aus beschieden werde."[8]

Mit seiner ab 1935 verfemten Einstellung gegenüber den Nazis reiht Richard Strauss sich jedoch nicht wie Stauffenberg, Hardenberg und andere in die aktive Reihe des deutschen Widerstands ein. Seine „Vision(en)" entstanden immer erst unter äußerem Druck. Offiziell von den Nationalsozialisten gesammelte Dokumente verdeutlichen exakt die unverhohlene Geringschätzung Strauss' für die Nationalsozialisten, woran er auch nach seiner Entlassung keinen Zweifel aufkeimen ließ. Er verscherzte es sich letztlich mit nahezu allen NS-Führungskräften – zuletzt mit Hitler selbst. Strauss nahm sich kein Blatt mehr vor den Mund. Springender Punkt allerdings: Er wollte sein Amt damals nicht freiwillig verlassen. Es geschah schließlich auf Weisung Goebbels'. Und um eines klarzustellen: Während Stauffenberg aus innerster Überzeugung Widerstand leistete, reagierte Strauss passiv auf für ihn unveränderbare Umstände und zog aus gekränktem Stolz die Konsequenzen. Er fühlte sich gedemütigt und fürchtete um sein Prestige.

Die Gemeinsamkeit, die Strauss und Stauffenberg jedoch verband, war: die Absage an Hitler und sein Terrorregime. Auch der unerschrockene Glaube an Deutschland, worin für ein selbständiges Österreich kein Platz gewesen wäre.

In der seinerzeitigen Rechtfertigung teilte Richard Strauss Adolf Hitler mit, daß seine Äußerungen im bewußten Brief an Stefan Zweig „ohne weitere Überlegung hingeworfen wurden. Ich brauche angesichts der für mich als deutschen Komponisten sprechenden Reihe meiner Lebenswerke wahrlich nicht zu beteuern, daß dieser Brief und alles, was an improvisierten Sätzen er birgt, nicht irgendeine weltanschauliche oder auch für meine wahre Gesinnung charakteristische Darlegung bedeutet."[9]

Seine „wahre Gesinnung" und seine Bedeutung als Präsident der Reichsmusikkammer wurden letztlich in einem Entnazifizierungsverfahren eruiert. Die Anklage der Spruchkammer in Garmisch-Partenkirchen wurde im Mai 1948 als „vom Gesetz nicht betroffen" beendet.

Eine schwierige juristische Entscheidung, die damals niemand leichtfertig treffen wollte. Daß das internationale künstlerische Renommee von Richard

Strauss für den erwünschten Ausgang sorgen würde, bezweifelten allerdings weder er noch seine engere Umgebung. Denn, wer in Deutschland während der nationalsozialistischen Zeit nicht zur Gänze linientreu war und wie in Richard Strauss' Fall von den nationalsozialistischen Machthabern aus dem Amt entlassen und in letzter Konsequenz als Privatperson geächtet wurde, wußte das rechtliche Urteil im voraus. Auch wenn die moralische Mitschuld bestehen blieb.

Wohl aus taktischen Gründen verschaffte der neue Präsident der Wiener Konzerthausgesellschaft Manfred Mautner-Markhof Richard Strauss noch vor Verhandlungsbeginn die österreichische Staatsbürgerschaft, die damals für die Öffentlichkeit bestätigen sollte, daß Strauss sich jetzt vom großdeutschen Gedanken distanziert bzw. nie damit sympathisiert hatte. Ein Gedanke, der in dieser Deutlichkeit nicht ganz der Wirklichkeit entsprach.

Über die österreichische Staatsbürgerschaft berichtete „Die Welt": „Er ist aber, entgegen anderslautender Pressemeldungen, nach wie vor deutscher Staatsbürger. [...] Die Verleihung der Staatsbürgerschaft ist aber zunächst solange zurückgestellt worden, bis vor der Spruchkammer sein Verhältnis zum Nationalsozialismus geklärt sein wird."

Abgesehen davon ließen sich beim internationalen Publikum seine Werke im gesellschaftlichen Zusammenhang mit dem Musikland Österreich besser verkaufen. Generell war das die Dankbarkeit des kunstsinnigen Fabrikanten Manfred Mautner-Markhof für Richard Strauss' Einwirken im Jahr 1939, ihn aus der Gestapohaft freizubekommen. Das hatte er ihm nicht vergessen und am 18. November 1947 für alle Fälle auch eine „Eidesstattliche Erklärung" über das Verhalten von Richard Strauss während der nationalsozialistischen Diktatur abgelegt.

Darin heißt es: „Ich habe die mich besonders auszeichnende Ehre, Herrn Dr. Richard Strauss meinen väterlichen Freund nennen zu dürfen. / Vom Jahre 1934 an habe ich selbst gesehen und miterlebt, welch ausserordentlich unwürdige Schwierigkeiten man Dr. Richard Strauss wegen seiner antinationalsozialistischen Einstellung ständig bereitet hat. Begonnen hat dies mit jenem Brief an Stefan Zweig, den Dr. Richard Strauss in seinem Zorn über die Tatsache geschrieben hat, dass Stefan Zweig bei der Uraufführung ihres gemeinsamen Werkes die ‚Schweigsame Frau' aus rassistischen Gründen nicht anwesend sein durfte. Dieser Brief, in dem Richard Strauss' seinen Gefühlen über das Dritte Reich freien Lauf liess, wurde bekanntlich von der Zensur erbrochen und an Dr. Goebbels übergeben. / Zweifellos war es nur der einmaligen Persönlichkeit des absolut grössten, lebenden Musikers zu verdanken, dass sich sogar nationalsozialistische Machthaber scheuten, Richard Strauss in ein Konzentrationslager zu sperren. / Fünf Jahre später feierte Richard Strauss am 11. VI. 1939 seinen 75. Geburtstag. An diesem Tage dirigierte er in Wien ein philharmonisches Konzert. Der damalige Gauleiter von Wien, Bürckel, kam in der Pause des Konzerts in das Künstlerzimmer, um zu gratulieren. Diesen Moment benützte Richard Strauss, um bei Gauleiter Bürckel wegen meiner aus politischen Gründen durch die Gestapo erfolgten Inhaftierung zu intervenieren. Tatsächlich wurde ich drei Tage später auf freien Fuss gesetzt. Durch diese Intervention hatte sich Richard Strauss ohne Zweifel wieder stark kompromittiert. / In den folgenden Jahren war ich wiederholt Zeuge, wie Richard Strauss sich auf das Energischste für die Erhaltung vollster Kunstkörper eingesetzt hat. Sicherlich ist es zu einem grossen Teil ihm zu verdanken, dass die weltberühmten Orchestervereinigungen des Reiches nicht durch Einberufungen zur Wehrmacht zerstört wurden und daher im wesentlichen erhalten werden konnten. / Sehr oft musste ich auf Richard Strauss, der aus Aerger über das bestehende Regime sich zu unüberlegten Äusserungen und Taten hinreissen lassen wollte, beruhigend einwirken, um schwerwiegendste Folgen für ihn zu verhindern. / Zusammenfassend erkläre ich an Eides Statt, dass mir Herr Dr. Richard Strauss stets nur als ausgesprochener Gegner des nationalsozialistischen Regimes bekannt war."[10]

Mautner-Markhof stellt hier die Zweig-Situation nicht den Gegebenheiten entsprechend dar. Richard Strauss ärgerte sich damals tatsächlich. Doch vor allem darüber, daß Stefan Zweig nun definitiv nicht mehr für ihn arbeiten konnte und wollte. Mit Sicherheit darf aber angenommen werden, daß Strauss mit härteren Sanktionen der Nationalsozialisten zu rechnen gehabt hätte, wäre er nicht weltberühmt gewesen. Es läßt sich daher auch aus Mautner-Markhofs Stellungnahme deutlich erkennen: Galionsfiguren mußten zur Deutschland-Identifikation erhalten bleiben. Und eine davon war Richard Strauss.

Es war sehr wichtig, nach Kriegsende deutsche Leitbilder zu erhalten, um damit zu beginnen, die ideologische Verblendung der Deutschen langsam umzuerziehen. Strauss zählte zwar nicht selbst zu den Neuerern, dazu war er zu alt und zu festgefahren in seiner Meinung, doch er verhielt sich immerhin ruhig. Vielmehr noch, er zog sich fast zur Gänze aus der Öffentlichkeit zurück.

Der Kommentar von Ernst Krause in seiner biographischen Darstellung 1963 lautet daher: „Gut zu wissen, daß ihn die beschämende Tragikomödie eines gegen ihn eingeleiteten Entnazifizierungsverfahrens kaum berührte." Und lapidar fügte er dem gesetzlichen „Nicht betroffen" hinzu: „Was hätte man denn auch anders tun können?"[11]

Das fragte sich scheinbar auch die Redaktion der Tageszeitung „Die Welt", damals Organ der britischen Militärregierung, wenn in einem sehr ausgewogenen Artikel das Urteil letztlich zum bevorstehenden Entscheid der Spruchkammer Garmisch-Partenkirchen bereits vorweggenommen wurde und es daher hieß: „Man kann sich des Eindrucks nicht erwehren, daß sich die Spruchkammer der Peinlichkeit, einen in der ganzen Welt gefeierten Mann anklagen zu müssen, am liebsten gerne entziehen würde. Da Strauß in Garmisch immer noch seine Villa besitzt, also dort seinen deutschen Wohnsitz hat, auch wenn er seit 1945 größtenteils in der Schweiz lebte, ist die Garmischer Spruchkammer nach dem Entnazifizierungsgesetz verpflichtet, das Verfahren durchzuführen. Allzu deutlich mag dem Spruchkammerrichter noch der laute Jubel in den Ohren klingen, mit dem der Komponist im Vorjahre, bei seiner Ankunft in London, empfangen wurde, und es ist ihm auch nicht unbekannt, daß Richard Strauß von allen in Amerika aufgeführten Komponisten die höchsten Tantiemen bezieht. So steht die Spruchkammer vor einer denkbar unpopulären Aufgabe: Sie hat vor den Augen der Weltöffentlichkeit einen Mann als Hauptschuldigen anzuklagen, dessen moralischer Kredit in der Welt ungeheuer ist, dessen Beziehungen zum Dritten Reich aber noch der endgültigen Klärung bedürfen."[12]

Der „endgültigen Klärung" bedurfte es moralisch bis heute noch. Im Sinne der Anklage: „Richard Strauss als ehemaliger Präsident der Reichsmusikkammer in der Gruppe der ‚Hauptschuldigen'"[13] eingereiht, war er nach richterlicher Entscheidung „nicht betroffen". Nach seiner wirklichen politischen Haltung fragte damals aber niemand. Strauss war nie nationalsozialistisches Parteimitglied[14], das genügte, und er kämpfte gegen die Parteilinie der „Endlösung" für Juden und andere an, auch das reichte den Alliierten aus.

Wie aber hätte es unter Umständen ausgesehen, wenn die Affäre Stefan Zweig, Strauss' Schwiegertochter Alice samt Kindern und Manfred Mautner-Markhof nicht gewesen wären? Hätte man dann tatsächlich auch noch mit einem „nicht betroffen" entschieden?

Niemand wollte damals im kollektiven Leid der deutschen Bevölkerung auch noch das Gesamtwerk des berühmten alten Mannes schmälern. Nach

dem weltweit schlechten Renommee Deutschlands nach Kriegsende waren Richard Strauss und andere Künstler die einzigen Exportartikel, die gefragt waren und ein anderes Deutschland vertreten sollten, weil sie ihre Weltgeltung noch in alten, monarchistischen Zeiten erhalten hatten.
Und Richard Strauss wurde, aus Rücksicht auf die deutsche Bevölkerung und aus politisch-taktischen Gründen der Weltöffentlichkeit gegenüber, von jeglicher Verantwortung und Schuld freigesprochen. Er konnte sich selbst also vormachen, da er ja immer konsequent an seiner lebenslangen Weltsicht festhielt, in seinem Sinn und in dem seiner Freunde immer richtig gehandelt zu haben. Denn er hatte sich ja offiziell nicht um das Reichsmusikamt bemüht. Daß er letztlich vor Adolf Hitler darum gekämpft hatte, diese Tätigkeit beibehalten zu dürfen, daran wollte sich niemand mehr erinnern. Die Richard Strauss-Verteidigung argumentierte vor dem Schiedsgericht damit, „daß er glaubte, die künstlerische Entwicklung in seinem Sinn steuern zu können und daß er diesen Posten abgegeben hätte, als er die Unmöglichkeit der Durchsetzung seiner Absicht einsah"[15]. Von einer freiwilligen Abgabe konnte keine Rede sein. Strauss wehrte sich entschieden gegen die Entlassung.
Wenn auch seine Sympathien und sein Einsatz für das bürgerliche, intellektuelle und gutsituierte Judentum sein lebenslanges Elitedenken in ein anderes Licht rückt, ist es doch so, daß Richard Strauss beharrlich an der klassenspezifischen Anschauung des 19. Jahrhunderts festhielt.
Er war nur mit Einschränkung bereit, für Menschen soziale Verantwortung zu tragen und mitmenschliche Toleranz zu zeigen, die über seinen eigenen familiären und freundschaftlichen Kreis hinausging. Die Linie zwischen Schein und Sein war bei Richard Strauss fließend. Es handelt sich dabei um einen Gedanken, der im Zusammenhang mit der Beschäftigung des Gesamtphänomens Strauss in Zukunft noch viel stärker angedacht werden muß. Im Unterschied zu Klassikern wie Mozart und Beethoven fehlte Richard Strauss die bedingungslose Liebe zum Menschen. Auch das epochebedingte, humane und nicht nur humanistische Gesinnungsideal eines Johann Wolfgang von Goethe finden wir bei Richard Strauss nur zuweilen.
Redewendungen im Alter wie jene einem Journalisten gegenüber: „Ich bin nur ein unbedeutender Mann, der zudem auf verlorenem Posten steht und nur im letzten Akt des Dramas noch ein paar belanglose Worte zu sagen hatte"[16], sind Koketterie. Seine Gedankenwelt beweist, daß Richard Strauss aus der Geschichte seines Lebens wenig gelernt, dem aufzubauenden Deutschland auf seinem neuen Weg nichts mitzugeben hatte und dadurch auch eine

versöhnliche, einsichtige Weisheit im Alter des „griechischen Germanen“ bedauerlicherweise ausblieb. Der Trümmerhaufen Deutschland hinterließ ein geistiges Vakuum. An die Metapher „Neues blüht aus den Ruinen“ wollte Strauss nicht glauben. Seine Zeit war abgelaufen.
Richard Strauss erfüllte seine Mission in seinem, wie er meinte, „achtzigjährigen arbeitsreichen und ehrlichen und gut deutschen Künstlerleben“[17] und nahm am 8. September 1949 um 14 Uhr 20 in Garmisch für immer Abschied.

BIOGRAPHISCHE DATEN

1864 Richard Strauss kommt am 11. Juni um 6 Uhr morgens als Sohn des Hofhornisten Franz Strauss und der Braumeisterstochter Josephine Pschorr in München zur Welt.

1867 Am 9. Juni wird Schwester Johanna geboren.

1868 Klavierunterricht bei August Tombo.

1870 Erste Kompositionen entstehen (*Schneiderpolka* für Hausmusikabende).

1872 Violinunterricht bei Vetter Benno Walter.

1875 Kompositions-, Instrumentationsstudien und Musiktheorie bei Friedrich Wilhelm Meyer.

1877 Freundschaft mit Ludwig Thuille.

1882 Abitur, Inskription an der Universität München. Studium der Fächer Kunstgeschichte, Philosophie und Ästhetik für ein Jahr.

1883 Aufführung der *Bläsersuite op. 4* durch Hans von Bülow in Meiningen.

1884 Erste Begegnung mit Bülow. Im November Debüt als Dirigent der *Bläsersuite.* Aufführung der *f-moll-Symphonie* in New York.

1885 Klavierkurs bei Bülow in Frankfurt. Vorerst Zweiter Musikdirektor, nach zwei Monaten bereits Erster Musikdirektor in Meiningen.

1886 Abschied von Meiningen im April. Erste Italienreise. Dritter Kapellmeister an der Münchner Oper von August an.

1887 Uraufführung der ersten Symphonischen Dichtung *Aus Italien.* Im Sommer: erste Begegnung mit der Sängerin Pauline de Ahna. Bekanntschaft mit Gustav Mahler in Leipzig. Zweite Italienreise.

1888 Erste Begegnung mit Cosima Wagner in Bayreuth. Reise nach Italien.

1889 Pensionierung des Vaters. Uraufführung des *Don Juan.* Musikalische Assistenz in Bayreuth. Berufung als Kapellmeister ans Großherzoglich-Sächsische Hoftheater Weimar (neben Eduard Lassen).

1890 Aufführung der *Burleske für Klavier und Orchester* mit Eugène d'Albert. Uraufführung von *Tod und Verklärung* in Eisenach und *Macbeth* in Weimar.

1891 Lebensgefährliche Lungenentzündung. Erstmals Dirigent der Berliner Philharmoniker in Bayreuth. Pauline de Ahna als Elisabeth im „Tannhäuser" (Strauss als Korrepetitor).

1892 Schwere Rippenfellentzündung und Bronchitis. Genesungsreise nach Griechenland und Ägypten. Konzept zur ersten Oper *Guntram* abgeschlossen.

1894 Bülow stirbt in Kairo. Uraufführung von *Guntram* mit Pauline de Ahna. Verlobung mit ihr. Strauss dirigiert erstmals in Bayreuth. „Tannhäuser" mit Pauline als Elisabeth. *Liederheft op. 27* (*Morgen, Heimliche Aufforderung, Cäcilie, Ruhe, meine Seele*) für Pauline entsteht am Vortag der Hochzeit. 10. September: Hochzeit. Zweiter Hofkapellmeister in München.

1895 Uraufführung von *Till Eulenspiegel* in Köln. Konzertreisen.

1896 Erster Hofkapellmeister in München. Uraufführung von *Also sprach Zarathustra* in Frankfurt a. M.

1897 12. April: Sohn Franz geboren.

1898 Erster Preußischer Kapellmeister an der Hofoper in Berlin (neben Carl Muck und Leo Blech). Uraufführung von *Don Quixote* in Köln. Gründung der „Genossenschaft Deutscher Tonsetzer" (gemeinsam mit Rösch und Sommer).

1899 *Ein Heldenleben* in Frankfurt uraufgeführt.

1900 Erste Begegnung mit Hofmannsthal in Paris.

1901 Erstes Richard Strauss-Konzert in Wien. Uraufführung der Oper *Feuersnot* in Dresden und Beginn der Zusammenarbeit mit Ernst von Schuch. Gründung der ADMV (Allgemeiner Deutscher Musikverein) und Übernahme des Vorsitzes.

1903 Ernennung zum Dr. h. c. der Philosophischen Fakultät der Universität Heidelberg.

1904 Konzertreise nach Nordamerika mit Pauline. Strauss-Fest in New York mit Uraufführung der *Sinfonia domestica.*

1905 31. Mai: Tod des Vaters. *Salome*-Uraufführung in Dresden.

1907 Gastdirigent der Wiener Philharmoniker.

1908 Ernennung zum Kgl. Preußischen Generalmusikdirektor der Berliner Hofoper unter den Linden. Fertigstellung der Villa in Garmisch.

1909 Uraufführung von *Elektra* in Dresden. Rücktritt als Vorsitzender der ADMV. Strauss wird deren Ehrenpräsident.

1910 16. Mai: Tod der Mutter. Mit *Elektra* zum ersten Mal am Pult der Wiener Hofoper. Rücktritt von der Berliner Opernleitung. Gastvertrag.

1911 Uraufführung von *Der Rosenkavalier* in Dresden. Erste Strauss-Biographie von Max Steinitzer erscheint.

1912 Uraufführung von *Ariadne auf Naxos* in Stuttgart. Regie: Max Reinhardt.

1914 Ernst von Schuch stirbt. Uraufführung des Balletts *Josephslegende* in Paris. Beschlagnahme des Richard Strauss-Vermögens in London. Ehrendoktor der Universität Oxford.

1915 Uraufführung der *Alpensinfonie* in Berlin. Gründung der GEMA (Gesellschaft zur Verwertung musikalischer Aufführungsrechte).

1916 Ehrenmitglied der Gesellschaft der Musikfreunde. Erstaufführung der zweiten Fassung der Oper *Ariadne auf Naxos* in Wien.

1917 Mitbegründer der Salzburger Festspielgemeinde gemeinsam mit Max Reinhardt und Hugo von Hofmannsthal.

1918 Interimistische Leitung der Berliner Oper. Verhandlungen mit Wien bezüglich des Amts als neuer Staatsoperndirektor.

1919 Leitung der Wiener Staatsoper mit Franz Schalk. Uraufführung der Oper *Die Frau ohne Schatten*. Übersiedlung nach Wien (Mozartplatz 4, IV. Wiener Gemeindebezirk).

1920 Erste Südamerikareise mit den Wiener Philharmonikern.

1921 Zweite Nordamerikareise. Eröffnung des Wiener Redoutensaals in der Hofburg als zusätzlicher Spielort der Wiener Staatsoper.

1922 Erste Salzburger Festspiele.

1923 Uraufführung der *Couperin-Tanzsuite* im Redoutensaal. Zweite Südamerikareise mit der Wiener Staatsoper.

1924 Hochzeit von Sohn Franz Strauss mit Alice. Uraufführung des Balletts *Schlagobers* an der Wiener Staatsoper. Ehrenbürger von Wien und München. Ehrenpräsident der Salzburger Festspiele. Konflikt mit Mit-Direktor Franz Schalk. Demission. Uraufführung von *Intermezzo* in Dresden.

1925 Reisen nach Spanien, Italien und Griechenland. Einzug ins Wiener Belvedere-Schlössel in der Jacquingasse 10 im III. Wiener Gemeindebezirk.

1926 Aussöhnung mit der Wiener Staatsoper. Herausgabe des Briefwechsels mit Hugo von Hofmannsthal. Uraufführung des *Rosenkavalier*-Films in Dresden (eigens komponierte Stummfilmmusik von Richard Strauss).

1927 1. November: Enkel Richard geboren.

1928 Uraufführung der Oper *Die Ägyptische Helena* in Dresden.

1929 Hugo von Hofmannsthal stirbt.

1931 Bearbeitung von Mozarts „Idomeneo" für die Wiener Staatsoper. Abschied von Wien. Erste Begegnung mit dem Schriftsteller Stefan Zweig.

1932 27. Februar: Enkel Christian geboren.

1933 Präsident der Reichsmusikkammer. Uraufführung der Oper *Arabella* in Dresden.

1934 Präsident des „Ständigen Rats für die internationale Zusammenarbeit der Komponisten".

1935 Eintreten für Stefan Zweig als Librettisten. Konflikt mit dem Nazi-Regime. Rücktritt als Präsident der Reichsmusikkammer. Uraufführung der Oper *Die schweigsame Frau* in Dresden.

1936 *Olympische Hymne* für die XI. Olympischen Spiele in Berlin komponiert.

1938 Uraufführung der Opern *Friedenstag* in München und *Daphne* in Dresden.

1940 *Japanische Festmusik* zur Feier des 2600jährigen Bestehens des japanischen Kaiserreichs in Tokio.

1942 Selbstmord Stefan Zweigs in Brasilien. Uraufführung der Oper *Capriccio* in München.

1944 Generalprobe zu *Die Liebe der Danae* (Uraufführung der Oper fand nach Strauss' Tod erst 1952 bei den Salzburger Festspielen statt).

1945 Kriegsende. Übersiedlung in die Schweiz.

1946 Uraufführung der *Metamorphosen* und des *Oboenkonzerts* in Zürich. Blinddarmoperation in Lausanne. Verleihung der österreichischen Staatsbürgerschaft.

1947 Konzertreise nach England.

1948 Blasensteinoperation in Lausanne.

1949 Rückkehr von Richard Strauss nach Garmisch. Ehrendoktorat der Universität München (Dr. jur.). Ehrenbürger von Garmisch und Bayreuth. Schwere Erkrankung Ende August. 8. September: Richard Strauss stirbt um 14 Uhr 20 im Landhaus in Garmisch.

1950 13. Mai: Pauline stirbt. Uraufführung von *Vier letzte Lieder* unter Wilhelm Furtwängler mit Kirsten Flagstad.

BIBLIOGRAPHIE

ABENDROTH, Walter: Richard Strauss. Herold seiner Zeit. In: Fonoforum. Nr. 6. Bielefeld 1964.

ADAMY, Bernhard: Im Schatten des Terrors. In: Richard Strauss-Blätter. Heft 22. Wien, Dezember 1989.

(ders.): Richard Strauss im Dritten Reich. In: Richard Strauss-Blätter. Heft 14, Wien, Dezember 1985.

AKADEMIE DER WISSENSCHAFTEN DER DDR: Konservatismus als politische Strömung und politische Ideologie. Beratung des Wissenschaftlichen Rates für Grundfragen des ideologischen Kampfes zwischen Sozialismus und Imperialismus (Redaktion: Manfred Buhr). Berlin 1978.

ARIÈS, Philippe/DUBY, Georges (Hg.): Geschichte des privaten Lebens. Von der Revolution zum Großen Krieg. Teil 4. Frankfurt a. M. 1992.

BAUM, Günther: Richard Strauss und Hugo von Hofmannsthal. Nach einem Briefwechsel dargestellt. Berlin 1962.

BARESEL, Alfred: Richard Strauss. Leben und Werk. Hamburg 1953.

BERGER, Anton: Richard Strauss als geistige Macht. Versuch eines philosophischen Verständnisses. Garmisch-Partenkirchen o. J.

BEMMANN, Helga: Marlene Dietrich. Ihr Weg zum Chanson. Berlin 1990.

BESCH, Otto: Arnold Schönberg, der Mann der Zukunft? In: Allgemeine Musikzeitung, Jg. 39, 1912. S 309/310.

BEUYS, Barbara: Familienleben in Deutschland. Neue Bilder aus der deutschen Vergangenheit. Hamburg 1980.

BIE, Oscar: Moderne Musik und Richard Strauss. In: Die Kultur, Bd. 11. Hg. von Cornelius Gurlitt. Berlin.

BÖHM, Karl: Begegnung mit Richard Strauss (Hg. und eingel. von Franz Eugen Dostal). Wien 1964.

BOLLÉ, Michael/BOTHE, Rolf: Eldorado. Berlin 1992.

BRUCKMÜLLER, Ernst/DÖCKER, Ulrike/STEKL, Hannes URBANITSCH, Peter (Hg.): Bürgertum in der Habsburger-Monarchie. Wien 1990.

CONRAD, Claudia: Richard Strauss und Arnold Schönberg. In: Richard Strauss-Blätter. Heft 22. Wien, Dezember 1989.

DAHLHAUS, Carl: Eine Ästhetik des Widerstands? *Friedenstag* von Richard Strauss. In: Beiträge zur Musikwissenschaft. Hg. Verband der Komponisten und Musikwissenschafter der DDR. Heft 1, 1986.

DEPPISCH, Walter: Richard Strauss in Selbstzeugnissen und Bilddokumenten. Hg. von Kurt Krusenberg. Hamburg 1968.

DRAESEKE, Felix: Offene Antwort an Richard Strauß. In: Signale für die Musikalische Welt. Nr. 44. Leipzig 1907.

ERHARD, Otto: Richard Strauss. Leben. Wirken. Schaffen. In: Musikreihe in auserlesenen Einzeldarstellungen, Bd. 13. Hg. von Paul Schaller. Basel 1953.

FIECHTNER, Helmut: Das Testament von Richard Strauss. In: Die Furche. Nr. 32. Wien 1956.

FRAUENDIENST, Werner/MOMMSEN, Wolfgang/HUBATSCH, Walther/ SCHWARTZ, Albert: Deutsche Geschichte der neuesten Zeit von Bismarcks Entlassung bis zur Gegenwart. Teil 1. Von 1890–1933. Frankfurt a. M. 1973.

FRIEDRICH-SCHILLER-UNIVERSITÄT JENA: Konservatismusforschung 5. (Wissenschaftliche Redaktion: Ludwig Elm, Claus Remer, Heinz Sonntag.) Jena 1985.

GALLUP, Stephan: Die Geschichte der Salzburger Festspiele. Wien 1989.

GAY, Peter: Freud, Juden und andere Deutsche. Herren und Opfer in der modernen Kultur. Hamburg 1986.

GEHRING Egid (Hg.): Richard Strauss und seine Vaterstadt. Zum 70. Geburtstag am 11. Juni 1934. München 1934.

GLASER, Hermann/STRAHL, Karl Heinz: Bürgerrecht Kultur. Frankfurt a. M. u. a. 1983.

GRASBERGER, Franz: Richard Strauss. Hohe Kunst – Erfülltes Leben. Wien 1965.

GRUNDMANN, Herbert (Hg.): Gerhardt-Handbuch der deutschen Geschichte. Bd. 3. Stuttgart 1970.

HABSBURG, Otto von: Konservatismus. Ein Gespräch. (Hg. von Kurt E. Becker, Peter Popitz, Hans-Peter Schreiner.) Landau/Pfalz 1983.

HADAMOWSKY, Franz: Richard Strauss und Salzburg. Salzburg 1964.

HAMANN, Brigitte: Hitlers Wien. Lehrjahre eines Diktators. München 1996.

HARTMANN, Rudolf: Letzter Besuch bei Richard Strauss. In: Schweizerische Musikzeitung. Nr. 8/9. Zürich 1950.

HAUSSWALD, Günter: Richard Strauss. Ein Beitrag zur Dresdner Operngeschichte seit 1945. Dresden 1953.

INTERNATIONALE RICHARD STRAUSS-GESELLSCHAFT (Hg.): Richard Strauss-Blätter. Neue Folge, Heft 2. Wien, Dezember 1979.

(ders.): Richard Strauss-Blätter. Neue Folge, Heft 20. Wien, Dezember 1988.
(ders.): Richard Strauss-Blätter. Neue Folge, Heft 5. Wien, Juni 1981.
(ders.): Richard Strauss-Blätter. Neue Folge , Heft 9. Wien, Juni 1983.
JANZ, Rolf-Peter: Arthur Schnitzler. Wien 1977.
JEFFERSON, Alan: The Lieder of Richard Strauss. London 1971.
KALTENBRUNNER, Gerd-Klaus: Der schwierige Konservatismus. Definitionen. Theorien. Porträts. Herford und Berlin 1975.
KAPP, Julius (Hg.): Richard Strauß und die Berliner Oper. Festschrift der Berliner Staatsoper zu des Meisters 75. Geburtstag. 2. Folge. Berlin 1939.
KLEINPETER, Otto: Richard Strauß als Spiegelbild von Zeitströmungen. In: Bühne und Welt. Nr. 21/22. Berlin 1914.
KOPSCH, Julius: Der siebzigjährige Richard Strauss. In: Die Musik. Heft 9. Berlin 1934.
KRAUSE, Ernst: Richard Strauss. Der letzte Romantiker. München 1963.
KRIECHBAUMER, Robert (Hg.): Konservativ - Chance und Zukunft. Neue Aspekte für Politik, Kultur und Weltanschauung. Innsbruck 1979.
LEHMANN, Lotte: Anfang und Aufstieg. Lebenserinnerungen. Wien/Leipzig 1937.
LENAU, Nikolaus: Sämtliche Werke. 2 Bde. Berlin 1897.
LÖSCHE, Peter: Kleine Geschichte der deutschen Parteien. Stuttgart 1993.
MAASS, Winfried: Das ist Berlin! Die deutsche Hauptstadt und ihre Geschichte. Hamburg 1992.
MARSCHALK, Max: Richard Strauß und seine Leute. In: Die Zukunft. Bd. 28. Berlin 1899.
MESSMER, Franzpeter: Kritiken zu den Uraufführungen der Bühnenwerke von Richard Strauss. Pfaffenhofen 1989.
(ders): Richard Strauss. Biographie eines Klangzauberers. München 1994.
MEYSELS, Lucian O.: Nationalsozialismus. Das Phänomen einer Massenbewegung: Es begann im Chaos und endete im Chaos. Wien 1988.
MÖNCH, Walter: Deutsche Kultur von der Aufklärung bis zur Gegenwart. Ereignisse. Gestalten. Strömungen. München 1962.
MOSER, Hans Joachim: Richard Strauß – sein Leben und sein Werk für die Musik des 20. Jahrhunderts. In: Universitas. Heft 6. 1961.
MOZART, Wolfgang Amadeus: Briefe und Aufzeichnungen. Gesamtausgabe, Hg. von Wilhelm A. Bauer und Otto E. Deutsch. Kassel 1962.
MUSCHLER, Reinhold C.: Richard Strauss. In: Meister der Musik. Bd. II. Hildesheim 1924.

MUSICA: Musica-Umschau; Glosse über Denazifizierung. Jg. 1. Kassel 1947.
MÜLLER, Karl Franz: Richard Strauss zum Gedächtnis. Wien 1950.
NATAN, Alex: Richard Strauss - Die Opern. Basel 1963.
NÜLL von der, Edwin: Richard Strauß, der Kämpfer. In: Melos. Jg. 13. Mainz 1934.
ÖSCHL, Friedrich: Richard Strauss, „Elektra". Ein Beitrag zum Richard Strauss-Jahr 1964. Wien 1964.
ÖSTERREICHISCHE GESELLSCHAFT FÜR GESCHICHTSWISSENSCHAFTEN (Hg.): bürgerlich. links. intellektuell. In: Österreichische Zeitschrift für Geschichtswissenschaft. Wien 1990.
OREL, Alfred: Richard Strauß und Österreich. In: Musica. Nr. 1 und 2. Wien 1934.
OSCHILEWSKI, Walther G.: Zeitungen in Berlin. Im Spiegel der Jahrhunderte. Berlin 1975.
PAHLEN, Kurt (Hg.): Richard Strauss: Der Rosenkavalier. Vollständiger Text. Notenbeispiele. Kommentar. München 1980.
PETZOLD, Richard: Richard Strauss. Sein Leben in Bildern. (Bildteil: Eduard Grass). Leipzig 1960.
PIPER, Ernst: Nationalsozialistische Kunstpolitik. Ernst Barlach und die „entartete Kunst". München 1983.
PRIEBERG, Fred K.: Musik im NS-Staat. Frankfurt a. M. 1982.
PUBLIG, Maria: Kontinuität und Diskontinuität von kulturpolitischen Leitbildern: am Beispiel von Richard Strauss. Eine Studie. Wien 1994.
RABE, Peter: Was die Reichsmusikkammer nicht ist. In: Die Musik. Heft 6. Berlin 1941.
REICHSHANDBUCH der deutschen Gesellschaft. 2 Bde. 1931.
RÖSSLER, Hellmuth/FRANZ, Günter: Biographisches Wörterbuch zur deutschen Geschichte. Bt. v. Karl Basl, Hanns Hubert Hofmann. 2 Bde. München 1974.
RUBIN, Marcel: Richard Strauß. Ruhestörer und Freudenbringer. In: Volksstimme. Wien, 7. Juni 1964.
RUPPERT, Wolfgang: Bürgerlicher Wandel. Die Geburt der modernen deutschen Gesellschaft im 18. Jahrhundert. Frankfurt a. M. 1981/83.
SAAGE, Richard: Faschismustheorien. München 1976.
SACHWÖRTERBUCH der Geschichte Deutschlands und der deutschen Arbeiterbewegung. Bd. 1. Ostberlin 1969.
SCHRENK, Walter: Richard Strauss und seine neue Musik. Berlin 1924.
SCHUCH, Friedrich von: Richard Strauss, Ernst von Schuch und Dresdens Oper. Leipzig 1953.
SCHUH, Willi (Hg.): Richard Strauss-Jahrbuch 1959/60. Bonn 1960.

(ders.): Richard Strauss. Jugend und frühe Meisterjahre. Lebenschronik 1864–1898. Zürich 1976.
(ders.): Ein paar Erinnerungen an Richard Strauss. In: Atlantis-Almanach. Zürich 1958.
SCHUMANN, Karl: Das kleine Richard Strauss Buch. Salzburg 1970.
SEIDL, Arthur: Straußiana. Aufsätze zur Richard Strauß-Frage aus drei Jahrzehnten. Regensburg 1913.
SPECHT, Richard: Richard Strauss und sein Werk. 2 Bde. (Bd. 1: Der Künstler und sein Weg. Der Instrumentalkomponist. Bd. 2: Der Vokalkomponist. Der Dramatiker). Leipzig 1921.
SPLITT, Gerhard: Richard Strauss. 1933–1935. Ästhetik und Musikpolitik zu Beginn der nationalsozialistischen Herrschaft. Pfaffenweiler 1987.
SPOTO, Donald: Marlene Dietrich. München 1992.
STEGMANN, Dirk/WENDT, Bernd-Jürgen/WITT, Peter-Christian (Hg.): Deutscher Konservatismus im 19. und 20. Jahrhundert. Festschrift für Fritz Fischer zum 75. Geburtstag und zum 50. Doktorjubiläum. Bonn 1983.
STEINITZER, Max: Richard Strauss. Berlin 1911.
STERN, Hellmut: Saitensprünge. Berlin 1990.
STORCK, Karl: Wo steht Richard Strauß? In: Der Türmer. Nr. 7 und Nr. 8. Stuttgart 1907.
STRAUSS, Richard: Die Welt um Richard Strauss. Der Strom der Töne trug mich fort. In Zusammenarbeit mit Franz und Alice Strauss, hg. von Franz Grasberger. Tutzing 1967.
(ders.): Ansprache anläßlich der Eröffnung der Ersten Arbeitstagung der R. M. K. *Und:* Ansprache bei der öffentlichen Musikerversammlung am 17. Februar 1934 in der Berliner Philharmonie. In: Bücherei der Reichsmusikkammer Bd. I. Kultur. Wirtschaft. Recht und die Zukunft des deutschen Musiklebens. Vorträge und Reden von der Ersten Arbeitstagung der Reichsmusikkammer. Hg. vom Presseamt der Reichsmusikkammer. Berlin 1934.
(ders.): Über mein Schaffen. In: ÖMZ. September 1964.
(ders.): Briefe an die Eltern. 1882–1907. Hg. von Willi Schuh. Zürich 1954.
(ders.): Dokumente. Aufsätze, Aufzeichnungen, Vorworte, Reden, Briefe. Hg. von Ernst Krause. Leipzig 1980.
STRAUSS, Richard/HOFMANNSTHAL, Hugo von: Briefwechsel. Hg. von Franz und Alice Strauss, bt. von Willi Schuh. Zürich 1955.
STRAUSS, Richard/KRAUSS, Clemens: Briefwechsel. Ausgewählt und hg. von Klaus Kende und Willi Schuh. München 1963.

STRAUSS, Richard/MAHLER, Gustav: Briefwechsel 1888–1911. München 1980.
STRAUSS, Richard/MAUTNER-MARKHOF, Manfred: Briefwechsel. In: Richard Strauss-Blätter. Heft 5. Wien, Juni 1981.
STRAUSS, Richard/SCHALK, Franz: Ein Briefwechsel. Hg. von Günter Brosche. Tutzing 1983.
STRAUSS, Richard/WAGNER, Cosima: Ein Briefwechsel. Hg. von Franz Trenner. Tutzing 1978.
STRAUSS, Richard/WÜLLNER, Franz: Richard Strauß und Franz Wüllner im Briefwechsel. In: Beiträge zur Rheinischen Musikgeschichte. Bd. 51. Hg. von Dietrich Kämper. Köln 1963.
STRAUSS, Richard/ZWEIG, Stefan: Briefwechsel. Frankfurt a. M. 1957.
STUCKENSCHMIDT, H. H.: Germany. In: Musical America. Jg. 73. Februar 1953.
TENSCHERT, Roland: 3X7 Variationen über das Thema Richard Strauss. Wien 1944.
THIMIG-REINHARDT, Helene: Wie Max Reinhardt lebte. ... eine Handbreit über dem Boden. Percha am Starnberger See 1973.
TRENNER, Franz: Die Vorfahren von Richard Strauß. In: Bayerland. Jg. 56/6.
(ders.): Franz Strauss (1822–1905) In: Richard Strauss-Jahrbuch 1959/60. Bonn 1960.
THOMAS, Walter: Richard Strauss und seine Zeitgenossen. München 1964.
URSULEAC, Viorica: Singen für Richard Strauss. Erinnerungen und Dokumente. (Ergänzt von Roswitha Schlötterer.) Wien 1986.
WACHTEN, Edmund: Richard Strauss. Sein Leben in Bildern. Leipzig 1940.
WALTERSHAUSEN, Richard Strauss. Ein Versuch. In: Zeitgenössische Komponisten. Eine Sammlung. Hg. von H. W. v. Waltershausen. München 1921.
DIE WELT: Strauß als Hauptschuldiger? Schwierige Aufgabe für die Spruchkammer. 1948.
WESTPHAL, Kurt: Richard Strauß. In: Deutsches Adelsblatt. Berlin 1939.
WIESENGRUND-ADORNO, Theodor: Richard Strauss. Geboren 11. Juni 1864. In: Die neue Rundschau. Jg. 1964.
WILHELM, Kurt: Richard Strauss persönlich. Eine Bildbiographie. München 1984.
WILLNAUER, Franz: Gustav Mahler und die Wiener Oper. Wien 1993.
WINDT, Herbert: Richard Strauss und die Atonalität. In: Die Musik. Nr. 9. Berlin 1923.
Zahlreiche Zeitungsausschnitte und Artikel aus Musikzeitschriften.

ANMERKUNGEN

Falls nicht anders ausgeführt, sind die näheren Angaben der zitierten Werke der Bibliographie zu entnehmen.

KINDHEIT

„Sein Eifer ist sehr groß, er lernt ebenso gern als leicht"

Eine ungetrübte Kindheit

1 F. Trenner: Franz Strauss, S 33.
2 ebd. S 33f.
3 W. A. Mozart: Briefe und Aufzeichnungen. Bd. III, S 273.
4 W. Schuh: Richard Strauss. Jugend ..., S 60.
5 ebd. S 25f.
6 ebd. S 55.
7 ebd. S 31.
8 ebd. S 55.

„dort habe ich viele Tränen geweint"

Frühe Erfahrungen des Vaters

1 F. Trenner: Franz Strauss, S 32.
2 Ph. Ariès/G. Duby: Geschichte des privaten Lebens, S 154.
3 ebd. S 132ff.
4 F. Trenner: Franz Strauss, S 32.
5 ebd. S 37.
6 ebd. S 37.

LEHRJAHRE

„Liebster, bester, schönster, herrlichster Ludwig!"

Richards jugendliche Begeisterungsfähigkeit

1 W. Schuh: Richard Strauss. Jugend ..., S 37.
2 ebd. S 37.
3 K. Wilhelm: Richard Strauss, S 25.
4 W. Schuh: Richard Strauss. Jugend ..., S 69f.
5 M. Steinitzer: Richard Strauss, S 146.
6 W. Schuh: Richard Strauss. Jugend ..., S 45.
7 ebd. S 45.
8 M. Steinitzer: Richard Strauss, S 146.

9 ebd. S 34.
10 F. Trenner: Franz Strauss, S 35.
11 ebd. S 35.

„Denkt Euch! Morgen kommt Bülow!"
Vorbild erzieht: Hans von Bülow – Förderer und Mentor
1 R. Strauss: Dokumente, S 239.
2 ebd. S 241.
3 R. Strauss: Briefe an die Eltern, S 38.
4 R. Strauss: Dokumente, S 240.
5 ebd. S 242.
6 ebd. S 241.
7 R. Strauss: Briefe an die Eltern, S 47.
8 ebd. S 63.
9 ebd. S 75.
10 ebd. S 100.
11 ebd. S 80.
12 ebd. S 72.
13 ebd. S 72.
14 M . Steinitzer: Richard Strauss, S 19.
15 R. Strauss: Dokumente, S 241.
16 ebd. S 241.
17 R. Strauss: Briefe an die Eltern, S 128.
18 ebd. S 129.
19 ebd. S 64.
20 ebd. S 124.
21 R. Strauss: Dokumente, S 239.
22 R. Strauss: Briefe an die Eltern, S 128f.
23 P. Lösche: Kleine Geschichte der deutschen Parteien, S 37.

„Neigung zum Experimentieren"
Die Vater-Sohn-Kooperation: Eine Aufsteigerfamilie hält sich an Karrierespielregeln
1 R. Strauss: Dokumente, S 233.
2 F. Trenner: Franz Strauss, S 36.
3 R. Strauss: Dokumente, S 237.
4 F. Trenner: Franz Strauss, S 34.
5 *Harbni*: entstammt dem bayerischen Dialektwort nie harb', war der Begriff für Feste der Familie Pschorr.
6 F. Trenner: Franz Strauss, S 36.
7 ebd. S 36f.
8 E. Bruckmüller u. a.: Bürgertum, S 96.
9 F. Trenner: Franz Strauss, S 36.
10 R. Strauss: Briefe an die Eltern, S 29.

11 ebd. S 37.
12 ebd. S 36.
13 ebd. S 109.
14 ebd. S 111.
15 ebd. S 88.
16 ebd. S 137.
17 *Letzte Blätter op. 10* wurde Kammersänger Heinrich Vogl gewidmet.
18 *Winternacht* und *Heimkehr op. 15, Nr. 2* und *5* wurden der Tante zugedacht.
19 R. Strauss: Briefe an die Eltern, S. 82f.
20 Persönliche Mitteilung Liesel von Schuchs, Tochter des Dirigenten Ernst von Schuchs, am 20. 5. 1988 im Zuge des letzten großen Interviews vor ihrem Tod mit Dr. Maria Publig.
21 F. Trenner: Franz Strauss, S 36.
22 W. Schuh: Richard Strauss. Jugend ..., S 64.
23 R. Strauss: Briefe an die Eltern, S 63.
24 R. Strauss/C. Wagner. Ein Briefwechsel, S IX.
25 F. Hadamowsky: Richard Strauss und Salzburg, S 26.
26 Persönliche Mitteilung Liesel von Schuchs, vgl. Anm. 20.
27 R. Strauss: Briefe an die Eltern, S 65.
28 ebd. S 54.
29 ebd. S 155.
30 ebd. S 42.
31 ebd. S 78.
32 ebd. S 79.
33 ebd. S 80.
34 ebd. S 134.
35 ebd. S 105.
36 ebd. S 108.
37 ebd. S 133.
38 ebd. S 64f.
39 ebd. S 138.
40 ebd. S 145.
41 ebd. S 30f.
42 ebd. S 121f.
43 Franz Strauss sen. an Julius Schuch: Brief vom 20. 3. 1903. In: Richard Strauss-Blätter. Heft 9. Wien, Juni 1989.
44 R. Strauss, Briefe an die Eltern, S 148.

ERFOLGE ALS „ENFANT TERRIBLE“

„Die Italiener ... sind schon das fürchterlichste, unausstehlichste Chor der Rache“

Große Reisen und erste Erfolge

1 R. Strauss/F. Wüllner im Briefwechsel, S 1.
2 ebd. S 5.

3 W. Schuh: Richard Strauss. Jugend …, S 68.
4 ebd. S 68.
5 R. Strauss: Briefe an die Eltern, S 38.
6 W. Schuh: Richard Strauss. Jugend …, S 82.
7 ebd. S 87.
8 ebd. S 87.
9 ebd. S 84.
10 ebd. S 100.
11 R. Strauss: Briefe an die Eltern, S 94.
12 ebd. S 98.
13 ebd. S 97.
14 ebd. S 97.
15 ebd. S 93.
16 ebd. S 94.
17 ebd. S 97.
18 ebd. S 102.
19 ebd. S 102.
20 ebd. S 158.
21 ebd. S 159.

„Ist Ihr Naturell ... so unbändig, daß Sie es nicht beherrschen können"
Sturm- und Drangjahre: Berühmtheit als Dirigent
1 zit. in: W. Schuh: Richard Strauss, Jugend …, S 75.
2 zit. in: W. Schuh: Richard Strauss-Jahrbuch 1959/60, S 33f.
3 zit. in: W. Schuh: Richard Strauss, Jugend …, S 102.
4 ebd. S 101.
5 ebd. S 100.
6 ebd. S 102.
7 ebd. S 103.
8 ebd. S 99.
9 ebd. S 113.
10 ebd. S 106.
11 R. Strauss: Briefe an die Eltern, S 84f.
12 ebd. S 86.
13 ebd. S 74.
14 ebd. S 74.
15 ebd. S 75.
16 ebd. S 90.
17 ebd. S 91.
18 ebd. S 75.
19 zit. in: W. Schuh: R. Strauss. Jugend …, S 132.
20 ebd. S 134.
21 ebd. S 123.

22 ebd. S 132.
23 ebd. S 132.
24 R. Strauss: Briefe an die Eltern, S 116.
25 ebd. S 137.
26 R. Strauss/C. Wagner: Ein Briefwechsel, S 154.
27 zit. in: W. Schuh: R. Strauss. Jugend ..., S 208.
28 ebd. S 207.
29 ebd. S 210.
30 ebd. S 207f.
31 ebd. S 210.
32 R. Strauss/F. Wüllner im Briefwechsel, S 17.
33 R. Strauss/C. Wagner: Ein Briefwechsel, S 63.
34 ebd. S 63.

ORCHESTERMUSIK
„Die Hornisten haben mit Todesverachtung geblasen"
Der Symphoniker
1 zit. in: W. Schuh: Richard Strauss. Jugend ..., S 190.
2 N. Lenau: Sämtliche Werke, S 364.
3 ebd. S 365.
4 ebd. S 365.
5 ebd. S 392.
6 zit. in: E. Krause: Richard Strauss, S 222.
7 zit. in: O. Erhardt: Richard Strauss, S 110f.
8 R. Specht: Richard Strauss und sein Werk, Bd. I, S 332.
9 zit. in: Richard Strauss-Blätter. Heft 32. Wien, Dezember 1989, S 80.
10 ebd. S 69.
11 R. Strauss/G. Mahler: Briefwechsel, S 16.
12 ebd. S 18.

REVOLUTIONÄR
„Und die Wirkung? Eine abschreckende."
Widersacher und Apologeten als treibende Kraft
1 R. Strauss: Briefe an die Eltern, S 215.
2 ebd. S 215.
3 F. Messmer: Kritiken zu den Uraufführungen, S 15.
4 ebd. S 27.
5 R. Strauss: Briefe an die Eltern, S 160.
6 ebd. S 211.
7 ebd. S 211.
8 ebd. S 199.
9 Allgemeine Musikzeitung.
10 R. Strauss: Briefe an die Eltern, S 78.

11 vgl. W. Oschilewski: Zeitungen, S 172f.
12 R. Strauss: Briefe an die Eltern, S 221.
13 F. Messmer: Kritiken zu den Uraufführungen, S 48.
14 ebd. S 36.
15 ebd. S 33.
16 ebd. S 34.
17 ebd. S 37.
18 ebd. S 46.
19 ebd. S 50.
20 ebd. S 75.
21 ebd. S 72.
22 ebd. S 102f.
23 R. Strauss: Briefe an die Eltern, S 229.
24 ebd. S 229.
25 F. Messmer: Kritiken zu den Uraufführungen, S 78.

CHARMEUR
„Ich bekomme überhaupt Geschmack an …"
Frauengeschichten

1 R. Strauss: Briefe an die Eltern, S 38.
2 ebd. S 41.
3 ebd. S 41.
4 ebd. S 45f.
5 ebd. S 46.
6 ebd. S 46.
7 ebd. S 59.
8 ebd. S 175.
9 ebd. S 179.
10 ebd. S 166.
11 ebd. S 93.
12 ebd. S 77.
13 ebd. S 77.
14 ebd. S 78.
15 ebd. S 78.
16 Ph. Ariès/G. Duby: Geschichte des privaten Lebens, S 145f.
17 zit. in: W. Schuh: Richard Strauss. Jugend …, S 175.
18 ebd. S 175.
19 ebd. S 170.
20 ebd. S 172.
21 ebd. S 172.
22 ebd. S 104.
23 ebd. S 112.
24 R. Strauss: Briefe an die Eltern, S 58.

25 ebd. S 59.
26 ebd. S 59.
27 ebd. S 147.
28 ebd. S 87.
29 ebd. S 87.
30 zit. in W. Schuh: Richard Strauss. Jugend ..., S 103.
31 ebd. S 103.
32 R. Strauss/C. Wagner: Ein Briefwechsel, S 80.
33 ebd. S 98.
34 ebd. S 117.
35 ebd. S 30.
36 zit in: W. Schuh: Richard Strauss. Jugend ..., S 94.
37 R. Strauss: Dokumente, S 237f.
38 zit in: W. Schuh: Richard Strauss. Jugend ..., S 108.
39 ebd. S 180.
40 R. Strauss: Briefe an die Eltern, S 201f.
41 ebd. S 202.
42 ebd. S 203.
43 ebd. S 118.
44 ebd. S 146.
45 ebd. S 150.
46 ebd. S 148.
47 zit. in: W. Schuh: Richard Strauss. Jugend ..., S 228.
48 ebd. S 356.
49 ebd. S 358.
50 ebd. S 358f.
51 zit in: K. Wilhelm: Richard Strauss persönlich, S 224.

FAMILIENMENSCH

„mein Leben bestimmt meines Geistes Gesetz"

Erste Opern: *Guntram, Feuersnot* und zwischendurch: Pauline

1 zit in: E. Krause: Richard Strauss, S 275.
2 R. Strauss: Dokumente, S 253.
3 zit. in: W. Schuh: Richard Strauss. Jugend ..., S 253.
4 ebd. S 251.
5 ebd. S 251.
6 ebd. S 252.

„meine Frau ... ist sehr kompliziert, ein wenig pervers, ein wenig kokett"

Familienidylle im Hause Strauss

1 R. Strauss: Briefe an die Eltern, S 200.
2 ebd. S 203.
3 zit in: K. Wilhelm: Richard Strauss persönlich, S 87.

4 R. Strauss: Briefe an die Eltern, S 205.
5 ebd. S 206.
6 ebd. S 206.
7 ebd. S 206.
8 ebd. S 216.
9 ebd. S 217.
10 ebd. S 226.
11 ebd. S 227.
12 ebd. S 223.
13 ebd. S 224.
14 ebd. S 216.
15 zit. in: K. Wilhelm: Richard Strauss persönlich, S 143.
16 ebd. S 229f.
17 R. Strauss: Dokumente, S 249.

POLITIK IM ALTEN DEUTSCHLAND
„Ich komme mir fast als ein rechter Kleinstädter vor"
Richard Strauss im Gewirr des deutschen Parteienwesens vor dem Untergang der Monarchie

1 P. Lösche: Kleine Geschichte der deutschen Parteien, S 35.
2 ebd. S 54.
3 ebd. S 51.
4 R. Strauss: Briefe an die Eltern, S 135.
5 ebd. S 230.
6 Franz Strauss an Julius Schuch: Brief vom 20. 3. 1903. In: Richard Strauss-Blätter. Heft 9. Wien, Juni 1989.
7 P. Lösche: Kleine Geschichte der deutschen Parteien, S 28.
8 R. Strauss: Briefe an die Eltern, S 21.
9 ebd. S 34f.
10 ebd. S 164.
11 ebd. S 113f.
12 ebd. S 125.
13 P. Lösche: Kleine Geschichte der deutschen Parteien, S 30.
14 R. Strauss: Briefe an die Eltern, S 80.
15 zit. in: W. Deppisch: Richard Strauss in Selbstzeugnissen, S 165.
16 R. Strauss: Briefe an die Eltern, S 229f.
17 ebd. S 217.
18 ebd. S 41.
19 ebd. S 81.
20 ebd. S 199.
21 ebd. S 81.
22 ebd. S 91.
23 Reichshandbuch der deutschen Gesellschaft. 2. Bd. unter Richard Strauss.

24 R. Strauss: Briefe an die Eltern, S 153.
25 Akte Cl. Krauss BW im Österreichischen Staatsarchiv: Mitteilung der Konzertvereinigung Wiener Staatsopernchor.
26 W. Schuh: Richard Strauss-Jahrbuch 1959/60, S 34.

„Verlagsrechte dem Verleger – Urheberrechte dem Urheber“
Urheberrecht – oppositionelle Fronten und der Fall Eugen Richter
1 P. Lösche: Kleine Geschichte der deutschen Parteien, S 52.
2 ebd. S 54.
3 ebd. S 54.
4 zit in: W. Deppisch: Richard Strauss in Selbstzeugnissen, S 77.
5 R. Strauss: Briefe an die Eltern, S 186.
6 ebd. S. 178.
7 Richard Strauss: Der Strom der Töne ..., 141.
8 *Ein politisierender Musiker. Richard Strauß und das Wahlrecht.* Nicht näher bezeichneter Zeitungsartikel (1912) aus dem Garmischer Privatarchiv der Familie Strauss.
9 zit. in: E. Krause: Richard Strauss, S 46.
10 A. Seidl: Straußiana, S 185f.
11 ebd. S 183.
12 ebd. S 184.
13 ebd. S 184.
14 zit. in: K. Wilhelm: Richard Strauss persönlich, S 25 und S 53.
15 H. Rössler: Biographisches Wörterbuch, S 320.
16 A. Seidl: Straußiana, S 181.
17 ebd. S 180.
18 ebd. S 180.
19 ebd. S 181.
20 ebd. S 181.
21 ebd. S 179f.
22 *Ein politisierender Musiker ...*
23 Abschrift des Briefs befindet sich im Garmischer Archiv.
24 A. Seidl: Straußiana, S 171f.
25 ebd. S 172.
26 ebd. S 188.
27 ebd. S 180.
28 ebd. S 175.
29 ebd. S 189.
30 ebd. S 189.
31 ebd. S 175.
32 ebd. S 170.
33 ebd. S zit. in: G. Splitt: Richard Strauss, S 37.
34 A. Seidl: Straußiana, S 174.
35 ebd. S 176.

36 ebd. S 177.
37 *Beachtliche Urteile zur Parsifal-Frage.* Nicht näher bezeichneter Zeitungsartikel (1912) aus dem Garmischer Privatarchiv der Familie Strauss.
38 ebd.
39 ebd.
40 ebd.
41 ebd.
42 ebd.
43 A. Seidl: Straußiana, S 175.
44 W. Oschilewski: Zeitungen, S 86.
45 ebd. S 88.
46 H. Grundmann: Gerhardt-Handbuch, S 231f.
47 A. Seidl: Straußiana, S 182.
48 ebd. S 178.
49 ebd. S 187.
50 ebd. S 187f.
51 ebd. S 177.
52 ebd. S 187.
53 ebd. S 190.
54 ebd. S 190.
55 ebd. S 190.

OPERNSCHAFFEN
„Strauss ... wird sich damit furchtbar schaden"
Von *Salome* bis zu *Capriccio:* doch ein stetiger Weg?
1 Oscar Wilde: Salome. Drama in einem Aufzug. 1905. S 47.
2 zit. in: K. Pahlen: „Der Rosenkavalier". Erläuterungen, S 294.
3 ebd. S 290.
4 ebd. S 196.
5 ebd. S 300.
6 ebd. S 199f.
7 ebd. S 314f.
8 ebd. S 131f.
9 ebd. S 303.
10 ebd. S 304.
11 ebd. S 304.
12 ebd. S 303.
13 ebd. S 303f.
14 ebd. S 305.
15 ebd. S 306.
16 ebd. S 308f.
17 ebd. S 309.
18 R. Strauss: Dokumente, S 159f.

19 ebd. S 160.
20 ebd. S 161.
21 ebd. S 156f.
22 R. Strauss/St. Zweig: Briefwechsel, S 77.
23 ebd. S 41.
24 ebd. S 11.
25 ebd. S 9.
26 ebd. S 78.
27 ebd. S 143.
28 ebd. S 147.
29 ebd. S 76.
30 ebd. S 76.
31 ebd. S 88.
32 ebd. S 140.
33 Brief von R. Strauss an Joseph Gregor vom 16. 8. und von 20. 9. 1939.
34 R. Strauss/C. Krauss: Briefwechsel, S 43.
35 ebd.

NEUE ZEIT
„Jetzt heißt's tüchtig umlernen!"
Ende der Monarchie - neuer Anfang: Berlin und Wien am Wendepunkt
1 zit. in: K. Wilhelm: Richard Strauss persönlich, S 201.
2 ebd. S 202.
3 H. Bemmann: Marlene Dietrich, S 29.
4 ebd. S 71 und S 77.
5 ebd. S 31.
6 ebd. S 31.
7 ebd. S 69.
8 M. Bollé/R. Bothe: Eldorado, S 188.
9 W. Maaß: Das ist Berlin! S 97.
10 Ph. Ariès/G. Duby: Geschichte des privaten Lebens, S 156.
11 ebd. S 156.
12 R. Strauss: Der Strom der Töne, S 411.

GEWALTIGE HERAUSFORDERUNGEN
„Da meine hiesige Stellung ... infolge der enormen Teuerung wenig lukrativ ist"
Staatsoperndirektor in Wien
1 Brief vom 15. 7. 1919: R. Strauss an den deutschen Minister für Wissenschaft, Kunst und Volksbildung Haenisch. Zentrales Staatsarchiv. Histor. Abteilung 11; 2.10.6; Nr. 3810.
2 Brief vom September 1919: Max von Schillings an R. Strauss. Zentrales Staatsarchiv. Histor. Abt. 11; 2.10.6; Nr. 3811.
3 Brief vom 18. 9. 1919: R. Strauss an Max von Schillings. Zentrales Staatsarchiv. Histor. Abt. 11; 2.10.6; Nr. 3812.

4 R. Strauss/F. Schalk: Briefwechsel, S 197.
5 ebd. S 131.
6 F. Willnauer: Gustav Mahler und die Wiener Oper, S 151.
7 R. Strauss/H. v. Hofmannsthal: Briefwechsel, S 161.
8 R. Strauss: Dokumente, S 154f.
9 R. Strauss/H. v. Hofmannsthal: Briefwechsel, S 222.
10 ebd. S 100.
11 ebd. S 172.
12 ebd. S 198f.
13 ebd. S 96.
14 zit. in: Günther Baum: Richard Strauss und Hugo von Hofmannsthal, S 43.
15 ebd. S 35.
16 ebd. S 35.
17 R. Strauss/H. v. Hofmannsthal: Briefwechsel, S 361.
18 ebd. S 362.
19 R. Strauss: Der Strom der Töne, S 283.
20 ebd. S 284.
21 ebd. S 285.
22 R. Strauss/F. Schalk: Briefwechsel, S 371.
23 ebd. S 372.
24 ebd. S 372.
25 R. Strauss/H. v. Hofmannsthal: Briefwechsel, S 366.

„Vor allem kann ich mir dann ... den Luxus der Wiener Culturarbeit leisten"
Auslandsgastspiele
1 zit. in: K. Wilhelm: Richard Strauss persönlich, S 218.
2 ebd. S 213.
3 ebd. S 223f.
4 ebd. S 224.
5 R. Strauss: Briefe an die Eltern, S 283.
6 ebd. S 290f.
7 ebd. S 290.
8 ebd. S 291.
9 zit. in: K. Wilhelm: Richard Strauss persönlich, S 218.

Der „Belebungskünstler" Max Reinhardt
Zusammenarbeit bei den Salzburger Festspielen, in Dresden und Stuttgart
1 G. Baum: Richard Strauss und Hugo von Hofmannsthal, S 13.
2 ebd. S 13.
3 zit. in: F. Hadamowsky: Richard Strauss und Salzburg, S 31.
4 ebd. S 31.
5 St. Gallup: Die Geschichte der Salzburger Festspiele, S 19.
6 F. Schuch: Richard Strauss, S 101.

7 R. Strauss/H. v. Hofmannsthal: Briefwechsel, S 95.
8 R. Strauss: Der Strom der Töne, S 194.
9 R. Strauss/H. v. Hofmannsthal: Briefwechsel, S 127.
10 ebd. S 194.
11 ebd. S 129.
12 F. Hadamowsky: Richard Strauss und Salzburg, S 20f.
13 St. Gallup: Die Geschichte der Salzburger Festspiele, S 24f.
14 F. Hadamowsky: Richard Strauss und Salzburg, S 31.
15 ebd. S 33.
16 St. Gallup: Die Geschichte der Salzburger Festspiele, S 80.

OMINÖSES KULTURAMT
„Im allgemeinen herrscht seit den blöden Hitlerwahlen hier eine greuliche Stimmung"
Der Prädident der Reichsmusikkammer - Das höchste Musikamt im Deutschland der Nationalsozialistischen Deutschen Arbeiterpartei

1 E. Gehring: Richard Strauss und seine Vaterstadt, S 51.
2 E. Bruckmüller u. a.: Bürgertum in der Habsburger Monarchie, S 102.
3 ebd. S 98.
4 ebd. S 290.
5 ebd. S 292.
6 ebd. S 289.
7 vgl. K. Wilhelm: Richard Strauss persönlich, S 235.
8 A. Seidl: Straußiana, S 177.
9 Zit. in: G. Splitt: Richard Strauss, S 24.
10 K. Wilhelm: Richard Strauss persönlich, S 399.
11 Zit: in: G. Splitt: Richard Strauss, S 23.
12 ebd. S 33.
13 ebd. S 33.
14 L. Meysels: Nationalsozialismus, S 48.
15 P. Lösche: Kleine Geschichte der deutschen Parteien, S 81.
16 Zit. in: G. Splitt: Richard Strauss, S 24.
17 ebd. S 34.
18 ebd. S 59.
19 ebd. S 34.
20 ebd. S 34.
21 ebd. S 241.
22 Zit. in: Richard Strauss-Blätter, Heft 1. Wien, Juni 1979, S 33.
23 Durchschlag des Briefs von Richard Strauss an Ludwig Karpath vom 18. 8. 1912. Aus dem Besitz der Familie Strauss.
24 K. Wilhelm: Richard Strauss persönlich, S 316.
25 L. Meysels: Nationalsozialismus, S 34.
26 ebd. S 37.
27 vgl. ebd. S 65f.

28 P. Lösche: Kleine Geschichte der deutschen Parteien, S 96.
29 L. Meysels: Nationalsozialismus, S 38.
30 P. Lösche: Kleine Geschichte der deutschen Parteien, S 81.
31 ebd. S 81.
32 L. Meysels: Nationalsozialismus, S 51.
33 P. Lösche: Kleine Geschichte der deutschen Parteien, S 95.
34 Zit. in: K. Wilhelm: Richard Strauss persönlich, S 301.
35 Zit. in: G. Splitt: Richard Strauss, S 37.
36 Zit. in: Richard Strauss-Blätter. Heft 1. Wien, Juni 1979, S 33.
37 ebd. S 234.
38 G. Splitt: Richard Strauss, S 42.
39 K. Wilhelm: Richard Strauss persönlich, S 312.
40 Zit. in: ebd. S 318.
41 ebd. S 321.
42 ebd. S 315.
43 Zit. in: G. Splitt: Richard Strauss, S 1.
44 ebd. S 17.
45 Zit. in: H. Glaser/K. H. Strahl: Bürgerrecht Kultur, S 173.
46 ebd. S 9.
47 P. Lösche: Kleine Geschichte der deutschen Parteien, S 96.

SCHIKANEN

„Dieser jüdische Eigensinn!"

Bekenntnis zu Stefan Zweig und anschließender Skandal

1 zit. in: K. Wilhelm: Richard Strauss persönlich, S 315.
2 R. Strauss/St. Zweig: Briefwechsel, S 8.
3 zit. in: K. Wilhelm: Richard Strauss persönlich, S 323.
4 R. Strauss/St. Zweig: Briefwechsel, S 96f.
5 ebd. S 132f.
6 ebd. S 107.
7 ebd. S 72.
8 ebd. S 140.
9 ebd. S 94f.
10 ebd. S 146.
11 ebd. S 141f.
12 ebd. S 169f.
13 ebd. S 173f.

„Sie, Herr Strauss, sind von gestern!"

Die Konsequenz: geheimer und offener Widerstand

1 R. Strauss/St. Zweig: Briefwechsel, S 171.
2 zit. in: K. Wilhelm: Richard Strauss persönlich, S 325.
3 R. Strauss/St. Zweig: Briefwechsel, S 64.

4 ebd. S 158.
5 zit. in: K. Wilhelm: Richard Strauss persönlich, S 330.
6 R. Strauss/St. Zweig: Briefwechsel, S 171.
7 ebd. S 158.
8 A. Seidl: Straußiana, S 175.
9 zit. in: K. Wilhelm: Richard Strauss persönlich, S 316.
10 ebd. S 315.
11 R. Strauss/St. Zweig: Briefwechsel, S 158.
12 ebd. S 158f.
13 zit. in: K. Wilhelm: Richard Strauss persönlich, S 327.
14 ebd. S 376.
15 ebd. S 329.
16 ebd. S 369.
17 ebd. S 315.
18 Brief vom 19. April 1941: R. Strauss an Reichsminister Hess. Akten-Nr.: 1115/24/St. im Document Center/Berlin.
19 Ungezeichneter Bericht der NS über Vorfall Schlehdorf. Ohne Aktennummer im DC/Berlin.
20 Hausinterne Mitteilung der Kanzlei des Gauleiters München-Oberbayern der NSDAP an den K. Gaupersonalamtsleiter Bergdolt vom 26. Juni 1941. Ohne Aktennummer im DC/Berlin.
21 zit. in: K. Wilhelm: Richard Strauss persönlich, S 383.
22 ebd. S 393.
23 ebd. 358.
24 Kopie des Durchschlags von Reichsjustizminister Hinkel an Mitarbeiter vom 28. Juni 1944. Ohne Aktennummer im DC/Berlin.
25 Erlaß des Leiters der Partei-Kanzlei der NSDAP vom 24. 1. 1944. Aktennummer 252/F.
26 Brief vom Generalintendanten und Generalmusikdirektor, Leiter der Abt. Musik im Reichsministerium für Volksaufklärung und Propaganda Dr. Heinz Drewes an R. Strauss vom 23. 12. 1943. Ohne Aktennummer im DC/Berlin.
27 Vertrauliche Bekanntgabe 12/44 vom Leiter der Partei-Kanzlei der NSDAP M. Bormann vom 14. 1. 1944. Vermerk: Schlagwortkartei Strauß, Dr. Richard.
28 Abschrift eines Briefs von Richard Strauss an Adolf Hitler vom 16. 1. 1944. RK, 446 E II im DC/Berlin.
29 Dr. Herbert Gerigk im „Völkischen Beobachter" vom 11. Juni 1939.
30 Mitschrift eines Gesprächs Goebbels mit R. Strauss vom 28. 2. 1941 an Hinkel.
31 R. Strauss/St. Zweig: Briefwechsel, S 173.
32 Oscar v. Pauder in: Heimat und Welt vom 11. Juni 1939.
33 Brief von R. Strauss an Hinkel vom 23. 10. 1939. Ohne Aktennummer im DC/Berlin.
34 zit. bei. K. Wilhelm: Richard Strauss persönlich, S 397.
35 ebd. S 383.
36 L. Meysels: Nationalsozialismus, S 102.

BEKENNTNISSE

„was nützt mir ein Erfolg, der auf einem Mißverständnis beruht?"

Antisemitismus und Faschismus

1 L. Meysels: Nationalsozialismus, S 20.
2 R. Strauss/C. Wagner: Briefwechsel, S IX.
3 R. Strauss: Briefe an die Eltern, S 35.
4 ebd. S 30.
5 ebd. S 40.
6 ebd. S 62.
7 ebd. S 105.
8 ebd. S 105.
9 ebd. S 107.
10 ebd. S 109.
11 ebd. S 111.
12 ebd. S 110.
13 ebd. S 128.
14 ebd. S 128.
15 ebd. S 72.
16 ebd. S 128.
17 ebd. S 158.
18 ebd. S 147.
19 ebd. S 194.
20 ebd. S 194.
21 ebd. S 195.
22 ebd. S 167.
23 ebd. S 168.
24 ebd. S 168.
25 ebd. S 175.
26 ebd. S 182.
27 ebd. S 187.
28 Brief des Reichstagsabgeordneten Dr. Fabricius an Staatssekretär Körner vom 18. 10. 1935 (Persönlich). Ohne Aktennummer im DC/Berlin.
29 Hausinterner Bericht des Referenten, VII. 5., Dr. C. Th. Zeitschel an Hinkel vom 21. 9. 1935 im DC/Berlin.
30 Hausintern abgezeichnete Information an Hinkel vom 10. 7. 1944.
31 Brief und vertrauliche Mitteilung des Geschäftsführers der Reichsmusikkammer Ihlert an Hinkel vom 22. 5. 1935. Ohne Aktennummer im DC/Berlin.
32 Abschrift eines Briefs von R. Strauss an? vom 4. 10. 1934. Ohne Vermerk im DC/Berlin.
33 C.V. Zeitung (Central Verein) Blätter für Deutschtum und Judentum. Jg. 13, Nr. 24, 1. Beiblatt. Berlin 1934.
34 ebd.
35 ebd.
36 C.V. Zeitung, Jg. 13, Nr. 31, Beiblatt 2, S 2. Berlin 1934.

37 ebd.
38 R. Strauss/St. Zweig: Briefwechsel, S 64.
39 ebd. S 158.
40 ebd. S 172f.
41 Abschrift eines Briefs von R. Strauss an A. Hitler vom 21. 6. 1939. Ohne Archivnummer im DC/Berlin.
42 Vgl. mit Fragebogen zur Bearbeitung des Aufnahmeantrages für die Reichsmusikkammer (Auch für Befreiungsanträge gültig) S 1, vom 8. 1. 1943 Archivnummer: 034315 I im DC/Berlin.

LEBENSENDE
„vom Gesetz nicht betroffen"
Entnazifizierung und Tod

1 Zit. in: K. Wilhelm: Richard Strauss persönlich, S 398.
2 Zit. in: E. Krause: Richard Strauss, S 456.
3 ebd. S 449.
4 ebd. S 449.
5 ebd. S 463.
6 Zit. bei: K. Wilhelm: Richard Strauss persönlich, S 409.
7 ebd. 408.
8 Zit. bei: Krause: Richard Strauss, S 461.
9 Zit. bei: W. Deppisch: Richard Strauss in Selbstzeugnissen, S 144.
10 Zit. in: Richard Strauss-Blätter. Wien, Juni 1981, S 17f.
11 E. Krause: Richard Strauss, S 455.
12 Die Welt vom Jänner 1948.
13 ebd.
14 Eintragung im Fragebogen zur Bearbeitung des Aufnahmeantrages für die Reichsmusikkammer (Auch auf Befreiungsanträge gültig) S 2. Eintragung am 8. 1. 1943. Aktennummer: 034315 I. im DC/Berlin.
15 ebd.
16 E. Krause: Richard Strauss, S 458.
17 ebd. S 455.

PERSONENREGISTER